Licht – Metapher der Erkenntnis

Maria Nühlen

Licht – Metapher der Erkenntnis

Das strahlende, blendende und erkennende Licht in der abendländischen Philosophiegeschichte

 J.B. METZLER

Maria Nühlen
Sozial- und Kulturphilosophie (emeritiert)
Hochschule Merseburg
Merseburg, Deutschland

ISBN 978-3-662-71295-5   ISBN 978-3-662-71296-2 (eBook)
https://doi.org/10.1007/978-3-662-71296-2

Die Deutsche Nationalbibliothek verzeichnet diese Publikation in der Deutschen Nationalbibliografie; detaillierte bibliografische Daten sind im Internet über https://portal.dnb.de abrufbar.

© Der/die Herausgeber bzw. der/die Autor(en), exklusiv lizenziert an Springer-Verlag GmbH, DE, ein Teil von Springer Nature 2025

Das Werk einschließlich aller seiner Teile ist urheberrechtlich geschützt. Jede Verwertung, die nicht ausdrücklich vom Urheberrechtsgesetz zugelassen ist, bedarf der vorherigen Zustimmung des Verlags. Das gilt insbesondere für Vervielfältigungen, Bearbeitungen, Übersetzungen, Mikroverfilmungen und die Einspeicherung und Verarbeitung in elektronischen Systemen.
Die Wiedergabe von allgemein beschreibenden Bezeichnungen, Marken, Unternehmensnamen etc. in diesem Werk bedeutet nicht, dass diese frei durch jede Person benutzt werden dürfen. Die Berechtigung zur Benutzung unterliegt, auch ohne gesonderten Hinweis hierzu, den Regeln des Markenrechts. Die Rechte des/der jeweiligen Zeicheninhaber*in sind zu beachten.
Der Verlag, die Autor*innen und die Herausgeber*innen gehen davon aus, dass die Angaben und Informationen in diesem Werk zum Zeitpunkt der Veröffentlichung vollständig und korrekt sind. Weder der Verlag noch die Autor*innen oder die Herausgeber*innen übernehmen, ausdrücklich oder implizit, Gewähr für den Inhalt des Werkes, etwaige Fehler oder Äußerungen. Der Verlag bleibt im Hinblick auf geografische Zuordnungen und Gebietsbezeichnungen in veröffentlichten Karten und Institutionsadressen neutral.

Einbandabbildung: © Maria Nühlen. 2006. Feuer. Fotografie.

Planung/Lektorat: Frank Schindler
J.B. Metzler ist ein Imprint der eingetragenen Gesellschaft Springer-Verlag GmbH, DE und ist ein Teil von Springer Nature.
Die Anschrift der Gesellschaft ist: Heidelberger Platz 3, 14197 Berlin, Germany

Wenn Sie dieses Produkt entsorgen, geben Sie das Papier bitte zum Recycling.

Vorwort

Vorboten für ein intensiveres Interesse an Metaphern finde ich in alten Unterlagen aus der Lehrtätigkeit an der Hochschule. Im Sommersemester 1998 bot ich zum ersten Mal für Studierende und Lehrende, unabhängig vom Studienfach, einen offenen philosophischen Gesprächskreis an. In meinen Vorlesungen hatten sich immer wieder Kollegen und Kolleginnen anderer Disziplinen eingefunden und in Gesprächen mit ihnen und mit Studierenden wurde mehrfach der Wunsch nach einem offenen Gesprächskreis bekundet. Also entschloss ich mich zu diesem zusätzlichen Lehrangebot für alle und wählte das Thema *Bedeutung und Aussagen in Symbolen und Metaphern in der philosophischen Betrachtung*. Konkret nahm ich die Metapher des Netzes in den Fokus, denn das Netz steht in der antiken griechischen Mythologie für die Kreativität des Menschen (Vgl. Martens. 1991. Der Faden der Ariadne). Hinzu kamen Überlegungen zum *sozialen Netz* in kritischer Auseinandersetzung, Netze der Sicherheit oder der Einengung, die globale Vernetzung durch das Internet, die soziale Isolierung des Einzelnen am Computer trotz einer globalen digitalen Vernetzung bzw. trotz der technischen weltweiten Kommunikationsmöglichkeiten. Es wurde ein offenes Gespräch, mal in einer kleineren, mal in größerer Runde mit ca. zwölf beständig teilnehmenden Personen aus den verschiedenen Disziplinen der Sozialen Arbeit, der Informatik, der Ingenieurwissenschaften und der Wirtschaftswissenschaften.

Im Jahr der Physik und im Jahr Albert Einsteins 2005 war es nahe liegend, das Licht zum Thema der konkreten Gestaltung einer Ausstellung zu machen. Einsteins große Frage war die nach dem Wesen des Lichts. Das Einstein-Jahr und eine Foto-Ausstellung zum Thema Licht waren Anlass für mich, philosophisch das Licht näher zu betrachten.

Durch Zufall stieß ich beim Einordnen von Texten auf alte Seminarunterlagen über Christine de Pizan und die Lichtmetapher, die Christine zu Beginn ihres Werkes *Das Buch von der Stadt der Frauen* einsetzte, um die Quelle ihres Denkens und Wissens anzugeben, das übernatürliche Licht, das sie erleuchtete. Christine weckte ganz besonders meine Neugierde. Die Idee reifte in mir, die *Fotoausstellung Licht* mit der philosophischen *Metapher Licht* zu verbinden, inhaltlich als auch gestalterisch die philosophischen Texte und die Fotografien miteinander korrespondierend zur Konzeption einer Ausstellung werden zu lassen.

Philosophie und Fotografie in einer Ausstellung miteinander zu verbinden, stellte eine neue Herausforderung für mich dar. Einzelne kurze Texte und dazu Fotografien hatte ich als Lehrmaterialien schon seit längerem im Einsatz. Eine komplette Ausstellung brauchte eine eigene konzeptionelle Erarbeitung; diese wurde zu einer ersten Vorlage der vorliegenden Publikation.

Die philosophisch-fotografischen Betrachtungen waren ein Experiment der Vermittlung: Die *rein philosophischen Ideen*, die wir nur denken und über Worte vermitteln können, sollten mit dem Medium der Fotografie als konkrete *Einzeldinge*, die sie ja sind, wenn sie auf einem Bildträger festgehalten werden, erweiternd vermittelt werden. Zum geschriebenen und gesprochenen Wort kommt das Bild, das uns Konkretisierung, weitere gedankliche Spielräume, Reflexion, Besinnung und Erkenntnis ermöglichen können.

Die Ausstellung *Licht – Metapher der Erkenntnis* wurde zuerst im Oktober 2005 in der Hochschule Merseburg gezeigt, im Juli 2006 zur Kirchennacht in der romanischen Neumarktkirche in Merseburg und im November an der Kath. Fachhochschule Nordrhein-Westfalen, Abteilung Aachen. Hinzu kam in diesem Jahr ein Vortrag zu diesem Thema mit der Präsentation der Fotografien beim Halleschen Kunstverein.

Somit gab es einen Beginn mit der Klärung der Bedeutung und Benutzung von Metaphern, einen zweiten Impuls durch das Einstein-Jahr und die Beschäftigung mit dem Wesen des Lichts, den Lichtgestalten bei Christine de Pizan und schließlich die Verbindung von Fotografie – Licht – Metapher in der fotografisch-philosophischen Ausstellung *Licht – Metapher der Erkenntnis*. Zur Ausstellung kamen Vorträge und Gesprächsrunden und ein Heft mit den Texten und Fotografien sowie einführenden Erläuterungen zur Ausstellung. Ein Kollege bemerkte, dass ich doch eine Publikation hieraus entwickeln könnte; erst später folgte mein Entschluss, der Sache insgesamt tiefer und philosophisch weitgehender auf den Grund zu gehen. Dieses Vorhaben konnte ich allerdings erst nach der Realisierung meines Projektes über die griechischen Philosophinnen angehen, denn dieses Vorhaben stand auf der Prioritäten-Liste an erster Stelle. Nachdem nun 2021 die Publikation *Philosophinnen der griechischen Antike. Eine Spurensuche* im Springer-Verlag erschienen ist und nach einer angemessenen Pause für andere kreative Vorhaben, habe ich im Januar 2022 das neue Projekt zur Lichtmetapher begonnen, allerdings nicht korrespondierend mit der Fotografie als Bildmedium, sondern mit anderem Bildmaterial von einigen Kunstschaffenden, die sich der philosophischen Lichtmetapher widmeten, konkret kurz mit Rembrandt und Magritte.

Aachen, Deutschland Maria Nühlen
2025

Editorische Hinweise – Zitationsangaben

Aristoteles

- **NE**. Nikomachische Ethik. 1978. Übers. u. hrsg. Olof Gigon. München: Deutscher Taschenbuchverlag.
- **Rhetorik**. 1993. Übers., m. E. Bibliographie, Erläuterungen u. e. Nachwort von Franz G. Sieveke. München: Wilhelm Fink Verlag.
- **Metaphysik**. 1994. Übers. H. Bonitz. Reinbek bei Hamburg: Rowohlts Enzyklopädie.
- **Poetik**. 1994. Griechisch/Deutsch. Übers. u. hrsg. Manfred Fuhrmann. Stuttgart: Philipp Reclam Jun.
- **Politik**. 1984. Übers. u. hrsg. Olof Gigon. München: Deutscher Taschenbuchverlag.
- **Über die Seele**. 1995. Hrsg. Horst Seidl. Griechisch-Deutsch. Hamburg: Felix Meiner Verlag.
- **Kleine Schriften** zur Seelenkunde. 1953. Paderborn: Ferdinand Schöningh.

Aufklärung

- Was ist **Aufklärung**? 1984. Kant, Erhard, Hamann, Herder, Lessing, Mendelssohn, Riem, Schiller, Wieland. Thesen und Definitionen. Hrsg. Ehrhard Bahr. Stuttgart: Philipp Reclam jun.

Augustinus

- **Bekenntnisse**. 1996. Lateinisch – Deutsch. Übers. Joseph Bernhart. Frankfurt/M: Insel Verlag.
- **Selbstgespräche**. Von der Unsterblichkeit der Seele. 1986. Selbstgespräche. Lat./dt. Übers. Hanspeter Müller. München/Zürich: Artemis Verlag.
- Der **Gottesstaat**. 1979. De civitate dei. 1. Bd. Buch I – XIV. Übers. u. hrsg. Carl Johann Perl. Paderborn: Ferdinand Schöningh.
- **De trinitate**. 2001. (Bücher VIII-XI, XIV-XV, Anhang: Buch V) Übers. u. eingeleitet Johann Kreuzer. Lat./dt. Hamburg: Felix Meiner Verlag.

Brockhaus

- **Brockhaus** Enzyklopädie in 24 Bänden. 1986–1994. Mannheim: Brockhaus.

Christine de Pizan

- Das Buch von der **Stadt** der Frauen. 1992. Erstmals erschienen 1405 in Paris. In der Übersetzung von Margarete Zimmermann. München: Deutscher Taschenbuch Verlag.
- Der **Schatz** der Stadt der Frauen. Weibliche Lebensklugheit in der Welt des Spätmittelalters. 1996. Ein Quellentext, a. d. Mittelfranzösischen übers. Claudia Probst. Hrsg. Claudia Opitz. Freiburg/Basel/Wien: Herder Verlag.
- **Vision**. In: Zimmermann, M. Hrsg. 1996. Wege in DIE STADT DER FRAUEN. Texte und Bilder der Christine des Pizan. Zürich: Leib et Seele.
- **Wege** in DIE STADT DER FRAUEN. Texte und Bilder der Christine de Pizan. Hrsg. Margarete Zimmermann. 1996. Zürich: Leib et Seele.

Descartes

- Abhandlung über die **Methode** des richtigen Vernunftgebrauchs und der wissenschaftlichen Wahrheitsforschung. 1982. Stuttgart: Reclam.
- **Meditationen** über die Erste Philosophie. 1986. Übers. u. hrsg. G. Schmidt. Stuttgart: Reclam.
- **Regeln** zur Ausrichtung der Erkenntniskraft. 1972. Hamburg: Felix Meiner Verlag.

Enzyklopädie Philosophie und Wissenschaftstheorie

- **EPhW**. 1980/1984/1985. Hrsg. Jürgen Mittelstraß. Bde. 1–3. Mannheim: B. I. Wissenschaftsverlag.

Heraklit

- Fragmente (**fr.**). In: Die Vorsokratiker I. Milesier, Pythagoreer, Xenophanes, Heraklit, Parmenides. 1986. Stuttgart: Philipp Reclam Jun.

Hildegard von Bingen

- Gott ist am **Werk**. 1958. Aus dem Buch „De Operatione Dei". Übers. u. erl. Heinrich Schipperges. Olten: Walter-Verlag.
- Wisse die **Wege**. 2010. Liber Scivias. Eine Schau von Gott und Mensch in Schöpfung und Zeit. Hrsg. Abtei St. Hildegard, Rüdesheim/Eibingen. Neuübersetzung von Mechthild Heieck. Beuron: Beuroner Kunstverlag.
- Das Buch **vom Wirken** Gottes. 2013. Liber divinorum operum. Hrsg. Abtei St. Hildegard, Rüdesheim/Eibingen. Neuübersetzung von Mechthild Heieck. Beuron: Beuroner Kunstverlag.

Immanuel Kant

- Kritik der reinen **Vernunft**. 1976. Hrsg. Raymund Schmidt. Hamburg: Felix Meiner Verlag.
- **Prolegomena** zu einer jeden künftigen Metaphysik, die als Wissenschaft wird auftreten können. 1976. Hamburg: Felix Meiner Verlag.
- Beantwortung der Frage: Was ist **Aufklärung**? Aus: Berlinische Monatsschrift 4 (1784) S. 481–494. In: Was ist Aufklärung? 1984. Thesen und Definitionen. Hrsg. Ehrhard Bahr. Stuttgart: Philipp Reclam jun.
- Grundlegung zur **Metaphysik** der Sitten. 1991. Hrsg. Theodor Valentiner. Stuttgart: Philipp Reclam jun.

Johannes Evangelium

- **Joh.** NT. In: Die Bibel. Altes und Neues Testament. 1980. Einheitsübersetzung. Freiburg: Herder.

Nietzsche

- Über **Wahrheit** und Lüge im aussermoralischen Sinne. 1999. In: Nietzsche. Ausgewählt und vorgestellt von Rüdiger Safranski. Hrsg. Peter Sloterdijk. München: Deutscher Taschenbuch Verlag. S. 194–208.
- **Menschliches**, Allzumenschliches I und II. 1988. Kritische Studienausgabe. Hrsg. G. Colli/M. Montinari. München: dtv/de Gruyter.
- Also sprach **Zarathustra** I–IV. 1988. Kritische Studienausgabe. Hrsg. G. Colli/M. Montinari. München: dtv/de Gruyter.
- **Morgenröte**. Idyllen aus Messina. Die fröhliche Wissenschaft. 2018. Kritische Studienausgabe. Hrsg. G. Colli/M. Montinari. München: dtv/ De Gruyter.

Parmenides

- Fragmente (**fr.**). In: Die Vorsokratiker I. Milesier, Pythagoreer, Xenophanes, Heraklit, Parmenides. 1986. Stuttgart: Philipp Reclam Jun.

Platon

- **Politeia**/Der Staat. 1982. Übers. Karl Vretska. Stuttgart. Reclam.
- **Theaitetos**. 1965. In: Spätdialoge. Theaitetos. Der Sophist. Der Staatsmann. Kratylos. Eingel. Olof Gigon. Übertr. Rudolf Rufener. Zürich: Artemis Verlag.
- Der **Siebente Brief**. 1980. Übers. u. Nachwort Ernst Howald. Stuttgart: Reclam.
- **Protagoras**. 2019. In: Platon. Sämtliche Werke. Bd. 1. Übers. Fried. Schleiermacher. Reinbek: Rowohlt Taschenbuch Verlag.
- **Symposion**. 1984. In: Platon. Sämtliche Werke. Bd. 2. Übers. Fried. Schleiermacher. Hamburg: Rowohlt.
- **Timaios**. 1983. In: Sämtliche Werke. Bd. 5. Übers. Fried. Schleiermacher. Hamburg: Rowohlt.

Sappho

- **Sappho**. 1954. Griech. u. dt. hrsg. Max Treu. München: Ernst Heimeran Verlag.
- Sappho. 1984. Mit **Selbstzeugnissen** und Bilddokumenten dargestellt von Marion Giebel. Reinbek bei Hamburg: Rowohlt Taschenbuch Verlag.
- **Liebesgedichte**. 2007 Ausgewählt von Marion Giebel. Frankfurt/M: Insel Verlag.

Thomas von Aquin

- **Thomas.** **1986**. Fünf Fragen über die intellektuelle Erkenntnis (Quaestio 84–88 des 1. Teils der Summa de theologia). Übers. u. erkl. Eugen Rolfes, m. e. Einl. Karl Bormann. Hamburg: Felix Meiner Verlag.

Werktitel, Eigenbegrifflichkeiten und sehr kurze Zitate im Text werden kursiv gesetzt. Aus dem unmittelbaren Kontext sind die jeweiligen Autorinnen und Autoren erkenntlich. Kursive Hervorhebungen ohne Namensnennung sind auf die Autorin zurückzuführen. Innerhalb der Zitate habe ich alle Hervorhebungen so belassen, wie sie jeweils gekennzeichnet wurden, das in eckige Klammern gesetzte, wurde von mir für Auslassungen, Ergänzungen oder Übersetzungen hinzugefügt.

Competing Interests

Der/die Autor*in hat keine für den Inhalt dieses Manuskripts relevanten Interessenkonflikte.

Inhaltsverzeichnis

1   Einleitung.. 1

Teil I   Systematische Betrachtungen zur Metapher und zum Licht

2   **Klärungen** 13
    2.1   Die Metapher – nur eine Sprache in Bildern? 14
    2.2   Das Licht – eine physische und metaphysische Erscheinung 24
    2.3   Die Erkenntnis, das Wissen, die Wahrheit und die Vernunft 29
    2.4   Das Bild in vielgestaltiger Form und Sprache,
          ein medienphilosophischer Exkurs 38

3   **Die philosophische Gedankenwelt und die sinnliche
    Bilderwelt – geistiges und sinnliches Sehen** 47

4   **Zur Lichtmetapher im Allgemeinen** 59
    4.1   Kulturelle Einblicke.. 62
    4.2   Die Lichtmetapher in der Bildenden Kunst 68
    4.3   Lichterscheinungen in der griechischen Mythologie............ 72

5   **Theorien zur Philosophie des Lichts** 83
    5.1   Philosophische Vielfalt in der Bestimmung des Lichts 84
    5.2   Zur Lichtsymbolik und die Symbole des Lichts 95
    5.3   Die Eigenart der Lichtmetapher............................ 103
    5.4   Lichtmetaphysik – Was ist Metaphysik? 108
    5.5   Illuminationstheorie und Lichtspekulationen 116

Teil II   Historische Betrachtungen zum Licht der Erkenntnis

6   **Feuer – Ursubstanz bzw. Urprinzip aller Dinge**.................. 131
    6.1   Heraklit von Ephesos (535–475 v.Chr.) und die Vernunft
          des Feuers.. 134
    6.2   Parmenides (ca. 500 v.Chr.) Reise vom Dunkel ins Licht 140
    6.3   Das kunstverständige Feuer der Stoiker (um 300 v. Chr. ...) 145

7	Die intelligible Erschließung der Welt	151
	7.1 Platon (428/427–348/347 v.Chr.) und die Erkenntnis des Höchsten	153
	7.2 Aristoteles (384–322 v.Chr.): Wie die Sonne, so der Geist	164
8	Das übernatürliche Licht – lumen supranaturale	171
	8.1 Zeugnis ablegen für das Licht in der Welt – das Johannesevangelium (1. Jh. n.Chr.)	173
	8.2 Plotin (204–270 n. Chr.) und Augustinus (354–430 n.Chr.): Das helllichte Dunkel im Neuplatonismus	178
9	Das göttliche Licht in Mystik und Vernunft	189
	9.1 Wie Wind und Licht im Feuer – Visionen der Hildegard von Bingen (1098–1179)	191
	9.2 Mystik, Minne und Philosophie des Christentums (13. – 15. Jh.)	204
	9.3 Unser Verstand erkennt sich selbst im Licht des Thomas von Aquin (1225–1274)	213
10	Die Lichtgestalten bei Christine de Pizan (1364–1430)	223
11	Das natürliche Licht – lumen naturale	239
	11.1 Das unverfälschte Licht zu vermehren ist René Descartes (1596–1650) Anliegen	240
	11.2 Das Zeitalter der Aufklärung – die Epoche des Lichts (18./19. Jh.)	248
	11.3 Aufklärung à la Nietzsche (1844–1900)	260

Teil III Resümierende Betrachtungen zur Vielfalt der Lichtmetapher in ihrer Bedeutung der Erkenntnis

12	Philosophie und Bild im Dialog – geistiges und sinnliches Sehen in der Lichtmetapher	277
13	Die Lichtmetapher in kritische Auswertung	283
Literatur		291
Personenregister		299

Einleitung 1

Das Licht als Metapher der Erkenntnis gehört zur abendländischen Tradition der Bildsprache allgemein, insbesondere aber in der Philosophie. Die Erfahrung eines neuen Gedankens, einer neuen Idee oder einer neuen Erkenntnis haben wir, vielleicht mangels eigener sprachlicher Begrifflichkeit, für genau diesen geistigen Vorgang in eine Metapher übertragen, indem wir mit der Vorstellung arbeiten, die sinnliche Wahrnehmung der physischen Erscheinung des Lichts sei vergleichbar mit der geistigen Wahrnehmung eines neuen Gedankens. Durch das Licht sehen wir die Welt und die Dinge in ihr, durch den Geist erkennen wir Weltzusammenhänge, Arten des Seins, Wahrheiten, Kategorien, Strukturen, Hierarchien, was auch immer.

Licht fasziniert uns, unser Blick richtet sich zur Lichtquelle. Das Licht in seiner Faszination, in seinem Spiel mit der Dunkelheit, in seiner gefühlten Kälte oder Wärme, es bestimmt die Atmosphäre eines Raumes, eines Bildes, einer Vorstellung. In der Bildenden Kunst verweist das Licht zumeist auf eine Aussage im Werk; die Betrachtenden fokussieren den Blick auf das im Licht Stehende.

In der philosophischen Tradition steht die Lichtmetapher zumeist für eine Erkenntnis ohne sinnliche Erfahrung, vielmehr für die Erkenntnis aus sich heraus, aus reiner Verstandestätigkeit, aus reinem Geist. Allerdings nicht durchgängig, wenn man in der Geschichte der Philosophie zurückblickt bis in die frühen griechischen Schriften. Licht in der Bildsprache ist eines der häufigsten Sprachbilder in der Wissenschaft, Licht wird in allen Kulturen thematisiert und als Sprachbild verwendet.

Was aber ist mit der Lichtmetapher in der Philosophie genauer gemeint? Findet sie nur als Bild oder als Erfahrung für ein bestimmtes Denken Verwendung oder sagt das Phänomen des Lichts und die Wahrnehmung des Lichts in der Verwendung und Übertragung auf einen bestimmten Sachverhalt etwas über diese bestimmte Philosophie aus, bildet diese Metapher eine eigene philosophische Aussage? Soll die Metapher die philosophische Aussage ergänzen, erweitern, erklären, konkretisieren, anschaulicher werden lassen, weil die begrifflich-abstrakte Sprache nicht deutlich genug, zu schwer verständlich, zu umfassend ist? Meine Neugierde lässt mich immer neue Fragen formulieren, denen ich in dieser Arbeit nachgehen möchte.

- Wer setzt die Lichtmetapher ein?
- Wann wird die Lichtmetapher benutzt?
- Wozu wird die Lichtmetapher eingesetzt?
- In welcher konkreten Bedeutung wird die Lichtmetapher angewendet?
- Gibt es eine Geschichtlichkeit der Lichtmetapher?
- Können wir eine Kulturalität oder eine Interkulturalität der Lichtmetapher konstatieren?

Welche Fragen werde ich beantworten können, welche werden offenbleiben?

Im weiteren Fokus meiner Aufmerksamkeit steht das medienphilosophische Interesse am Bild. Die Bildsprache in der Philosophie ist nicht neu, sie gehört zur Tradition der abendländischen Philosophie. Mythen, Metaphern und Symbole oder bildsprachliche Ausdrucksweisen wurden schon immer verwendet, um eine komplexe und/oder komplizierte Erkenntnis zu vermitteln. Nach dem *linuistic turn* im 20. Jahrhundert ist nun die Zeit des *iconic turn* im 21. Jahrhundert angebrochen (Vgl. Maar/Burda. Hrsg. 2004. *Iconic Turn. Die neue Macht der Bilder*). Müssen wir heute in dieser Welt der verstärkten visuellen Wahrnehmung nicht wieder stärker auf das Medium Bild zurückgreifen, um etwas in die Öffentlichkeit zu tragen? Sprechen wir in der modernen medialen Welt die Bildsprache besser als die begrifflich-abstrakte Sprache oder vielleicht einige von uns oder insbesondere die junge Generation, die medial anders gebildet aufwächst? Ist nicht auch das Medium Bild, z. B. durch die Fotografie oder durch künstlerische Mittel, wie z. B. die Zeichnung oder den Holzschnitt, ein adäquates Medium in der Philosophie, das zum komplexen, ganzheitlichen und systemischen Denken anregt, ganz anders als die Linearität der Sprache es vermag?

Aristoteles bevorzugte die Methode des analytischen Vorgehens. Die konkreten Dinge aufnehmen, analysieren und erst dann abstrahieren, war sein wissenschaftlicher Weg. Das methodische Arbeiten mit Bildern, insbesondere in der Fotografie, geht genau diesen Weg: vom konkreten Einzelding ausgehen, nach Kriterien (systematisch) analysieren, das Wesentliche als Generelles herausfiltern für das Bild. In der künstlerischen Arbeit fokussiere ich den Bildgegenstand, bestimme Bildausschnitt und Mittel zur Umsetzung und versuche die Gedanken, die Ideen oder die Botschaft konkret umzusetzen, sei es durch ein statisches Bild, ein Video, eine Installation, ein Film mit Avataren oder sonst eine Form der Gestaltung. Das Abstrakt-Allgemeine, welches die Idee in sich birgt, soll sinnlich wahrnehmbar in die Welt gesetzt werden, von jedem Menschen prinzipiell aufnehmbar.

Aber gibt es nicht auch Bilder aus dem reinen Geist heraus, die zunächst nur gedacht, dann umgesetzt werden, unabhängig von der Wahrnehmung unserer Welt? Wenn es sich um gegenständliche Kunst handelt, müssen wir sie erkennen können als ein uns Bekanntes. Wenn es sich um emotionale Veranschaulichungen handelt, müssen wir diese Emotion kennen bzw. erkennen in der künstlerischen Arbeit, um verstehen zu können. Natürlich gibt es Arbeiten in der Kunst, in die jeder Mensch

1 Einleitung

das sehen und herauslesen kann, was er möchte und wie seine momentane Befindlichkeit ist. Vielleicht ist es sogar immer so? Aber dabei handelt es sich um ein subjektives Spiel, nicht um die gestaltende Umsetzung einer bestimmten Idee oder Botschaft.

Die Fotografie, die zur Dokumentation eingesetzt wird, die Zeichnung zur Illustration eines Sachverhaltes, das Gemälde zur historischen Manifestation politischer Ereignisse und was sonst es noch alles gibt in der Kunst, darauf beziehe ich mich hier nicht.

René Magritte hat Platons (Höhlen)-Feuer in mehreren seiner Werke gemalt, sein Gemälde mit der philosophischen Lampe ist berühmt; also auch in der bildenden Kunst wird die Lichtmetapher für philosophische Statements eingesetzt.

Ich beschränke mich in dieser Arbeit auf Betrachtungen der bildenden Kunst; andere Sparten wie Dichtung und Theater bleiben hier unberührt, denn diese Recherchen würden meinen Rahmen sprengen.

Mein Ansatz hier ist eher als ein dialogischer zu verstehen, indem ich die theoretische Aussage der Philosophie, die in einer Metapher Ausdruck findet, mit einem Sprachbild verbinde, indem ich Allgemeines und Konkretes zusammen hinstelle und die Gedanken fließen lasse in einen offenen Diskurs, zumindest habe ich diesen Ansatz manchmal eingeflochten. Kein leichtes Unterfangen, denn Wort und Bild sind zwei sehr unterschiedliche Medien der Vermittlung. Ein medienphilosophischer Abstecher in dieser Arbeit wird also unabdingbar sein. Wort und Bild, Philosophie und Bild, die philosophische Bildsprache und die künstlerische Betrachtung, Abstraktion und Konkretion werden also an gegebener Stelle zu thematisieren sein.

Allerdings ist es mein Hauptanliegen, die Lichtmetapher in ihrer philosophisch-historischen Bedeutung – exemplarisch – aufzuarbeiten, indem ich die Philosophiegeschichte nach der Verwendung der Lichtmetapher durchforste. *Wer (1) hat wozu (2) mit welcher philosophischen Aussage (3) die Lichtmetapher benutzt?* Dies sind meine erkenntnisleitenden Fragen. Ich möchte zum Nachdenken über diese Aussagen anregen und zum Diskurs über die Lichtmetapher und die Intelligibilität des Denkens auffordern.

Genau in diesen Aspekten liegen mein Interesse und meine Aufmerksamkeit auf die Bedeutung für unsere Gegenwart, für uns heute lebenden Menschen. Meine Motivation, mich mit diesem Thema zu beschäftigen, ist keine rein historische, obwohl ich ein solches Interesse nicht leugnen möchte, denn das Eindringen in historische Tiefen ist mir – gefühlt – schon immer zu eigen. Philosophisch denken und arbeiten hat für mich ebenso einen Gegenwartsbezug, bei diesem speziellen Thema der Lichtmetapher ist es der Bezug zu unserer Erkenntnisfähigkeit, zu unserer Vernunft, zu unserem Verstand. Leben wir heute in unserer Kultur nicht in einer zunehmenden Emotionalität, die vernünftige Entscheidungen und wertebasiertes Handeln schwächt? Erkenntnis versus Gefühl, wem geben wir den Vorrang im privaten, politischen und gesellschaftlichen Leben?

Es gilt das Primat der Vernunft vor der Emotionalität des Menschen in der Geschichte der Philosophie unseres Abendlandes. Durch unseren Geist erkennen wir das Richtige, durch unsere Gefühle lassen wir uns in unserem Handeln oftmals leiten, gerade und insbesondere im alltäglichen Leben. Aber reicht das, ist es gut, ist es das Beste für uns? Unsere Gefühle täuschen uns nicht, auch wenn wir dies in einer späteren Betrachtung manchmal glauben konstatieren zu müssen, aber die Gefühle richten sich auf eine Aktualität, erst der Geist lässt uns Zukunft vorstellen und Vergangenes reflektieren. Wir erfahren m. E. gegenwärtig eine verstärkte Emotionalität in unserer Gesellschaft. In Kommentaren von Psychologen, Pädagogen und Soziologen hören und lesen wir, dass sich ein nicht geringer Teil der Anti-Corona-Maßnahmen-Demonstrierenden emotional so stark auf ein *Anti* eingelassen haben, dass sie mit vernünftigen Argumenten kaum noch zu erreichen sind. Andere Demonstrationen verlaufen ähnlich. Der Weg zu diesen Menschen könnte nur noch über emotionales Erleben begangen werden, nicht mehr über Appelle an die Vernunft, über plausible oder logische Argumente, nicht mehr über statistische Daten und Faktenchecks. Eine intolerante Werthaltung, die andere Meinungen, mögen sie noch so gut begründet sein, ausschließen, treten immer stärker in Erscheinung. Die Streitkultur, ein Grundelement einer jeden Demokratie, scheint schwächer zu werden; man grenzt aus und setzt sich nicht mit unbequemen Ansichten auseinander. Selbst historische Fakten werden eliminiert, weil sie diskriminierend gewesen seien oder es aus heutiger Perspektive sind. Viele Begriffe, unzählige Handlungen und Verhaltensweisen, politische Entscheidungen und Strukturen, selbst Gesetze waren diskriminierend. Deswegen dürfen wir sie heute jedoch nicht leugnen, sondern sollten uns mit ihnen sachlich und lernend auseinandersetzen. Auch heute in unserer Gesellschaft wird diskriminiert, nicht nur individuell, sondern ebenso strukturell, legal, öffentlich, in den Medien. Spätere Generationen werden darüber urteilen und es werten. Sie sollen es, das ist besser als verschweigen und ausgrenzen.

Verbale Entgleisungen, Hassbotschaften bis hin zu Mordaufrufen in sozialen Medien zeigen eine Präsenz von Gefühlsausbrüchen, die für mich kaum nachvollziehbar sind. Nicht nur die negative, verletzende Kommunikation scheint zu einem akzeptierten Verhalten in unserer Gesellschaft zu werden, auch die gewaltige Hilfsbereitschaft oder ein kaum zu fassendes Spendenaufkommen bei Katastrophen gelangen zu einer Normalität, die beispiellos zu sein scheinen. Hilfsbereitschaft ist vielleicht nicht weniger emotional motiviert als Hassbotschaften.

Wie oft erleben wir Vernunft und Gefühl als Gegenspieler in uns und meinen uns entscheiden zu müssen für die Vernunft oder für das Gefühl. Letztlich lösen wir den Konflikt durch die Entscheidung, bleiben aber unzufrieden, weil eine Seite in uns unberücksichtigt bleibt. Wenn wir jedoch beides kritisch reflektieren, die vernünftigen Argumente und die erlebten Gefühle, finden wir vielleicht in Beidem Richtiges, was zusammenpasst und was uns *besonnen* entscheiden und handeln lässt. Ich möchte zu diesem Aspekt auf das Werk von Heidemarie Bennent-Vahle hinweisen, in dem die Problematik der Besonnenheit thematisiert wird. (Vgl. Bennent-Vahle. 2020. Besonnenheit – eine politische Tugend. Zur ethischen Relevanz des Fühlens).

Die Lichtmetapher wird u. a. für moralische Botschaften eingesetzt, wenn das Gute im Licht steht gegen das Böse in der Dunkelheit. „Habe Mut, dich deines eigenen Verstandes zu bedienen" schreibt Immanuel Kant, Worte, die für *die Aufklärung an sich* avancierten. Um Werte zu benennen und zu bestimmen, setzen wir unseren Verstand ein. Mit dem Geist vermögen wir Werte des Guten zu reflektieren, zu kategorisieren und zu priorisieren. Wenn Christine de Pizan die Lichtmetapher einsetzt, um eine Ethik der Gerechtigkeit, der Redlichkeit und der Vernunft für die Struktur der *Stadt der Frauen*, für eine Gesellschaft des friedlichen Zusammenlebens zu entwerfen, so setzt sie das Licht für den Geist ein, mit dem wir das Gute und das Beste für uns Menschen entwerfen können. Sie baut ihren Zufluchtsort für Frauen auf dem *Fundament der Vernunft*, mit einem *Mauerwerk der Rechtschaffenheit* und einem *Dach der Gerechtigkeit*. Wie sollte eine Gesellschaft besser aufgestellt sein können? Lange vor Kant, ca. 400 Jahre zuvor, schreibt Christine de Pizan: „Darum werde wieder du selbst, bediene dich wieder deines Verstandes ..." (Christine. Stadt. S. 40)

Insbesondere die Beschäftigung mit ihr hat mich angeregt, mich mit der Lichtmetapher zu beschäftigen. Eigentlich stand diese Philosophin im Fokus meines Interesses, aber ich wollte ihre Philosophie nicht isoliert, sondern eingebettet in die allgemeine Geschichte der Philosophie untersuchen. Besonders reizte mich die Frage nach der Bedeutung der Lichtmetapher in ihren Werken, denn es sind Lichtgestalten, die sie auffordern zu fragen, autonom zu denken und dieses aufzuschreiben. Dass aus diesem singulären Interesse sich ein solcher Komplex von Theorien zur Philosophie des Lichts entwickeln würde, habe ich nicht vermutet.

Wenn Nietzsche seinem *höheren Menschen* auf dem Weg zum *Übermenschen* (Zarathustra. S. 15 f.) vom Glück, von der Vernunft, von der Tugend, von der Gerechtigkeit und vom Mitleid im Licht der Erkenntnis sprechen lässt, so erhebt er einen hohen moralischen Anspruch an den Lebensvollzug, den er selbst nicht zu erfüllen vermochte, so können wir seine Worte interpretieren. Mitleid, nicht als ein überhebliches Gefühl und ohne auf den anderen herabzusehen, meint Nietzsche in seiner Wertsetzung.

Als Philosophin bin ich bemüht, in aller Selbstverständlichkeit die Problematik der Lichtmetapher auch von Philosophinnen einzubeziehen, die sich damit beschäftigten und sie benutzten. Mystikerinnen wie Hildegard von Bingen und Mechthild von Magdeburg gehören dazu, obwohl die Mystik eher am Rande der Philosophie zu verorten ist. Insbesondere aber aus der Zeit des Spätmittelalters werde ich die Betrachtungen der Philosophin Christine de Pizan mit ihren drei Lichtgestalten, die sie lehren, unter moralischen Gesichtspunkten eine wohlgeordnete Stadt für Frauen zu entwerfen, ausführlicher behandeln.

Die Lichtmetapher wird in der Philosophie von der Antike bis zur Moderne eingesetzt, um das Verständnis und die Bedeutung einer bestimmten Erkenntnis in bildhafter Weise zu artikulieren. Jedoch unterliegt der Erkenntnisbegriff philosophiegeschichtlich einem umfangreichen Wandlungsprozess, wodurch also auch die Lichtmetapher in einem sehr unterschiedlichen Verständnis und Bedeutungszusammenhang steht. In der Antike wird mit der Bedeutung der Lichtmetapher etwas anderes ausgesagt als im Mittelalter, in der Aufklärung ist wiederum anderes gemeint als in der Neuzeit. Der Umgang mit der Lichtmetapher ist epochenabhängig.

Zudem legen jeder Autor und jede Autorin, die die Lichtmetapher einsetzen, dem Inhalt dieser Metapher eine je eigene Bedeutung zu, konnotieren sie mit einer ihnen eigenen Modifikation. Was sagt die Lichtmetapher über die jeweilige Philosophie dieser Epoche und über die Philosophie der jeweiligen Autorin, des jeweiligen Autors aus?

Ausgehend von einer eigenmächtigen Wirkung eines Bildes, somit auch einer Metapher, setzt sie eigene Akzente und beeinflusst dadurch die Inhalte ihres Einsatzgebietes, d. h. der Philosophie. Wenn dem so ist, so können wir von einer Reziprozität in der Arbeit mit Metaphern ausgehen. Die Wahl der Metapher und das Bild selbst wirken sich auf die philosophische Aussage aus wie auch die philosophische Betrachtung, in der die Metapher eingebettet wird, auf die Aussage und Bedeutung dieser Metapher Einfluss nimmt.

Ich möchte also die Wechselwirkung der Lichtmetapher in der Philosophie zur Problematik der Erkenntnisaussage in den verschiedenen historischen Epochen und den jeweiligen Philosophien der Denker und Denkerinnen untersuchen, d. h.:

1. die Lichtmetapher in den historischen Epochen
2. die Lichtmetapher in der jeweiligen philosophischen Ausrichtung.

Erkennen setzt kennen voraus! Wenn ich zu einer neuen Erkenntnis gelange, so ist dies nur möglich auf der Basis von Bekanntem, denn sonst ist eine Einordnung in Wissen und Wahrheit nicht möglich.

Zum Aufbau dieses Buches
Bevor ich mich auf den Einsatz der Lichtmetapher in philosophischen Abhandlungen einlassen kann, gilt es, die historische und gegenwärtige Bedeutung und Verwendung dieser Metapher allgemein systematisch und chronologisch zu erläutern, um die philosophischen Aussagen im Kontext besser verstehen und einordnen zu können. Ich kann dann besser dem historischen Weg nachempfinden, den die Lichtmetapher in der abendländischen Philosophie gegangen ist.

Die Klärung von dem, was unter *Metapher* verstanden werden kann und hier verstanden werden soll, gilt es vorab anzugehen. Ebenso, was mit *Licht* in diesem Kontext gemeint ist, denn in der Lichtmetapher finden wir sowohl die physische als auch die metaphysische Erscheinung dieses Phänomens. In der philosophischen Lichtmetapher geht es immer um *Erkenntnis, Wissen, Vernunft, Gewissheiten, Wahrheit*, deshalb sollten vorab diese Begrifflichkeiten in einem allgemeinen Verständnis geklärt sein. In einem medienphilosophischen Exkurs wird das *Bild* erläutert, insofern es in der Metapher um ein Bild bzw. eine Bildsprache geht. Es ist ein Wechselspiel zwischen philosophischer und bildlicher Betrachtung, zwischen philosophischen Aussagen und dem Inhalt eines Bildes. Immer soll jedoch von Klärung zu Klärung am Ende benannt sein, in welchem Sinne die Begrifflichkeiten in diesem Buch verwendet werden.

Ein eigenes Kapitel (Kap. 3) ist der philosophischen Gedankenwelt und der sinnlichen Bilderwelt gewidmet, den so unterschiedlichen *Welt-Zugängen*, auf die wir schauen und in der wir uns befinden. Das geistige und das sinnliche Sehen in Worten und Bildern, was verbindet und was unterscheidet sie? Denn genau diese Folie möchte ich in meinen Untersuchungen als Hintergrund mitschwingen lassen.

Weiter geht es mit einer tiefergehenden Eruierung der Lichtmetapher im Allgemeinen und ihrem Einsatz in der Bildenden Kunst sowie mit den frühen *Lichtgestalten* in der griechischen Mythologie. Historisch sind hier Vorstufen für das philosophische Denken zu finden.

Nicht nur der Einsatz der Lichtmetapher ist häufig in der Philosophie zu finden, sondern gerade die Thematisierung derselben gehört zu ihrem Metier, die in der Lichtmetaphysik verortet ist, geht es doch um Erkenntnis und Wissen, um Wahrheit und Gewissheit in der Botschaft dieser Metapher. Die Lichtmetaphysik, die Illuminationstheorie und die Lichtsymbolik sind philosophische Themenfelder, die insbesondere im Mittelalter aufblühten und ganz eigene Philosophien kreierten, fast alle im Kontext christlicher Lehren. Eine stärker naturwissenschaftliche Sicht auf das Licht führte im späten Mittelalter (wieder) weg von der Lichtmetaphysik hin zur philosophischen Lichtmetapher. Diese Theorien, gerade zur Metaphysik, sind jedoch so umfangreich, würden eine eigene Untersuchung rechtfertigen, die ich hier im Rahmen dieser Abhandlung nicht leisten kann und möchte. Sie liegen im Prinzip als historische Arbeiten vor. Auch der Streit um die Einordnung in eine Metaphysik oder eine Theorie des Lichts, der in Diskussionen insbesondere in den 1960er-Jahren ausgetragen wurde, werde ich nur am Rande erwähnen. Denn mein Fokus liegt auf der historischen Aufarbeitung der Lichtmetapher mit ihrem philosophischen Inhalt. Deshalb nur ein recht allgemein gehaltenes Kapitel zu den philosophischen Theorien über das Licht.

Dieser erste Part wird einen größeren Teil des gesamten Projektes umfassen. Trotzdem wird er fragmentarisch bleiben, denn zu vieles wäre zu berichten; allein über den philosophischen Einsatz der Metapher, speziell der Lichtmetapher, gibt es kaum zu zählende Werke. Der zweite Teil der Arbeit, die *historischen Grabungen*, wie ich sie bezeichnen möchte, schließen sich an.

Der zweite große Schritt gilt der Verwendung der Lichtmetapher in der Philosophiegeschichte. In Primärtexten, in denen die Lichtmetapher Anwendung findet, werden die einzelnen Philosophen und Philosophinnen bzw. philosophischen Theorien, systematisch und chronologisch bis zur Gegenwart geordnet, vorgestellt, ebenfalls nur exemplarisch, denn zu viele und zu oft haben sich Philosophen der Lichtmetapher bedient; es würde ansonsten zu starken Redundanzen kommen, wollte ich alles erfassen. Für die exemplarische Analyse habe ich die Texte ausgewählt, die m. E. dominant mit der Lichtmetapher arbeiten und verschiedene Theorien widerspiegeln. Es sind nicht unbedingt die bekanntesten Philosophen; ich habe Wert gelegt auf die Eingliederung von Philosophinnen in dies Geschehen. Von der Recherche der Primärliteratur ausgehend, werden erläuternde Einführungen zu den philosophischen Texten zur Lichtmetapher den Grundstoff bilden.

Ich werde mit dem *Feuer als Ursubstanz* beginnen, also einem vorsokratischen Denken, um anschließend *den Klassiker* der Lichtmetapher, Platon, mit seinen verschiedenen Gleichnissen eingehender zu betrachten. Aristoteles, weniger der Bildsprache als vielmehr der abstrakten, logischen, klassifizierenden Sprache verhaftet, soll nicht übergangen werden.

Historisch folgt die Zeit der Glaubensauseinandersetzungen, der Verquickung von christlicher Lehre und Philosophie, die sich in den göttlichen Lichtquellen zur

Erkenntnis niederschlägt. Im Johannesevangelium, bei Augustinus, Hildegard von Bingen und Thomas von Aquin werde ich hier fündig, so manches Mal allerdings zweifelnd, ob ich die Grenze der Philosophie zur Glaubensoffenbarung nicht unrechtmäßig überschreite.

Ganz eigener Art dann der Einsatz der Lichtgestalten bei Christine de Pizan, denn es sind himmlische Gestalten, das Licht nicht natürlichen Ursprungs, aber dennoch beruft sie sich auf die eigene Vernunft, der sie folgt. Ihre Werke möchte ich vertiefend betrachten, denn sie wagt den Schritt, sich von der christlichen Lehre zu lösen und sich der philosophischen Ethik zuzuwenden. Sie fragt nach den Tugenden, die das konkrete praktische Leben der Menschen bestimmen und zu einer besseren Welt für Frauen mit ihren Lebensbelangen führen sollen.

Es folgt wieder ein Klassiker der Philosophie, Descartes mit seinen *Meditationen*, der nicht wenige *Regeln* und *Ordnungen* mit der Lichtmetapher behaftet.

Schließlich kommt das große Zeitalter der Aufklärung, die Zeit des Lichts, die die dunkle Epoche der Unwissenheit und des Aberglaubens überwinden zu können glaubt. Zur frühen Aufklärungszeit gehört Thomasius, dem mutigen Gelehrten aus Leipzig und Halle, der nicht im Talar und erstmals in deutscher Sprache seine Vorlesungen zur Vernunftlehre hielt und der vom natürlichen Licht der Vernunft spricht. Kant und einige weitere Vertreter der philosophischen Aufklärung werden in den Katalog mit aufgenommen.

Am Ende der historischen Aufarbeitung gilt es noch Nietzsche zu benennen, der im *Zarathustra* wiederum eine eigene Art findet, die Lichtmetapher zu benutzen, sich nicht an die gängigen Regeln hält, sondern eine eigene Welt konstruiert.

Im letzten resümierenden Teil ein Kapitel zum Dialog zwischen Philosophie und Bild im Kontext der Lichtmetapher, ein freies Denken und Assoziieren um das Geschehen von Erkenntnis durch Worte und Bild sind angedacht. Dann noch Auswertung und Fazit, zu welchen Erkenntnissen bin ich gelangt in diesem Fragen und Suchen. Habe ich Antworten gefunden und wenigstens einen Teil meine Neugierde stillen können?

Lektüre von philosophischen Texten, Recherche von Quelltexten und Bildmaterial zum Thema, die Analyse und Interpretation des eruierten Materials werden in den nächsten Jahren meinen Alltag füllen. Ich hoffe auf Erkenntnisgewinn und freue mich auf die Arbeit.

Einige Abgrenzungen, damit es nicht zu falschen Erwartungen kommt: Eine Metaphern-Reflexion grundsätzlicher Art ist hier nicht gemeint und nicht gewollt. *Was ist eine Metapher überhaupt?* möchte ich hier nicht abschließend versuchen zu klären, auch nicht ansatzweise, wohl aber, in welchem Sinne ich den Metaphern-Begriff hier verwenden werde.

Ebenso wenig werde ich die Theorien zur Philosophie des Lichts selbst ausführlich behandeln, wohl aber Allgemeines dazu erläutern. Es handelt sich um eine Recherche ohne Anspruch auf Vollständigkeit; vor allem zur Zeit der Aufklärung, dem Zeitalter des Lichts, kann ich nur einige Beispiele anführen. Mein Fokus liegt auf der Anwendung der Lichtmetapher in der Philosophie, auf die *Art und Weise*, das *Wozu* und mit *welchen Aussagen*.

1 Einleitung

Meine ursprüngliche Planung, in einem ersten Teil vorbereitend allgemeine Klärungen ausführlich vorzunehmen, zur Metapher und zum Licht im philosophischen Kontext allgemein einzuführen in angemessener Kürze, hat sich bei der Arbeit als unrealistisch erwiesen, denn zu umfangreich war die Materialfülle, zu groß meine Wissbegierde. So lag im Ergebnis dann ein zweigeteiltes Werk vor mit einem ersten klärenden und einführenden Inhalt und einem zweiten historischen analytischen Teil. In beiden Teilen beanspruche ich keine Vollständigkeit, sondern einen exemplarischen Einblick mit m. E. wichtigen philosophischen Theorien und Lehren sowie bedeutenden Philosophen und Philosophinnen in der Anwendung der Lichtmetapher für die Erkenntnisfähigkeit des Menschen. In der historischen Analyse, also im zweiten Teil, habe ich Wert auf die Werke von Mystikerinnen und Philosophinnen gelegt, sie ausführlicher behandelt als manch andere Werke, da diese Arbeiten bisher m. E. in der Philosophiegeschichte stark vernachlässigt wurden, zumindest die Werke von Christine de Pizan, und ich auf diesem Wege einen kleinen Beitrag zum Ausgleich für den Ausschluss von Werken von Frauen in den vergangenen Zeiten leisten möchte.

Teil I
Systematische Betrachtungen zur Metapher und zum Licht

In diesem ersten Teil der Arbeit möchte ich die systematischen Aspekte, die sich um die Lichtmetapher gruppieren, erläutern, klären und darlegen. Es geht zum einen um Begriffsklärungen, die sich aus der Themenstellung ergeben und die zum Verständnis des vorliegenden Werkes und zur historischen Analyse im zweiten Teil notwendig sind. Zum anderen möchte ich die Lichtmetapher in ihrem allgemeinen Auftreten in Kultur, Bildender Kunst und Mythologie aufnehmen, um mich anschließend dezidiert auf die philosophischen Theorien des Lichts in Bezug auf Erkenntnis zu konzentrieren. Mir ist der kulturelle Blick wichtig, da sich Philosophie m. E. im Kontext von Kultur entwickelt bzw. die beiden Sphären in Interdependenz zueinanderstehen, der philosophische Denkraum reflektiert den kulturellen und der Kulturraum spiegelt philosophische Aspekte wider und nimmt Elemente philosophischen Inhalts in sich auf. Diese wechselseitige Einflussnahme werde ich in dieser Arbeit nicht weiter gesondert thematisieren, ich setze sie als eine allgemeine Prämisse für mein Arbeiten voraus. Ausführlichere Bemerkungen dazu sind in meinem Buch *Kultur – also sind wir! Eine Einführung in die Kulturphilosophie* von 2016 zu finden.

Ein weiteres Thema werde ich im systematischen Teil aufnehmen: die Betrachtung des geistigen und sinnlichen Sehens. Es ist die Frage nach einer möglichen Verbindung von Bild und Gedanke in der philosophischen Betrachtung und ggf. philosophischen Aussage, was insbesondere in der Metapher zum Ausdruck kommt.

Der systematische Teil insgesamt bildet die Grundfolie für die analysierende Arbeit der Philosophiegeschichte zur Lichtmetapher der Erkenntnis im zweiten Teil.

Klärungen 2

Inhaltsverzeichnis

2.1 Die Metapher – nur eine Sprache in Bildern? 14
2.2 Das Licht – eine physische und metaphysische Erscheinung 24
2.3 Die Erkenntnis, das Wissen, die Wahrheit und die Vernunft 29
2.4 Das Bild in vielgestaltiger Form und Sprache, ein medienphilosophischer Exkurs 38

Bevor ich mit der konkreten inhaltlichen Arbeit beginne, möchte ich Begrifflichkeiten klären, mit denen ich operieren werde, denn nur in einer Transparenz der Wortbedeutungen gibt es Verstehen und Kommunikation. In welcher Bedeutung verwende ich Erkenntnis, Wahrheit, Wissen, Vernunft …? Was ist mit Metapher im engeren und in einem erweiterten Sinne gemeint? Was verstehe ich unter einem Bild? Die Klärung der Begriffe birgt erst die Möglichkeit der Annäherung durch eine verstehende Sprache. Im philosophisch-wissenschaftlichen Diskurs ist dies unabdingbar, möchte ich doch die Chancen der Verständlichkeit weitestgehend hochhalten.

Es reicht nicht aus, nur mein Begriffsverstehen darzulegen, mit dem ich operieren werde, der Blick in ein allgemeineres Verständnis von Philosophie und Wissenschaft ist notwendig, da ich aus historischen Texten schöpfen werde. Deswegen, nur eine fachlich-historische Klärung ebnet den Weg vom adäquaten Verstehen und Einordnen hin zur Analyse.

Daher gehe ich über eine direkte, unmittelbare Klärung hinaus, nehme historische und systematische Prozesse mit auf, werte und fasse zusammen. Dies ist für den historischen Teil des Projektes unabdingbar.

2.1 Die Metapher – nur eine Sprache in Bildern?

Mit der Metapher nehmen wir die Übertragung eines sprachlichen Ausdrucks vor, sei es die Übertragung einer sinnlichen Erfahrung, einer bestimmten Bedeutung oder eines Verstehens menschlichen Handelns und Verhaltens. Wir übertragen etwas auf einen anderen Begriff, auf eine Redewendung, auf ein Sprichwort, auf einen anderen Sachverhalt. Wir benutzen Metaphern sowohl in der Alltags- als auch in der Wissenschaftssprache; sie gehören zu unserem selbstverständlichen Sprachgebrauch, oftmals unbewusst und unreflektiert. Metaphern bilden einen eigenen Sprachcode, über den wir uns über die Welt und unsere Erfahrungen in ihr verständigen.

Natürlich ist die Metapher auch Gegenstand der Linguistik, ebenso der Sozialwissenschaften und der Psychologie. Jede Disziplin nimmt eigene Analysen und Kategorisierungen vor, erforscht den Bestand, den Wandel und die Wirksamkeit. Neue Metaphern im Sprachcode von Jugendlichen, als Kritik an gesellschaftliche Wandlungsprozesse, zum Wertewandel im öffentlichen oder privaten Leben, zur Bezeichnung neuer technologischer Errungenschaften, es gibt kaum einen Lebens- und Wissenschaftsbereich, in dem der Einsatz von Metaphern nicht zu finden wäre.

In der Metapher wird eine Bedeutung übertragen, d. h. ein Begriff mit einer bestimmten Bedeutung wird für einen anderen Sachverhalt benutzt bzw. auf diesen Sachverhalt übertragen, um damit die Bedeutung dieses Begriffs auf diesen anderen Sachverhalt anzuwenden. Die vielleicht bekannteste Metapher, die wir ganz selbstverständlich anwenden und selten reflektieren, ist die Metapher *Quelle*, wenn wir *Ursache* meinen. Beispiel: *Das ist die Quelle allen Übels*, womit wir auf die Ursache des Übels verweisen. Eine sachliche, gedankliche oder bildliche Ähnlichkeit wird gesehen und in der Anwendung des Begriffs auf das Ähnliche übertragen. Es wird nicht ein Wortbegriff durch einen Bildbegriff ersetzt, sondern eine Bedeutung übertragen. In der Metapher geht es nicht um den eingesetzten Gegenstand, sondern um die Imagination, die sich mit dem Bildwort verbindet.

Die einfache Übersetzung aus dem altgriechischen μεταφορά heißt *Übertragung*. Wir benutzen die Übertragung eines Wortes in eine andere sprachliche Ausdrucksweise, um einer Sache Bedeutung zu verleihen, um etwas zu betonen, vielleicht als Stilmittel, wie Aristoteles es analysiert, oder zur Erläuterung eines Sachverhaltes, der in einer *Bildsprache* verständlicher zu sein scheint. Vielleicht fehlt eine exakte Begrifflichkeit für einen Sachverhalt und so müssen wir zu Mitteln greifen, um uns trotz der fehlenden Begriffe verständlich zu machen. Wir können dann vergleichen: *so wie dies ist das*. Aber der Vergleich verlangt die gedankliche Abstraktion des *wie*. Durch eine Trope, d. h. durch einen bildlichen Ausdruck im übertragenen Sinne, wie ihn die Metapher einsetzt, fällt uns das Verstehen leichter, da wir gedanklich mit Bildern arbeiten. Die Sprachnot von fehlenden Begriffen und die geistigen Probleme bei der Erfassung schwieriger Sachverhalte, vor allem aus dem metaphysischen Kontext und bei der Abstraktion, haben uns Menschen in unserer Kultur zur Ausbildung einer Metaphern-Sprache geführt.

2.1 Die Metapher – nur eine Sprache in Bildern?

Metaphern sind Sprachbilder oder bildhafte Sprachformen, aber sie dienen nicht der Illustration. Sie sollen den Transfer schaffen vom bildlichen zum begrifflichen Wort, nur fehlt ihnen die Eindeutigkeit und Ausschließlichkeit von sprachlichen Begrifflichkeiten.

Klare Definitionen mit dem Einsatz von Metaphern sind selten möglich, da der Inhalt der Metapher zumeist komplex ist. Wir benutzen mit den Metaphern eine Bildersprache, aber Bilder sprechen zu uns in vielfältigen Formen und komplexen Inhalten. Die klare Eindeutigkeit fehlt zumeist, und trotzdem verstehen wir sie gut und benutzen sie gerne. Sie dienen zur Erklärung und Erläuterung bei schwierigen und abstrakten Sachverhalten, da die Inhalte in der Bildsprache vereinfacht werden bzw. in einem Bild zusammengefasst werden. Erfahrungen beziehen sich auf komplexe Sachverhalte, auf Erlebtes im Alltagsgeschehen oder in besonderen Ereignissen.

Ein Blick in Lexika und Fachliteratur erweitert die Perspektive auf das Verständnis von Metaphern. Weiter und allgemeiner gefasst wird die Metapher in der Brockhaus Enzyklopädie. „Die Metapher ist besonderes Kennzeichen schöpferischer Fantasie, sie kann für den Grad der Versinnlichung und der Vergeistigung einer Aussage bedeutsam sein." (Metapher. 1991. In: Brockhaus, Bd. 14. S. 521)

Bei der *Vergeistigung* handelt es sich um eine Vorstellungs- und Bedeutungsaussage.

Metaphern haben ihre Anwendung in Wissenschaft und Philosophie gefunden. Sie gehören zum „figurativen Bestand philosophischen Denkens" oder sie sind „Figuren des Wissens", wie es im Vorwort des *Wörterbuch[s] der philosophischen Metaphern* (2007) von Konersmann heißt. Er betont hier einleitend, dass es in der Philosophie immer wieder Versuche gab, ein Sammelwerk der Metaphern anzulegen, um nicht nur ihren Bestand und ihre Verwendung zu dokumentieren, sondern um dem Bedeutungswandel von Worten nachgehen zu können.

> „Von SOKRATES und SENECA bis zu HOBBES, BERKELEY und HEGEL reichen die Versuche, das Wissen der wahren Wissenschaft von dem abzusetzen, worin es sich darstellt, und Denken und Sprechen, *ratio* und *oratio* strikt getrennt zu halten. Der Geist soll sich frei entfalten, unbeirrt von den Bedeutungsschwankungen der Wörter und ungehindert von der Autorität der Schrift." (Konersmann. 2007b. S. 7)

Demnach würde der Einsatz der Metapher in bestimmten Sachverhalten darauf zielen, zu mehr Eindeutigkeit und Klarheit in der Vermittlung des Gemeinten zu führen. Wenn die Bedeutung von Worten einem kulturellen Wandel unterliegt, davon gehe ich aus, so würden die gleichen Worte, zu anderen Zeiten gesagt oder geschrieben, einen modifizierten Inhalt vermitteln. In der Wissenschaft sollte jedoch *wahres Wissen* unverfälscht erhalten bleiben, Bestand haben und kommuniziert werden können, so die alte Forderung. Das Problem in diesem *alten* Denken ist jedoch die Annahme, dass die Bedeutung einer Metapher keinen Schwankungen unterliegen würde. Davon gehen wir heute nicht mehr aus. Wissen erweitert sich, Wissenschaft erhebt nicht den Anspruch einer ewigen Allgemeingültigkeit, die Sprache ändert sich, Wortbedeutungen wandeln sich, alte Werte werden in ihrer Bedeutung neu bestimmt, neue Werte deklariert; die Bildsprache, ihre ungesehenen Elemente wie auch die Bedeutung der Bildsprache überhaupt passt sich dem kulturellen Wandlungsprozess an. Metaphern bedienen sich der Sprache, die sich wandelt, wie auch die Aussage der Metapher der Veränderung unterliegt.

Von Johann Georg Sulzer (1720–1779) wurde der Metapher eine Wertschätzung entgegengebracht, die ihre zukünftige Verwendung in der Philosophie stark festigen sollte. Durch *die in die Sprache eingesenkten Bilder* wird der Geist angeregt, *der Scharfsinn, die Findigkeit und Einbildungskraft* des Denkens gefördert. Durch die Sammlung und Publizierung von Metaphern gehen sie als legitime Sprachform in die Philosophie ein und begründen eine *Metapherngeschichte als Quellenkorpus einer historischen Anthropologie*. (Vgl. Konersmann. 2007b. S. 8 f.)

Konersmann ist es nun ca. 250 Jahre später gelungen, ein solches Lexikon der philosophischen Metaphern zu erarbeiten und damit eine Grundlage für weitere Forschungen und Diskurse um das Metaphern-Geschehen anzulegen.

Gehen wir in die Anfänge der Philosophiegeschichte des Abendlandes zurück, lesen, was mit *Metapher* gemeint ist, so stoßen wir auf Aristoteles, der in der *Poetik* und *Rhetorik* ausführt, was er unter *Metapher* versteht und in welchem Sinne sie Verwendung findet bzw. finden soll. Ganz in aristotelischer Manier haben wir eine dezidierte Analyse um das Geschehen und die Bedeutung von Metaphern, nur geht es ihm nicht um die Erfassung der verwendeten Metaphern, die vielleicht schon in der Antike geläufig waren, sondern um das Wesen der Metapher und um ihren adäquaten Einsatz. Für ihn scheint es selbstverständlich, dass in der Philosophie die Kreation neuer Metaphern geübt wird und ihr Gebrauch zum *Werkzeug* der philosophischen Rede gehört.

In der *Poetik* nimmt er zunächst eine Analyse der Dichtkunst vor, in Abgrenzung zur Geschichtsschreibung, wobei die Philosophie eher der Dichtung zuzuordnen sei. Er betrachtet im Einzelnen die Komödie und die Tragödie, die letztere ist die bedeutendere von Beiden, des Weiteren das Drama und das Epos, die Zusammensetzungen der Dichtungen mit Handlungen, Charakteren, Wiederkennung und Wiederholung, Rhythmus und vieles mehr. Mit der Analyse verquickt gibt Aristoteles Anweisungen zum Aufbau und Gestaltung eines dichterischen Werkes, worauf zu achten und was zu vermeiden sei. Seine Hinweise sind vor allem technischer Art, der Bildungsaspekt mit z. B. moralischen Implikationen bleibt hier weitgehend außen vor.

Dann folgen die Ausführungen zur Sprache, beginnend mit dem Buchstaben bis hin zum Satz. Die *Wörter* folgen in der Analyse und hier führt er differenziert aus, was er unter einer *Metapher* versteht. Demnach ist diese weder ein üblicher Ausdruck noch eine Glosse, sondern eine Übertragung:

„Jedes Wort ist entweder ein üblicher Ausdruck, oder eine Glosse, oder eine Metapher, oder ein Schmuckwort, oder eine Neubildung, oder eine Erweiterung, oder eine Verkürzung, oder eine Abwandlung.
[…]
Eine Metapher ist die Übertragung eines Wortes (das somit in uneigentlicher Bedeutung verwendet wird), und zwar entweder von der Gattung auf die Art oder von der Art auf die Gattung, oder von einer Art auf eine andere, oder nach den Regeln der Analogie." (Aristoteles. Poetik. 1457 b/67)

2.1 Die Metapher – nur eine Sprache in Bildern?

Übertragung meint jedoch nicht Ersatz. Die Metapher ist das Ergebnis dieses Übertragungsprozesses. „Unter ‚Übertragung' ist nicht etwa das Ersetzen, die Substitution, gemeint; es ist vielmehr ein semantischer Prozess angesprochen, der es erlaubt, diese Ersetzung vorzunehmen, bzw. der das Band sichtbar macht, das die Bedeutung des ersetzten mit der des metaphorischen Ausdrucks verknüpft [...]" (Müller-Richter / Larcati. 1996. S. 54.)

Aristotles unterscheidet vier Arten von Wortübertragungen:

- von der Gattung zur Art
- von der Art zur Gattung
- von einer Art zu einer anderen Art
- die Analogie.

Als Beispiel für Gattung können wir *Lebewesen* nennen, mit den Arten *Mensch*, *Tier* und *Pflanze*. Nach Aristoteles sollten Metaphern, um stilistisch gut eingesetzt zu werden und Spannung zu erzeugen, Gegensätzliches übertragen, also z. B. Unbelebtes in Belebtes oder umgekehrt. Ein Beispiel für den Einsatz von Gattung und Art, hier Art als Art und Weise, als Adjektiv, verstanden:

> „Von der Gattung auf die Art, darunter verstehe ich z. B. ‚Mein Schiff steht still'; das Vor-Anker-Liegen ist nämlich eine Art Stillstehen. Von der Art auf die Gattung: ‚Wahrhaftig, zehntausend gute Dinge hat Odysseus schon verbracht'; zehntausend ist nämlich viel, und an Stelle von ‚viel' wird das Wort hier verwendet." (Aristoteles. Poetik. 1457 b/67 f.)

Bei der Analogie setzt Aristoteles verschiedene *Größen* in ein Verhältnis, z. B. die zweite zur ersten Größe und die vierte zur dritten, um dann in der Dichtung bzw. Metapher durch den Austausch der Größen, die 4. statt der 2. oder die 2. statt der 4. Größe, die Übertragung vorzunehmen. In Buchstaben ausgedrückt: b zu a und d zu c, in der Übertragung dann d statt b oder b statt d.

Die Analogie-Metapher als Formel:

$$b \text{ zu } a \text{ und } d \text{ zu } c$$
$$\text{wie } d \text{ zu } a \text{ und } b \text{ zu } c = \text{Metapher}$$
$$\text{oder wie } a \text{ zu } d \text{ und } c \text{ zu } b = \text{Metapher}.$$

Als Beispiel zur Analogie führt er an:

> „... das Alter [a] verhält sich zum Leben [b], wie der Abend [c] zum Tag [d]; der Dichter nennt also den Abend ‚Alter [a] des Tages [d]', oder, wie Empedokles, das Alter ‚Abend [c] des Lebens [b]' oder ‚Sonnenuntergang des Lebens'." (Aristoteles. Poetik. 1457 b/69)

Als Formel dargelegt:

$$\text{Alter } a \text{ zu Leben } b \text{ wie Abend } c \text{ zum Tag } d$$
$$\text{Alter } a \text{ des Tages } d = \text{Metapher}$$
$$\text{Abend } c \text{ des Lebens } b = \text{Metapher}$$

In diesem Kapitel findet sich zum ersten Mal ein konkreter Hinweis auf die Lichtmetapher, die Aristoteles in die Kategorie der Analogie einreiht.

> „So heißt z. B. das Ausstreuen von Samen ‚säen'; für die Tätigkeit der Sonne hingegen, die ihr Licht ausstreut, gibt es keine spezielle Bezeichnung. Doch verhält sich diese Tätigkeit ähnlich zum Sonnenlicht wie das Säen zum Samen; man hat daher gesagt: ‚Säend das göttliche Licht'." (Aristoteles. Poetik. 1457 b/69)

Als Formel dargelegt:

> Samen a zu säen b wie Licht c zu streuen d
> Säend b das göttliche Licht c = Metapher

Aristoteles benennt das Problem, das für die Tätigkeit der Sonne, ihr Licht auszustreuen, eine eigene Bezeichnung fehlt. *Die Sonne streut ihr Licht aus* klingt ungewöhnlich und fremd. *Die Sonne scheint* meint einen anderen Sachverhalt.

Da die Quelle dieser Sonnen-Licht-Metapher, und damit der Kontext, nicht bekannt ist, sondern nur als Beispiel ausgeführt wird, können wir über die Bedeutung dieser Aussage nur Vermutungen äußern. Das Licht wird als ein *göttliches Licht* bezeichnet, das (von einem Sonnengott) gesät wird, so könnte es sich vielleicht um die geistige Erkenntnis handeln, die mit Samen und säen in dieser Analogie gemeint wäre.

In der weiteren Analyse des Wortes zur Klärung des Verständnisses von Metapher bezeichnet Aristoteles diese als einen *fremdartigen Ausdruck* in Unterscheidung zum gewöhnlichen oder üblichen. Der Einsatz der Metapher als sprachliche Form sei *erhaben*, bemerkt er. Zum Rätsel wird das *Erzeugnis*, wenn es sich nur aus Metaphern zusammensetzt.

> „Denn das Wesen des Rätsels besteht darin, unvereinbare Wörter miteinander zu verknüpfen und hiermit gleichwohl etwas wirklich Vorhandenes zu bezeichnen. Dies lässt sich nicht erreichen, wenn man andere Arten von Wörtern zusammenfügt, wohl aber, wenn es Metaphern sind, z. B. ‚Ich sah einen Mann, der mit Feuer Erz auf einen Mann klebte' und dergleichen mehr." (Aristoteles. Poetik. 1458 b/73)

Die Lösung des Rätsels: das Schröpfen, für das es in der Antike keine eigene Begrifflichkeit gab. Es ist Kleobuline, die älteste uns bekannte Vorsokratikerin, auf die dieses Rätsel zurückgeht. Detailliertere Ausführungen zu dieser frühen Philosophin aus der Zeit der *Sieben Weisen der griechischen Antike* und zum Wesen von Rätseln, wie es Aristoteles analysiert, finden sich in meinem Buch *Philosophinnen der griechischen Antike. Eine Spurensuche* (Nühlen. 2021. S. 108–115.)

Metaphern, Glossen etc., unpassend verwendet, würden zum Lachen führen, könnten demnach gezielt in Komödien oder einer Spottrede eingesetzt werden, um etwas oder jemanden ins Lächerliche zu ziehen. (Vgl. Aristoteles. Poetik. 1459 a/75)

Es kommt auf die richtige Verwendung der Metapher an, ob zur Erklärung, zur Demonstration oder zum Gespött, das Wichtigste aber ist es, die passende Metapher überhaupt zu finden.

2.1 Die Metapher – nur eine Sprache in Bildern?

> „Denn dies ist das Einzige, das man nicht von einem anderen erlernen kann, und ein Zeichen von Begabung. Denn gute Metaphern zu bilden bedeutet, dass man Ähnlichkeiten zu erkennen vermag." (Aristoteles. Poetik. 1459 a/77)

Vielleicht hat diese letzte Bemerkung dazu beigetragen, dass die Metapher in der Philosophie eine so reiche Verwendung fand, denn sie war immerhin gemäß dem großen Philosophen ein Zeichen von Begabung, nicht gelernt, sondern von angeborener Intelligenz, geht es doch bei der Kennzeichnung von Ähnlichkeiten um die Denkleistung der Abstraktion.

Welche weiteren Gedanken finden wir in seiner *Rhetorik*, in seiner *Theorie der Beredsamkeit*? Hier geht es um den stilvollen Einsatz von Metaphern, um in der Rede zu überzeugen. Deshalb sollte die Metapher zur gleichen Klassifizierung des Gemeinten gehören, also z. B. zum Besonderen oder zum Alltäglichen. Eine in der Aussprache wohlklingende Metapher erhält mehr Aufmerksamkeit als eine hässlich klingende; dies gilt auch für die Analogie. Man wähle für das Hässliche eine ebensolche Metapher, für das Gute und Schöne aber eine solche, die an das Gute und Schöne anknüpft. Erst wenn diese *Spielregeln* eingehalten werden, insgesamt gibt Aristoteles noch mehr Hinweise, können Metaphern sehr erfolgreich in der Rhetorik angewendet werden.

In erster Linie werden in diesem aristotelischen Werk Anweisungen zur rechten Bildung und richtigen Anwendung der Metapher in der Rede gegeben. Er nennt zwar Beispiele aus der antiken Dichtung, aber bezieht sich nicht unbedingt auf häufig benutzte und zur kulturellen Tradition gehörende Metaphern, sondern er fordert zur Neubildung von diesen auf. Die Ausführungen in der *Rhetorik* beziehen sich hauptsächlich auf gelungene und fehlerhafte Benutzung, Substanzielles zur Metapher an sich ist hier kaum zu finden. Manches wiederholt sich aus der *Poetik*, anderes wird mit weiteren Beispielen demonstriert und die verschiedenen Arten von Metaphern und dessen Einsatz näher erläutert. Wichtig ist ihm der intelligente Gebrauch. Am stärksten fokussiert er sich auf die Analogie mit dem *Vor-Augen-Führen*. Er nennt ein Beispiel von Perikles: „die im Krieg gefallene Jugend sei aus der Stadt so verschwunden, wie wenn jemand den Frühling aus dem Jahr wegnähme." (Aristotles. Rhetorik. 1411 a)

In seiner Auflistung nennt Aristotles des Weiteren die Metaphern, die auf verwandte Dinge beruhen, auch wenn dies auf den ersten Blick nicht ersichtlich sei; hier ist also wieder die Intelligenz des Redners und der Zuhörenden gefragt, ebenso wie bei dem Einsatz mit einer hinzukommenden Täuschung oder zur Irritation. Metaphern arbeiten mit Antonymen, mit Gegensätzlichkeiten. In der Lichtmetapher ist es die Finsternis, die dem Licht immer wieder gegenübergestellt wird und womit wir eigene Vorstellungen verbinden. Vor allem bildliche Vergleiche, seien sie aus der Tier- oder Pflanzenwelt, von Gegenständen des Alltags oder aus dem Kultischen, seien es Naturereignisse oder aus dem Leben, sie sind eindrucksvoll und überzeugend. Er nennt Sprichwörter, wenn von einer Spezies auf die andere übertragen wird und schließlich noch die Hyperbeln, die maßlosen Übertreibungen, wie etwa *Sand am Meer* oder *himmelhoch*, die als Metaphern herhalten können.

Einen weiteren Hinweis auf die Lichtmetapher finde ich in dem Beispiel „Gott habe den Verstand als ein Licht in der Seele angezündet" (Aristoteles. Rhetorik. 1411 b); es gehört für ihn zur Kategorie des *Vor-Augen-Führens*.

Soweit die Schriften zur Metapher von Aristoteles, die als Begriffsverständnis und in der Anwendung für die griechische Antike gelten können, aber ebenso in ihrer Bedeutung bis in die Gegenwart reichen. Der aristotelische Metapher-Begriff ist sehr weit gefasst, Symbole und Metonymien sind bei ihm mit inbegriffen, was heute zum Teil anders kategorisiert wird. In der Analyse der Benutzung der Lichtmetapher werde ich Kriterien aus der aristotelischen Bestimmung mit verwenden, denn gerade in der Philosophiegeschichte von der Antike bis zur Neuzeit war Aristoteles *der* bestimmende Lehrmeister, dienten seine Werke als Grundlage und Vorlage in der Philosophie.

Der Gebrauch und das Verständnis, dass es sich bei der Metapher nur um eine Übertragung handelt, finden wir immer wieder in der Philosophiegeschichte bis zum heutigen Tag, obwohl die Philosophie, wie wir gesehen haben, im Laufe ihrer Geschichte mehr dazu zu sagen hatte.

Neben der Metapher kennen wir die Bildsprache der Symbole, indem ein bestimmtes Zeichen oder ein einfaches Bild für eine Bedeutung eingesetzt wird. Das Verstehen dieser Bildsprache ist ebenfalls kultur-kontextlich gebunden. Die Symbolsprache ist klarer, konkreter und unmittelbarer als die Metapher. In der bildenden Kunst finden wir eine verstärkte Anwendung von Symbolen, denn sie lassen sich zumeist plastisch beziehungsweise bildnerisch einfacher darstellen.

So auch die Metonymie, was den Austausch von Namen bzw. Begriffen meint. Der eigentliche Ausdruck wird durch einen anderen ersetzt, der in naher sachlicher Beziehung zu diesem steht. Wenn ich z. B. sage: *ich lese Kant*, so meine ich natürlich, dass ich ein Werk von Immanuel Kant lese.

Der Gebrauch der Metapher, die verschiedenen Arten ihrer Bildung und ihre Funktionen ist durch Aristoteles zunächst hinreichend geklärt, wie mir scheint. Im Mittelalter treten nun ontologische Fragen zum Verhältnis des Physischen zum Metaphysischen auf, mit den Augen Sichtbares zum mit dem Geist Sichtbaren, die *Metapher wird Gegenstand metaphysischer Auseinandersetzung*. Hinzu kommen Betrachtungen theologisch-spirituellen und logischen Denkens. (Vgl. Müller-Richter / Larcati. 1996. S. 76.) Die Positionen im Mittelalter sind nicht einheitlich, wie die Autoren Müller-Richter und Larcati meinen. Sie stellen dazu vier Thesen auf.

- Die Metapher in ihrer Bildsprache ist eine „natürliche und unverzichtbare Form des Ausdrucks" einer überzeugenden Bibelauslegung in der theologischen Praxis. Sie stellt „ein fundamentales bibelphilologisches Organon zur Interpretation der Heiligen Schrift" dar.
- Die Metapher setzt das Seiende in einen Bezug zu einem spirituellen Sinn, überschreitet das Physische. Hier wird die erkenntnismetaphysische Dimension der Problematik deutlich.
- Der analoge Aufbau der Metapher „avanciert zu einem kosmisch-ontologischen Grundprinzip". Dem Sein des Kosmos liegt ein analogisches Verhältnis zugrunde, wie es in der Metapher gegeben sein kann.

- „Die vierte These betrifft die Relation des *Logos* auf den Kosmos und die sprachtheoretischen Folgerungen, die sich aus diesem Verhältnis ableiten lassen." (Müller-Richter / Larcati. 1996. S. 77)

Die Diskussionen im Mittelalter ranken sich um die Klärung, inwieweit göttliches Denken und Schaffen, wie wir es in der Bibel lesen und in der Welt erfahren, vom Menschen wirklich zu verstehen sei, oder ob es nicht doch für den Menschen bis ins Letzte hinein ein Geheimnis bleibt. Die Welt ist von Gott geschaffen, zeigt in all ihrem Sein die unvergleichliche Schöpferkraft Gottes. Wir Menschen erleben diese physische Welt in ihrer unendlichen Vielfalt und erkennen die geistige Großartigkeit dieses Gottes. Materie und Geist sind durch das Band der Schöpfung verbunden und ebenso verhält es sich bei der Metapher, die zwei ontische Ebenen miteinander verbindet. In diesem religiösen Denkmodell können wir die platonische Ideenlehre in einer neuplatonischen Variante erkennen.

Die Metapher soll zur Wahrheitsfindung beitragen, zur Erkenntnis führen, aber kann sie tatsächlich mit ihrem Band vom Physisch-Seienden zum geistigen Erkennen von Wahrem vermitteln, so dass der Mensch es versteht? Analogie in diesem Sinne wäre eine sich vorzustellende sinnlich wahrnehmbare Sache in Verbindung zu einem nicht sinnlichen Intelligiblen, welches sich im physischen Abbild zeigt.

Im Mittelalter entwickelt sich der Universalien-Nominalismus-Streit zu einem dynamischen philosophischen Diskurs, von dem auch die Bedeutung der Metapher betroffen ist. Wenn es also um Analogien geht, wie Aristoteles sie ausführt, so muss geklärt sein, ob es sich auf beiden Seiten des Analogen um eine Seinsform, gleicher oder anderer Art, handelt, dies würde in die Metaphysik fallen, oder ob mit dem Einen der bezeichnete Sachverhalt und mit dem Anderen ein geistiges Konstrukt des menschlichen Denkens gemeint sind. Wenn wir mit Worten über den Kosmos reden, inwiefern treffen diese Worte den Sachverhalt des Kosmos? Bildet die Struktur der Sprache die Struktur des Kosmos ab? Gibt es diese Ähnlichkeit zwischen der Welt des Kosmos und der Welt des Denkens und der Sprache? Noch weiterführend wäre die Frage, ob die Sprache überhaupt unser Denken widerzuspiegeln vermag. Diese Fragen sind so grundlegend, dass sie uns heute noch in der Philosophie beschäftigten. Wenn wir die Lichtmetapher später im Konkreten betrachten, werden diese Fragen bei der Analyse von Bedeutung sein. Aber gültige Antworten auf diese tiefen Fragen werden nur vorläufig bleiben.

In der Zeit der Aufklärung wird u. a. von Kant die Diskussion um die Bedeutung der Metapher in der Philosophie wieder aufgegriffen. Er kritisiert deren Einsatz, da dieser nicht zur Beweisführung herhalten kann. Aber Kant erkennt einen ganz eigenen Wert, der in ihr liegt.

„Metaphern dürfen nicht nur sein, sie sollen auch sein. Ihre Domäne ist das Durchscheinende, die Zone des Übergangs zwischen vollkommener Opazität und reiner Transparenz. Der Schleier, von dem Kant an dieser Stelle spricht, ist nicht der Schleier der Natur, der die Evidenz der Wahrheit verbirgt, sondern der Schleier der Worte, der die unsichtbare Wahrheit sehen lässt und sprachlich enthüllt. Ist diese Umwertung erst einmal vollzogen, ist zugleich klargestellt, dass der figurative Bestand der philosophischen Sprache mehr ist als nur Beiwerk, das überwunden werden muss." (Konersmann. 2007b. S. 11)

Mehr über die Epoche der Aufklärung und dem großen Philosophen ist dann an gegebener Stelle im historischen Teil zu lesen.

Aus der gegenwärtigen Diskussion sei noch auf Ekkehard Martens verwiesen, der in der Metapher ebenfalls mehr als eine bloße Übertragung sieht. Die Benutzung beruht auf reale Erfahrungen, vielleicht vergessene oder verdrängte, die trotzdem in ihr zum Ausdruck gebracht werden, schreibt er. „Erfahrungen unserer gesellschaftlichen Wirklichkeit" können darin zum Ausdruck kommen, in Metaphern kann man sogar „Leitvorstellungen einer ganzen Zeitepoche ablesen". (Martens. 1991. S. 7) Als Beispiel nimmt dieser Gegenwartsphilosoph Ausdrucksweisen zum Erleben von Zeit wie *Zeit einsparen* oder etwas *kostet Zeit*. In aller Ausführlichkeit geht er der Netz- und Spinnen-Metapher für die kreative Schaffenskraft des Menschen nach, widmet diesem Gegenstandsbereich das gesamte Buch, was hier aber nicht weiter von Belang ist, da es nicht um die Lichtmetapher geht.

Folgen wir den Gedanken Martens, so stünde das Licht als Leitvorstellung für die ganze Epoche des Zeitalters der Aufklärung im 18. und 19. Jahrhundert. Die Erfahrung, erst durch das Licht etwas zu sehen, was zuvor im Dunkeln lag, kennt jeder Mensch. Wir reflektieren diese Erfahrung nicht, da sie von Kindheit an selbstverständlich ist.

Bei Martens heißt es zudem in seiner Abhandlung über das kreative Denken und Handeln: „Sie [die Metaphern] sind keineswegs bloß ‚übertragene Bedeutungen' eines poetischen oder ‚uneigentlichen' Sprachgebrauchs und verführen auch nicht durchweg lediglich zu unklarem Denken und unüberlegtem Handeln." (Martens. 1991. S. 7) Damit distanziert er sich von einem naiven traditionellen Denken über Metaphern in der Philosophie.

Bei Richard Sennett finde ich den Hinweis, dass Metaphern unterschiedliche Dinge in einem Bild miteinander verbinden und die Bedeutung der Einzelteile bzw. der Summe der Einzelteile erweitern. In der Metapher kann die Bedeutung des Ganzen größer sein als das Ganze ihrer Teile. Sie ersetzen nicht einzelne Worte im Sinne einer Metonymie und sie widersetzen sich einem wörtlichen Verständnis. Erklärungen der Teile der Metapher führen nicht zum Erkenntnisgewinn, da die Metapher eine eigene Bedeutung entwickelt hat. Die *evozierende Kraft des Bildes* geht verloren, wenn die Teile des Bildes erklärt werden. (Vgl. Sennett, 1995, S. 100 f.)

Im allgemeinen philosophischen Denken tragen Metaphern den Mangel der gedanklichen Unschärfe in sich, da sie eben nur zur Übertragung und nicht zu einer präzisen Benennung eingesetzt werden. Sie zeichnen sich aber oftmals durch ihre Verbindung zur sinnlichen Wahrnehmung (Bild, Gegenstand, Erlebtes …) und durch ihre Komplexität in der Bedeutung aus. Sie greifen weiter als ein präziser Begriff; es schwingen mehr Inhalte bzw. Bedeutungsnuancen mit, die einen gedanklich größeren Spielraum zulassen. Der Einsatz von Metaphern ist ein kreativer Denkprozess, der das Spektrum philosophischen Arbeitens ungeheuer erweitert, Aussagen Gestalt gibt und somit gestaltend wirkt.

Jede Kultur, so scheint es, bildet eine eigene Sprache der Metaphern aus, deren Verstehen kulturabhängig ist, so wie die Bedeutung von Wörtern in einer Sprache immer nur im jeweiligen Kulturkreis am besten verstanden werden kann.

2.1 Die Metapher – nur eine Sprache in Bildern?

Gibt es eine Verständigung durch Metaphern über die kulturellen Grenzen hinaus? Da manche Metaphern weit in die Geschichte zurückreichen, haben sich manche mit der Christianisierung und Europäisierung praktisch in fast allen Kulturen verankert, wenn auch zeit- und ortsabhängig mit graduellen Unterschieden.

Die Anwendung einiger Metaphern könnte aber auch archaischen Ursprungs sein und auf archetypisch-anthropologische Grundwahrnehmungen und Grunderfahrung von Welt verweisen. Bei der Lichtmetapher könnte es sich um ein solches Phänomen handeln, wenn auch nicht in den speziellen philosophischen Bedeutungen. Mit der Lichtmetapher nehmen wir die Übertragung der sinnlichen Wahrnehmung des Sehens vor, indem wir diese Wahrnehmung auf ein menschliches Handeln, Verhalten oder gedankliches Verstehen übertragen. Metaphern haben die Funktion, etwas erkenntlich oder erkenntlicher zu machen, was zuvor nicht oder nur bedingt verständlich war. In der Philosophie ist die Metapher aber weit mehr.

Zusammenfassend können wir allgemein zur Metapher festhalten, dass es sich bei ihr um eine Bedeutungsübertragung handelt, d. h. um eine Übertragung

- eines sprachlichen Ausdrucks,
- einer sinnlichen Erfahrung,
- eines Gedankens oder
- eines Verstehens einer menschlichen Handlung.

Die Metapher

- verbindet verschiedene ontische Ebenen miteinander,
- ist Kennzeichen von Intelligenz und Kreativität,
- kommuniziert in kunstvoller, poetischer Sprache,
- ist ein geistiges Konstrukt,
- soll Wahrheiten zeigen, zumindest zur Wahrheitsfindung und Erkenntnis beitragen,
- soll Klärungen herbeiführen.

Die Metapher kann auf reale Erfahrungen beruhen,

- die zum Ausdruck gebracht werden,
- die gesellschaftliche Wirklichkeit widerspiegeln.

Die Metaphern stehen in einem kulturellen Kontext,

- können die Leitvorstellungen einer Epoche abbilden,
- können interkultureller Art sein,
- können auf archetypisch-anthropologische Grundwahrnehmungen und Grunderfahrungen beruhen.

Resümierend können wir festhalten, dass Metaphern im philosophischen Kontext weit mehr sind als bloße Übertragungen. Sie entfalten eine eigene Wirkmächtigkeit des Denkens und Handelns. Metaphern erweitern den Denkraum der abstrakten Begrifflichkeiten in eine vielfältige Welt von Wortbildern mit eigener Bedeutungskraft, die sich aus der sinnlich erfahrbaren Wirklichkeit speisen können, aus gedanklichen Bildkonstruktionen, aus kreativen Schaffensprozessen, aus Ähnlichkeiten oder Gegensätzen, aus Irritationen und Täuschungen, aus Vergleichen und Abgrenzungen. Vor allem die Überschreitung verschiedener ontischer Ebenen, von der physischen in die metaphysische oder umgekehrt, indem ich eine gedankliche Verbindung schaffe, hält einen weiten geistigen Raum bereit, der für die Philosophie ein wunderbares Potential an Fragen, Zweifeln, Denkmöglichkeiten, Konstruktionen und Experimenten bereithält. In der Metapher geht es um die Imagination, die sich mit dem Bildwort verbindet. Wir können uns mit ihnen über Erfahrungen austauschen, sie als Handlungsanleitung und als Denkspielräume verstehen. Sie lassen uns verstehen und erkennen und dienen insofern der Wahrheitsfindung. Wir können uns mit ihnen in einer überaus kurzen Form über einen komplexen Inhalt austauschen. Sie können eine Geschichte erzählen, die in ihnen verborgen schlummert, oder sie legen einen Sachverhalt offen, der sich uns sonst vielleicht nicht erschließen ließe. Metaphern wirken gestaltend und verweisen auf einen kreativen Denkprozess. Manche Metapher wird nur im Kulturkontext zu lesen sein, andere überschreiten Kulturräume, wiederum andere stoßen uns auf anthropologisches Wissen, deren Spuren wir in der Menschheitsgeschichte rückverfolgen können. Der kreative Gebrauch der Metapher fordert uns Menschen vielleicht zu geistigen Höchstleistungen heraus, stellt uns vor immer neue Fragen, auf die wir Antworten suchen.

2.2 Das Licht – eine physische und metaphysische Erscheinung

Licht ist so selbstverständlich in unserem Leben, dass wir es kaum hinterfragen und problematisieren. Es ist da, wir wachsen darin auf, bemerken es nicht besonders im Alltag. Das Licht gehört zum Tag wie die Dunkelheit zur Nacht. Als Kind lernen wir frühzeitig, dass die Sonne die Quelle dieses Lichts am Tag ist, es also einen natürlichen Ursprung gibt, der im Prinzip immer schon so von Menschen konstatiert wurde. In der Nacht sind es der Mond und die Sterne, die aus dem All auf die Erde scheinen und zumindest ein wenig Helligkeit in die Welt tragen. Ohne diese Gestirne erleben wir die totale Finsternis, eine Dunkelheit, in der wie nicht einmal *die Hand vor Augen sehen*, wie es in einer Redewendung heißt. In einer solchen Dunkelheit verlieren wir die Orientierung in Raum und Zeit, denn wenn wir nichts sehen, auch keine Begrenzungen, können wir keinen Raum und keinen Gegenstand erkennen, wissen ebenso wenig, in welcher Zeit wir uns befinden, da die Helligkeit den Tag anzeigt und die Dunkelheit mit schwachen Lichtquellen die Nacht.

Wenn wir nur mit Hilfe des Lichts sehen können, wie steht es um die Dunkelheit, können wir diese durch unsere Augen sinnlich wahrnehmen oder erschließen wir sie uns durch den Geist? Wenn nur ein Funke Licht vorhanden ist, sehen wir das Dunkle um uns herum, erkennen noch Umrisse von Gegenständen und ggf. den Raum.

2.2 Das Licht – eine physische und metaphysische Erscheinung

Wenn diese Winzigkeit an Licht fehlt, ist es dann nur ein Akt der Erkenntnis, der sich uns logisch erschließt? Sehen ohne räumliche Wahrnehmung, ist das möglich? Wir greifen dann zumeist auf den Tastsinn zurück und erfühlen Wände und Gegenstände. Selbst vom Dunkel sprechen wir manchmal von einer gefühlten Dunkelheit.

Das Licht macht die gegenständliche Welt sichtbar. Das natürliche Licht erregt erst unsere Aufmerksamkeit, wenn es nicht wie gewohnt da ist, etwa bei einer Sonnen- oder Mondfinsternis. Dann treten unsere Astronomen in Aktion, erklären den gesetzmäßigen Ablauf der Gestirne am Firmament, erläutern die Abweichungen und wir erleben das Verschwinden des Lichts als ein vorübergehendes Phänomen, welches uns nicht ängstigen muss. In früheren Zeiten waren es eher die Astrologen, die diese besonderen Himmelserscheinungen religiös-mystisch als Zeichen deuteten, die Menschen vor dunklen Mächten warnten, vor Krieg und Hungersnöten, sie in Angst und Schrecken versetzten und ihnen das Fürchten lehrten. Oder, wenn ein außergewöhnlich heller Stern am Himmel erschien, ihnen die Geburt eines besonderen Menschen, vielleicht eines Königs, ankündigten.

Das Licht des Tages ist da wie das Wasser im Meer, ist in unserer wahrnehmbaren Welt, nur mit dem Sehsinn aufnehmbar, körperlos, formlos, nicht gegenständlich und doch physischer Art, denn es sind elektromagnetische Strahlen, die von der Sonne ausgehen und die wir mit Hilfe technischer Instrumente messen können. Ob das Licht sich wellenförmig, strahlenförmig, in Intervallen und Schwingungen oder in anderen Formen ausbreitet, wir können dies mit unseren bloßen Augen nicht erkennen, nur mit technischem Gerät bestimmen.

Mit den Augen sehen meint das Zusammenspiel der sinnlichen Wahrnehmung mit dem Geistigen, denn ohne den Geist würden wir das von den Augen aufgenommene nicht erkennen und verstehen.

Die physikalische Materialität, durch Einstein in der Licht-Quantenhypothese eingeführt, die wir später durch experimentelle Versuche bestätigt finden, muss hier nicht weiter interessieren, verlangt sie doch allein schon zur Beschreibung ein Fachwissen, welches ich nicht besitze. Jedenfalls führten die physikalischen Erkenntnisse über das Licht zur Entwicklung künstlicher Lichtträger, so dass z. B. Glühbirnen, Neonleuchten und LED-Lampen erfunden und produzierten werden konnten, die das Licht in Gebäude brachten oder das Arbeiten in der Nacht ermöglichten. Das natürliche Licht des Feuers wurde schon früh beherrschbar, wärmte und erhellte in Höhlen und gebauten Räumen, der Wunsch nach künstlichem Licht ließ Öllampen und Kerzen erfinden oder im industriellen Zeitalter riesige Mengen von Leuchtmitteln produzieren. Eine Welt und ein Leben ohne künstliches Licht sind heute kaum mehr vorstellbar.

In der Lichtmetapher kamen dann die vielfältigsten Lichtträger natürlicher oder künstlicher Art zum Einsatz. Philosophisch relevant ist die physikalische Beschäftigung mit dem Licht hier in meiner Themenstellung nicht.

Der Wechsel von Tag und Nacht, von Licht und Dunkelheit, bestimmt den Naturablauf, auf den der Mensch sich einstellt und in den er sein Leben einrichtet. Diese natürlichen Gegebenheiten haben sich in Religion und Kult gespiegelt, haben Gottheiten des Lichts und Gestalten der Finsternis erschaffen, Rituale zu Ehren oder zur Verbannung der Erscheinungen kreiert. Gott ist das Licht und das Licht ist göttlich, diese Verbindungen sind in verschiedenen Religionen zu finden. Das Licht und der Schatten haben das künstlerische Schaffen des Menschen in Tanz, Dichtung und Malerei inspiriert und Werke vielfältigster Art in wunderbarer Schönheit entstehen lassen. Das Spiel um Licht, Schatten und Dunkelheit inspiriert die Menschen in allen nur denkbaren Facetten bis heute.

Neben der Sonne, dem Mond und den so unendlich vielen Sternen waren der Blitz und das Feuer als Naturerscheinungen für den Menschen von Bedeutung, die als göttliche Attribute vielleicht die marmornen Gebilde der Götter schmückten. Das Licht der Sonne wurde zumeist positiv konnotiert, galt es doch als lebensspendend in der Natur, ließ es die Menschen die Welt in all ihrem Reichtum mit dem Auge wahrnehmbar erkennen. Der Gegenspieler, das Dunkle, negativ besetzt, erzeugte Angst und Schrecken, war man in der Dunkelheit den Gefahren der Welt wie ein Blinder ausgesetzt. Das Dunkle bedeutete Tod, Nicht-Leben, die Welt unter der Erde, in die die Seele des Menschen nach dem irdischen Dasein verbannt wurde, auf Zeit oder für alle Ewigkeit.

Aber die zu große Hitze durch den zu intensiven Sonnenschein verbrennt die Erde, verwandelt sie in einen unfruchtbaren Boden, trocknet die Seen aus, erhitzt die Ozeane, ist also zum Schaden des Ökosystems und der Menschen. Seit dem Klimawandel lernen wir die Gefahren der zu großen Hitze und der dadurch bewirkten Trockenheit im Heute kennen, und scheinen nicht willens und nicht in der Lage zu sein, dieser Katastrophe rechtzeitig entgegenzuwirken.

In der Hölle brannte das verzehrende Feuer und quälte die schuldbeladenen Seelen. Der Blitz zerstörte Menschenleben und Tiere, konnte eine Stadt in Brand setzen und war nicht beherrschbar wie zumeist auch das Feuer, wenn es zu groß wurde. Das Licht der Sonne, verwandelt in Wärme, ließ das Wachs an den Flügeln des Ikarus schmelzen und ihn ins Meer hinabstürzte. Nicht das Licht unmittelbar konnte hier gefährlich werden für den Menschen, sondern die durch das Licht erzeugte Wärme. Heute brennen jedes Jahr riesige Flächen von Wäldern ab und es werden jährlich immer mehr. Die Zerstörung der Erde nimmt seinen Lauf.

In der Umkehrung der Werte wurde das Dunkle ebenso mit der *Mutter Erde* verbunden, die das Saatgut zum Wachsen bringt, die dunkle Höhle geschätzt, gewährte sie doch Schutz und Geborgenheit. Das Dunkle verbarg und konnte schützen. Die griechischen Götter hüllten sich oder auch ihre Schützlinge in dunkle Wolken, wenn sie unerkannt bleiben wollten oder Schutzflehende dem Feind entkommen sollten.

Es kam also auf den Kontext an, ob in positiver oder negativer Konnotation die Götter und Mächte des Lichts und der Dunkelheit verehrt wurden. Sowohl das Licht als auch das Dunkle konnten zum Guten führen oder zum Übel, je nachdem, ob das Erkennen oder das Verbergen dem Wohle diente. Manchmal war es ein und dasselbe Licht oder die gleiche Dunkelheit, die der einen Seite zum Glück gereichte und der anderen Seite zum Verderben. In allen Kulturen finden wir im Kultus die Thematisierung von Licht und Schatten bzw. Licht und Dunkelheit.

Nur durch Licht kann Schatten entstehen, was wiederum zu anderen Deutungen motivierte, gab doch der Schatten das nichtphysische Bild eines Körpers wieder. Ein Mensch oder ein Gegenstand kann im Schatten erkannt werden, ohne physisch genau an diesem Ort zu sein. Das Schattenreich, eine Welt im Zwischen von Licht

2.2 Das Licht – eine physische und metaphysische Erscheinung

und Dunkel. Denken wir an die scheinbare Lebendigkeit von Schatten, wenn die Sonne am Horizont versinkt und der Schatten sich in eine überdimensionierte Länge zieht, überhaupt das Spiel mit dem Schatten durch Verzerrungen des Bildes, hervorgerufen durch den Stand des Lichtes, besonders der Schatten eines *lebendigen Feuers*, der die Menschen fasziniert und ihrer Fantasie unendliche Weiten öffnet. In der Höhle von Chauvet können wir in den Felsenmalereien Löwen, Bison, Pferde und andere Tiere erkennen, die in der Lebendigkeit der Darstellung uns bis heute in Erstaunen versetzen. Erst von einigen Jahren kam die Vermutung auf, dass die Bewohner damaliger Zeit mit dem Schwenken ihrer lichtspendenden Fackeln in der Höhle eine Anmutung von Bewegung dieser Tiere erzeugten. Die Wandmalereien können wir heute als Bewegungsstudien bezeichnen, die durch die Fackeln tatsächlich die Imagination von Bewegungsabläufen simulieren. Eigentlich sind diese Kunstwerke sehr frühe Vorläufer unseres Films.

Platon setzte in seinem *Höhlengleichnis* den Schatten ein, der den dort Gefangenen eine physische Welt vorgaukelte. Gerade der Schatten kann als Brücke zwischen der physischen und der metaphysischen Ebene des Denkens gedeutet werden, wenn er den Bereich der unmittelbar sichtbaren dunklen Form bzw. Fläche überschreitet. Schatten meint nicht nur den unmittelbaren Schatten durch ein Licht, auch das Totenreich wird poetisch als Schattenreich bezeichnet. Schatten kann einfach die Abwesenheit von Licht bedeuten, ohne das er durch Licht verursacht wird.

In metaphorischer Übertragung auf den Menschen kann der Schatten auch für Depression stehen, für den *Schatten auf seiner Seele oder seinem Gemüt bzw. Psyche*.

In der *Enzyklopädie Philosophie und Wissenschaftstheorie* fand ich keinen Eintrag unter dem Stichwort *Licht*, demzufolge kann ich ableiten, dass es sich nicht um einen philosophisch relevanten Begriff handelt. Das irritierte mich, halte ich doch das philosophische Nachdenken über das Licht als überaus spannend. Aber der Lichtmetaphysik wird in der Enzyklopädie ein ausführlicher Beitrag gewidmet, worauf ich später zu sprechen kommen werde. (Vgl. EPhW, Bd. 2. S. 608 f.)

In philosophischen Gedankengängen etablierten sich, nach den Ursprüngen naturphilosophischen Denkens im Abendland mit einer bipolaren Ausrichtung von Hell und Dunkel, von Licht und Schatten, die gedanklichen Verbindungen von Licht mit Geist/Vernunft/Verstand und Erkennen sowie das Dunkel mit Verborgenem oder Unwissenheit. Zuvor wurde das Feuer, wie auch das Wasser oder die Luft als Urquell des Seins deklariert. Das Licht, das aus sich selbst entstanden ist und welches alles andere in der Welt erzeugt hat, ist der Beginn der Welt, der Anfang der Schöpfung, so die ältesten Mythen. Manchmal ist das Licht aus dem Urstoff *Feuer* entstanden, manchmal nur aus sich selbst.

Für Platon gab es zwei Sonnen, die Licht verbreiten. Zum einen ist es die sichtbare Sonne, die selbst wiederum sichtbar macht. Wir sehen mit unseren Augen und durch das Licht, das von der Sonne kommt, die wir mit den Augen sehen können. Die unsichtbare Sonne scheint ins Reich der Metaphysik zu gehören. Analog zum Sehvermögen besitzen die Menschen das Denkvermögen, unser höchstes Gut, welches uns zum Wissen führt und uns die Wahrheit erkennen lässt.

Das Licht wird in der Philosophiegeschichte dann als Metapher eingesetzt, denn durch das Licht erkennen wir die Wirklichkeit, abgeleitet vom Sehen der physischen

Welt, und, in einer weiteren Übertragung, durch das Licht erkennen wir die Wahrheit. Darüber hinaus wird philosophisch das Erkennen der Welt und der Wahrheit problematisiert und das Licht als Metapher eingesetzt für das intelligible Denken, also für die Erkenntnis in einem reinen Denkprozess, das Denken aus sich heraus, welches keiner sinnlichen Wahrnehmung oder Erfahrung im Vorfeld bedarf bzw. diese nur im Anschluss als Bestätigung dienen. Im nächsten Abschn. 2.3 über die Erkenntnis mehr dazu.

Genau um diese verschiedenen Metapher-Einsätze geht es mir in der folgenden Untersuchung:

- das Licht als Metapher des Erkennens der physischen Welt als Wirklichkeit
- das Licht als Metapher des Erkennens der Wahrheit der physischen Welt oder der intelligiblen Welt
- das Licht als Metapher des Erkennens als eine intelligible Leistung.

Die Lichtmetaphysik, die sich dann später im Neuplatonismus entwickelte, erhob das Licht zum Gegenstand der Ontologie, fragte nach dem Wesen des Lichts. Können wir dem Licht ein eigenes Sein zuordnen? Ist das Licht Grund alles Seienden? Welche Wirkung gewinnt das Licht auf die Wirklichkeit? Licht und Raum, entsteht erst durch das Licht der Raum in unserer Wahrnehmung? Nur einige der Fragen, die sich durch die philosophische Thematisierung des Lichts und der Herausbildung der Lichtmetaphysik gestellt haben.

Auf die verschiedenen Theorien zur Philosophie des Lichts möchte ich nur allgemein im Kap. 5 eingehen, sie in den Grundzügen skizzieren, denn es handelt sich um ein sehr umfangreiches, weites Feld, welches ich im Rahmen dieser Untersuchung nicht bearbeiten kann.

In der weiteren Arbeit kann ich demzufolge nicht mit einem umfassend geklärten Lichtbegriff arbeiten, sondern nur mit recht unterschiedlichen Vorstellungen, was denn das Licht sei. Grundsätzlich kann ich zwischen dem sinnlich wahrnehmbaren Licht in der physischen Welt operieren und den intelligiblen Lichtvorstellungen in der geistigen Welt. Im Einzelnen muss ich jedoch immer wieder explizieren, in welchem Sinne das Licht verstanden wird.

Ich gehe davon aus, dass es keine eigene Lichtwesenheit im geistigen Inneren des Menschen gibt, sondern dass wir immer nur mit Symbol, Metapher oder Analogie arbeiten. Analogie kann in einem anderen Verständnis dem Zeigen von parallelen Vorgängen dienen, somit nur als ein Vergleich gemeint sein, nicht als Metapher mit Übertragungscharakter. Natürlich ist ein eigenes Lichtsein im Sinne einer Lichtmetaphysik denkbar, aber ich halte dieses Denken nicht für begründbar im philosophisch-wissenschaftlichen Sinne.

Die Metaphern der Dunkelheit und der Nacht finden sich zumeist als Gegenpart zum Licht, auch in der Bedeutung. Das Dunkle wäre dann die Abwesenheit von Licht, von Erkenntnis, Wissen, Vernunft, Wahrheit … Von der Dunkelheit kann ich annehmen, dass sie nur ein abwesendes Licht anzeigt, also gar nicht eigenständig auftritt, eine Erscheinung, die kein eigenes Sein hat. Als eigene Metapher kann die Dunkelheit sowohl eine Übertragung z. B. des Bösen meinen oder die Imagination des Teufels bedeuten, neben anderen Inhalten aus dem seelisch-psychischen Metier wie z. B. Depression oder der Umdeutung bei Nietzsche auf dem Weg zum Übermenschen.

Ich habe diese Metaphorik nicht gesondert betrachtet, sondern nur im Kontext von Licht auch die Dunkelheit mit einbezogen, wenn dies in einigen philosophischen Schriften inkludiert war.

2.3 Die Erkenntnis, das Wissen, die Wahrheit und die Vernunft

Da die Lichtmetapher für den Vorgang der Erkenntnis eingesetzt wird, sollte auch hier eine Klärung zur Verwendung der Begrifflichkeiten herbeigeführt werden. Erkenntnis wird oftmals mit Wissen und Wahrheit gleichgesetzt bzw. in Verbindung gebracht, daher sind Eingrenzungen und Abgrenzungen erforderlich. In der Aufklärung wird vom natürlichen Licht der Vernunft gesprochen, insofern steht die Lichtmetapher auch für den Geist und die Vernunft des Menschen.

Neben der Wahrheit ist der zweite assoziierte Begriff der des Wissens. Handelt es sich bei der Erkenntnis um ein Wissen, ein neues Wissen, ein altes, ist Wissen und Erkenntnis und Wahrheit vielleicht sogar gleich zu setzen? Erkenntnis ist Wissen, Erkenntnis ist wahr oder führt Erkenntnis zu Wissen oder muss der Wahrheitsgehalt der Erkenntnis überprüft werden, um bei einer Bestätigung sagen zu können, das ist die Erkenntnis? Ist Erkenntnis ein Prozess, ein Akt oder ein Resultat? Was aber ist die Vernunft, eine Kompetenz des Geistes?

Um Klarheit in diese Verstrickungen zu bringen, versuche ich die verschiedenen Positionen, zum Teil historisch entwickelt, aufzuzeigen, um abschließend die Positionen und Kriterien zu benennen, die für die Analyse des Metaphern-Einsatzes hier gelten sollen.

Eine erste große Auseinandersetzung zum Verständnis von Erkenntnis und Wissen finden wir bei Platon in der *Politeia* und in seinem späten Dialog *Theaitetos*. Erkenntnis ist Wissen und ist wahr, so könnten wir in einer Kurzformel die Aussage Platons formulieren. Es handelt sich um ein unveränderbares Wissen, also gilt die Erkenntnis nur für ein unwandelbares Seiendes. Ein Wissen aufgrund von Wahrnehmung ist jedoch wandelbar, kann sogar durch eine Täuschung hervorgerufen sein. Wenn wir jetzt etwas sehen, so kann es im nächsten Moment verschwunden sein. Nur ein Zeitzeuge kann sagen: So war es! Aber die Gültigkeit dieser Aussage lässt sich von Anderen nicht verifizieren. Selbst der Zeitzeuge kann einer optischen Täuschung unterlegen gewesen sein. Über Einzelaussagen zum Wahrnehmungsgeschehen kommen wir nicht zur Gewissheit und Wahrheit, so Platon.

In der Politeia äußert sich Platon mehrfach dazu, dass es letztlich nur die Philosophen sind, die das ewig Gleiche und Unveränderliche erfassen können, die somit erkenntnisfähig sind. (Vgl. Platon. Politeia. 484 b) „Mit ewiger Liebe hängen sie [die philosophischen Naturen] an der Wissenschaft, die sie aufklärt über jenes Sein, das ewig ist und sich nicht wandelt in Werden und Vergehen." (Platon. Politeia. 485

b) Wissen und Wahrheit sind miteinander verwandt, gehören zusammen. Der wahrhaft Lernbegierige ringt um das wahre Sein und hält sich nicht bei den Einzeldingen auf.

Im *Theaitetos* fordert Sokrates seinen Dialogpartner auf, den Wissensbegriff zu klären. Er soll nicht über das *Wissen von* sprechen, sondern darüber, *was Wissen sei*. Durch das berühmte Fragemuster führt Sokrates seinen Gesprächspartner immer tiefer in das philosophische Denken ein. In Beispielen stellt er Theaitetos verfängliche Fragen, die dann eine Relativität von scheinbar gewissen Aussagen aufdecken. Etwas ist größer in Bezug auf; dasselbe ist kleiner in Bezug auf ein Anderes; dasselbe ist gleich, obwohl es größer und kleiner ist. Mit einem Zeitfaktor könnte man feststellen, dass es früher so, später anders und trotzdem während des gesamten Zeitraumes gleich war. Wie aber kann etwas gleichzeitig anders und gleich sein? Diese Feststellungen irritieren und verwundern, so dass es Theaitetos schwindelig wird. Worauf Sokrates ihm antwortet: „Denn gerade das ist ja das eigentliche Erlebnis des Philosophen, das Staunen. Es gibt nämlich keinen anderen Ursprung der Philosophie als diesen, [...]" (Platon. Theaitetos. 155 d.)

Philosophieren ist staunen! Wir lernen es im ersten Semester des Philosophiestudiums, die Verwirrung ist gesetzt und hält vielleicht ein Leben lang. Gewissheiten verflüchtigen sich, wir erkennen, dass wir eigentlich nichts wissen, Zweifeln ist der Weg, den wir beschreiten müssen, um zur Erkenntnis zu gelangen. Sokrates nennt es die Hebammenkunst. Das In-Frage-Stellen von Selbstverständlichkeiten und Gewissheiten ist die Geburtshilfe, um zum Wissen, zur Erkenntnis zu gelangen. Aber über das Wissen an sich, über die Erkenntnis an sich, können wir nichts sagen, so Platon, da sie uns immer zu etwas hinführt. Es ist wie beim Daimon des Sokrates, der weder Gott noch Mensch ist, sondern ein Dazwischen. So führt uns die Erkenntnis von der Unwissenheit zum Wissen und zur Wahrheit.

Platons Position zur Erkenntnis können wir folgendermaßen charakterisieren: Wahrnehmungen führen uns nicht zum Wissen im Sinne eines allgemeinen Wissens. Die Erkenntnis bezieht sich nicht auf die empirische Welt, da diese der Veränderung unterliegt, sondern auf unveränderbares Wissen, welches wir durch unser Denkvermögen erlangen können. Erkenntnis gibt es nur vom unwandelbaren Seienden. Wie Platon diesen philosophischen Standpunkt in seiner Lichtmetapher zum Ausdruck bringt, werden wir im Abschn. 7.1 sehen.

Erkenntnis ist ein geistiger Prozess, aber handelt es sich bei der Erkenntnis um eine erkannte Wahrheit, die unser Geist erfasst hat oder ist es etwas, das er selbst hervorgebracht hat?

Ein kurzer Exkurs über das Intelligible
Im philosophischen Sprachgebrauch wird einerseits der Begriff der Erkenntnis eingesetzt, wenn wir etwas aufgrund einer sinnlichen Wahrnehmung geistig erfassen, also erkennen. Wir sehen und erkennen das Gesehene. Andererseits wird mit Erkenntnis eine intelligible Leistung unseres Geistes bezeichnet, die ohne sinnliche Wahrnehmung hervorgebracht wird. Wobei von manchen Wissenschaftlern grundsätzlich in Frage gestellt wird, ob es überhaupt intelligible Leistungen des Menschen gibt, vielmehr wir es immer mit Reaktionen sinnlicher Wahrnehmung zu tun

2.3 Die Erkenntnis, das Wissen, die Wahrheit und die Vernunft

haben, auch wenn diese zurückliegen und wir uns vielleicht nicht bewusst erinnern. Unser Geist verarbeitet dann das, was wir sehen, hören, fühlen etc., er ordnet es in einem Abstraktionsprozess in eine Struktur, die wir gelernt haben, ein. Diese Strukturen haben wir Menschen uns irgendwann erdacht bzw. erkannt, wie z. B. die Positivisten meinen, weil wir sie wahrgenommen haben. Zumindest sei die Bildung von Strukturen, Systemen oder Abstraktionen letztlich immer auf Wahrnehmung zurückzuführen, so die Anhänger dieser philosophischen Richtung des Positivismus wie auch des Empirismus. Ich beobachte die Naturerscheinungen, erkenne Unterschiede, bilde Kategorien daraus, ordne die Dinge nach Kriterien in die verschiedenen Kategorien ein und gelange zur Erkenntnis, wenn ich etwas Wahrgenommenes treffend kategorisieren kann. Dieser Prozess der Erkenntnis gelingt nicht nur aus der physischen Welt heraus in den metaphysischen Bereich der gedanklichen Strukturen, sondern in weitergehenden Abstraktionen ebenso in rein metaphysischen Denkwelten. Aber letztlich stoßen wir in einer Rückführung immer auf eine Wahrnehmung, die wir benennen können.

Andere philosophische Schulen setzen auf die Prämisse des Intelligiblen bei der Erkenntnis, also etwas nur durch den Geist des Menschen autonom Hervorgebrachtes.

Ausgehend von der Frage, ob es ein Sein ohne physische Existenz gibt, vielmehr ein Sein, das nur durch den Geist zu erkennen sei, haben sich Theorien zur Intelligibilität entwickelt. Die intelligible Welt ist oftmals ontologisch der physischen Welt vorgeordnet. Demnach gibt es das geistige Sein und das physische Sein, die, wie Platon meint, nach der Geburt des Menschen und mit dem Eintritt in die physische Welt in Verbindung treten. Wir Menschen erkennen den physischen Gegenstand in der Welt, wobei es sich im Sinne von Platon um ein Wiedererkennen handelt, welches uns aber nicht bewusst ist, da die intelligible Form des erkannten Gegenstandes zuvor bereits als intelligibles Sein im Geist des Menschen, mit dem er geboren wurde, vorhanden war. Wir erkennen folglich einen Baum erst dadurch, weil das Bild des Baumes in seiner Wesenheit, die intelligible Seinsform des Baumes, bereits in unserem Geist liegt.

Bei Platon sind es die Ideen, die allgemeiner Art sind und zeitunabhängig gelten. Aristoteles erhebt genau diesen Anspruch für die Definition. Demnach kann Wissen begründete werden, indem es auf eine Ursache zurückgeführt wird, die zu benennen ist und die sich nur so und nicht anders verhalten kann. Bei Platon sind die Ideen gesetzt, bedürfen keiner weiteren Herleitung und Beweisführung, als das sie göttlichen Ursprungs sind. Bei Aristoteles ist der Sachverhalt schwieriger. Demnach gibt es in jeder Wissenschaft Prinzipien zur Beweisführung, die allerdings selbst nicht mehr bewiesen werden können. Vielmehr gelangen sie durch „wiederholte Wahrnehmung verschiedener gleichartiger Einzeldinge" zu elementaren Begriffen, die er einer „als Vernunft oder Einsicht (νοῦς) bezeichneten Fähigkeit" zuschreibt. (Rapp/Wagner. 2006b. S. 6) Daraus werden Prämissen formuliert, die gelten, sofern es nicht zu einer anderen Beweisführung kommt.

Für Aristoteles liegt im Sein des Physischen das Intelligible als ein zu denkendes Abstraktes. Wir abstrahieren von den Gegenständen das Allgemeine und erkennen dieses als ein Intelligibles, als ein Gedachtes in eigenständiger Seinsform. Beispiel: Wir sehen die Bäume und erkennen aus den einzelnen Bäumen das Allgemeine, was das Wesen des Baumes ausmacht, was nur ihm zu eigen ist und was nur gedacht und nicht sinnlich wahrgenommen werden kann. Im nächsten Schritt können wir aus dem Abstrakten wiederum auf das Einzelding schließen und so die wahrnehmbare Welt der Dinge bestimmen.

Nehmen wir als tiefer gehendes Beispiel ein Seelenmodell des Aristoteles. Jedes Lebewesen hat eine Seele; darin liegt der vegetative Seelenteil, Pflanzen haben nur diesen, zweitens der sensitive Teil, der zur Seele des Tieres und des Menschen gehört, und drittens der intelligible Seelenteil beim Menschen. Überhaupt Seele zu denken, überhaupt alles Lebendige in die Gattungen Pflanzen, Tiere und Menschen zu unterteilen und dann noch einmal in weitere Subvarianten, in Gattungen und Arten zu denken, sind geistige Leistungen, die dem Menschen vorbehalten sind.

Im archaischen Denken lebten die Götter vielleicht in Bäumen und Flüssen oder die Menschen wurden als eine Pflanze oder ein Tier wiedergeboren oder die Ahnen lebten in Naturerscheinungen weiter, im Boden der Erde, wo sie vergraben wurden, oder als Sterne am Firmament, wenn ihre Leichen verbrannt wurden und der Rauch zum Himmel aufstieg. Heute haben wir erkannt, dass es mehr als die drei Gattungen von Lebewesen gibt, also weitere über die Existenzen des Pflanzlichen und Tierischen hinaus, dass es Lebewesen in den Ozeanen gibt, für die wir neue Kategorien einführen müssen, weil die traditionellen sie nicht erfassen. Durch die Kompetenz unseres Geistes vermögen wir die Strukturierung und Kategorisierung wie die Theoriebildung weiter voranzutreiben, immer differenzierter, komplexer, aber ebenso mit Neuem, welches wir vorher nicht gedacht und gesehen oder auf andere Art wahrgenommen hatten. Wir modernen Menschen können für den Bereich der Metaphysik das Unbegrenzte als Prinzip annehmen, ebenso jedoch durch die Vernunft zur Aussage kommen, dass alles endlich ist und wir in ferner Zukunft diese Begrenztheit erreichen werden.

Der oben beschriebene Erkenntnisprozess wäre zum einen vergleichbar dem Platonischen, denn hier erkennen wir aufgrund unserer angeborenen *Ideen*, bei Aristoteles durch die Klassifikation, die wir gebildet haben. Der Unterschied zwischen der platonischen und der aristotelischen Erkenntnistheorie liegt hier in den Prämissen, dass es bei Platon die Welt der Ideen gibt, die der wahrnehmbaren Wirklichkeit vorgelagert ist, und bei Aristoteles ein eigenständiger Akt geistiger Intelligenz darstellt, die Universalien zu bilden, nachdem wir die Wirklichkeit wahrgenommen haben.

Nach Aristoteles erkennen wir in unserer Geistestätigkeit also Gattungen und Arten, des Weiteren aber auch Prinzipien und ethische Grundsätze, die wir nicht aus Wahrgenommenem ableiten können. Der Erkenntnisprozess kommt demnach in zwei voneinander unabhängigen Bereichen zum Einsatz. In der zweiten Gedankenführung sind alle Prinzipien, alle reinen Theorien, alle ethischen Grundsätze nur als ein Intelligibles klassifizierbar, die keine physische Seinsform besitzen; weder der *Logos* noch der Wert *Gerechtigkeit* sind physischer Art. Wir können dieses Gedachte nur in Worte fassen, aufschreiben durch Worte oder Zahlen, als Zeichen oder

2.3 Die Erkenntnis, das Wissen, die Wahrheit und die Vernunft

Symbol darstellen, aber diese Verbildlichungen geben ihnen keine physische Existenz. Die Aussagen in Worten, Zahlen, Zeichen oder Symbolen sind nur durch den Geist im Sinne von verstehbar zu erkennen, nicht durch unsere sinnliche Wahrnehmung; wir können die Prinzipien, ethischen Werte, Abstraktionen oder Theorien nicht hören, sehen, fühlen …, um sie zu verstehen.

In der weiteren philosophischen Entwicklung des Neuplatonismus speisen sich die platonischen Ideen aus dem *Nous*, womit hier die Gesamtheit der Denkwelt, die unveränderbar ist, gemeint ist. Wir hätten im Neuplatonismus eine Hierarchie in drei Stufen, aufgebaut als Pyramide:

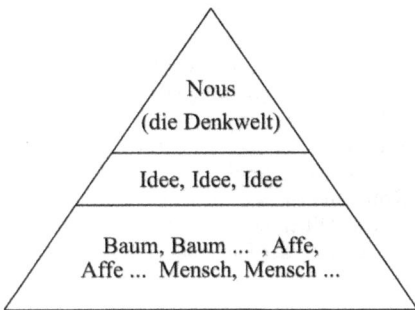

Zudem nimmt Plotin, der maßgebende Philosoph dieser philosophischen Entwicklung, an, dass es eine eigene geistige *Materie* gibt, wie Aristoteles sie dachte in der Abstraktion, in Prinzipien, in reinen Theorien, aber jetzt als eigenständig gedachte Seinsform.

Schließlich kommt Gott ins Spiel der abendländischen Geisteswelt. Nun ist er es, der für das *Nous* steht, der das rein Geistige ist, unveränderbar und ewig, der die Welt in seiner geistigen und physischen Seinsform erschaffen hat.

Sehr viel später dann unterscheidet Kant die Welt in eine intelligible wie eine physische; die intelligible hat keine direkte Verbindung zur physischen Welt, d. h. nur noch einen praktischen Bezug als gedankliches Hilfsmittel. Die intelligible Welt kennen und erkennen wir nicht durch die sinnliche Wahrnehmung. Um zur besseren Klärung, in der Alltagssprache vermischt sich manches, intellektuell von intelligibel zu unterscheiden, schreibt er in einer Anmerkung seiner *Prolegomena*:

> „Denn *intellektuell* sind die *Erkenntnisse* durch den Verstand, und dergleichen gehen auch auf unsre Sinnenwelt; *intelligibel* aber heißen *Gegenstände*, sofern sie *bloß durch den Verstand* vorgestellt werden können und auf die keiner unsrer sinnlichen Anschauungen gehen kann." (Kant. Prolegomena. § 34, 316, Anm.)

Wir erkennen durch unseren Verstand, wir erkennen die Gegenstände der physischen Welt, die Bedeutung von Erlebnissen, was immer wir durch unsere Sinne aufnehmen. Aber zu einer rein geistigen Erkenntnis a priori, also unabhängig von jeder sinnlichen Erfahrung, ist unser Verstand ebenfalls fähig, dann, wenn wir reine Verstandesbegriffe denken. Unter *Intelligibilität* wird die Möglichkeit des Erkennens von Sachen verstanden, die „bloß durch den Verstand vorgestellt werden können und auf die keine unserer sinnlichen Anschauungen gehen kann" (Kant. Prolegomena. In: Schwemmer, O. intelligibel. 1984. In: EPhW, Bd. 2. S. 256).

Was ist Metaphysik und ist Metaphysik überhaupt möglich? Sind synthetische Sätze a priori möglich? Wir müssen zum tiefsten Kern der Kant'schen Philosophie, zu seinen Untersuchungen zur Metaphysik vordringen, um seine Erkenntnislehre (im Sinne der Lichtmetapher) verstehen zu können. In seiner *Auflösung* schreibt Kant über die Metaphysik:

> „Damit sie [die Metaphysik] nun als Wissenschaft nicht bloß auf trügliche Überredung, sondern auf Einsicht und Überzeugung Anspruch machen könne, so muß eine Kritik der Vernunft selbst den ganzen Vorrat der Begriffe *a priori*, die Einteilung derselben nach den verschiedenen Quellen: der Sinnlichkeit, dem Verstande und der Vernunft, ferner eine vollständige Tafel derselben und die Zergliederung aller dieser Begriffe mit allem, was daraus gefolgert werden kann, darauf aber vornehmlich die Möglichkeit der synthetischen Erkenntnis *a priori* vermittelst der Deduktion dieser Begriffe, die Grundsätze ihres Gebrauchs, endlich auch die Grenzen desselben, alles aber in einem vollständigen System darlegen. Also enthält Kritik und auch sie ganz allein den ganzen wohlgeprüften und bewährten Plan, ja sogar alle Mittel der Vollziehung in sich, wonach Metaphysik als Wissenschaft zustande gebracht werden kann; durch andere Wege und Mittel ist sie unmöglich." (Kant. Prolegomena. § 60, 365.)

Mit seiner Untersuchung hat Kant seines Erachtens den Nachweis erbracht, dass Erkenntnisse a priori möglich sind und sogar die Basis bilden für die Erkenntnis-Wissenschaft (in Abgrenzung zur empirischen Wissenschaft). Die Metaphysik hat ihren Gegenstandsbereich und ihre Aufgabe, um den Weg zur reinen Erkenntnis zu ebnen.

Noch einige Klärungen zum Wahrheitsverständnis sind m. E. notwendig, gilt doch die Erkenntnis als Annäherung an die Wahrheit bzw. wird der Wahrheitsanspruch bei Erkenntnis mitgedacht.

Der Wahrheitsprozess ist zunächst einmal beiden Positionen gemein, ob ich nun von einer wahrnehmenden oder einer intelligiblen Erkenntnis ausgehe. Wenn ich etwas erkenne, so gehe ich davon aus, etwas *Wahres* erkannt zu haben. Ansonsten wäre es eine Täuschung, eine Ansicht, eine Meinung, etwas Vorläufiges, eine Station auf dem Weg der Suche nach Wahrheit.

Beim ersten Nachdenken über *Erkenntnis* stellt sich sofort die Frage ein, ob und wie wir diese *erkannte Wahrheit* auf ihren Wahrheitsgehalt hin überprüfen können und müssen. Reicht unser Geist zur Verifizierung aus, zumindest bei der intelligiblen Variante? Genügt es, wenn wir uns selbst sagen: Ja, so ist es! Genügt mir das? Genügt es den anderen Menschen, wenn sie dies nachvollziehen können und ebenfalls sagen: „Ja, so ist es!" sie also zur gleichen Erkenntnis gelangen? Benötige ich Kriterien der Überprüfung, und wenn ja, welche Kriterien reichen aus? Wer bestimmt diese Kriterien, woher kommen sie, auch wieder durch einen Erkenntnisprozess, welcher Art? Dann gelangen wir schnell in eine Sachgasse, in einen Zirkelschluss.

Erkenntnis ist ein infiniter Prozess, so ein möglicher Standpunkt. Denn zu einem späteren Zeitpunkt kann ich zu einer neuen Erkenntnis kommen. Solange ich lebe,

2.3 Die Erkenntnis, das Wissen, die Wahrheit und die Vernunft

bleibt mir die Möglichkeit einer weiteren Erkenntnis, die eine vorherige aufhebt. Menschheitsgeschichtlich wird es für spätere Generationen immer die Option geben, zu neuen Erkenntnisse über alte Sachverhalte zu gelangen.

Der andere Standpunkt: Erkenntnis steht am Ende eines finalen Prozesses. Die Wahrheit ist erkannt und bleibt eine Wahrheit, zeitunabhängig.

Geistiges Erkennen ereignet sich jenseits der sinnlichen Wahrnehmung, so die eine Position; geistige Erkenntnis ist nur möglich durch sinnliche Wahrnehmung, so die zweite Position. Geistige Erkenntnis kann sowohl als intelligible Leistung als auch in einem Wahrnehmungsprozess erfolgen, dies der dritte Standpunkt. Ein möglicher vierter: Wir klären nicht, was Erkenntnis und Wahrheit ist, da dies nicht möglich ist, denn wir haben keine andere Instanz zur Überprüfung außerhalb unseres Denkvermögens. Dann können wir zwar die Erkenntnis von und für sowie die Wahrheit von und für explizieren, mehr aber nicht.

Der Gegenstandbereich, auf den sich Erkenntnis richtet, kann die gesamte Lebenswelt des Menschen betreffen, ist nicht auf einen bestimmten Sachverhalt festgelegt, aber die Erkenntnisse selbst sind immer geistiger, also metaphysischer Art. Darin ist sich die Philosophenwelt einig. Zumindest im philosophischen Kontext betrifft der Gegenstandsbereich der Erkenntnis meist nicht die Lebensprobleme im alltäglichen Leben.

Es sind *qualifizierte Wahrheiten*, das *besondere Wissen*, wenn wir von Erkenntnis sprechen. Aleida Assmann meint, dass die Erkenntnis *weisheitliches Wissen* betrifft, *Weisheit ist bestes Wissen*. (Vgl. Assmann. 2006. S. 6–10.) Wer oder was gehört zu den Instanzen, die eine Wahrheit als eine qualifizierte ausweisen können? Die Bestätigung des Wissens bzw. der Wahrheit wird durch Gott oder eine göttliche Instanz gegeben, so im Bereich des Glaubens und der Theologie, durch die Vernunft, so die Antwort der Philosophie, spätestens seit der Zeit der Aufklärung. Mit der Vernunft verbinden wir die Erkenntnisfähigkeit des Menschen, nicht das Wissen, was wir eher der Intelligenz und Bildung zuordnen. In enger Auslegung wären es dann die weisen Menschen, die zur Erkenntnis gelangen. Hier ist nicht das alltagsweltliche Verständnis von Erkenntnis gemeint, sondern das philosophische, *noesis*, das reine Erkennen, die Erkenntnis, die wahr ist und zu der wir nur durch die Vernunft gelangen können. Für Platon und Aristoteles ist diese höchste Stufe der Weisheit dem Philosophen vorbehalten.

Die Wahrheit gehört ebenso zur metaphysischen Welt, aber wir Menschen behelfen uns mit Bildern, um uns über Wahrheit auszutauschen, um uns Wahrheit vorzustellen und um uns der Wahrheit zu vergewissern. In der Zeitschrift für Kulturphilosophie (Zschft. f. K.-Philo. Heft 2014/2) ist in der Einführung zum Themenschwerpunkt *Wahrheit* von Kleeberg und Suter die Rede von den *Wahrheitsfiguren*. Die Autoren beziehen sich auf Foucault und seiner Schrift *Der Wille zum Wissen. Sexualität und Wahrheit.* „Wahrheitsfiguren bilden […] das Imaginäre der Wahrheit …" (Zschft. f. K.-Phil. Heft 2014/2. S. 220.) Wahrheit bedarf der medialen Vermittlung, um vom Menschen aufgenommen zu werden. Wir brauchen verständliche Worte, wir brauchen Bilder. Dabei geht es nicht darum, was *Wahrheit* denn sei, sondern wie gelange ich zur Wahrheit und auf welche Inhalte und Sachen bezieht sich die Wahrheit, was also wahr ist. Dies gilt ebenso für die Erkenntnis: Die Frage ist nicht, was Erkenntnis sei, sondern wie gelange ich zur Erkenntnis und worauf bezieht sie sich. Hier sind wir wieder bei Platon und seinem Dialog *Theaitetos*. Die Erkenntnisfigur in unserem Kontext wäre das Licht bzw. der Lichtträger, der das Licht verbreitet, die mediale Vermittlung wird wiederum über Wort und Bilder möglich.

Descartes fragt danach, wie sich eine Erkenntnis als wahre Erkenntnis bestimmen lässt. Seine Antwort darauf, dass es in der Macht Gottes liege, die Wahrheit zu bestimmen bzw. zu wissen. Wir Menschen haben dann jedoch das Problem, diese Wahrheit Gottes anzuerkennen und zu erkennen. Die Wahrheit einer Erkenntnis lässt sich für uns Menschen am leichtesten mit den Augen ergreifen, also in einer visuellen Anordnung. Also nehmen wir die sinnliche Wahrnehmung über die Augen zum Geist des Erkennens und benutzen Bilder, Figuren, Metapher, um uns *die Wahrheit vor Augen zu führen*.

> „Es ist zweckmäßig, die Erkenntniskraft ganz den kleinsten und höchst einfachen Sachverhalten zuzuwenden und längere Zeit dabei zu verweilen, solange bis es uns zur Gewohnheit wird, die Wahrheit in deutlicher und scharfblickender Intuition zu erfassen." (Descartes. Regeln. Regel 31)

Scharfsinn und *Spürsinn* sind nötig, die Konzentration auf den einzelnen Punkt, um feine Unterschiede festzustellen, so wie im Sehen, so auch in der geistigen Betrachtung.

Zum Verständnis von Wissen zur Erkenntnis ist noch einiges ergänzend zu klären. Etwas wissen, ist zunächst einmal eine Aussage mit Absolutheitsanspruch, aber im Falle des Irrtums ist das Wissen falsch und muss korrigiert werden. Allgemein gehört zum Wissen der Anspruch der Beständigkeit. Wenn es sich um ein Faktenwissen handelt, das empirisch zu belegen ist, sei es durch eigene Erfahrung, sei es durch eine nachvollziehbare Handlung, so können wir von einer Gewissheit dieses Wissens ausgehen. Die Verbindung von Wissen zu Sehen und damit zur Lichtmetapher im Sinne von Sehen durch Licht ist unmittelbar wortgeschichtlich abzuleiten. Was wir wissen, haben wir gesehen.

> „Wortgeschichtlich leitet sich ‚wissen' von ‚sehen' her, althochdeutsch und mittelhochdeutsch ‚wizzan', eigentlich ‚gesehen haben', auch ‚erkennen, erblicken', was etwa durch das lateinische ‚viso' deutlich wird; von den indogermanischen und altindischen Ausdrücken für ‚finden', ‚woida', ‚véda' und, vermittelt über die Übersetzung des lateinischen ‚scientia' von Trennen, Schneiden, Unterscheiden." (Thyen/Martignon. 2006. S. 12)

Bei Kant lesen wir, dass unsere Erkenntnis sich nicht nach den Gegenständen richtet, sondern die Gegenstände nach unserer Erkenntnis. Er meint damit, dass der Wahrheitsanspruch des Wissens vom Menschen abhängt, vom jeweiligen Betrachter, d. h. von unserer Wahrnehmung und unserem Verstand. Das Wissen hängt von der Art ab, mit der wir es erworben haben, ob mit unseren Sinnen oder durch unseren Verstand. Demnach ist das gesehene Wissen ein anderes als das gedachte bzw. durch Denken erschlossene Wissen.

2.3 Die Erkenntnis, das Wissen, die Wahrheit und die Vernunft

Dieter Henrich betrachtet in seinem Aufsatz *Absolutes Wissen* kritisch die Bezeichnung *absolutes Wissen* und unterscheidet zwischen einem *Wissen von* und einem *Wissen wie*.

> „Wissen, das einem Erkennen verdankt wird, ist als ein ‚Wissen *von* etwas' zu verstehen, das selbst nicht in den Gesamtbereich dessen gehört, was Wissen selbst ausmacht – also ein Wissen von Ereignissen, von Gegenständen, von Wirklichem. Es gibt jedoch viele Wissensweisen, die überhaupt nicht in diesem Sinne als hervorgehend aus Erkenntnis angesehen werden können. Dazu gehören vor allem die meisten Weisen von praktischem Wissen, vom Wissen also, *wie* etwas zu tun oder zu vollziehen ist." (Henrich. 2006. S. 23)

Beim *Wissen wie* geht es um die praktische Anwendung von Wissen, was hier nicht weiter interessiert. Beim *Wissen von* aber geht es um den Prozess des Erkennens, der zum Wissen führt. Erkenntnis in der allgemeinen Verwendung und im Kontext von Wissen ist als ein Prozess der Aneignung von Wissen zu verstehen, der zu einem qualitativ besseren Wissenstand führt als die unmittelbare Erfassung der Welt durch Wahrnehmung und Erfahrung. Erkennen in diesem Sinne ist ein überprüfbares Verfahren zur Erlangung von Wissen. Mit der Erkenntnis im Kontext der Lichtmetapher hat dies wahrscheinlich wenig zu tun, was sich aber erst in der Analyse der historischen Verwendung der Lichtmetapher zeigen wird.

Aufschlussreich für weitere historische Überlegungen zu Wissen und Erkenntnis ist der Sammelband von Rapp und Wagner zum Thema *Wissen und Bildung in der antiken Philosophie* aus dem Jahre 2003. In der Einleitung werden definitorische Merkmale von Wissen genannt:

- Wahrheit und „der Ausschluss von Täuschung und Falschheit sind basale Merkmale"
- Sicherheit und Beständigkeit
- Es gibt verschiedene Arten und Qualitäten von Wissen und Erkenntnis, also einen epistemischen Pluralismus. Die wissenschaftliche Erkenntnis in der Ethik und Ästhetik bzw. in der praktischen Philosophie ist eine andere als in der philosophischen Erkenntnis, wo es sich auf Dinge richtet, die immer der Fall sind und die immer genauso der Falls sind. (Vgl. Rapp/Wagner. 2006b. S. 3–7)

Im antiken Verständnis können wir eine unmittelbare Verbindung von Wissen, Erkenntnis, das Gute (Ethik) und das Schöne (Ästhetik) konstatieren. Ästhetik verweist auf Wahrnehmung, Ethik auf Geist und Handlung, also das Wissen um die gute Handlung. Das Gute ist auch das Schöne, was sich in der Erkenntnis vereint und was wir als wissend-weise Philosophen und Philosophinnen erkennen. Philosophie und Wissenschaft streben Erkenntnisse an, die immer gelten, die partikular gelten oder für das Ganze, die singulär gelten oder allgemein, die notwendigerweise oder in der Regel gelten, aber nicht immer, die manchmal nur im Umriss gelten. Erkenntnisse, die der Natur der Sache angepasst sind und gelten. (Vgl. Rapp/Wagner. 2006b. Einleitung)

Wir fragen heute ebenso wie früher, ob Erkenntnis und Charakter bzw. Ethik bzw. moralisches Verhalten zusammengehören. Führt die Erkenntnis zu einer guten

Charakterbildung? Kann die (philosophische) Erkenntnis nur von einer moralischen, charaktervollen Persönlichkeit gewonnen werden? Vorläufig können wir bejahen, dass Erkenntnis wichtig ist für eine gute Lebensführung und ebenso handlungsleitend, wird doch von einer Erkenntnis Beständigkeit und Handlungswirksamkeit erwartet. Zudem wird die Prämisse gesetzt, dass Erkenntnis immer ein autonomer, persönlicher Vorgang ist. Ein anderer kann mich nicht zur Erkenntnis führen, ich muss selbst erkennen. Aber das Wissen um ein allgemeines wie auch bestimmtes Gutes für den Menschen und die Erkenntnis des Guten führt nicht konsequenterweise zur guten Handlung in diesem Sinne. Zum persönlichen Nutzen kann ich entgegen der allgemeinen Erkenntnis handeln.

Was also Erkenntnis, Wahrheit und Wissen sei, wird, wie wir im historischen Rückblick gesehen haben, gar nicht unbedingt geklärt, sondern als zum Menschen gehörend deklariert, durch Gott gesetzt oder der Vernunft folgend als Prämisse angenommen. Erkenntnis von und Erkenntnis für als auch Wissen von und Wissen für werden jedoch unterschieden und verweisen auf das Geistige des Menschen oder auf das praktische Leben. Empirisches Wissen und theoretisches Wissen sind zu unterscheiden, Erkenntnisse aufgrund eines Wahrnehmungsprozesses von denen der intelligiblen Leistung. Erkenntnis-, Wahrheits- und Wissens-Suche sind als infinite Prozesse zu verstehen oder aber die Ergebnisse stehen am Ende der Suche und bilden dieses ab, unabhängig jeglicher Zeitdimension.

Erkenntnis ist qualifiziertes Wissen, ist weisheitliches Wissen. In diesem Sinne ist es der Philosophie vorbehalten bzw. den Philosophinnen und Philosophen, wenn wir uns in dieser Disziplin bewegen, so zumindest das gängige Muster in Historie und Gegenwart. M.E. ist weisheitlich-qualifiziertes Wissen allerdings nicht an ein akademisches Verständnis von Philosophie gebunden, sondern an ein tiefes, reflektiertes, überprüftes Denken, im Bemühen, den Fragen auf den Grund zu gehen und plausible oder überprüfbare Antworten zu erringen. In meinem Verständnis denke ich Philosophie hier als ein weites Feld, welches, neben einem akademischen Studium, ebenso durch andere Studien und im Selbststudium zugänglich ist.

Erkenntnis und qualifiziertes Wissen in der Wissenschaft ist natürlich jeder Disziplin vorbehalten.

Zur Wahrheit gelangen wir nur durch die Vernunft bzw. durch den Geist. Zur *Wahrheit sagen* gehört der gute Wille, vielleicht ist dies ebenso die Bedingung für die *Wahrheit denken*, zumindest in der Selbstreflexion.

2.4 Das Bild in vielgestaltiger Form und Sprache, ein medienphilosophischer Exkurs

Wenn ich zur Metapher des Lichts arbeite, ist es nahe liegend, nicht nur das Wort, sondern auch das Bild hinzuzunehmen. Hier folge ich Descartes, der auf der Suche nach Wahrheit sich auf die visuelle Wahrnehmung beruft. Durch unsere Augen sehen wir die Wahrheit, sehen wir, was wahr ist, so seine Ansicht. Es ist das von Aristoteles benannte Prinzip des *Vor-Augen-Führens* in der Anwendung einer Metapher (siehe Abschn. 2.1). Durch das *Sehen dieser Wahrheit* können wir

2.4 Das Bild in vielgestaltiger Form und Sprache, ein medienphilosophischer Exkurs

sie geistig erkennen, es ist nicht die intelligible Leistung, sondern die intelligente Leistung unseres Geistes, die uns zur Wahrheit führt. Zum Sehen benötigen wir aber das Licht.

In diesem Kapitel soll es um das Verständnis von Bild als mediales Mittel gehen, denn die Metapher arbeitet oftmals mit Bildern, insbesondere die Lichtmetapher. Eine weitere Betrachtung zur Gedankenwelt und Bildwelt erfolgt dann im Kap. 3.

Über den Sehsinn haben wir in unserem Kulturraum die größte Wahrnehmungskapazität unseres Körpers, sie begleitet uns beständig in unserem Leben, ist die stärkste Aufnahme der Welt, in der wir leben. Unsere anderen Sinne mögen vielleicht in Momenten intensiver sein, sind uns aber seltener bewusst und werden weniger reflektiert. Der Sehsinn scheint uns der sicherste zu sein, auf den wir uns verlassen können, über andere Sinnesaufnahme kommen wir so manches Mal in Zweifel, ob wir uns auf diese Wahrnehmungen sicher verlassen können. Auch in der Sprache zeigt sich die Dominanz des Sehens, indem wir mehr Worte über das Sehen zur Verfügung haben, um differenziert über den Sehsinn Aufgenommenes zu kommunizieren.

Der Sehsinn wird am stärksten in unserer Kultur ausgebildet. Möglich wäre in einem anderen Kulturraum auch der Hörsinn, die Wahrnehmung der Welt verstärkt durch Hören und eine daraus geprägte Sprache zur Verständigung.

Zum über Sehen Vermitteltes schreibt Aristoteles:

> „Alle Menschen streben von Natur nach Wissen; dies beweist die Freude an den Sinneswahrnehmungen, denn diese erfreuen an sich, auch abgesehen von dem Nutzen, und vor allen andern die Wahrnehmungen mittels der Augen. Denn nicht nur zu praktischen Zwecken, sondern auch wenn wir keine Handlung beabsichtigen, ziehen wir das Sehen so gut wie allem andern vor, und dies deshalb, weil dieser Sinn uns am meisten Erkenntnis gibt und viele Unterschiede offenbart." (Aristoteles. Metaphysik 980 a)

Wir Menschen sind auf die Vermittlung über das Sehen angewiesen, die visuelle Wahrnehmung ist die uns zugänglichste Art der Welterfahrung in unserer Kultur. Und da wir die meisten Erfahrungen nicht unmittelbar selbst vor Ort sammeln können, helfen uns die visuellen Medien, etwas von der Welt um uns zu sehen. Die Bilder an sich, unabhängig von Form und Trägermedium, nehmen wir zur Kommunikation über die Welt. Sie ermöglichen uns, neben der Sprache durch Worte, eine Verständigung in visueller Form und komplexer Anordnung, da die lineare Anordnung von Worten, sei es mündlich oder schriftlich, fehlt. Erst in der Bildbetrachtung können wir ein Schema des *Lesens* wählen, welches sich an Farbe, Form oder Linie orientiert, an Sujet, Bildaufteilung oder Bildgestaltung. Hier sind wir schon zum Bild in der Kunst angelangt, um das es mir in diesem Kontext vorrangig geht und welches eine nahe Verbindung zur Philosophie aufschließt.

Widmen wir uns dem Bild in der Kunst, so gilt zunächst ganz banal, dass Licht ein Kunstwerk erst sichtbar macht; in dieser Funktion ist es jedem Gegenstand gegenüber gleich. Hier geht es aber um den Einsatz von Licht in der Kunst, wie es in der Philosophie die Lichtmetapher für die Erkenntnis ist. Den Fokus möchte ich auf das Bild legen und dieses exemplarisch ausführen. Eine Übertragung auf anderes Kunstschaffen möge jede und jeder selbst vornehmen.

Licht kann ich durch helle Farben in einem Bild zeigen, was es von den anderen Flächen in dunkler Farbe abgrenzt. Gegebenenfalls kann ein Zitronengelb, ein Gold oder ein Weiß selbst leuchten, also Licht ausstrahlen. Schlage ich in der Brockhaus Enzyklopädie unter dem Begriff *Licht* und der Rubrik *Malerei* nach, finde ich folgende Kategorisierungen zur Gestaltung für das neuzeitliche Bild:

> „1) Die Licht-Quelle liegt außerhalb des Bildraumes und schickt einen scharf gebündelten Strahl ins Bild (dargestellt durch entsprechendes Körper-Licht, Körperschatten, Schlagschatten; …).
> 2) Die Licht-Quelle liegt außerhalb des Bildraumes und schickt ein breites, ungebündeltes Licht ins Bild (dargestellt durch verschiedene Zwischenstufen von Hell und Dunkel, wobei der Akzent der Gestaltung insgesamt sowohl auf Helligkeit als auch auf Finsternis oder gleichmäßig verteilt auf beiden liegen kann, z. B. als ausgeglichenes Helldunkel-Bild-Licht; …).
> 3) Die Licht-Quelle befindet sich im Bild selbst und gibt einen gebündelten Strahl ab oder verteilt ein breites, ungebündeltes Licht.
> Zu unterscheiden sind außerdem verschiedene Arten des Lichts: natürliches Licht (Sonne, Mond, Tages-Licht), künstliches Licht (Kerze, Fackel, Feuer), sakrales Licht (Heiligenschein)." (Brockhaus. Bd. 13, 1990, Sp. 364.)

In der alten Malerei waren Lichtwirkung und Lichtquellen zumeist identisch auf das Bild gebracht, dann wurde die Lichtquelle außerhalb des Bildes verortet und nur die Lichtwirkung gemalt, um schließlich das natürliche Licht des Tages oder der Nacht in Farbe zu bringen, was keiner besonderen Lichtquelle mehr bedurfte. Im Impressionismus und Expressionismus und der modernen Malerei wird das Licht zum Ausdruck von Emotionen eingesetzt, wird mit dem Licht der Farben gespielt, das Farben-Licht verweist nicht mehr unbedingt auf eine Bedeutung der Aussage des Bildes, sondern die Farben mit ihren Lichteffekten sind selbst zum Sujet des Bildes geworden.

Eine besondere Bedeutung erlangte das Licht durch die Fotografie, das neu entwickelte Medium im 19. Jahrhundert, das zunächst einmal der Dokumentation gewidmet war, mit der Zeit sich parallel dazu aber auch in der Kunst etablierte. Da das Licht das ausschlaggebende Mittel in der Fotografie ist, möchte ich in einem Exkurs näher darauf eingehen.

Ein kurzer Blick auf die Fotografie
Wo geistiges Erkennen immer ein *Mehr* jenseits der unmittelbaren Wahrnehmung meint, regt uns die Fotografie an, mehr zu sehen, als ich auf einem Foto direkt erblicke. Über das Medium der Fotografie ist inzwischen viel nachgedacht worden, philosophische bzw. medienphilosophische Schriften sind erschienen. Susan Sontag ist eine der Philosophinnen, die schon 1977 eingehend über die Fotografie schrieb.

„Fotografien sind tatsächlich eingefangene Erfahrungen, und die Kamera ist das ideale Hilfsmittel, wenn unser Bewusstsein sich etwas aneignen will." (Sontag. 1980, S. 10) So lesen wir in Susan Sontags Betrachtungen *Über Fotografie*. Sie spricht sogar davon, dass das fotografische Bild „heute den größten Teil der Kenntnisse vermittelt, die der Mensch vom Erscheinungsbild der Vergangenheit und von der Spannweite der Gegenwart besitzt." (Sontag. 1980, S. 10) Das filmische Bild

2.4 Das Bild in vielgestaltiger Form und Sprache, ein medienphilosophischer Exkurs

über Fernsehen und moderne digitale Medien hatte die Fotografie in dieser Funktion zwischenzeitlich abgelöst. Zähle ich heute jedoch die unzähligen Handy-Fotos mit, dann scheint mir das Foto weiterhin an der Spitze der Erscheinungsbilder über die Welt zu stehen.

Unser Gehirn funktioniert so, dass wir uns immer nur selektiv an das Wahrgenommene erinnern. Das meiste Gesehene bleibt uns unbewusst, wird nicht aktiv in unser Denken eingespeist. Wenn wir eine Fotografie und ein gedachtes Erinnerungsbild vergleichen, entdecken wir sehr schnell, dass wir die meisten Details, die wir auf dem Foto sehen können, nicht in der erlebten Realität bewusst wahrgenommen haben. Nur das *Wesentliche* wird von uns gesehen und erkannt, wobei dieses *Wesentliche* subjektiv durch unseren Geist nach Kriterien bestimmt wird, die für uns die Bedeutsamkeit einer Sache ausmachen. Ein Foto an sich zeigt alles, ohne Unterschied, ohne Wichtigkeit und Wertigkeit, ohne Prioritätensetzung. Erst der Fotograf setzt mit seinem Bildausschnitt aus der Wirklichkeit, mit seinem Blickwinkel des Fotografierens, mit seinem perspektivischen Zuschnitt die inhaltliche Botschaft seines Fotos. Trotzdem werden alle Details der Wirklichkeit, die sich um den Fokus seines Interesses befinden, auf dem Foto mit abgelichtet, in unserem Gehirn aber nicht unbedingt bewusst aufgenommen.

Nicht nur die direkte Ablichtung einer Szene, ebenso die freie Gestaltung der gewordenen Welt gehört zum Metier der Fotografin, auch wenn dies auf den ersten Blick nicht so zu sein scheint. Anders ist es bei einem rein inszenierten Foto. Hier versuchen die Fotografierenden alle Details in genau bestimmter Anordnung selbst zu setzen und dann abzulichten. Ein solches Foto käme einem gemalten Bild gleich, das nur durch den Maler gesetzte Dinge der Wirklichkeit enthält.

Susan Sontag schreibt in ihrem Essay *In Platos Höhle* zu dieser Problematik:

> „Die hochgebabten Mitglieder des Endes der dreißiger Jahre durchgeführten fotografischen Projekts der *Farm Security Administration* (darunter Walker Evans, Dorothea Lange, Ben Shahn, Russel Lee) machten Dutzende von Porträtaufnahmen eines Kleinpächters, bevor sie überzeugt waren, genau das getroffen zu haben, was sie auf dem Film festhalten wollten – jenen Gesichtsausdruck, der ihren eigenen Vorstellungen von Armut, Würde und Ausbeutung, von Licht, Struktur und geometrischem Maß entsprach. Bei der Entscheidung, wie ein Bild aussehen sollte, bei der Bevorzugung einer von mehreren Aufnahmen zwingen die Fotografen ihrem Gegenstand stets bestimmte Maßstäbe auf. Auch wenn es in gewisser Hinsicht zutrifft, dass die Kamera die Realität einfängt und nicht nur interpretiert, sind Fotos doch genauso eine Interpretation der Welt wie Gemälde und Zeichnungen." (Sontag. 1980. S. 12)

Dies ist die Schnittstelle der kulturellen Gestaltung für den Fotografen und die Fotografin. Die Fotografin wählt den Bildausschnitt aus dem Unendlichen des Geschehens für den (fremden) Betrachter, den sie nicht kennt. Was sie zu wissen vermag, ist die kulturelle Identität des Betrachters, und die gilt es, in ihrer Arbeit zu berücksichtigen, will sie verstanden werden. Dies ist nun der Akt des Handelns für den Fotografen mit seinem Medium, indem er einen möglichen Bedeutungsgehalt festlegt. Er muss dafür nicht einen bestimmten Betrachter vor Augen haben, aber er versteht sich innerhalb einer kulturellen Identität, in der es eine gemeinsame Sprache gibt, hier ist es eine visuelle Sprache.

„Das Zeitalter der Fotografie ist zum Zeitalter der Gebärde, der Musik und des Tanzes geworden, wie noch kein Zeitalter zuvor" schreibt McLuhan. „Die Fotografie ist für individuelle wie kollektive Haltungen und Gesten gleich brauchbar, ..." (McLuhan. 1992. S. 225)

„Vor allem die Fotografie habe die Entwicklung eines Selbstbewusstseins hervorgerufen, das Gesichtsausdrücke und Kosmetik ebenso beeinflusst habe wie die Art und Weise, wie wir unseren Körper in der Öffentlichkeit oder im Privatbereich bewegen. Aber nicht nur die äußeren Bewegungen wurden durch die Fotografie – und (so ist zu ergänzen) noch viel tiefer und unausweichlicher durch Film, Fernsehen, Video und Camcorder – geprägt, sondern auch unsere inneren Einstellungen, inneren Bilder und Selbstgespräche. Nach McLuhan ist das Zeitalter von Carl Gustav Jung und Sigmund Freud vor allem das Zeitalter der Fotografie, das Zeitalter einer großen Bandbreite selbstkritischer Einstellungen." (Peter Ludes. Medieninterpretationen. Die Botschaft von Herbert Marshall McLuhan. In: Der blaue Reiter, 2001 (1/01) S. 21.)

„Man könnte auch sagen, dass die Fotografie den Menschen auf die unterhalb des sichtbaren Bereichs liegende Welt aufmerksam gemacht hat, ..." (McLuhan. 1992. S. 234)

Freud und Jung konnten ihre Theorien des Unbewussten nur entwickeln, weil die Fotografie vorbereitend den Blick auf das nicht Sichtbare gelenkt hatte und die Reflexion auf eine visuelle und nicht-visuelle Wirklichkeit warf, meint McLuhan.

Was für das Auge gilt, ist auch gültig für die Fotografie. Im Foto können wir nur das festhalten, was für das Auge sichtbar ist: die im Licht liegende physische Welt. Die Dunkelheit wird nur als *schwarzes Etwas* abgelichtet, das Foto wäre schlicht schwarz. Sobald Licht einfällt, sind auch auf der Fotografie mindestens Spuren, bei starkem Gegenlicht die Schattenumrisse von Dingen sichtbar. Fotografiert man dagegen direkt ins helle Licht, wird die Kamera ebenso *geblendet* wie das menschliche Auge, und wir lichten nur etwas Helles ab, was dann nicht mehr klar zu identifizieren ist. (Durch physikalisch-technische Errungenschaften wie z. B. Infrarot-Kameras können wir heutzutage allerdings schon mehr *ablichten*.)

Jeder Fotograf weiß um die Bedeutung des Lichts für die Qualität seiner Fotografie. Ohne Licht gibt es kein Foto. Aber das Licht muss nicht nur vorhanden, sondern auch von bestimmter Qualität sein (z. B. diffus, matt), von einem bestimmten Winkel einfallen und von entsprechender Stärke sein, soll das fotografische Werk in der Aussage so gelingen, wie es die Fotografierenden möchten. Mit dem Licht arbeitet der Fotograf, um seinem Werk eine inhaltliche Bedeutung zu geben, um etwas Bestimmtes auszusagen. Einen Lichtstrahl kann er *einsetzen*, um auf Etwas im Bild zu zeigen – etwas Sichtbares, aber ebenso etwas Abwesendes. Ein diffuses Licht kann er zur atmosphärischen Stimmung in einer Bildaussage benutzen. Für den Fotografen ist das Licht *das* ausschlaggebende Mittel zur Gestaltung und Aussage seines Werkes.

Obwohl in der Fotografie nur das dem Auge Wahrnehmbare der physischen Welt *abgelichtet* wird, kann sie doch auch auf das *Licht der Erkenntnis* im geistigen Prozess verweisen. Sie kann Symbole der Lichtmetaphorik direkt zeigen und sie kann durch *Lichtverweise* zum Nachdenken über Sichtbares und Abwesendes, Wahrheit und Lüge, Freiheit und Gefangenschaft, Frieden und Krieg, Menschenwürde und Unmenschliches anstoßen. Im Prinzip kann durch Fotografie ein geistiger

Erkenntnisprozess seinen Anfang finden. Fotografie kann zum philosophischen Nachdenken anregen, will dies oftmals auch und tut es. Dem Betrachter einer Fotografie bleibt es frei, sich in seinem geistigen Kontext durch ein Foto *anstoßen* zu lassen zu neuen Überlegungen, zur Reflexion von Erfahrung, Meinung und Wissen. Das direkte Ableiten einer Erkenntnis im Sinne der philosophischen Lichtmetaphorik kann die Fotografie jedoch nicht leisten. Die Erkenntnis eines wahren (logischen) Satzes oder eines moralischen Prinzips ist ein rein geistiger Prozess, der dem Auge, somit der Fotografie, nicht unmittelbar zugänglich ist.

Außenvor gelassen habe ich die (stark) manipulierte Fotografie und die Fotomontage, da es sich hier nicht um Fotografien im eigentlichen Sinne handelt. Es würde sich dann um durch Fotografie gestaltete Bildwerke handeln wie die mit Farben gemalten Bilder oder mit Kohle geführten Zeichnungen.

Durch diesen Exkurs in die Fotografie ist die mögliche Bedeutung des Bildes für einen Erkenntnisprozess erläutert. Wir können das, was das Bild ausmacht in der Fotografie, auf das gemalte, gezeichnete oder gedruckte Bild in der Kunst übertragen und sind dabei wieder bei der Lichtmetapher, die eine Verbildlichung ist, indem ein Lichtträger oder eine Lichtfigur das Licht erscheinen und verbreiten lässt.

Nicht beachtet wurde bisher das imaginäre Bild, das wir vom Bild auf physischen Bildträgern wie Papier, Leinwand, Stein etc. unterscheiden. Ein im Geist vorgestelltes Bild oder das Traumbild bedarf keines stofflichen Trägers, ist nur im Inneren eines Menschen als Vorstellung vorhanden. Es erscheint vergleichbar dem Bild in der Außenwelt, kann recht realistisch ausfallen oder surreal und fantastisch, wie wir es z. B. auch in Malerei und Zeichnung zum Ausdruck bringen können. *Veräußern* können wir diese Imagination jedoch nur durch Wortbeschreibungen oder durch Übertragung in ein physikalisches Bild auf einem Bildträger. Zu den geistigen Bildern haben wir nur einen eigenen subjektiven Zugang, der durch eine verbale Veräußerung einen sich annähernden Ausdruck finden kann.

Ich erinnere mich an die Lektüre der *Unendlichen Geschichte* von Michael Ende, bei der ich in meiner Fantasie wunderbare Gestalten kreierte. Als ich dann Jahre später im Film diese Romanfiguren auf der Leinwand sah, war ich bitter enttäuscht, sahen diese Protagonisten doch ganz anders aus und zeigten für mich damit auch einen ganz anderen Charakter ihrer Persönlichkeit. Die Wortbeschreibungen aus dem Roman waren für den Filmemacher und für mich gleich, die daraus entwickelten Figuren jedoch sehr verschieden. Ich denke, jeder kennt diesen Vorgang.

In den philosophischen Abhandlungen lesen wir von den Lichtgestalten und Lichtträgern in der Lichtmetapher, die eine bestimmte Erkenntnis *beleuchten* und damit geistig sichtbar machen sollen. Wir entwickeln unsere Imaginationen dazu, subjektiv, jeder für sich. Die Philosophin und der Philosoph, die mit der Lichtmetapher arbeiten, erwarten jedoch, dass wir ihre Lichtfiguren *sehen*, so wie sie, dass diese allgemeinverständlich sind und wir somit auch Zugang zu der Erkenntnis haben, worauf die Lichtmetapher verweist. Diese *Lichtfiguren* wären aber im Sinne der Metapher *Erkenntnisfiguren*. Wenn man *einfache* Lichtträger benutzt wie die Sonne, das Feuer oder auch die Kerze, mag dieses zum Teil gelingen. Wenn kulturelle Spuren mitschwingen, wenn wir von universellen Bildern ausgehen, die allen Menschen bekannt sind, wenn es um das Licht geht, welches von diesen Lichtträgern ausgesendet wird und durch das etwas sichtbar gemacht wird, ist m. E. ein Konsens in der Aussage zu erreichen. Aber die allen bekannten Lichtträger werden auch als Symbole eingesetzt, mit speziellen Bedeutungen versehen, von einer Gruppe ebenso wie von einem Individuum oder einer kleinen Gemeinschaft mit besonderen Botschaften belegt. Wir benötigen den entsprechenden Sprach- bzw. Bildcode, um zu verstehen.

Noch komplizierter wird es bei den Göttergestalten und dem christlichen Gott als Lichtträger oder Lichtbringer. Reichen hier die Klischeebilder eines Kulturraumes aus, um den Erkenntnisvorgang nachvollziehen zu können und um zur ausgesagten Erkenntnis zu kommen? Das *Licht der Gnade* im christlichen Glauben, wie soll ich es mir vorstellen, kann ich überhaupt ein Bild dazu entwickeln? Das *Licht des Glaubens*, was kann das sein? Die Gnade wirkt wie das Licht, der Glaube erhellt wie das Licht, sind dies die Aussagen, die eigentlich gemeint sind? In der Analyse der historischen Texte werden wir vielleicht Antworten finden.

Sehr kompliziert wird es dann, wenn z. B. auf den Gesetzestafeln des Moses im Alten Testament der Bibel das Gebot zu lesen ist: „Du sollst Dir kein Gottesbild machen und keine Darstellung von irgend etwas am Himmel droben, auf der Erde unten oder im Wasser unter der Erde." (Bibel. AT. Exodus 20,4) Oder wenn Gott aus dem *brennenden Dornbusch* spricht: „Mose, Mose! […] Komm nicht näher heran! Leg deine Schuhe ab; denn der Ort, wo du stehst, ist heiliger Boden. Dann fuhr er fort: Ich bin der Gott deines Vaters, der Gott Abrahams, der Gott Isaaks und der Gott Jakobs. Da verhüllte Mose sein Gesicht; denn er fürchtete sich Gott anzuschauen." (Bibel. AT. Exodus 3,4–6) Ist der brennende Dornbusch die Lichtmetapher, die den Worten Gottes den Wert der Erkenntnis im Sinne von Wahrheit zuschreibt? Kein Bild von Gott und keine Darstellung von irgendetwas auf dieser Welt, dies führte zu einer bildlosen Kultur, wie wir es in der jüdischen und islamischen kennen, es führte zur Ornamentik und zu Schrift-Bildern in religiösen Räumen und in der bildenden Kunst. Kein Bild von Gott könnte als Verbot der Imagination des Göttlichen aufgefasst werden, weil der Mensch nur sich selbst und die Welt, in der er lebt, kennt, nicht aber die göttliche Welt. Gegen dieses Gebot aus der Bibel wurde und wird bis zum heutigen Tag von Gläubigen immer wieder verstoßen, es wurde nie konsequent eingehalten. Darstellungen unserer physischen Welt, wir lieben und pflegen es, seit die Menschen begannen, in Felswänden Linien zu ritzen oder mit Ruß und Kreide Felszeichnungen von Tieren und Menschen aufzutragen, also lange vor biblischen Zeiten und wir tun es bis heute. Welche Meisterwerke der Kunst wären unerschaffen geblieben, hätten die Gläubigen dem Verbot aus der Bibel Folge geleistet. Da das Verbot aber nicht die Imagination über die Welt betrifft, wäre die sprachliche Verständigung über diese inneren Bilder erlaubt geblieben, vielleicht sogar als Ausweg aus dem Nicht-Zeigen-Können über Bilder auf physikalischen Bildträgern geboten. Der Metapher-Einsatz in der Sprache wäre auf diese Weise sogar bestärkt worden. Vor allem aber die Dominanz der Sprache in Worten wie wir sie auch im Johannesevangelium finden, wird durch diese Bibelstelle als ein unumstößliches Gebot auf den Gesetzestafeln des Moses festgeschrieben.

2.4 Das Bild in vielgestaltiger Form und Sprache, ein medienphilosophischer Exkurs

Resümierend zum Bild können wir festhalten, dass grundsätzlich zwischen dem Bild auf einem Bildträger in der physischen Welt oder einem medialen Bildträger in der virtuell-physischen Welt sowie dem im Geiste imaginierten Bild zu unterscheiden ist. Die Imagination unterliegt sehr viel stärker einer Subjektivierung als das physische und virtuelle Bild. Durch die Benutzung universeller Lichtträger in der Metapher, wie z. B. Sonne und Feuer, können wir von einem weitestgehend allgemeinen Verständnis ausgehen, denn es handelt sich um das Licht dieser Lichtträger zur Erhellung bzw. Beleuchtung eines Sachverhaltes. Dem Lichtträger selbst kann jedoch eine symbolische Bedeutung beiliegen, die wir kennen müssen, um zu verstehen. Bei stark kulturabhängigen Lichtträgern, wie z. B. das göttliche Licht, wird es schwieriger, da wir zu dieser Imagination eine Vorstellung dieses Gottes benötigen.

Hinsichtlich des Kapitels *Klärungen* können wir festhalten, dass der Wandel der Entwicklung der Sprache und Wortbegrifflichkeiten nur unter einer historischen Perspektive adäquat nachvollziehbar sowie verständlich wird und deswegen die historische Epoche immer zu benennen ist. Zudem bedeutet *Klärungen* nicht, jeweils von einem einheitlichen philosophischen Begriffsverständnis auszugehen, sondern die Vielfalt an begründeten Ansichten nebeneinander stehen zu lassen. Manchmal sind es unterschiedliche Perspektiven oder Fokussierungen, die zum Ausdruck gebracht werden, manchmal geht man von unterschiedlichen *Wahrheiten* aus, die nicht auf einen Nenner zu bringen und nicht entscheidbar sind. Damit hat die Philosophie immer leben müssen. Wichtig ist es m. E. jedoch, den Kontext der *Wahrheit* darzulegen, um Transparenz und Verstehen in das Geschehen zu bringen. Darum werde ich bei der Referierung historischer Texte als auch verschiedener philosophischer Ansichten, meiner eigenen inbegriffen, immer bemüht sein.

Resümierend können wir festhalten, dass die Metapher mehr ist als eine bloße Bedeutungsübertragung und mehr als eine Sprache in Bildern, vielmehr mit ihr eine Imagination einhergeht, die sich mit dem Bildwort verbindet und den Denkraum erweitert, gestaltend wirken kann und vor allem auf einen kreativen Denkprozess verweist. In Metaphern spiegeln sich Erfahrungen des Menschen wider, mögen sie aus der Alltagswelt oder aus der philosophischen Reflexion stammen, wir können aus Metaphern Erfahrungen ablesen. Sie können aber auch als Leitidee einer ganzen Epoche dienen, den kulturellen Fokus dieser Epoche quasi benennen, wie wir es etwa bei der Epoche der Aufklärung sehen, für die das Licht als Metapher der Erkenntnis par excellence steht. Metaphern können rhetorisch als Stilmittel eingesetzt werden und hier den Denkraum der Lesenden erweitern.

Lichterleben gehört zum Selbstverständnis des Menschen von Geburt an. In der physikalischen Welt ist Licht mit Hilfe technischer Mittel messbar und kann bestimmt sowie künstlich-technisch hergestellt werden. Licht ist lebensnotwendig für die organische Welt. Als geistiges Phänomen ist es nur spekulativ bestimmbar und wird durch verschiedene Theorien als Medium oder als eigenes Sein definiert. Im philosophischen Kontext steht das Licht oftmals für den Geist, den Verstand, die Vernunft, die einen Sachverhalt erkennen und verstehen lassen. Es wird im übertragenden Sinne als Metapher eingesetzt, aber ebenso in anderen Konstruktionen als ein eigener metaphysischer Gegenstand betrachtet.

Das geistige Licht wird mit Erkenntnis, Wissen, Wahrheit und Vernunft in Verbindung gebracht. Aber schon seit Platon haben wir das philosophische Bekenntnis zu diesen Sachverhalten, dass wir nicht bestimmen können, was sie an sich seien, sondern nur im Verweis auf etwas klären, wir also nur ein Wissen über, die Erkenntnis von und die Wahrheit in Bezug auf benennen können, aber nicht – zumindest nicht ohne Zirkelschluss – aussagen können, was Wahrheit, Wissen und Erkenntnis sei. Zudem scheint es unentscheidbar zu sein, ob Wissen, Erkenntnis und Wahrheit nur als intelligible Leistungen, auch als Intelligibles oder niemals ohne sinnliche Wahrnehmung zu ergründen seien.

Bei der Metapher haben wir es zumeist mit einer Imagination von Wortbildern zu tun, der die Bedeutung des Eigentlichen auf einen physikalischen Gegenstand oder in die Erlebniswelt oder in einen beobachtbaren Sachverhalt als Imaginiertes überträgt. Diese inneren Bilder können einerseits den Denkraum in einem kreativen Prozess erweitern, lassen andererseits keine vergleichbar klare und eindeutige Aussage wie das Wort bzw. die Abstraktion zu. Ein intuitiver Zugang auf einen komplexen Sachverhalt begleitet das Geschehen um die Metapher.

Die philosophische Gedankenwelt und die sinnliche Bilderwelt – geistiges und sinnliches Sehen

Die philosophische Gedankenwelt und die sinnliche Bilderwelt, zwei Welten, die nicht unbedingt etwas miteinander zu tun haben, obwohl es Verbindungen gibt, wenn wir etwa bei philosophischen Gedankengängen Bilder entwickeln und *vor Augen haben*, um uns die Inhalte zu vergegenwärtigen, oder wir aus der Betrachtung eines Bildes auf philosophische Inhalte stoßen und Gedanken dazu formulieren können. Wir denken in Bildern und aus Bildern formen wir abstrakte Gedanken. Ist es bei manchen Inhalten nicht unerheblich, ob ich sie als Bild male oder durch Worte zum Ausdruck bringe?

Wenn ich das Thema *Tod* wähle, ein Ereignis aus unserer Lebens- und Erfahrungswelt, so kann ich Bilder zum Tod malen, etwa einen toten Menschen oder der Tod in der Figur des Sensenmanns, wie zahlreiche Künstler und Künstlerinnen es taten und bis heute umsetzen. Die persönliche Konfrontation mit einer Todesgefahr oder der Tod als ein Allgemeines, das zum Leben gehört, oder ich kann über Gefühle des Todes schreiben, wenn ein mir nahestehender Mensch gestorben ist oder vielleicht ich selbst von einem nahen Tod betroffen sein werde. Ich kann auch über den Tod im Allgemein schreiben und die Bedeutung für den Menschen an sich. Eine Konkretion als auch Abstraktion ist mir sowohl im Bild als auch im Wort möglich.

Schwieriger der Sachverhalt bei *Wahrheit, Erkenntnis, das Gute* etc., also bei anderen Sachverhalten auf der ontologischen Ebene der Metaphysik, wo wir keine Entsprechung auf der Ebene der Physis haben und es ebenfalls nicht aus unseren Emotionen kennen. Vielleicht sagen wir von bestimmten Momenten *Ich habe die Wahrheit gefühlt*, benutzen dann aber das Verb des Fühlens in einem metaphorischen Sinne. Eine bildliche Darstellung von Wahrheit ist nicht möglich; wir haben schon das Problem, was Wahrheit überhaupt ist, schlüssig darzulegen und wovor Philosophen wie Platon zurückschreckten, wie bereits im Abschn. 2.3 erläutert. Die Wahrheit gehört zur Welt des Metaphysischen, ist also nicht gegenständlich darstellbar. Nur durch Symbole und Zeichen, durch Metaphern und Allegorien, durch *Wahrheitsfiguren* können wir uns ihr bildlich nähern. Auch auf den Tod an sich können wir nicht zeigen, aber auf einen toten Körper, der das Wesen des Todes zu offenbaren scheint, wozu wir allerdings nur gedanklich durch Abstraktion gelangen. Vielleicht können wir es ähnlich mit der Wahrheit halten, indem wir in einer Erzählung über eine wahre Aussage sprechen und durch diese Erzählung das Wesen der Wahrheit offenbaren. Allerdings wäre für diesen Akt der Erkenntnis von Wahrheit ebenfalls die Abstraktion aus der Erzählung notwendig.

Meine Frage geht einen Schritt weiter. Indem ich den Vorgang des Sehens der Wahrheit durch Licht versuche zu visualisieren, bewege ich mich auf *Erkenntnisfiguren* zu, vergleichbar den Wahrheitsfiguren nach Foucault (siehe Abschn. 2.3). Genauer betrachtet liegt mein Ansinnen auf der Metaebene, ich versuche, den Augenblick des Sehens der Wahrheit, den Akt des geistigen Erkennens, in ein Bild zu fassen, das wir visuell wahrnehmen können. Wenn ich dem Bild genau diesen Titel gebe, was mit der Themenstellung der Lichtmetapher gemeint ist, also *Licht der Erkenntnis*, so könnte das Vorhaben gelingen. Ein Bild ohne Titel wird aber kaum dahin verweisen, denn ohne Worte können wir ein Bild in alle Richtungen hin betrachten und interpretierten und würden uns gemäß Descartes nur verlieren, ohne zu erkennen. Vielleicht reicht der Kontext aus, in den das Bild gestellt wird, oder es handelt sich um ein kulturelles Klischeebild, das ist das mindeste, was wir brauchen. Wenn dem aber so ist, so bleibt das Bild in diesem Sinne nur Illustration, allerdings mit der Hoffnung, durch das Bild doch zu einer erweiterten, anderen oder neuen geistigen Erkenntnis ein Mehr an Anregung zu erhalten, als es allein das Wort vermag. Was an *mehr* oder *anderem* dies sein könnte, lässt sich dann wiederum nur durch Worte vermitteln.

Es geht mir hier um die visuelle Darstellung der Lichtmetapher in ihrer Anwendung auf die Erkenntnis, also wäre die mediale Vermittlung über *Erkenntnisfiguren*, die hier *Lichtfiguren* wären, vielleicht ein Weg. Aber vielleicht ist dieses Anliegen ebenso unmöglich, wie ein Bild der Wahrheit oder der Erkenntnis zu zeichnen, denn das Nicht-Körperliche quasi physisch darzustellen, wie es im Bild oder in einer Plastik, vielleicht sogar durch Musik der Fall wäre, ist nur durch Übertragungen möglich. Nur in einem übertragenen Sinne auf etwas Gegenständliches vermögen wir uns mitzuteilen, denn weder die Metapher noch die Erkenntnis sind physischer Natur. Gefühle können wir vielleicht indirekt durch Farben zum Ausdruck bringen, eine Erkenntnis über das Gute bildlich zu zeigen, ist nicht unmittelbar möglich, vielleicht über den Vermittlungsweg des Ästhetischen, das uns als ein Gut erscheint.

Mehr durch Zufall stieß ich bei Aufräumarbeiten auf einen publizierten Vortrag von Matthias Gatzemeier mit dem Titel *Kann man Philosophie sichtbar machen? Arthur Schopenhauer und Max Klinger*. (Gatzemeier. 2011. S. 167–190) Berührt dieser Aspekt der Sichtbarmachung doch mein Interesse an der Thematik der Lichtmetaphorik in Text und Bild, ich freute mich über den Zufallsfund. Gatzemeier will in seiner Analyse *wichtige philosophische Aspekte* in Klingers Werk herausarbeiten. Er betont, dass er das Verständnis von Philosophie hierfür weit fasst, Weltanschauung und religiöse Orientierung mit einbezieht. „Im Werk Klingers liegt viel mehr Philosophie verborgen, als man auf den ersten Blick vermuten möchte." (Gatzemeier. 2011. S. 167)

Als erstes Analyseobjekt wählt Gatzemeier den Bilderzyklus *Eva und die Zukunft*, eine Arbeit von 1898 mit sechs Radierungen. Im ersten Bild ist eine nachdenkliche, im Paradies sitzende Eva zu sehen. Denkt sie an ihre Zukunft? In der letzten Radierplatte des Zyklus, *Dritte Zukunft* betitelt, stampft der Tod mit einer Handramme auf am Boden liegende Köpfe und Totenschädel ein. Klinger versteht dies als einzig sichere Zukunftsvoraussage für den Menschen, der Tod, der *eigentlich keine Zukunft mehr ist*. (Vgl. Klinger. In: Gatzemeier. 2011. S. 168) Das Nachdenken über die Zukunft in aller Ungewissheit mit der Gewissheit des Todes am Ende ist seine philosophische Botschaft. Nur durch die erzählende Abfolge von hier sechs Bildwerken vermag Klinger seine Fragen, Probleme und Erkenntnisse zu vermitteln.

In einem anderen Bilderzyklus widmet er sich ausschließlich dem Thema *Tod*. Gatzemeier vermutet, dass Klinger mit *Weltanschauung* „grundsätzliche Themen und Probleme der Lebensgestaltung, -orientierung und -bewältigung gemeint hat, wie etwas Krieg, Hunger, Leid, Tod, Hoffnung(slosigkeit), Krankheit (und dgl.), wie wir sie immer wieder in seinen Zeichnungen und Radierungen antreffen. [In der Zeichnung wird der] Inhalt der Darstellung in den Vordergrund" gerückt (Gatzemeier. 2011. S. 169); das sind seine philosophischen Auseinandersetzungen. Er recherchiert das philosophische Hintergrundwissen Klingers, das sich offensichtlich aus den Werken Schopenhauers speist, und am Ende seines Vortrags zieht er die Bilanz: „Kein Kunstwerk, welcher Art und Epoche auch immer, kann man ohne ‚Theorie' und Kontextwissen verstehen." (Gatzemeier. 2011. S. 186)

Die Zeichnung ist immer eine Form der Abstraktion, da hier mit Linien gearbeitet wird. Wenn es sich um Abbildungen der realen Welt handelt, so können wir gedanklich die Verbindung zwischen Zeichnung und Gegenstand herstellen, indem wir die Ähnlichkeit des Abbildes mit der Welt sehen. Wir können sogar die Dreidimensionalität des physischen Raumes gedanklich vollziehen, auch wenn auf der Zeichnung dieser Raum nur durch Linien angedeutet wird. Selbst bei Fabelwesen und Fantasieräumen, gezeichnet mit Linien aufs Blatt gebracht, gelingt uns gedanklich die Transformation in ein surreales Bild mit Ähnlichkeiten von einzelnen Elementen mit der physischen Welt.

Das Verständnis von Zeichnung kann erweitert werden auf allgemein grafische Arbeiten, wozu die Radierung, der Holzschnitt, die Tusche- und Federzeichnung, die Frottage, der Prägedruck, je nach Gestaltung auch die Lithografie und Monotypie oder Mischtechniken, die vielleicht ins Malerische übergehen, gehören können.

Max Klinger setzt sich mit Zeichnung und Malerei auseinander, worin sie sich ggf. gleichen und was ihre Unterschiede ausmachen. Seine Intension ist es zunächst, die Zeichnung zu einer Anerkennung als Kunstwerk zu verhelfen. Früher wurde der Zeichner, Radierer oder allgemein der Grafiker vorrangig als Handwerker klassifiziert und die Qualität maß sich nach der Kunstfertigkeit dieses Handwerks. Eine schwierige Technik, die gelernt und beherrscht werden musste, um einen Stich, eine Radierung oder einen Holzschnitt auszuarbeiten und dann gut zu drucken. Aber das Typische eines Kunstwerks, die Einmaligkeit, fehlte dem Druck, die in größerer oder kleinerer Anzahl auf den Markt kamen. Es wurden Stiche und Radierungen von Gemälden angefertigt, da ein gemaltes Unikat nur an einem Ort zu sehen war, die Druckabzüge aber in jede Sammlung an jeden Ort aufgenommen werden konnte. Bei der Zeichnung, wenn es nicht eine Kopie eines Bildes war, handelte es sich zumeist um eine Studie, eine Vorarbeit in Vorbereitung auf ein Gemälde.

Klinger plädiert nun dafür, dass es sehr wohl ausgearbeitete Zeichnungen gibt und auch solche zu erarbeiten seien, denen das Prädikat *Kunstwerk* zuerkannt werden müsste, denn es seien Kunstwerke in ihrer Originalität, ihrer künstlerischen Ausdrucksweise und sie seien Unikate. Diese Werke müssten eine Wertschätzung erhalten, die ihrer Besonderheit gerecht würden; daneben gibt es Studien und Vorarbeiten. Die Radierung kann, wenn sie nicht nachgearbeitet, sondern originär ist, ebenfalls ein Kunstwerk sein und jeder Abzug ein Unikat. Nicht angedacht von Klinger war ein maschineller Druck einer Radierung oder die Massenproduktion von Blättern. Vielmehr geht es darum, dass in der Radierung ein ganz eigener Ausdruck zur Wirkung kommt, dass es Bilder gibt, die gerade in der Radierung oder dem Holzschnitt eine ganz besondere Ausdrucksweise finden, die sie zu einem Kunstwerk machen.

Heute ist diese Anerkennung von grafischen Arbeiten als Kunstwerke kein Problem mehr, es zeigt sich nur eine Einschätzung als minderwertigere Kunst als das Gemälde im Preisgefüge auf dem Kunstmarkt; aber das ist eine ganz eigene Welt, die nicht unbedingt mit der Originalität und der Qualität eines Kunstwerkes zu tun hat.

Nachdem Max Klinger den Stellenwert einer Zeichnung (Radierung, Holzschnitt …) als Kunstwerk geklärt hat, vergleicht er Zeichnung und Gemälde miteinander und stellt fest, dass durch die Beschränkung auf Hell und Dunkel und das Lineare einer Zeichnung sehr viel mehr (gedankliche) Offenheit zulässt, der Fantasie ein eigenes Reich öffnet. Die Malerei ist durch die Farbe auf Fläche und Formen begrenzt, auf Raumverhältnisse zugeschnitten und auf die Nachbildung der natürlichen Welt eingegrenzt. Das gemalte Bild bezieht sich auf reale Gegebenheiten in der gegenständlichen Welt, die Zeichnung verlässt den Raum, kann zur Unendlichkeit vordringen, kann sich auf Einbildungen in allen Bereichen zubewegen. Die Zeichnung überlässt der Fantasie die Möglichkeit einer eigenen Farbgestaltung, einer freien Form der Räumlichkeit, eines fantastischen Raumes, den es in der realen Welt so nicht geben kann, einer freien Linienführung ohne konkreten Gegenstand.

> „Der verlassenen Körperhaftigkeit dient die Idee als Ersatz. Es handelt sich dann um ein solches Bild, wie es aus den Kontrastwirkungen der realen Welt zu unserem Darstellungsvermögen entspringt. Wesentlich für den Ausdruck einer solchen Idee ist es, den Zusammenhang mit der großen Welt festzuhalten. Diesen Zweck zu erreichen, bedarf es anderer Mittel als die, über welche die Malerei verfügt. […] Für die Zeichnung können alle diese Stoffe Eigenschaften annehmen, die weniger dem Auge als der dichterischen Auffassung und Kombination zufallen. Mit der Luft verbindet sich eher der Begriff der Freiheit, mit dem Meer der der Gewalt, und der Mensch ist nicht so die von ihren individuellen Formen eingeschlossene Person, als das Wesen, das zu allen jenen äußeren Kräften in Beziehung und Abhängigkeit steht; er ist vor allem Repräsentant seiner Gattung. Die Möglichkeit, die sichtbare Körperwelt so frei poetisch zu behandeln, wird durch jene vorerwähnten Freiheiten gegeben, welche gestatten, alles Dargestellte mehr als Erscheinung denn als Körper wirken zu lassen." (Klinger. 1985. S. 35)

Eine Zeichnung bringt stärker die Subjektivität des Künstlers zum Ausdruck, da er seine Welt und seine Anschauung in ihr zeigt. „Die Zeichnung ist das Material zur Darstellung der Weltanschauung für den Künstler." (Klinger. 1925. S. 20) Dies gilt ebenso für die Radierung oder andere Arten von Grafiken, wie Klinger meint. Die Malerei empfindet der Natur nach, stellt diese dar.

Wenn aber der Künstler die Weltanschauung in der Zeichnung zum Ausdruck bringen kann, bewegt er sich auf die Ebene des Metaphysischen zu, begibt er sich in die Welt der Ideen, in das Reich der Philosophie.

Max Klinger lebte von 1857 bis 1920, also in einer *Kunstzeit*, die zwar die fantastische Malerei schon lange kannte, denken wir nur an Hieronymus Bosch, und die nicht nur die natürliche physische Welt *nachmalte*, denken wir an Engel und Höllenmalereien, aber noch nicht die abstrakte Malerei kannte, die körperlos nur mit farbigen Flächen und Linien arbeitet. Erst die Klassische Moderne um 1910/1920 begann mit der Abstraktion in farbiger Darstellung zu operieren. Deshalb können wir Klingers Überlegungen zu grafischen Kunstwerken sehr wohl auch auf die Malerei übertragen, wenn sie denn nicht gegenständlich ist, und die naturnahe Abbildung des Gemäldes auf Zeichnungen, wenn diese die Ähnlichkeit mit der natürlichen Welt zum Ziel hat.

Wichtig sind mir seine Überlegungen, dass im angefertigten Bild, welcher Technik auch immer, Weltanschauungen, Ideen und Gedanken eines Künstlers oder einer Künstlerin eine Ausdrucksweise finden können, abstrahiert und fantasiert und ohne Begrenzung. Die Eigenschaften von Stoffen finden ihren Weg aufs Bild, wenn z. B. bei Luft an Freiheit gedacht wird oder beim Meer an Gewalt.

Die philosophischen Auseinandersetzungen von Stoff und Form des Aristoteles erspare ich mir hier, sie wären natürlich in Zusammenhang mit Grafik und Malerei und Abstraktion von Interesse, aber das würde hier zu weit führen.

„Er [der Griffel bzw. der Stift] kann direktes Licht und direkte Dunkelheit – Sonne, Nacht – darstellen, die Malerei nur Reflexlichter und Schatten im Kontrast mit jenen. Der Reif z. B., der in der Zeichnung die Sonne verkörpert, genügt völlig, um uns deren Wesen und Wirken empfinden zu machen, ebenso kann die Nacht mittels weniger Andeutungen, mit geringsten Kontur- und Tonmitteln zum Ausdruck gebracht werden. Es beruht dies eben auf jenem erwähnten poetisierenden Charakter der Zeichnung, die die Dinge nicht um der Erscheinung willen und in ihren gegenseitig sichtbaren, formentsprechenden Verhältnissen und Wirken gibt, als vielmehr um die eng mit ihnen verknüpften Ideen in dem Beschauer wachzurufen. Es sollen durch charakteristische Verbindung der Umstände bestimmte, vom Künstler beabsichtigte Ideenassoziationen herbeigeführt werden. So braucht der Reif nicht nur das Licht oder die Sonne darzustellen, je nach seiner Verknüpfung bedeutet er Freiheit, Wärme, Raum. Der Künstler bedient sich seiner völlig als Dichter, nicht mehr als Maler, dem ebenso die dunkle Nacht als völlig kontrastlos undarstellbar ist, will er nicht die Allegorie zu Hilfe nehmen. [...] Wie der Dichter, kann der Zeichner das Leben und die Form noch da zeigen, wo er sie nicht mehr würde sehen können." (Klinger. 1985. S. 38 f.)

Hier sehe ich eine Verbindung zur Metapher in den Ausführungen von Ekkehard Martens und der kurzen Erläuterung des Brockhaus, ich meine die Kreativität, die in einer Metapher Ausdruck finden kann.

Mit René Magritte stoße ich auf einen malenden Philosophen, der sich mit Bild, Wort und Philosophie auseinandersetzte und in gewissem Rahmen dazu forschte. Dieser Maler wird heute dem Surrealismus zuordnet, allerdings malte er nicht Traumbilder, Verzerrungen, „Verschüttungen aus den Untiefen der Psyche rekurriert" (Demandt. In: Magritte. 2017a, b. S. 11). Er wählte räumliche und zeitlich Irritationen, die so in der natürlichen Welt nicht zu beobachten sind. Er wollte mit Verschiebungen, Unterbrechungen und Störungen des Räumlichen Fragen zur Raumwahrnehmung und zur Abbildung im Bild aufwerfen. Er experimentierte mit der bildlichen Darstellung von Zeit, die als Bewegung im Raum gemessen wird. Er versuchte zu ergründen, wie Bild und Wort miteinander in Beziehung stehen, das eine durch das andere ersetzt und genau diese Auseinandersetzung im Bild zum Ausdruck gebracht werden kann. Was haben Namen, Wörter, Bilder und Gegenstände miteinander zu tun? Schließlich fragte sich Magritte, ob Bilder auch das Denken, speziell das philosophische Denken zeigen können. Er will die Wahrnehmung und das Denken des Menschen erschließen, arbeitet systematisch bestimmte Versuchsanordnungen durch, aber er gelangte nicht zu befriedigenden Antworten. Sein Metier war das Fragen aufwerfen, das sich wundern und verwundern, die Antworten versucht er in Bildern zu geben, die von Betrachtenden gelesen, verstanden und, wie ich annehme, gedanklich weiter geführt werden sollten mit Fragen, Suchen und Antworten. Philipp Demandt schreibt im Vorwort des Katalogs zur Ausstellung *Der Verrat der Bilder*:

> „Dabei ist seine Malerei weniger als Ausdruck des Denkens, sondern als Denken selbst zu begreifen. Er [Magritte] sei ein denkender Mensch, der seine Gedanken durch die Malerei vermittelt […]. So werden seine surrealen Bildkonstruktionen auf einzigartige Weise zu einem Instrument der poetischen Erkenntnis. […] Seine intellektuelle Neugier führte den Maler zu einem bemerkenswerten Schaffen, zu einer Verfremdung der Welt, die auf einzigartige Weise akkurate, meisterhafte Malerei mit konzeptuellem Denken verbindet. Magritte entwickelte für diese Art von Malerei eine quasi wissenschaftliche Methode, die von ihm benannten ‚Probleme' abarbeitete. All das bezeugt seinen Argwohn gegenüber einfachen Antworten und einem simplen Realismus." (Demandt. In: Magritte. 2017b. S. 11)

Magritte untersucht die Beziehung zwischen Wort, Gegenstand und Bild, er setzt sich mit der Wahrnehmung auseinander, mit dem Wissen und der Wahrheit und letztlich mit der Erkenntnisfähigkeit des Menschen. Seine Mittel der Arbeit waren das gezeichnete oder gemalte Bild und die Wörter bzw. die Sprache. Seine philosophischen Aussagen trug er dann wiederum in einem Bild in die Öffentlichkeit.

Wörter haben nichts mit dem Gegenstand gemein, dem sie zugeordnet sind, denn jeder Gegenstand könnte auch mit einem anderen Wort benannt werden. Grundsätzlich haben wir es beim Gegenstand, beim Namen desselben und beim Bild mit verschiedenen Dingen zu tun, die unterschiedliches leisten; Gegenstand, Bild und Wort sind folglich nicht beliebig austauschbar. Auch wenn in einem Gemälde Wörter und Bilder von gleicher Substanz sind, so bedeuten sie nicht das gleiche und werden anders wahrgenommen. „Die Wörter, die dazu dienen, zwei unterschiedliche Gegenstände zu bezeichnen, zeigen nicht, was diese Gegenstände voneinander trennen mag." (Magritte. 2017b. Umschlag innen) Wenn wir die Gegenstände gegenüberstellen und vergleichen, können wir die Unterscheide benennen oder darauf zeigen, bei Wörtern erschließt sich nichts über die Gegenstände selbst, so dass sie nichts über ihre Verschiedenheit offenlegen. Gegenstand, Name und Bild leisten nicht das gleiche. (Vgl. Magritte. 2017b. Umschlag innen)

Weitere Beispiele für seine philosophische Forschungsarbeit aus dem Buch *Der Verrat der Bilder* auf der inneren Umschlagseite: „Die vagen Figuren haben eine ebenso notwendige und vollkommene Bedeutung wie die präzisen", „Man sieht in einem Gemälde Bilder und Wörter anders", „In einem Gemälde sind Wörter von derselben Substanz wie Bilder" und „Alles deutet darauf hin, daß es wenig Beziehung gibt zwischen einem Gegenstand und dem, was ihn darstellt." (Magritte. 2017b. Umschlag innen)

Ein Beispiel mit einer Zeichnung einer alten Tempel-Anlage (?) im Palast zu Knossos und den Wörtern Licht und Erkenntnis im Sinne der philosophischen Untersuchungen von Magritte ist auf der nächsten Seite zu sehen. Zeichnung und Wörter sind grundsätzlicher anderer Art, haben an sich nichts miteinander zu tun. Aus dem Wort lässt sich nicht auf die Zeichnung schließen und aus der Zeichnung kann man nicht auf eines der Wörter schließen. Auch die Wörter an sich haben nichts miteinander zu tun, erschließen sich nicht vom Buchstaben oder vom Wortlaut her. Wenn ich Licht lese und denke, muss sich dieser Gedanke nicht auf ein Bauwerk und eine Erkenntnis beziehen, so wie die anderen Wörter nicht auf ein jeweils anderes verweisen. Aber in unserem Kulturraum geben wir den Worten eine bestimmte Bedeutung und in einem Bedeutungszusammenhang schaffen wir eine gedankliche Verbindung von Licht und Erkenntnis. Ebenso zur Zeichnung, die ein Licht und ein Bauwerk zeigt und ebenso im übertragenen Sinne Erkenntnis meint bzw. zeigt.

Licht – Erkenntnis, Maria Nühlen, Bleistiftzeichnung, 2022, 63 x 44 cm.

Der bedeutendere philosophische Schritt zu Erkenntnissuche geht jedoch weiter, dringt zur Gedankenwelt vor, die sich nur der Wörter und Bilder quasi als Werkzeuge bedient, aber zu Wahrheiten darüber hinaus vordringen möchte. Dies versucht Magritte mit seinen Gemälden wie etwa *Der Widerstreit der Universellen* (1928), *Der Baum der Wissenschaft* (1929), *Die wahre Bedeutung* (1929), *Die Erscheinung* (1928) und zahlreiche mehr. Die Arbeiten erscheinen uns als ein

Bildrätsel, welches wir zu entschlüsseln versuchen, aber die Lösung finden wir nur in der philosophischen Gedankenwelt, nicht in der physischen Welt und nicht durch Wörter. Zur Veräußerung des Erkannten brauchen wir dann allerdings wieder die Sprache, die Wort- und die Bildsprache. Wir können die Erkenntnisse der metaphysischen Welt nicht durch ein Zeigen auf etwas, nicht durch Worte, die das Erkannte enthalten, und nicht durch ein Bild benennen. Wir können nur Bedeutungen, die wir in Begriffe, Symbole, Zeichen oder Bilder hineinlegen, eine Annäherung an das Erkannte versuchen. Nehmen wir als Beispiel wieder die Wahrheit, auf die wir nicht zeigen, von der wir kein Bild malen oder zeichnen können und deren Inhalt sich uns nicht durch das Wort *Wahrheit* erschließt. Wir bleiben in dem Dilemma stecken, was schon Platon widerfahren ist, dass wir zwar über die Wahrheit von … sprechen können, aber nicht zu sagen vermögen, was Wahrheit ist.

Das Wesen des Bildes zu zeigen, die Malerei der Malerei, das Wesen des Wortes, der Gegenstände, dieser Herausforderung stellte sich Magritte. Gibt es Ähnlichkeiten zwischen dem Gegenstand und dem Bild, sicherlich, auch wenn sie von verschiedener Art sind. Ähnlichkeiten zum Wort sind nicht auszumachen, aber zum Gedanken? Das Ei im Vogelkäfig, an Ähnlichkeit ist nicht zu denken, aber an den Vogel, der dem Ei entschlüpft und der üblicherweise im Käfig eingesperrt sein Leben fristet. Ist die Eischale nicht auch ein Käfig für das beginnende Leben in ihr, ähnlich dem Vogelbauer?

Magritte bekennt sich später in den 1930er-Jahren zum Surrealismus kommunistischer Prägung, die mit der Methode der Dialektik arbeitet. Seine *Fenster-Bilder* zeigen das Innen und Außen, er verbindet das Natürliche mit dem Fantastischen, indem er Fabelwesen malt, Natur und Kultur, Wahrheit und Lüge oder Gut und Böse thematisiert. Sein Fokus liegt insbesondere auf der Ergründung des Wortes, der Rede sowie der Sprache in Abgrenzung zum Gedanken und zum Bild. Aber für Magritte steht die Malerei in ihrer Aussagefähigkeit vor der Dichtung, seine Bilder legen mehr offen als die surrealistische Dichtung seiner Zeit es zu vermitteln vermag. Maler sind nicht dumm, sie denken mit ihren Bildern. Das Wort und das Bild sind gleichwertige Medien, um diese Anerkennung war er bemüht.

„Das Bild der Ähnlichkeit malen – wenn das Denken in der Welt sichtbar werden soll." (Magritte. 2017b. S. 116) „Die Malerei ist nicht nur eine Angelegenheit des Geistes, sie lässt das Denken *sichtbar werden*, sie verleiht ihm hier und jetzt in der Welt Sichtbarkeit." (Cassin. In: Magritte. 2017a. S. 116)

So sieht es Cassin.

Um in das Denken seiner Zeit, die Streitigkeiten zwischen Dichtern und Malern und insbesondere die Auseinandersetzungen mit Magritte einen Einblick zu geben, möchte ich sein berühmtes Werk *Der Verrat der Bilder*, besser bekannt unter dem Titel *Das ist keine Pfeife*, im Kontext des Geschehens erläutern. Viele Betrachter sehen in der Wort-Aussage auf diesem Bild nur die einfache Feststellung, dass es sich ja hier um ein Bild von einer Pfeife handelt und nicht um eine Pfeife selbst – als Gegenstand. Diese Aussage ist in diesem Sinne richtig, aber diese Erklärung wäre für Magritte viel zu banal. Die Entstehungs- und Hintergrundgeschichte zu diesem Werk ist komplexer, wie Didier Ottinger erläutert.

> „Kurz bevor Magritte dieses Bild schuf, waren die ‚Notes sur la poésie' von Breton und Éluard in *La Révolution surréaliste* erschienen. Darin formulierten die Autoren kurzerhand eine Definition von Paul Valéry um und behaupteten lakonisch: ‚Die Poesie ist eine Pfeife'. Im Lichte dieses Aphorismus legt Magrittes Bild die surrealistische Diffamierung des Bildes bloß. Und dann kann man es lesen als: Dies – gemeint ist die Malerei, das Bild, das Gemälde – ist keine Poesie." (Ottinger. In: Magritte. 2017a. S. 19)

Das Bild ist Magrittes Antwort auf die Diffamierung der Malerei. Einige Jahre später wendet er sich in einem Brief an Michel Foucault, der ihm mit kurzen Traktaten, die ursprünglich im Werk *Die Ordnung der Dinge* abgedruckt wurden, antwortete. Sechs Abhandlungen und zwei Briefe sind inzwischen in einem separaten Büchlein erschienen: *Michel Foucault. Dies ist keine Pfeife. Mit zwei Briefen und vier Zeichnungen von René Magritte*. München 1974; Paris 1973. Im ersten Brief an Foucault bezieht sich Magritte auf die Aspekte von *Ähnlichkeit* und *Gleichartigkeit* und er legt dem Schreiben einige Reproduktionen seiner Bilder, u. a. eine Skizze von *Dies ist keine Pfeife* bei. Foucaults Analyse von Magrittes Bildern ist brillant. Die Malerei wird zum Leben erweckt, es werden Vor- und Nachgeschichten erdacht, Handlungen und Beziehungen der gemalten Objekte im Bild, es werden die verschiedensten Varianten von Bedeutungen der Worte und Abbildungen auf den Bildern durchgespielt, ein imaginäres Geschehen außerhalb des Bildes in Beziehung gesetzt zum Bildinneren, ein Neben, ein Vor und ein Hinter dem Gemälde konstruiert. Die Aufhebung einer Hierarchisierung von Sprache und Bild, in den Werken von Klee und Kandinsky ins Leben gerufen, die bisher die Diskussion in der Malerei geprägt hatten, wird durch die Bestimmung von Ähnlichkeit und Gleichartigkeit in der Auseinandersetzung mit den Werken Magrittes ersetzt. Im zweiten Brief antwortet Magritte auf einige Erklärungen Foucaults zu seinen Arbeiten, bekennt aber, dass er selbst zu so *gelehrten Erklärungen* nicht fähig sei, für ihn seien die Erklärungen ein Mysterium. (Vgl. Magritte. 2. Brief. In: Foucault. 1997. S. 57))

Magritte zeigt sein Denken in der Malerei, nicht in philosophischen Wortabhandlungen. Auf diesen philosophischen Austausch weiter einzugehen, würde hier zu weit führen, aber es lohnt sich, das Büchlein zu lesen.

„Schließlich fand ich in der Erscheinung der realen Welt selbst dieselbe Abstraktion wie in den Gemälden" (Magritte. 2017a. S. 114), so ließ es Magritte in dem Vortrag *La ligne de vie I* (*Die Lebenslinie I*) 1938 verlauten. Die Malerei ist eine Welt des Denkens, wie auch die Philosophie es ist. Malerei ist Abstraktion wie auch die Philosophie, aber von anderer Art. Nur durch Abstraktion schafft der Maler es, eine Ähnlichkeit mit der Welt auf die Leinwand zu bannen. Er muss bewusst sehen, um bewusst Linie, Form und Farbe ins Bild zu setzen.

Magritte setzte sich intensiv mit der Bedeutung und Wirkung von Licht auseinander, malte u. a. die Themenstellung der Lichtmetapher in der Philosophie, wir können das platonische Höhlenfeuer entdecken und versuchen *Die philosophische Lampe* zu enträtseln. Eine ausführliche Betrachtung direkt zur Lichtmetapher folgt im Abschn. 4.2.

In der Metapher arbeiten wir immer wieder mit imaginierten Bildern und in der bildenden Kunst wird die Metapher eingesetzt, so dass es zu bildlichen Darstellungen der Imaginationen kommt. Können wir Verbindungen erkennen zwischen der philosophischen Gedankenwelt und der sinnlichen Bilderwelt? Die Philosophie arbeitet immer schon mit Bildern, um sich verständlich zu machen sowie Erkenntnisse zu vermitteln. Künstler und Künstlerinnen des Metiers der darstellenden Kunst haben sich oftmals darin versucht, ihr philosophisches Denken, ihre Fragen, Zweifel und vielleicht Antworten bildnerisch dazustellen. Max Klingerhat sich theoretisch dazu geäußert, René Magritte hat es in seinen Werken umgesetzt. Aus den Kunstwerken selbst können wir ohne Hinweise durch Titel, Thema oder anderen Worten den philosophischen Gehalt nicht eruieren, es sei denn, man geht davon aus, dass man aus jedem Kunstwerk potentiell etwas Philosophisches herauslesen kann, was ja möglich wäre. Das Bild braucht ein klärendes Wort, um auf den philosophischen Kontext hinzuweisen. Eine Eigenständigkeit philosophischer Klärung durch das Bild scheint m. E. wenig möglich zu sein. Wenn die Kunstschaffenden eine Vorstellung ihres philosophischen Themas zu einem darstellenden Bild entwickeln, vermögen sie es so auf einen Bildträger zu bannen und die Betrachtenden mögen es erkennen. Auch kann ich als Bild-Schauende selbst auf eine philosophische Erkenntnis stoßen, angeregt durch ein Kunstwerk, aber das Bild selbst erklärt nicht, nur die Schaffenden und die Betrachtenden. Philosophie und Malerei arbeiten mit Abstraktionen, jedoch sind es die Menschen, die denken, malen und abstrahieren und das Gedachte und Erkannte in ihre Werke legen, sie transformieren auf eine Sichtbarmachung auf einem Bildträger.

Zur Lichtmetapher im Allgemeinen

4

Inhaltsverzeichnis

4.1 Kulturelle Einblicke.. 62
4.2 Die Lichtmetapher in der Bildenden Kunst.. 68
4.3 Lichterscheinungen in der griechischen Mythologie... 72

Wenn wir die Metapher des Lichts betrachten, müssen wir als erstes fragen, wofür steht dieses Phänomen, diese Wahrnehmung des Lichts, dieser Begriff, diese Metapher?

Licht, nicht materieller Art, wie es scheint, und dennoch mit den Sinnen wahrnehmbar, so könnten wir es beschreiben. Wir sehen es, nicht gegenständlich konkret, ohne es als etwas Physisches fühlen zu können. Materie ohne Form? Dies ist nach Aristoteles nur möglich, wenn die Materie durch einen äußeren Rahmen quasi eine Form erhält, wie etwa beim Wasser. Eine Fensteröffnung könnte ein solcher Rahmen sein für ein Licht. Vielleicht kann es eine formlose Materie geben, wenn wir an Licht oder Luft denken. Wir sprechen bei Licht von Energie, aber was ist Energie? Woher kommt sie, was ist ihre Substanz, was sind ihre Qualitäten? Auf diesem Weg komme ich nicht weiter auf der Suche nach der Bedeutung der Metapher.

Wenn es stimmt, dass eine Metapher einen lebensweltlichen Bezug hat und auf Erfahrungen des Menschen im Handeln und Denken beruht, so müssen wir uns fragen, welche Erfahrungen des Menschen mit dieser Metapher verbunden werden. Wenn es weiter stimmt, dass Metaphern uns in unserem Denken und Handeln mit sehr einfachen Vorstellungsübertragungen leiten können (Vgl. Martens 1991. S. 7.), müssen wir fragen, welche denk- und handlungsleitenden Elemente in der Metapher des Lichts liegen.

Wir finden vielleicht einige Hinweise auf diese Fragen in den Trägern des Lichts, in den Redewendungen der Alltagssprache oder auch in den Lichtfesten unseres

Kulturraumes. Kulturelle Einblicke, in aller Kürze, können zusätzliche Informationen geben, auch wenn diese Aspekte philosophisch wenig relevant zu sein scheinen, sie können zumindest den Horizont der fachspezifisch philosophischen Perspektive erweitern.

Licht und sein Gegensatz Dunkelheit gehören zu den Grunderfahrungen des Menschen, sind also archaisch-anthropologischer Natur. Die Symbole für dieses Gegensatzpaar gehören zu den *Ursymbolen der Menschheit*, können wir in der *Brockhaus Enzyklopädie* unter dem Stichwort *Licht* im Abschnitt *Religion und Philosophie* nachlesen. (Vgl. Licht. In: Brockhaus. Bd. 13. 1990. S. 363.) Welche Lichtsymbole gehören zu unserem Kulturraum und wofür stehen sie?

Der Gebrauch der Lichtmetapher scheint ebenso zu den ältesten Metaphern zu gehören, die wir in der Menschheitsgeschichte finden. Der Wechsel von Tag und Nacht, die Wahrnehmung von Licht und Schatten bestimmen die Naturabläufe sowie das menschliche Leben. Für die sinnlich-visuelle Wahrnehmung ist das Licht unabdingbar, denn was im Dunkeln liegt, was also durch *kein* Licht erhellt wird, ist für das bloße Auge nicht sichtbar. Zu viel Licht blendet, schmerzt die Augen und lässt die Dinge unklar erscheinen. Die für die Augen im *richtigen* Licht stehenden Gegenstände dagegen werden von uns in ihren Formen, Linien, Strukturen, Farben und Dimensionen erfasst, werden durch das Licht gegenständlich.

Die ältesten und ursprünglichsten Formen von Religion beruhen auf der Verbundenheit mit der *Mutter Erde*, die Geborgenheit und Existenzsicherung bedeuten. In der weiteren Entwicklung der Religionen treten Himmelsgötter als Lichtgestalten auf und eine *Vergeistigung* der Gottesvorstellungen entwickelt sich. In manchen Religionen wird der Sonnengott zur obersten Gottheit und die höchste Gottheit wird durch das Sonnensymbol gekennzeichnet. (Vgl. Brockhaus. Bd. 13, S. 363)

„[…] nach dem griechischen und vor allem hellenistischen Licht-Mystizismus entstammen die Seelen dem ätherischen Feuer; Licht ist kosmische Kraft und zugleich Vernunft. […] Die Polarität von Licht und Finsternis wird oft zu einem kosmischen und ethischen Dualismus gesteigert, der die Zerrissenheit menschlicher Existenz spiegelt. […] alles ist bestimmt vom Kampf der Welt und der Gottheiten des Lichts mit den Mächten der Finsternis; […] Vergleichbare Vorstellungen finden sich in vielen Religionen, insofern Gut und Böse, Licht und Dunkelheit, Geist und Materie einander gegenübergestellt werden. […]
In der Philosophiegeschichte wird der Begriff des Lichts sowohl als Metapher für die Intelligibilität des Seins, der Wirklichkeit als solcher und für den menschlichen Akt der Wahrheitserkenntnis verwendet … als auch im Rahmen einer im Neuplatonismus erstmals ausgebildeten Licht-Metapher. Hierin ist das Licht Bestandteil einer Ontologie (z. B. wird der Grund alles Seienden als ‚Licht' gedeutet." (Brockhaus. Bd. 13, S. 363)

Zur Philosophie komme ich später ausführlicher, deshalb hier nur das Zitat aus einem Universal-Lexikon, das schon wertvolle Hinweise gibt.

Bei der Lichtmetapher handelt es sich um eine sehr früh in der abendländischen Philosophie verwendete Metapher. Es könnte sich um ein archaisches Phänomen handeln, welches anthropologisch zu begründen wäre: Die visuelle Wahrnehmung des Lichts, sei es durch Sonne, Gestirne oder Feuer, wird auf das geistige Erkennen,

4 Zur Lichtmetapher im Allgemeinen

das *gedankliche Sehen* übertragen und die Philosophie greift dies in ihren Anfängen auf. Ebenso findet sie in der Alltagssprache, im Brauchtum, allgemein im kulturellen Leben ihren Niederschlag. In Verbindung mit den außerirdischen Lichtphänomen, den Gestirnen im Weltall, steht das Licht auch für die Wahrnehmung des Göttlichen und ist in fast allen Religionen, in zahlreichen kultischen Darstellungen und Handlungen zu finden.

Licht ist die Metapher der Erkenntnis, Licht ist die Metapher der Aufklärung, wir erkennen und wir klären auf bzw. werden aufgeklärt durch das geistige Licht, so die Metapher.

In einem Aufsatz von Johann Kreuzer mit dem Titel *Das Licht als Metapher in der Philosophie* aus dem Jahre 2014/15 (publiziert 2016), sieht er die mythologischen Ausgangspunkte des *westlichen Kulturraumes* mit dem *Wunsch eines Sich-Klärens* verbunden. Als Quellen nennt er die Schöpfungsgeschichte der Bibel und die griechische Mythologie.

Gott schuf das Licht am ersten Tag, sah, dass es gut war und schied das Licht von der Finsternis. Er nannte es Tag und Nacht. Durch dieses erste geschaffene Licht werden alle weiteren von Gott erschaffenen Dinge sichtbar, zudem war die Schöpfung gut, die ethische Dimension ist also inkludiert, und es brachte sehendes Erkennen, also Aufklärung und Erkenntnis, denn ein Chaos der Dunkelheit kann im Licht geordnet werden. „Erkenntnis bringt Licht (‚Aufklärung') in die Welt ungeschiedener, differenzlos-diffuser Erfahrung: Wo Dunkel ist, soll Licht werden." (Kreuzer. 2016. S. 65)

Im griechischen Mythos verbinden sich Licht und Leben, der Tartaros ist das Reich der Toten und in ihm herrscht Dunkelheit, im Licht aber leben wir, so berichtet schon Homer. Und Hesiod lässt in seiner Dichtung aus dem *finsteren Chaos* das Licht des Tages und das Dunkel der Nacht entstehen. Diese Ordnungsstruktur *wird zum Versprechen einer Aufklärung*, aus dem Gegensatz von Hell und Dunkel entwickelt sich die Macht des Lichts, die die Dunkelheit durchdringt. (Vgl. Kreuzer. 2016. S. 65 f.)

Gehört die Lichtmetapher vielleicht zu einer meta-kulturellen Sprache, weil uns Menschen das Licht anspricht und fasziniert, weil wir bewusst oder unbewusst wissen, dass wir existentiell auf Licht angewiesen sind? Oder bilden wir die Analogie: Durch Licht sehen wir die physische Welt und durch den Geist erkennen wir andere Welten, also führt uns das *geistige* Licht zur Erkenntnis?

Nach der Formel des Aristoteles sähe diese Gleichung folgendermaßen aus:

„Licht a führt zum Sehen der physischen Welt b wie der Geist c zum Erkennen der metaphysischen Welt d führt.
    Licht a lässt erkennen d = Metapher
    Geist c lässt uns sehen b = Metapher
    Zur Erkenntnis d gelangen wir durch das Licht a = Metapher
    Sehen b können wir durch den Geist c = Metapher"

Die Metapher-Analogie in dieser Formel funktioniert, wenn zwischen *sehen* und *erkennen* unterschieden wird. Wenn wir den zweiten Teil *Geist lässt uns sehen* und *sehen können wir durch den Geist* als Metapher formulieren, sehen wir die Aussage durch die Wissenschaft bestätigt, denn nur durch das Organ des Auges können wir nicht sehen; erst im Prozess des geistigen Verstehens des Erblickten sehen wir die physische Welt.

Einen kulturellen Einblick gewähren uns Werke der Kunst, die mit der Lichtmetapher arbeiten. Der Bildenden Kunst habe ich ein eigenes Unterkapitel gewidmet, da sowohl Rembrandt als auch Magritte explizit die Lichtmetapher als Einsatz für die Erkenntnis malerisch umsetzten und ich diese Beispiele skizzieren möchte. Bildbotschaft und Wortbotschaft konkurrieren in der philosophischen Lichtmetapher-Thematik miteinander, was gelingt dem einen und was dem anderen?

Schließlich vermag uns die griechische Mythologie, die oftmals das Licht als ein wesentliches Element in ihren Geschichten beinhaltet, vielleicht einen Einblick in die abendländische Geschichte in ihren Anfängen zu gewähren, die uns den Beginn oder die Vorstufen der Lichtmetapher aufzeigen.

4.1 Kulturelle Einblicke

Als Synonyme für Licht finden wir das Helle und die Helligkeit, den Tag oder das Tageslicht, das Leuchtende und vielleicht noch den Schein bzw. den Lichtschein. Lichtträger sind Feuer sowie Glut, die Gestirne wie Sonne, Mond und Sterne, der Blitz, die Kerze oder die Fackel, die Laterne, die Lampe, die Leuchte, die Glühbirne sowie das Streichholz; es gibt noch viel mehr direkte Lichtträger. Als Symbole des Lichts werden vor allem die Sonne, das Feuer oder die Kerze bzw. Öllampe (in moderner Variante die Glühbirne) eingesetzt; der Heiligenschein im religiösen Kontext ist in der Bildsprache weit verbreitet.

Sowohl die Symbole des Lichts als auch die Träger speisen sich aus der allgemeinen Lebenswelt des Menschen. Schon aus ältester Zeit bis heute sind es natürliche Erscheinungen von Gestirnen am Firmament, die für alle Menschen wahrnehmbar sind und ihr Leben begleiten. Das Licht der Sterne, das Licht von Sonne und Mond, wird in Liedern und Dichtung verherrlicht, bedeutungsvoll aufgeladen mit Liebe, Träumen, Freundschaft und Verbundenheit der Menschen in aller Welt. Die Sonne wird zum Symbol des Lichts überhaupt, der Mond symbolisiert in manchen Kulturwelten den Traum des Nachtschlafes oder die romantische Liebe zweier Menschen in der Verborgenheit der Nacht, oftmals auch die Nacht an sich. Manchmal ist es ein Zauber, der vom Mondlicht auszugehen scheint und der ihn zum Symbol der Zauberkünste oder der Verzauberung macht. Ist die Liebe nicht auch eine Verzauberung zweier Menschen? Im *Honey Moon* findet sie z. B. ihren modernen gestalterischen Ausdruck.

Bei Sonne und Mond kennen wir in unserem Kulturraum die Zuordnung zum Geschlecht, wenn die Sonne als Symbol des Männlichen und der Mond des Weiblichen fungieren. Beim Mond lässt sich eine Verbindung durch die Erfahrung des Mondzyklus und des Monatszyklus der Frau herstellen. Denn bei Naturvölkern oder früher in ländlichen Gebieten, in denen es keine nächtliche Lichtverschmutzung durch künstliches Licht gab, standen die Zyklen von Mond und Menstruation im Einklang. In der Zivilisation ging dieser Rhythmus verloren. Warum die Sonne den männlichen Bezug aufweist, ist mir unbekannt. Es könnte sich einfach als Gegenpol zum Mond und Weiblichen entwickelt haben.

Das Feuer ist ein starker Lichtträger. Es ist vermutlich nicht weniger alt in der Anwendung als Symbol und Träger des Lichts als die Gestirne, aber in der Verwendung mit anderen Bedeutungen belegt. Das Feuer spendet Licht und Wärme und es zerstört durch Verbrennung. Die Menschen können es zum Nutzen und zum Schaden anwenden, aber es kann ebenso eine eigene Mächtigkeit entfalten, wenn es außer Kontrolle gerät und die Menschen es nicht mehr beherrschen können. Als Signet kennen wir es auf Schildern zur Warnung vor Waldbrandgefahr, in der Bildenden Kunst erscheint das Lagerfeuer romantisierend als Wärmequelle in der Nacht für die im Lichtschein sitzenden Menschen.

Als natürliche Lichterscheinung muss noch der Blitz genannt werden, der oftmals als Symbol für Gefahren steht, denn durch Blitzschlag werden Häuser zerstört, aber auch Menschen und Tiere können zu Tode kommen. Der Blitz ist quasi eine potenzierte Feuergewalt mit höchster Gefahrenstufe. Als Symbol finden wir den Blitz als Zeichen für Spannung, seien es elektrische Ströme oder Beziehungsspannungen zwischen Menschen; eine herannahende oder tatsächliche Störung wird angezeigt. Im mythischen Kontext trägt Zeus, der höchste Weltengott unter allen Göttern, den Blitz als Symbol seiner Mächtigkeit.

Im christlichen Kontext lesen wir in der Bibel von der Feuersäule, durch die Gott nachts Moses und das Volk Israel aus Ägypten führt. (Vgl. Bibel. AT. Moses/Exodus 13,22) Oftmals sendet Gott das Feuer der Zerstörung, um sündige Menschen zu bestrafen. Heilige Menschen werden nicht durch das Feuer verbrannt, sie können unbeschadet aus dem Feuer heraustreten. Gott selbst spricht manchmal aus einem Feuer heraus zu auserwählten Menschen, warnt sie vor der Verderbnis und droht mit dem zerstörenden Feuer. Letztlich werden die Höllenqualen der Verdammnis mit den lodernden Flammen des Feuers dargestellt. *Zungen wie von Feuer*, die auf die Apostel niederschweben, sie mit Gottes Geist erfüllen und sie in allen Sprachen reden lässt, so steht es in der Bibel über das Pfingsterlebnis. Hier haben wir klar eine Verbindung von Feuer und Geist.

Im philosophischen Kontext verweist das Feuer zumeist auf das Platonische Höhlengleichnis.

Bei den Lichtträgern wie Kerze, Fackel, Öllampe, Laterne oder Ähnlichem sehen wir das gebändigte, domestizierte Feuer, das der Mensch zum eigenen Nutzen gebraucht und einsetzt.

Diese Lichtträger können in einen religiösen Kontext gestellt werden und auf etwas Hoheitliches, Ehrwürdiges, Heiliges hinweisen. Das Gebet und die Andacht im Kerzenschein sind den Besuchern von Kirchen wohlbekannt. Die Laterne, die den Weg beleuchtet, der zum Ziel führt, finden wir in romantischen Bildmotiven, wobei *der rechte Weg* im übertragenen Sinne für den richtigen Lebensweg gemeint sein kann.

Im christlichen Metier sei noch der Heiligenschein als Lichtträger zu nennen, der das Haupt von Personen schmückt und diese als von Gott auserwählte besondere Menschen auszeichnet.

Engel sind Lichtgestalten und insofern Lichtträger. Sie werden als Boten Gottes für gute Nachrichten eingesetzt, sie begleiten Menschen in gefährlichen Lagen, sie beschützen und wachen, sind unsichtbare Begleiter durchs Leben.

Träger und Symbole des Lichts finden sich natürlich in philosophischen Schriften mit Bezug zur Lichtmetapher als Erkenntnisprozess, aber wenn ich den allgemeinen lebensweltlichen Bezug nehme, ist kaum eine Verbindung zur Lichtmetapher der Erkenntnis auszumachen. Licht macht etwas sichtbar für das menschliche Auge, unabhängig, um welchen Lichtträger es sich handelt. Aber die Lichtträger stehen oftmals für Wärme, Zerstörung, Hölle oder Leben und Liebe. Im religiösen Zusammenhang finden wir Lichtgestalten wie Engel oder Heilige, in Texten der Bibel gibt es Andeutungen, aber wenige direkte Hinweise auf Lichtsymbole im Kontext von geistiger Erkenntnis.

Unbe*sonne*nheit und Be*sonne*nheit, in beiden Begriffen, die sowohl zur Alltags- als auch Wissenschaftssprache (z. B. in der Pädagogik, Psychologie und Philosophie) gehören, steckt die Sonne und genau daraus ergibt sich der Sinn dieser beiden Wörter. Unbesonnen, wenn also die Sonne fehlt, und Besonnen, wenn sie da ist, denken und handeln wir anders. Es bezieht sich hauptsächlich auf das Handeln und Verhalten des Menschen in moralischer Wertung. Von Heidemarie Bennent-Vahle wird die Besonnenheit u. a. als eine politische Tugend benannt, worauf der Titel ihres Werkes von 2020 hinweist: *Besonnenheit – eine politische Tugend. Zur ethischen Relevanz des Fühlens*. Ausgeglichen und mit Bedacht handeln ist gemeint, die Ratio und das Emotionale in Einklang bringen, sich nicht zwischen diesen Beiden als Gegenspieler betrachtet zerreißen, sondern abwägen und nachdenken (mit Be*dacht*), dann erst entscheiden und handeln. Sie schreibt im Schlusswort:

> „Besonnenheit ist das Vermögen, im Abstandnehmen von spontanen Handlungsantrieben gedanklich bei einer Sache zu verweilen, das heißt, die Angelegenheit behutsam von allen Seiten zu betrachten, sie in der Überlegung hin und her zu rücken und dabei die Folgen möglichen Tuns zu überdenken." (Bennent-Vahle. 2020. S. 329)

Im inneren gedanklichen Abwägungsprozess mit der *inneren Sonne* sich das Geschehen und die möglichen Optionen des Weiteren betrachten, hier macht die Wortbildung *Besonnenheit* mit dem Einschluss der Sonne einen Sinn.

Wie sieht es in den Redewendungen, Sprichwörter, allgemein in Volksweisheiten aus, in denen sprachlich eine Bedeutung von Licht und Lichtträgern zum Ausdruck gebracht wird? Vielleicht sind in Märchen moralische Botschaften des Guten und Bösen, der Werthaltungen in menschlichen Beziehungen, des Umgangs mit der Natur oder allgemein eine Werthierarchie und eine Wertevermittlung zu finden, die über die Lichtmetaphorik kolportiert werden, wobei das Gute immer im Licht steht. Kurz nachgedacht, fallen mir sofort zahlreiche Redewendungen und Sprichwörter zum Stichwort *Licht* ein:

Das Licht der Welt erblicken
Ans Licht treten
Bei Licht besehen
Messer, Schere, Gabel, Licht, sind für kleine Kinder nichts.

4.1 Kulturelle Einblicke

Im Rampenlicht stehen
Man weiß sich ins rechte Licht zu setzten.
Manche lassen ihr Licht leuchten.
Jemanden hinters Licht führen
Etwas ans Licht bringen
Es leuchtet mir ein.
Ihm geht ein Licht auf.
Das Licht nicht unter den Scheffel stellen
Er ist kein großes Licht.
Das Licht der Wahrheit sehen
Das Licht der Vernunft
Ehrlich scheut kein Licht.
Was das Licht scheut
Wo das Auge nicht sehen will, helfen weder Licht noch Brille.
Wo viel Licht ist, ist auch viel Schatten.
Die zündende Idee
Der Feuerfunken, der überspringt.

Die Alltagssprache verweist zunächst einmal banal auf die Wahrnehmung von Licht wie auf das Sichtbarmachen durch Licht sowie sehr deutlich auf eine moralische Akzentuierung; hinzu tritt die Metapher des Lichts in der Bedeutung von Intelligenz und Erkenntnis. Wenn von *Einleuchten* die Rede ist, meint dies die *Evidenz*, das *Einsichtigwerden* in einen Sachverhalt, ich sehe jetzt also ein, dass es so richtig ist, *mit Klarheit sehen* inkludiert gedanklich einen Lichteinfluss, *es klart auf*, wenn die Sonne den Nebel durchbricht, *es klärt sich auf*, wenn ein Sachverhalt geistig korrigiert wird, Helligkeit und das Helle meint immer Licht, *Verklärung* steht für eine vermeintliche Klarheit, die jedoch nicht gegeben ist. Die Reihe der Beispiele ließe sich fortsetzen, ist hier aber nicht von Gewinn.

Mindestens sechs Deutungsinhalte können aus dieser kurzen Sammlung von Redewendungen und Sprichwörtern extrahiert werden: Licht verweist auf

- den Beginn des Lebens
- das Sehen der physischen Welt
- sich zeigen und gesehen werden in der Körperlichkeit und in der Geistigkeit
- den Dualismus von Licht und Schatten oder überhaupt auf den Dualismus als Grundprinzip des Lebens
- die ethische Kategorie des Guten, der Wahrheit im moralischen Sinne sowie auf Positives
- den Geist bzw. Verstand des Menschen im Sinne von Intelligenz, verstehen, erkennen und betrachten
- ein plötzliches Erkennen.

Das Licht der Welt erblicken ist durch die Geburt, das Eintreten in diese Welt gegeben. Eine Lichtursache oder einen Lichtträger gibt es nicht, das Licht ist da, in der Welt, in aller Einfachheit, wie auch der Beginn des Lebens es zu sein scheint.

Licht macht sichtbar, man kann sich zeigen und man wird gesehen, zum einen in der physischen Welt, zum anderen in seinen geistigen Kapazitäten, die eben nur durch den Geist zu erkennen sind. Die moralischen Implikationen *treten* deutlich in diesen Redewendungen *zu Tage*, sei es das gute Handeln und konforme Verhalten, die Wahrheit sagen oder ein Unrecht aufdecken. Aussagen genereller Art (viel Licht = viel Schatten) werden als Lebensweisheiten gedeutet, die im übertragenen Sinne auf die Gefahren und Probleme im Lebensvollzug aufmerksam machen, vor einen zu starken Optimismus warnen und eine besonnene Lebenshaltung als Prinzip favorisieren. Was den philosophischen Gehalt der Lichtmetapher als Erkenntnisprozess meint, ist bei den Redewendungen im Kontext der intellektuellen Fähigkeiten der Vernunft, *Wahrheit sehen* und *Licht aufgehen* gut zu konstatieren. Alle Redewendungen gehören mehr oder minder zur Erlebniswelt und Lebenserfahrung des Menschen.

Aber die Redewendungen und Sprichwörter vermitteln *nur Volksweisheiten*, d. h. ein allgemeines einfaches Wissen, mit wenigen Worten prägend formuliert, für jeden verständlich, über Generationen tradiert und handlungsweisend für das alltägliche Leben. Weitergehende Begründungen, exemplarische Erläuterungen oder ethische Rechtfertigungen fehlen. Im philosophischen Kontext sind sie vergleichbar mit den Spruchweisheiten der Weisen aus vorsokratischer Zeit.

Das Osterfeuer und das Johannisfeuer sind den meisten Menschen im europäischen Kulturraum bekannt, sei es aus der eigenen Erlebniszeit, sei es aus den Erzählungen der Großeltern oder alter Menschen oder aus der gelebten Tradition der Gegenwart.

Der Ethnologe James George Frazer brachte 1922 in seinem umfassenden Werk *The Golden Bough*, (dt. *Der Goldene Zweig* 1928), eine Sammlung von *Feuerfesten in Europa* heraus, in denen er die *Feuerfeste in der Fastenzeit*, die *Osterfeuer*, die *Beltane-Feuer*,[1] die *Johannisfeuer*, die *Halloween-Feuer*, die *Winterfeuer* und die *Notfeuer* in ihrer rituellen Gestaltung beschreibt. Es wird Feuerholz aufgeschichtet und in der Dämmerung oder bei Dunkelheit verbrannt, manchmal mit einer Strohpuppe darauf, besondere Zweige oder Kräuter hineingeworfen, die Feuer bzw. die Glut umtanzt oder übersprungen, glimmende Holzscheite nach Hause getragen, um ein neues Herdfeuer im Haus zu entfachen. Es gibt mit Stroh umwickelte Scheiben, die brennend einer Sonne gleichen, mit Stroh umwickelte Räder, die einen Hang herunterrollen, manchmal als *Osterräder* bezeichnet, Feuer, die auf den Bergkuppen brennen und weit im Land zu sehen sind oder im Tal abgebrannt werden nur für dieses eine Dorf.

Die Rituale ähneln sich, die Zeiten gleichen sich, die Bedeutung kann in zwei Gegensätzen kurz skizziert werden. Zum einen werden die Feuer als Ausdruck der Freude betrachtet, man feiert das Ende des Winters, die wiederkehrende wärmende Sonne, den Beginn des Wachstums in der Natur, den längsten Tag im Jahr zur Sommersonnenwende und den kürzesten Tag zur Wintersonnenwende, denn ab dann werden die Tage wieder kürzer bzw. länger. Es wird gesungen und getanzt, Sprüche und Zauberformeln gerufen, die Dorfgemeinschaft findet sich zusammen und stärkt sich durch das gemeinsame Fest.

---

[1] Irisches Fest zum Sommeranfang.

4.1 Kulturelle Einblicke

Zum anderen werden die Feuer zur Vertreibung des Bösen entzündet, symbolisch Strohpuppen als Hexen verbrannt, in frühester Zeit werden es Menschen gewesen sein, das Böse und die Dunkelheit werden mit dem Licht vertrieben, Krankheit, Missernten, Seuchen und Übel aller Art sollen für die kommende Zeit verbannt werden.

Fruchtbarkeit ist ein wesentlicher Aspekt bei den Feuerritualen, aus ältester Zeit kann man die Verbindung zur landwirtschaftlichen Nutzung der Erde als dominantes Motiv ausmachen, dann die Übertragung auf die Tierhaltung mit Fruchtbarkeit und Abwehr von Krankheit und Seuchen. Aber auch die Menschen werden einbezogen, um von ihnen Übel abzuwenden und für Fruchtbarkeit und eine problemlose Geburt zu bitten. Beschwörende Formeln, später dann christliche Gebete, Lobpreisungen und Gesänge begleiten die Spektakel. Die Datierungen richten sich nach dem Mond- oder Sonnenkalender oder einer Mischform von Beidem. (Vgl. Frazer. 1991. S. 885–955)

Alle Feuerfeste bleiben den irdischen Belangen der Freude, der Fruchtbarkeit oder der Verbannung verhaftet; einen metaphysischen Bezug zum Geistigen konnte ich nicht feststellen, wenn ich den Glauben an Teufel und bösen Geistern oder an wundersame Kräfte ausschließe.

Zum Teil anderen Inhalts sind im Unterschied dazu die christlichen Lichtfeste im europäischen Kulturraum wie Mariä Lichtmess, Pfingsten und Weihnachten.

Mariä Lichtmess, der 2. Februar, 40 Tage nach Weihnachten, ist vermutlich nicht christlichen Ursprungs, sondern aus älterer Zeit in Zusammenhang mit dem bäuerlichen Arbeitsjahr zu verstehen. Die Arbeiten im Haus wurden beendet und die Feldarbeit begonnen, so ist es im Brockhaus Lexikon nachzulesen. (Vgl. Lichtmeß, Mariä. In: Brockhaus. Bd. 13. 1990. S. 371) Sprichwörter und Redewendungen mit Bezug zu Lichtmess sind weit verbreitet und beziehen sich auf das landwirtschaftliche Datum der rechten Aussaat, der günstigen oder ungünstigen Wettervorhersage für die Bearbeitung der Felder und Wiesen sowie auf Ernte und Ertrag, auf Prognosen für die nächste Zeit, die im bäuerlichen Arbeitsalltag von Bedeutung sind. In christlicher Hinsicht ist es die Darbietung Jesu als Erstgeborenem im Tempel von Jerusalem durch seine Mutter Maria. Die Weihung von Kerzen und eine Lichterprozession soll daran erinnern, dass *das Licht in die Welt kam*, das Erkennen Gottes und der Glaube an ihn.

Pfingsten, ein kirchliches Fest, fünfzig Tage nach Ostern, erinnert an die Sendung des Heiligen Geistes, den die Menschen empfangen und der durch eine kleine Flamme symbolisiert wird.

„Als der Pfingsttag gekommen war, befanden sich alle [Apostel] am gleichen Ort. Da kam plötzlich vom Himmel her ein Brausen, wie wenn ein heftiger Sturm daherfährt, und erfüllte das ganze Haus, in dem sie waren. Und es erschienen ihnen Zungen wie von Feuer, die sich verteilten; auf jeden von ihnen ließ sich eine nieder. Alle wurden mit dem Heiligen Geist erfüllt und begannen, in fremden Sprachen zu reden, wie es der Geist ihnen eingab." (Bibel. NT. Apostelgeschichte 2,1–2,4).

In der Anmerkung der Bibel findet sich die Erläuterung, dass mit „in fremder Sprache" wörtlich „in anderen Zungen" geschrieben steht, womit sowohl andere

Sprachen, zugleich aber „geistgewirktes *Zungenreden*" gemeint war. (Vgl. Bibel. NT. Apostelgeschichte, S. 1228) Es geht offensichtlich nicht um eine reine Übersetzung in eine andere Sprache, sondern um die Auslegung der Botschaft Gottes, die in die Welt getragen werden soll. Die Apostel werden selbst vom Heiligen Geist erleuchtet, um in fremden Sprachen die Bedeutung der Botschaft im Verständnis der christlichen Lehre zu verkünden.

Das Weihnachtsfest ist kein direktes Lichterfest, es feiert die Geburt Christi als Erlöser, ist aber mit Merkmalen des Lichts ausgestattet. Kerzen werden entzündet sowie leuchtende Sterne gebastelt. *Das Licht kam in die Welt*, gemeint ist Christus, und *der Stern von Bethlehem* wurde als Zeichen für diese Botschaft benannt, führte die Weisen aus dem Morgenland zur Krippe des neugeborenen Kindes, des Erlösers der Menschen, so die volkstümliche christliche Lehre.

Das Osterfest ist eben so wenig ein direktes Lichterfest, sondern feiert die Auferstehung Christi, wird von Lichtritualen wie Osterkerze oder Osterfeuer begleitet.

Im christlichen Kontext steht das Licht für Jesus Christus als Sohn Gottes, der in die Welt kommt, um die Menschheit zu erlösen.

Im kultisch-religiösen Bereich ist die Anwendung von Lichtritualen häufige Praxis, denn durch das Licht des Glaubens wird die Dunkelheit des Unglaubens vertrieben. Die Übertragung dieses Gedankens finden wir in starker Ausprägung durchgängig in der mittelalterlichen Philosophie bis dann in der Neuzeit das Dunkel der Unwissenheit durch das Licht der Vernunft ausgetauscht werden, dazu später mehr.

In der kulturellen Bedeutung der Lichtmetapher haben wir es oftmals mit einer einfachen Übertragung des sinnlichen Sehens auf ein geistiges Verstehen und Erkennen zu tun; symbolisch aufgeladen, rituell verankert und vielfältig dargestellt zeigt sich das Licht in einer fast unendlich gestaltbaren Vielfalt. Neben der Erkenntnis steht gleichermaßen das Leben im Bedeutungsgehalt.

4.2 Die Lichtmetapher in der Bildenden Kunst

Von den *Alten Meistern* ist es Rembrandt, der mit Licht so brillant arbeitete wie keiner vor ihm, ist es William Turner, der das Spiel um Licht und Schatten beherrschte, um nur zwei Maler aus der Vielzahl der Bildenden Kunst zu nennen. Rembrandt van Rijn schuf ein Werk mit dem Titel „Der Philosoph" (1633), indem er die Philosophie bzw. den Philosophen zum Sujet seines Werkes machte und seine Vorstellung vielleicht von der Platonischen Philosophie und dem Höhlengleichnis in einen zeitlichen Rahmen des 17. Jahrhunderts bildlich umsetzte.

Eine kurze Bildbeschreibung: Ein alter Mann mit weißem Bart, gesenktem Blick und ineinander gelegten Händen sitzt an einem Tisch vor einem großen Fenster. Er trägt einen weiten Mantel mit breitem Besatz, scheint in sich gekehrt nachzudenken. Das Fenster ist hell erleuchtet und bringt Licht von außen in den offenen Raum. Auf dem Tisch vor dem Fenster liegen ein großes Buch und verschiedenen Utensilien. Rechts hinter dem Philosophen ist eine alte Holztür in einem kleinen runden Torbogen zu erkennen, der in den Keller oder in einen Hinterraum führt. Durch die Mitte des Bildes führt eine Wendeltreppe hinauf, die ersten Stufen sind durch das eindringende Licht des Fensters gut zu erkennen, die anderen Stufen liegen im Dunkel. Vorn im Bild ist eine Frau zu sehen, die mit einer Feuerzange das Kaminfeuer schürt. Ihr Gesicht ist durch den Schein des Feuers erleuchtet. In der Gesamtbetrachtung wirkt der Philosoph in eine große Lichtkugel oder Lichtblase gesetzt.

Licht und philosophisches Nachdenken stehen in unmittelbarer Verbindung zueinander, denn der Philosoph befindet sich im Licht. Er benötigt es zum Lesen des Buches auf dem Tisch, wohl aber auch für seine innere Einkehr. Durch den Titel *Der Philosoph* wissen die Bildbetrachtenden, dass es sich um ein philosophisches Thema handelt, vielleicht soll es Platon oder Aristoteles darstellen, der Titel könnte darauf hinweisen, vielleicht ist es das Klischeebild eines Philosophen. Mit der nach oben führenden Wendeltreppe, die im unteren Teil vom Außenlicht durchs Fenster erleuchtet ist, könnten wir das Bild als den Ausgang aus der Platonischen Höhle interpretieren, oder den Aufstieg in eine höhere Welt, in das Reich des Metaphysischen. Das Licht des Kaminfeuers scheint keine Schatten zu werfen. Eine mögliche Deutung: Der Philosoph empfängt das natürliche Licht, welches auch ein göttliches sein könnte, und gelangt zur Erkenntnis, die Welt, die ihn umgibt, wird sichtbar, aber nur in seinem begrenzten Raum. Das Weitere bleibt im Dunkel. Jedenfalls braucht der Philosoph das starke Licht für seine Tätigkeit des Philosophierens, das schwache Licht des Kaminfeuers erhellt nur das Gesicht der alten Frau, nicht den umgebenden Raum. Weitere Deutungen dieses Bildes wären möglich, aber sie würden doch stark im Reich der Spekulationen verankert bleiben.

Der wohl bekannteste philosophische Maler in der modernen europäischen Kunstgeschichte ist René Magritte, wie ich meine. Seine *philosophische Lampe* und seine Werke mit dem *platonischen Feuer* sind berühmt und bekannt, geben Rätsel auf und stoßen zum Nachdenken über uns Menschen und die Welt an.

Betrachten wir *Die philosophische Lampe*, 1936 zwei Mal gemalt, näher. Hier zunächst wieder eine kurze Bildbeschreibung: Auf der linken Seite des Bildes ist eine brennende Kerze auf einem Kerzenständer zu sehen. Die Kerze *schlängelt* sich in Windungen nach unten aus dem Bild, die Flamme oben ist von einem Lichterkranz mit kleinen gelben und blauen Pünktchen umgeben. Rechts im Bild und mehr als die Hälfte des Bildes einnehmend ist ein seitwärts gedrehter Männerkopf abgebildet, eine Pfeife im Mund, seine überlange und gebogene Nase steckt im Pfeifenkopf. Der Mann schaut den Betrachter und die Betrachterin des Bildes an.

Ich *lese* in dem Bild, dass es sich um eine *Lügennase* handelt, wie wir es von Pinocchio kennen, und komme dann zur Frage nach der Wahrheit. Das Licht der Kerze setze ich als Metapher für die Erkenntnis ein, aber durch das Licht sehen wir nicht die Wahrheit, sondern die Lüge (eine Lügen-Nase). Wenn ich die Pfeife zur Interpretation noch hinzunehme, und in Verbindung setze zu seinem berühmten Werk *Ceci n'est pas une pipe*, so würde dadurch die Wahrheitssuche und die Lügenantwort komplettiert, allerdings passt der Zeitfaktor nicht zusammen. Der surrealistische Maler war Pfeifenraucher, vielleicht nahm er einfach einen Gegenstand seines Alltagslebens in das Bild mit auf. Ein Drittes wäre die an eine Schlange erinnernde Kerze. Ich versetze sie ins Paradies, sehe die Schlange, die Eva dazu verführt, vom Baum der Erkenntnis zu essen, was Gottes Strafe zur Folge hat und dazu führt, dass der Mensch aus dem Paradies verbannt wird.

Heute denke ich natürlich schmunzelnd: Was für ein Glück, dass Eva neugierige war, wissen wollte und den Apfel vom Baum der Erkenntnis pflückte, aß und wir vielleicht durch sie zur Philosophie gelangten.

Ohne das Wissen um die Intention Magrittes und ohne den Titel hätte ich allerdings Probleme, das Bild zu deuten. Ich muss zumindest auf den philosophischen Gehalt dieses Gemäldes gestoßen werden, um an das Thema von *Wahrheit und Lüge* zu denken.

Zwei weitere Arbeiten des philosophischen Malers zur Lichtmetapher habe ich entdeckt. In beiden ist ein Feuer gemalt, mal in einer Höhle auf der linken Bildseite, mal am Strand auf der rechten Seite des Bildes. Das Werk mit dem platonischen Höhlenfeuer trägt den Titel *So lebt der Mensch* und ist von 1935, ein weiteres mit gleichem Titel aus dem Jahr 1948. Am Höhlenausgang auf einem Felsvorsprung steht eine Staffelei mit einem gemalten Schloss an einer steilen Felswand auf der Leinwand. Das Bild auf der Staffelei passt sich genau an die Gebirgslandschaft an, die Umrisse der Berge fügen sich nahtlos ineinander. Ein Bild im Bild, welches die außen sichtbare Welt reproduziert, so scheint es. In Platons Höhlengleichnis haben wir es zunächst mit Schattenbildern zu tun, die an die Höhlenwand geworfen werden. Der befreite Gefangene erkennt beim Austritt aus der Höhle und im Schein der Sonne die Welt, wie sie wirklich ist, die reale Welt. Bei Magritte tritt dieser Effekt *beim Licht der Sonne betrachtet* nicht ein, sondern wir als die Bild-Betrachtenden sehen wiederum ein Bild als Abbild der Welt und können zu der Erkenntnis gelangen, dass wir vielleicht immer nur in unserer Wahrnehmung Abbilder sehen und sie für die reale Welt halten. Auch im Gleichnis von Platon können wir, wenn wir seiner Idee konsequent folgen, zu diesem Schluss kommen. Über die tatsächliche physische Welt wissen wir nichts mit Gewissheit. Wir sehen Schlösser, wo vielleicht gar keine sind, sondern nur Visionen und Traumschlösser.

Diese Irritation des Bildes im Bild hat Magritte für zahlreiche Themenstellungen in seinen Werken gewählt, wir können oftmals auf seinen Gemälden die Staffelei sehen, die den Ausschnitt der realen Welt abzubilden scheint, der genau hinter dem Bild liegt.

Der Maler versucht das Licht zu ergründen, das physikalische Licht und das Licht des Denkens, das Licht der Sonne, das wir nicht als physikalisches direkt wahrnehmen, sondern nur als Helligkeit am Tag, und der Lichtschein zum Beispiel der Kerze oder der Lampe. Licht ist ein wesentliches Element für die Malerei, mit dem jede Malerin und jeder Maler bewusst arbeitet. Magritte malt diese Auseinandersetzung über das Licht und die Bedeutung des Lichts für die Malerei u. a im Werk *Das Licht des Zufalls* (1933), wo ein Frauentorso mit seitlich einfallendem Licht auf einem Bild gemalt zu sehen ist und neben diesem Bild (im Bild) eine Kerze steht, die den Torso seitlich beleuchtet. Das seitlich einfallende Licht können wir nur durch die dunklen Körperpartien links und den Schatten erschließen, die brennende Kerze sehen wir im Raum, in dem jedoch im Umkreis des brennenden Dochtes nichts zu sehen ist, der Raum also nicht erleuchtet wird, wohl aber die Tischplatte, auf der die Kerze steht und der Fuß des Kerzenständers von einem Schattenkranz umringt ist, der von der Flamme zu kommen scheint. Die Flamme erzeugt Dunkelheit und Schatten und gemaltes Licht auf dem Torso.

Magritte fragt und irritiert, um so die Menschen auf die Rätsel dieser Welt zu stoßen, um überhaupt zu fragen, was die Welt denn sei und wir über sie wissen, um unsere Wahrnehmung und unser Wissen über diese Welt, und uns Menschen in ihr, zu hinterfragen. Seine Mittel dazu sind die Zeichnung, das gemalte Bild und die gemalten Worte einer Sprache.

Zunächst in den Jahren 1928/1929 und dann in den Folgejahren setzt sich Magritte mit diesen philosophischen Fragestellungen mit Hilfe seiner Gemälde auseinander; eine zweite Phase philosophischen Arbeitens können wir nach dem 2. Weltkrieg, seit ca. 1948 ausmachen, dann allerdings nicht nur durch Bildwerke, sondern ebenso durch Schriften und Vorträge. Am 2. Februar 1954 beginnt er den Briefwechsel mit De Waelhens, einem belgischen Phänomenologen, 1966 mit Michel Foucault, dem berühmten französischen Poststrukturalisten, und zuvor schon 1962 mit Chaïm Perelmann, einem Rechtsphilosophen. (Vgl. Magritte. 2017a. S. 189–195)

Im Schriftwechsel mit Alphonse De Waelhens lesen wir Magrittes Frage in einem Brief aus dem Jahre 1954: „Erhellt das Denken uns, und unsere Handlungen, mit derselben Indifferenz wie die Sonne?" (Magritte. 2017a. S. 192) Magritte schreibt am Ende des Briefes noch die Bemerkung: „Seit unserem ersten Briefwechsel ‚habe ich nachgedacht', aber ich mußte, ‚für mich selbst' herausfinden, daß das Denken das einzige Licht ist." (Magritte. 2017a. S. 192) Im ersten Briefkontakt mit De Waelhens hatte er sich auf eine Studie über die *Heideggersche Ontologie* bezogen und u. a. nach dem Licht als eigene Realität oder der Beobachtung von Realitäten durch das Licht gefragt. In der Antwort De Waelhens erläutert dieser ihm die Lichtmetapher; er schreibt: „Zu S. 44 [Chemins et impasses de l'ontologie heideggerienne, à propos de Holzwege] fragen Sie mich, ob der Gebrauch (oder vielmehr die Metapher) des physikalischen Lichts impliziert, daß wir eine Kerzenflamme oder die Sonne – die wir sehen – als ‚Realitäten' betrachten müßten, die den Dingen, die sie beleuchten, vergleich bar sind. Ganz gewiß. Und das Licht, das die Sonne zu sehen erlaubt, ist weder der Feuerball, den wir wahrnehmen, noch die Strahlen, die er aussendet. Wenn wir eine Lichtquelle betrachten, nehmen wir einen Gegenstand wahr, ein ‚dieses', und es ist nicht das, was wir sehen, was uns zu sehen erlaubt." (De Waelhens. In: Magritte. 2017a. S. 189) Das physikalische Licht lässt uns nicht erkennen, nur das Licht des Denkens führt uns zur Erkenntnis, Denken ist Licht, so Magritte.

Das Werk dieses malenden Philosophen ist ein (fast) unendlicher Fundus an philosophischen Fragen. Es ist wunderbar, sich auf seine Irritationen einzulassen, zu versuchen das Rätsel zu lösen, welches er den Betrachtenden aufgibt, mit dem er einen Anstoß gibt zum ganz eigenen Nachdenken, zu eigenen Fragen, Rätseln und Antworten, die vielleicht gar nicht zu seinem Gedankenkonvolut gehörten, wir dies letztlich aber gar nicht wissen, weil er sich nicht in Worten dazu geäußert hat. Magritte will mit seinen Bildwerken, die er als philosophische Aussage versteht, in einen Dialog treten mit den Betrachtenden, eigentlich ist es ein Monolog, da die Schauenden ihm keine Antwort geben. Es ist mehr ein Dialog mit sich selbst, wie es auch Schreibende für sich manchmal zu tun pflegen. Letztlich können Betrachtende und Lesende ebenfalls in einen Dialog mit sich selbst über den Inhalt des Aufgenommenen treten. Wenn Künstler und Rezipienten nicht in eine direkte Verbindung zueinanderkommen, bleibt es auf beiden Seiten beim gedanklichen Gespräch mit sich selbst.

In der Bauhaus-Fotografie experimentieren die Künstlerinnen und Künstler mit dem Kontrast von Licht und Schatten, scheinen neue Raumwahrnehmungen zeigen zu wollen, verfremdetes Alltägliches, dass die Welt uns neu und anders erscheint. Fotografen wie Duane Michals zeigen Bilder mit Erscheinungen, die nicht mehr der Realität entsprechen können, sondern als Verweis auf das Abwesende, auf das Nicht-Sichtbare verstanden werden, letztlich Fotografien mit philosophischen Aussagen oder fotografische Philosophie. Sie gehören in einem weiteren Sinne zum Thema der Lichtmetapher.

Über die Betrachtungen zur Lichtmetapher in der bildenden Kunst (oder in anderen Kunstgattungen) und zum philosophischen Gehalt dieser Werke wäre eine eigene Abhandlung zu schreiben, die ich sehr spannend finde, hier aber nicht weiterverfolgen kann. In der Kunst und mit der Kunst lässt sich gut philosophieren.

4.3 Lichterscheinungen in der griechischen Mythologie

Mythen können als Vorstufe der Philosophie bezeichnet werden, denn oftmals enthalten sie philosophisches Gedankengut, das den Menschen vermittelt werden soll. In erzählender Art und reicher Bildsprache werden Erkenntnisse, die das gesellschaftliche Leben der Menschen betreffen, die anthropologische Prämissen, psychologisches Wissen oder rechtliche Regelungen beinhalten, dem allgemeinen Volk auf diese Art und Weise vermittelt. Die griechische Mythologie ist ein unerschöpflicher Fundus an philosophischen Implikationen.

Nicht gemeint sind die frühen Stufen der Mythenbildung und die der Legitimation von Herrschaft dienenden oder die Naturphänomene thematisierenden. Diese zeigen kaum eine Reflexion; die distanzierende Betrachtung zu Naturerscheinungen und die Abgrenzung zum Menschen fehlen noch. Vielmehr vermischen sich Natur, besondere Naturerscheinungen, Gottheiten und Menschen in teils anthropomorphen Geschichten, erklären nicht über die Vernunft, sondern sind dem Glauben an übernatürliche Mächte und Kräfte geschuldet. Herrschaftsmythen späterer Zeit sind eher als Auftragswerke zu verstehen, die von Herrschenden selbst verbreitet wurden, um ihre politische Macht zu legitimieren.

Die Sonnengottheiten der alten Zeit stehen zumeist unmittelbar mit den Naturerscheinungen in Verbindung, mit dem täglichen Wechsel von Tag zu Nacht, mit den Veränderungen der Licht- und Dunkelphasen im Jahreszeitenverlauf, mit der Kalenderrechnung eines Sonnenjahres oder der Einteilung in einen Sieben-Tages-Rhythmus, wenn z. B. die sieben Kinder des Sonnengottes benannt werden. Immer ist es die Sonnengottheit, die die Welt sichtbar macht. Gemeint ist allerdings die physische Sichtbarmachung. Die Sonne bzw. die Sonnengottheiten gelten als Lebensspenderinnen, sowohl für die pflanzliche und tierische Welt wie auch für den Menschen. Erst später öffnet sich in der Mythenentwicklung der Raum für eine Verbindung zur geistigen Sichtbarmachung, allerdings nur in Andeutungen oder in indirekten Hinweisen, eher als Vermutung denn als Aussage.

4.3 Lichterscheinungen in der griechischen Mythologie

Der Mond als Lichtquelle wird mit Verzauberung und Mystischem in Verbindung gebracht, denn in der Nacht lässt der Mond nur das Spiel mit dem Schatten zu, das Schemenhafte und Geheimnisvolle, das eher wie ein Zauber anmutet denn als eine Klarheit und Aufklärung wie die Sonne.

In vielleicht allen alten Kulturen finden wir die Thematisierung des Lichts in der Mythologie, treten Sonnengottheiten auf, Gottheiten als Träger des Lichts, vielleicht in Form der Sonnenscheibe oder mit dem Blitz in der Hand, wie es uns in Darstellungen von Zeus bekannt ist. Lichtträger können Macht und Willkür symbolisieren, ebenso als lebensspendend fungieren. Unter *Wikipedia* nachgeschlagen, finde ich unter dem Stichwort *Sonnengottheiten* insgesamt 43 Namensnennungen unter den 22 aufgelisteten alten Kulturkreisen. Zumeist sind es Götter, nur drei Göttinnen werden aufgelistet, mal ist es der Lichtgott, mal der Sonnengott, die personifizierte Sonne, die Darstellung als Sonnenscheibe, die verehrt wird, oder der Herrscher der Sonne. (Vgl. https://de.wikipedia.org. vom 7.7.2022)

Im alten ägyptischen Kulturraum war es z. B. Ra, der Sonnengott, der den Horus-Knaben wieder zum Leben erweckte. Später ließ sich der Pharao Echnaton als Sonnengott mit der Sonnenscheibe auf seinem Haupt verehren und führte den ägyptischen Kulturraum vorrübergehend in den Monotheismus über.

Helios ist eine griechische Naturgottheit, die unmittelbar auf die Sonne mit ihrem täglichen morgendlichen Aufgang und abendlichen Untergang zurückzuführen ist, so auch der Gott Helios, der im Osten mit seinem Wagen am Horizont erscheint, zum Himmel aufsteigt und im Westen hinter dem Horizont entschwindet.

„Helios, den die kuhäugige Euryphaëssa oder Theia dem Titanen Hyperion gebar, ist ein Bruder Selenes und der Eos. Geweckt von einem krähenden Hahn, der ihm geweiht ist, und angekündigt von Eos, treibt er seinen vierspännigen Wagen täglich über den Himmel. Er fährt von seinem prunkvollen Palast im Fernen Osten, in der Nähe von Kolchis, zu einem gleich herrlichen im Fernen Westen. Dort läßt er seine ausgespannten Pferde auf der Insel der Seligen weiden. Dann segelt er heim entlang dem Strome Okeanos, der rund um die Welt fließt. Er lädt seinen Wagen und sein Gespann auf eine goldene Fähre, die Hephaistos für ihn machte, und schläft dann die ganze Nacht auf einem weichen Lager.
Helios kann alles sehen, was auf Erden geschieht." (Ranke-Graves. 1992. S. 137.)

Die Mondgöttin und die Morgenröte sind seine Geschwister, wobei Ranke-Graves bemerkt, dass an „diesem frühen griechischen Mythos […] die Unterordnung der Sonne unter den Mond interessant [sei]. Die Stellung des Helios übernahm später Apollon, der aus ihm eine geistige Gottheit machte." (Ranke-Graves. 1992. S. 138.)

Eine gedankliche Verbindung von Helios zur Lichtmetapher wäre nur über den Gott Apollon möglich, der im korinthischen Kulturkreis auch als Sonne angebetet und als Gott des Frühlings verehrt wurde. (Vgl. Ranke-Graves. 1992. S. 70.) Apollon war über das Orakel von Delphi der Gott der Weisheit und so könnte in einem Zusammenschluss von Sonne und Orakel Apollon der weise Gott des Lichts werden. In den Dichtungen Homers sieht Bremer Apollon als eine göttliche Gestalt des Glanzes und der Klarheit, der Weisheit und des Lichts. (Vgl. Bremer. 1976. S. 95 f)

Ein Homerischer Hymnos ist Helios geweiht, in dem es u. a. heißt:

„[...] Helios auch, der nie ermüdet, das Abbild der Götter,
der da den Himmlischen leuchtet und auch den sterblichen Menschen,
wenn er den Wagen besteigt. Und schrecklich blicken die Augen
aus dem goldenen Helm. Das Licht hellschimmernder Strahlen
leuchtet von ihm; [...]" (Die Homerischen Götterhymnen. 1974. S. 141)

Bleibt noch die Erwähnung des Blitze-schleudernden Zeus, der im Zorn dieses zerstörerische Instrument gegen andere Götter und gegen Menschen richtet. Wenn der Göttervater Zeus in Attributierung mit dem Blitz erwähnt wird, so ist hier m. E. die Naturgewalt des Blitzes angesprochen, wovor die Menschen Angst hatten, denn ein Blitz konnte von Menschen nicht beherrscht werden.

Bremer berichtet in seiner Untersuchung über *Licht und Dunkel in der frühgriechischen Dichtung* vom homerischen Zeus, der in *lichten Himmelshöhen* wohnt und die *Gottheit des Lichtes schlechthin* sei, von einem Strahlenschein des Lichts umgeben, allerdings ebenso der im Äther wohnende *Schwarzwolkige*. Zeus vereint in sich die Widersprüche des Hellen und des Dunklen, er wohnt in luftiger Höhe, im Äther, dem hellen Luftraum und dem dunklen Wolkenhimmel. (Vgl. Bremer. 1976. S. 95 f.)

Zeus ist eben auch der Gegenspieler zu Helios, wenn er Menschen oder Geschehen in dunkle Wolken oder in Nebel hüllt, so dass sie den anderen Menschen verborgen bleiben. Er mag so handeln zum Schutz oder zum Schaden, wenn er auf eigene Vorteile aus ist. Sein Licht kann erhellen und seine Blitze können zerstören, so wie er es in seiner Willkür will. „Das Helle bedarf des Dunklen, um als das, was es ist, erscheinen zu können. Der homerische Zeus offenbart sich im Blitzstrahl, der aus schwarzer Wolke zur Erde niedergeht, die Menschenwelt mit seinem Feuerschein zeichenhaft zu erhellen oder vernichtend zu blenden." (Bremer. 1976. S. 97)

Die Irrfahrt des Odysseus auf dem Weg von Troja nach Ithaka, seiner Heimat, ist der Weg eines Menschen zu sich selbst, so meine Deutung, die ich mit Anderen teile. Die vielen Gefahren, Versuchungen, Irrtümer und Abenteuer, die er auf der Fahrt nach Hause zu bewältigen hat, sind die Unwegsamkeiten im Leben eines Menschen auf dem Weg zu sich selbst. Der Verlust der Gefährten und Freunde, die lange Trennung von Frau und Sohn, sind Beispiele für die Verluste, die wir Menschen zu erleiden haben. Auf der Suche erfährt Odysseus sich, wer er ist, wie er ist, wie und wer er sein möchte. Schließlich kehrt er heim und zeigt sich in seiner gereiften Persönlichkeit.

Bremer schreibt dazu: „Das Zu-sich-selbst-Kommen vollzieht sich als ein Zur-Erscheinung-Kommen im Zusammenhang mit der Selbstdarstellung vor anderen." (Bremer. 1976. S. 126) Odysseus wird gesehen und erkannt. Wenn die Göttin Athene die Nebel zerstreut, so ist die Welt zu sehen in *ihrem wahren Aussehen* und wie sie sich *dem erkennenden Blick des Menschen offen zeigt*. „Auf der Grundlage einer Verschränkung von Außen und Innen vollzieht sich Enthüllung des Aussehens und Aufgehen der Erkenntnis zugleich." (Bremer. 1976. S. 149) Sinnliches Sehen und geistiges Erkennen sind als Einheit, als ein Ganzes gedacht, so die Ansicht Bremers für das frühgriechische Denken, was auch meiner Ansicht entspricht.

4.3 Lichterscheinungen in der griechischen Mythologie

Ähnlich die Äußerungen Bultmanns in seinem Beitrag „Zur Geschichte der Lichtsymbolik im Altertum", den er 1948 publizierte. Er fragt zunächst nach dem, was das Licht alles sein kann im alten Griechenland und kommt zur Antwort: Freude ist Licht für das Leben, der Ruhm ist ein strahlendes Licht, der Helfer und die Heilbringer werden als Licht bezeichnet. Licht ist heilig, aber es wird bei den Griechen nicht unbedingt zu einer eigenen Göttergestalt, die verehrungswürdig ist. Helios bringt das Tageslicht, ist aber keine Lichtgottheit, die besonders kultisch verehrt wird. Sonne und Mond sind mythologische Gestalten, keine Kultgötter. (Vgl. Bultmann. 1948. S. 9–11)

Bultmann vergleicht den griechischen Sonnenkult mit den anderen Kulturen im Altertum und er ist der Ansicht, dass relativ spät, in „hellenistischer Zeit [...] der Sonnenkult aus dem Osten in die griechisch-römische Welt [eindringt], und dann erst wird das Licht zu einer kosmischen Größe, zum Inbegriff der göttlichen Macht schlechthin, die im Kampf mit der Gegenmacht der Finsternis steht." (Bultmann. 1948. S. 12)

Der Dualismus von Licht und Finsternis wird nicht unbedingt mit einer ethischen Kategorie in Verbindung gebracht, wohl aber mit Erkenntnis, verstehendem Wissen und Wahn, wie er schreibt. Das griechische Verb Phos (φῶς) meint das Tageslicht, die Helligkeit des Tages, die die Welt sichtbar macht und die *orientierendes Sehen* ermöglicht. (Vgl. Bultmann. 1948. S. 13) Durch das Sehen erfassen wir die Gestalt eines Dinges. Sprachlich können die Wörter *Form* bzw. *Gestalt* vom Verb *sehen*, ἰδέα, abgeleitet werden, was sowohl „das Sehen wie das Gesehene bezeichnet; εἶδος ist die Gestalt, die sich dem Auge darbietet. Die ἰδέα, das εἶδος eines Gegenstandes erfassen, heißt aber: ihn erkennen." (Bultmann. 1948. S. 18) Sehen und Erkennen sind in der Sprachwurzel und in der Bedeutung verwandt, nicht nur im gegenständlichen Bereich ebenso im geistigen. Es gibt weitere sprachliche Zusammenhänge von Sehen und Erkennen im Griechischen, etwa im „ich weiß" und der ursprünglichen Bedeutung davon „ich habe gesehen". (Vgl. Bultmann. 1948. S. 18 f.)

> „Am großartigsten ist dieser Gedanke der Parallelität des Sehens und Erkennens und damit vom Sehens-Charakter des Erkennens und damit weiter der Sinn des Lichtes als des Ursprungs der Erkenntnis von Platon entwickelt worden. In mythologischer Weise findet der Gedanke seinen Ausdruck in der Lehre von der Erkenntnis als einer Wiedererinnerung (ἀνάμνησις): alle Erkenntnis ist begründet in der Schau der überirdischen Welt, deren die Seele in ihrer Präexistenz teilhaftig war; und sie vollzieht sich als Erinnerung, indem die auf Erden eingekörperte Seele der Ähnlichkeit der irdischen Gestalten mit den himmlischen Urbildern inne wird, indem sie also diese gewissermaßen aus jenen herausschaut." (Bultmann. 1948. S. 19 f.)

Mehr zur platonischen Lehre und den Lichtgleichnissen in ihrer Metapher-Funktion im Abschn. 7.1.

In Dichtung und Philosophie werden Mythen eingesetzt, um über ein Thema aufzuklären oder einen schwierigen Sachverhalt in bildreicher Sprache zu erläutern. Platon liebte diesen Einsatz von Mythen. Hier möchte ich auf die Verwendung des Prometheus-Mythos in Platons Dialog *Protagoras* zurückgreifen, zuvor aber noch über *Prometheus in Fesseln* in der Dichtung des Aischylos berichten.

Mythenerzählungen in frühphilosophischer und klassisch-philosophischer Zeit hatten eine Bildungsfunktion, denn sie klärten über historische Ereignisse, über gesellschaftliche und rechtliche Ordnungen, vor allem über den geltenden Moralkodex auf. In den Mythen steht direkt oder indirekt der Mensch im Mittelpunkt der Betrachtung, mit all seinen Stärken und Schwächen, in seiner anthropologischen Ausgestaltung, in seiner Entwicklung von der Geburt bis zum hohen Alter und Tod, in seinen Leidenschaften, Irrwegen und Verfehlungen, in seiner Schuld und Verantwortung, aber auch in seinen geistigen Fantasien, seiner Vernunft und seiner kreativen, vielfältigen Schaffenskraft. Eine ausführlichere Einführung zur Bedeutung, zur Entwicklung und zum Verständnis von Mythen habe ich in meiner Einführung in die Kulturphilosophie *Kultur – also sind wir* gegeben (Vgl. Nühlen. 2016. S. 227–236)

Wenn Prometheus den Menschen das Feuer übergibt, so bringt er ihnen Licht. „In diesem Sinne läßt sich die überlieferte Tragödie deuten als dichterischer Entwurf des Weges, der aus einem vormenschlichen Dasein zu einer in der Bewältigung der Wirklichkeit erhellten Existenz führt". (Bremer. 1976. S. 328) Dieser Gott weiß um Licht und Dunkelheit, um Offenbarung und Verhüllung, und er setzt sein Wissen für den Menschen ein. Er ist der Wissende und der Vorausschauende und kann daher „scharfsinnig mehr erblicken als das, was zum Erscheinen" (Bremer. 1976. S. 331) kommt. Er kann sich in die Zukunft hineindenken. Durch das vom Titanen-Gott überbrachte Feuer „erhalten die Menschen manche Einsicht" (Bremer. 1976. S. 337), was dem Zeus missfällt, Einsicht in die Wirklichkeit und ein Verstehen dieser Wirklichkeit, so die Absicht des Prometheus.

Aischylos (525–456 v.Chr.) setzt den Mythos *Prometheus in Fesseln* ein, um aufzuklären und zu bilden, letztlich um die Menschen zu belehren. Die Dichtungen versuchen die Beziehungen der Götter zu den Menschen und umgekehrt aufzudecken, aber auch festzuschreiben im Sinne von *Ordnung gebend* und *Orientierung* für den Menschen. Die Dichtungen des Aischylos sind voller philosophischer Botschaften und moralischer Normen, die in Form von Mythenerzählungen im Theaterspiel vermittelt werden. Das Licht in diesen Dichtungen ist Medium für Wahrheit, Wirklichkeit, Recht, Gesetz und Ordnung wie auch Werte bzw. moralische Regeln.

In einer unglaublich spannenden Dichtung schildert der Autor das Schicksal dieser mythischen Gestalt, dem Freund und Helfer des Menschen. Durch eine List stiehlt er den Göttern das Feuer und bringt es den Menschen. „[…] in hohlem Steckenkraut, als Diebesgut, barg ich den Feuerfunken, der den Menschen sich als Lehrer in jeder Kunst erwies und als ein großer Helfer." (Aischylos. 1987. S. 120 f.)

Durch den Feuerfunken erhalten die Menschen so *manche Einsicht* und Prometheus vermag sie viele Künste zu lehren und zu verstehen. Denn die Menschen lebten in Torheit und waren unwissend in allen Belangen.

> „Am Anfang war es so: Sie sahen, doch ihr Sehen blieb ohne Sinn; sie hörten, doch verstanden nicht; gleich Traumgestalten taten sie, ihr Leben lang, wirr, planlos alles, kannten weder sonnige Behausungen aus Ziegeln noch des Zimmermanns Geschäft. Im Erdreich lebten sie, wie Ameisen so flink, in Höhlenschlüften ohne Sonnenstrahl. Den Winter nicht und nicht den blumenreichen Frühling, auch nicht den Sommer, der die Ernte bringt, vermochten sie klar zu unterscheiden, sondern handelten in allem ohne Urteil – bis ich ihnen zeigte, wie die Gestirne, schwer erkennbar, steigen, sinken." (Aischylos. 1987. S. 131 f.)

Hier eine Auflistung (nicht vollständig) der Geschenke des Prometheus an den Menschen; durch das Feuer, welches er ihnen brachte, kamen sie zur Einsicht und zum Verstand. Er lehrte sie:

- das Wissen über den Verlauf der Gestirne,
- die Zahl, des Geistes höchstes Werkzeug,
- die Schrift, die alles im Gedächtnis wahrt und die Musenkunst schafft,
- die Zähmung von Tieren für die Arbeit
- der Bau von Schiffen und die Schifffahrt
- die Heilkunst
- die Kunst der Zukunftsschau durch das Deuten von Zeichen wie Vogelflug, Träume, Laute, Farben, innere Organe wie Leber und Galle, Flammenzeichen,
- die Gewinnung von Erzen, Silber und Gold durch den Bergbau. (Vgl. Aischylos. 1987. S. 132 f.)

Aischylos setzt das von Prometheus den Menschen geschenkte Feuer als Metapher für die Verstandesleistung ein. Wenn zuvor die Menschen zwar mit ihren Sinnesorganen wie Augen und Ohren ausgestattet waren, jedoch damit *nicht mit Sinn* hören und sehen konnten, so ist hier klar die intelligible Leistung des Geistes gemeint, und nicht einfach die sinnliche Wahrnehmung. Dieser Gott lehrt den Menschen nicht nur einfach das Handwerk, die *techné*, sondern die verschiedenen Handwerkskünste, also das intellektuelle Verstehen, wodurch ein Handwerk sinnvoll angewendet werden kann. Die Zahl bzw. das Zählen und die Schrift bzw. das Schreiben sind die erlernten Techniken, die die Entwicklung des menschlichen Geistes anzeigen, stehen sie doch für das intellektuelle, abstrahierende und generalisierende Vermögen des Verstandes. „Alles, was die Menschen können, verdanken sie Prometheus!", so der Abschluss der Aufzählung der Geschenke an den Menschen. Am Ende des Mythos spricht Aischylos noch vom „Licht des Himmels, das allen gehört." (Aischylos. 1987. S. 152) Das Licht gehört also gleichermaßen nicht nur den Göttern, sondern auch den Menschen.

Bemerkenswert in dieser Mythenerzählung, dass der Dichter durchgehend die Perspektive der Götter einnimmt, nicht die der Menschen. Die Götter sprechen miteinander und die Menschen sind die Objekte ihres Handelns. Sie verdanken alles dem Gott Prometheus, nichts haben die Menschen sich selbst errungen, nichts haben sie aus sich selbst heraus geschaffen, aber durch das Feuer sind sie nun mit dieser besonderen Fähigkeit ausgestattet, durch das Feuer werden sie autonom im Denken, Handeln und kreativen Schaffen.

Im *Protagoras* erzählt Platon uns die Entstehung des Menschen. In der Deutung des Menschen als Kulturwesen habe ich diesen Mythos ausführlich in meinem Werk *Kultur – also sind wir* (Vgl. Nühlen. 2016. S. 236–241) geschildert. In diesem Mythos teilt Platon uns u. a. sein Verständnis vom Menschen als einem kulturschaffenden Wesen mit; implizit wird eine Vorstellung davon, was Kultur ist bzw. was zu ihr gehört. Im Prometheus-Mythos nach Platon, einer literarisch-philosophischen Fassung späterer Zeit, ca. 150 Jahre nach der Aischylos-Dichtung geschrieben, finden sowohl die Weisheit des Menschen als auch das Feuer eine Erwähnung.

Im Kap. 10 des Protagoras schreibt Platon:

„Ausstattung des Menschen mit Kunstfertigkeit und Feuer durch Prometheus
  Wie aber Epimetheus [ein Bruder des Prometheus] doch nicht ganz weise war, hatte er unvermerkt schon alle Kräfte aufgewendet für die unvernünftigeren Tiere; übrig also war ihm noch unbegabt das Geschlecht der Menschen, und er war ratlos, was er diesem tun sollte. In dieser Ratlosigkeit nun kommt ihm Prometheus, die Verteilung zu beschauen, und sieht die übrigen Tiere zwar in allen Stücken weislich bedacht, den Menschen aber nackt, unbeschuht, unbedeckt, unbewaffnet, und schon war der bestimmte Tag vorhanden, an welchem auch der Mensch hervorgehen sollte aus der Erde an das Licht. Gleichermaßen also der Verlegenheit unterliegend, welcherlei Rettung er dem Menschen noch ausfände, stiehlt Prometheus die kunstreiche Weisheit des Hephaistos und der Athene, nebst dem Feuer – denn unmöglich war, dass sie einem ohne Feuer hätte angehörig oder nützlich sein können –, und so schenkte er sie dem Menschen. Die zum Leben nötige Wissenschaft also erhielt der Mensch auf dieser Weise, die bürgerliche aber hatte er nicht." (Platon. Protagoras. 321 b–d)

Prometheus, der *Vorausdenkende*, so die Bedeutung seines Namens, stahl folglich das Feuer und die kunstreiche Weisheit, beides gehört unmittelbar zusammen, und schenkte sie dem Menschengeschlecht. Wenn ich dem Denken Platons folge, der an verschiedenen Stellen das Licht als Metapher der Erkenntnis einsetzt, diesen Metapher-Einsatz auch hier denke, so ist die Zusammensetzung von Weisheit und Feuer, das eine ist ohne das andere nicht möglich, bewusst gesetzt. Dadurch erhält der Mensch die *Wissenschaft*, die er für das Leben benötigt, also ein umfassendes Wissen, das er zum Lebensvollzug braucht. Die *kunstreiche Weisheit* bedarf des Feuers, damit der Mensch sein Leben wohl gestalten kann. Moralische Implikationen finden in der weiteren Mythendichtung ihre Erwähnung, denn es geht nicht nur um Wissen und Können, sondern ebenso um eine gerechte Ordnung und gutes gemeinschaftliches Leben. Der Mensch wird ausgestattet mit vorrausschauendem (durch Prometheus) und erkennendem (durch das Feuer) Wissen und kann so sein Leben geordnet und gesichert kreativ gestalten. Der erkennende und vorausdenkende Geist, ebenso wie die Moral, gehören zur kulturellen Existenz des Menschen. (Vgl. Nühlen. 2016. S. 240)

Wenn wir das Feuer als Metapher der Erkenntnis hier einsetzen, so mag Platon es gedacht haben, so schenkte Prometheus den von ihm geschaffenen Menschen durch das Feuer die Fähigkeit des eigenständigen Denkens, was eine Unabhängigkeit von göttlicher Willkür bedeutete; es ist ein Erkennen, das ebenso die Kunst in ihrem kreativen Schaffensprozess durchdringt.

Von Ovid werden in seinen *Metamorphosen* Mythen überliefert, die offensichtlich aus einer sehr viel weiter zurückliegenden Zeit stammen, von ihm dann in dichterischer Freiheit *modernisiert* in eine schriftliche Form gegossen werden. Zwei wohlbekannte griechische Mythenerzählungen sollen als Beispiele genannt sein, die oftmals auch in der bildenden Kunst thematisiert werden. Die Ausstellung im Museum Barberini *Sonne. Die Quelle des Lichts in der Kunst* (vom 25. 2. bis 11.6. 2023) stellt eine Reihe von Werken zu diesen beiden Mythen aus.[2] Die Sonne als

---

[2] Im gleichnamigen Katalog zur Ausstellung (Westheider, Ortrud / Philipp, Michael / Zamani, Daniel. Hrsg., München 2023: Prestel Verlag) finden sich eine Reihe von interessanten Aufsätzen zu den verschiedenen Themenstellungen der Ausstellung, aber nicht zur Lichtmetapher.

4.3 Lichterscheinungen in der griechischen Mythologie

Quelle des Lichts wird zudem hauptsächlich auf Sonnendarstellungen, das Licht in der Landschaftsmalerei und als Symbol der Macht thematisiert. Das Licht als Metapher der Erkenntnis wird leider nicht berührt.

Eine Fokussierung in der darstellenden Kunst (und in dieser Ausstellung) ist die Erzählung von Helios bzw. Apollon und seinem Sohn Phaëton, der in seinem jugendlichen Leichtsinn und Übermut und durch seine Unerfahrenheit und Ungeschicklichkeit den Sonnenwagen seines Vaters vom Weg abbringt, auf die Erde einmal Eis und Kälte, das andere Mal die ausdürrende Hitze verursacht und somit jede Ernte für die Menschen vernichtet. Zeus entreißt ihm den Wagen und bestraft ihn. Phaëtons Vater muss den Ablauf von Tag und Nacht und den Verlauf der Jahreszeiten wieder in Ordnung bringen. Eine Verbindung zur Erkenntnisfähigkeit sehe ich in dieser Mythenerzählung nicht, eher die Warnung vor Hybris, die Menschen sollen bei ihrem Können bleiben, den Naturgesetzlichkeiten folgen und sich nicht Dinge zutrauen, die ihre Fähigkeiten übersteigen.

Der andere Mythos handelt von Daidalos und Ikarus. Nachdem Daidalos das Labyrinth auf der Insel Kreta gebaut hatte, um den Minotauros darin gefangen zu halten, verweigerte König Minos ihm die Heimkehr. Daher will er mit seinem Sohn Ikarus von der Insel fliehen, baut sich und seinem Sohn Flügel aus Federn und Wachs, mit denen sie fliegen können. Vor der Flucht noch eine Warnung an den Sohn, der Sonne nicht zu nahe zu kommen, da das Wachs der Flügel schmelzen und die Federn sich lösen würden. Ikarus vergisst die Warnungen seines Vaters, schwingt sich in zu große Höhen hinauf, kommt der Sonne zu nahe, verliert seine Flügel und stürzt ins Meer. Nicht zu hoch hinaus, ist die direkte moralische Botschaft an die Menschen, bleib in richtiger Distanz zu den Gefahren, auch wenn diese locken und verführen sollten.

Schmelzende Gletscher, abbrechende Eisberge, Ausbreitung von Wüsten, Dürre und große Trockenheit, Überschwemmungen ungeheuren Ausmaßes, in den Meeren versinkende Inseln – der Klimawandel, den wir gegenwärtig erleben, lässt sich sehr gut in den alten Mythos von Daidalos und Ikarus einbetten.

Der Tag, an dem *der Mensch hervorgeht aus der Erde ans Licht*, die Erschaffung des Menschen aus (der) Erde, wir kennen diesen Schöpfungsakt aus der Bibel und die Parallele zur griechischen Mythologie ist offensichtlich. Aber sehend und erkennend werden Adam und Eva erst später durch das verbotene Essen des Apfels, nicht durch das Feuer oder einen anderen Lichtträger. In der jüdisch-christlichen Schöpfungsgeschichte des Menschen ist dieser noch ohne erkennendes Geistesvermögen.

Zu erwähnen sind andere Teile dieser Schöpfungsgeschichte aus dem Buche Genesis des Alten Testamentes, wo die Erschaffung der Welt überhaupt geschildert wird.

„Im Anfang schuf Gott Himmel und Erde; die Erde aber war wüst und wirr, Finsternis lag über der Urflut und Gottes Geist schwebte über dem Wasser. Gott sprach: Es werde Licht. Und es wurde Licht. Gott sah, dass das Licht gut war. Gott schied das Licht von der Finsternis, und Gott nannte das Licht Tag, und die Finsternis Nacht. Es wurde Abend, und es wurde Morgen: erster Tag.
[…]

> Dann sprach Gott: Lichter sollen am Himmelgewölbe sein, um Tag und Nacht zu scheiden. Sie sollen Zeichen sein und zur Bestimmung von Festzeiten, von Tagen und Jahren dienen; sie sollen Lichter am Himmelgewölbe sein, die über die Erde hin leuchten. So geschah es. Gott machte die beiden großen Lichter, das größere, das über den Tag herrscht, das kleinere, das über die Nacht herrscht, auch die Sterne.
> Gott setzte die Lichter an das Himmelsgewölbe, damit sie über die Erde hin leuchten, über Tag und Nacht herrschen und das Licht von der Finsternis scheiden. Gott sah, daß es gut war. Es wurde Abend, und es wurde Morgen: vierter Tag. " (Bibel. 1980. AT, Genesis 1,1 f.)

Interessant ist an der jüdisch-christlichen Erzählung, dass das Licht im Prinzip zwei Mal erschaffen wurde, einmal am ersten Tag nur als Licht ohne Lichtträger, benannt als Tag, und dann wiederum am vierten Tag durch die Lichtträger Sonne, Mond und Sterne, die zu ihren jeweiligen Zeiten scheinen und, wie in der Funktion beim ersten Licht, dieses von der Finsternis scheiden. Licht ist da, so wie wir es jeden Tag erleben, und Licht gibt uns die Sonne, die am Himmel steht.

In erläuternden Erklärungen zum Licht und zur Finsternis im Alten Testament finde ich bei Walter Blank den Hinweis: „Das Licht an sich wird nach orientalischer Kosmologie als unabhängig von der Sonne dargestellt." (Blank. 1962. S. 187) Licht und Finsternis haben eigene Orte. „Da der Mensch den Tag und das Licht als Zeit des Lebens und des Wirkens empfindet, wird der Morgen und die aufgehende Sonne als Segensbringer, der von Gott kommt, begrüßt. – Daneben erscheint Licht im übertragenen Sinne für Glück, Leben, Wissen." (Blank. 1962. S. 187)

Im Alten Testament finde ich nur wenige Textstellen mit der Erwähnung des Lichts oder eines Lichtträgers. Hier einige Beispiele: „Das Licht der Gerechten strahlt auf, die Lampe der Frevler erlöscht." (Bibel, 1980. AT, Sprichwörter 13,9) Hier wird das Licht in Zusammenhang mit dem moralischen Verhalten von Menschen erwähnt. Im *Buch der Weisheit* heißt es zum Wesen der Weisheit: „Sie [die Weisheit] ist der Widerschein des ewigen Lichts, der ungetrübte Spiegel von Gottes Kraft, das Bild seiner Vollkommenheit." (Bibel. 1980. AT. Das Buch der Weisheit 7,26)

Einige Zeilen später: „Sie [die Weisheit] ist schöner als die Sonne und übertrifft jedes Sternbild. Sie ist strahlender als das Licht; Denn diesem folgt die Nacht, doch über die Weisheit siegt keine Schlechtigkeit." (Bibel. 1980. AT, Das Buch der Weisheit 7,29) Des Weiteren wird das *Licht der Gerechtigkeit* (5,6) und *die Weisheit in ihrem Lichtglanz* (9.11) sowie das *unvergängliche Licht des Gesetzes* (18,4) erwähnt. Das Licht kommt von Gott, wurde von ihm geschaffen, er ist Licht, das Licht steht auf der Seite des moralisch Guten, die Weisheit kommt von Gott und ist schön und strahlend wie das Licht, so die wesentlichen Aussagen im Buch der Weisheit in der Bibel.

Ein tieferes Eindringen in die Welt der Mythologie und in das Alte Testament der Bibel scheint mir nicht notwendig, da für eine Verbindung zur Lichtmetapher in der Bedeutung eines geistigen Erkenntnisprozesses kaum mehr zu finden ist.

Auf das Neue Testament mit dem Licht des Glaubens und der Gnade und auf das Johannesevangelium komme ich ausführlicher im Kap. 8 zu sprechen, denn hier finden wir weitere erschöpfende Quellen für die Lichtmetapher in Verbindung zur Erkenntnis.

In der allgemeinen Verwendung der Lichtmetapher in Kultur, Bildender Kunst und Mythologie ist kein einheitliches Bild zu erkennen, vielmehr eine Dominanz von Leben und Licht durch die Geburt hervorzuheben und die Sichtbarmachung der Welt durch das Licht, wobei nicht das innere geistige Licht vornehmlich gemeint ist, sondern das physische Licht, das etwas sichtbar macht, also der simple Vorgang des Sehens durch Augen und Geist. Allerdings werden das Erkennen und Verstehen in Bezug gesetzt zum Verstand, wodurch wir erst die sinnliche Wahrnehmung einordnen können. Das Licht als Symbolträger in verschiedensten Funktionen ist weit verbreitet und unterscheidet sich durch kulturelle Ausprägungen. Wir finden die Metapher des Lichts für den Erkenntnisvorgang, aber nur als eine Form unter anderen. Häufig ist dabei die Verbindung von Intelligenz und Licht, womit einerseits die Intelligenz eines Menschen oder die Bildung, anderseits die intelligible Denkleistung gemeint sein kann, die letztere allerdings seltener.

Kulturelle Feste des Lichts sind vielfach zu finden, sie verweisen auf Jahreszyklen und landwirtschaftliche Aussaat- und Erntezeiten. Das Licht und die Finsternis symbolisieren die moralischen Kategorien des Guten und Bösen, im religiösen Kontext ist es vor allem die Menschwerdung Christi, die durch das Licht offenbart wird. In Redewendungen und Sprichwörtern wird, neben Geist und Sichtbarmachung der Welt, noch der Dualismus als Grundprinzip und bei Menschen in Form von Körper und Geist thematisiert. In der Bildenden Kunst ist zwar das Thema Licht allgegenwärtig, jedoch als Mittel der Gestaltung und des Verweisens auf das Besondere, das Heilige, das Schöne oder aber das Abwesende, Verborgene, Hässliche durch die Dunkelheit. Zumindest Magritte hat explizit das Licht der Erkenntnis als Metapher in seiner philosophischen Malerei bzw. gemalten Philosophie benutzt, allerdings durch Irritation und Täuschung zum Ausdruck gebracht. In der griechischen Mythologie sind Vorstufen der Licht-Erkenntnis-Philosophie zu bemerken, so zumindest in den Mythen um Prometheus.

Theorien zur Philosophie des Lichts 5

Inhaltsverzeichnis

5.1	Philosophische Vielfalt in der Bestimmung des Lichts	84
5.2	Zur Lichtsymbolik und die Symbole des Lichts	95
5.3	Die Eigenart der Lichtmetapher	103
5.4	Lichtmetaphysik – Was ist Metaphysik?	108
5.5	Illuminationstheorie und Lichtspekulationen	116

In der Philosophie geht es wohl nicht anders. Wird ein neues Phänomen entdeckt, sei es auch nur eine vielleicht alltäglich gemachte Erfahrung, die plötzlich in den Fokus der philosophischen Aufmerksamkeit gerät, welches sich mit Geist, Vernunft oder Erkenntnis beschäftigt, muss eine Theorie dazu geschrieben werden, die analysiert, erklärt und begründet. So auch das Geschehen zur Lichtmetapher. Sehr früh in der Philosophie wurde über das Licht nachgedacht, schon bei den Vorsokratikern Heraklit und Parmenides sowie bei den Pythagoreern finden wir erste Äußerungen. Diese, in späterer Interpretation als Metapher oder Vorstufen dazu verstanden, wurden als ein philosophisch relevantes Thema erkannt und benannt.

Irgendwann wurde diese Metapher als ein philosophisches Thema relevant in der Erkenntnistheorie. Schon sehr früh im alltagsweltlichen wie auch philosophischen Denken wird die Übertragung des sinnlichen *Sehens durch Licht* auf das *geistige Sehen durch den Verstand* vorgenommen. Es ist m. E. vor allem das Prinzip des Vor-Augen-Führens. Jeder Mensch kann ihm folgen und es verstehen. Aber damit kann sich die Philosophie nicht begnügen, in ihr will man Hintergründe und Wege finden zu diesem Phänomen, will es erkennend erklären, will die Tiefen und Bedeutungen eruieren und es so umreißen, dass es prinzipiell und für alle grundsätzlich, oder zumindest für lange Zeit, geklärt ist. Der historische Blick wird zumeist inkludiert. Blumenberg meint, dass in der Lichtmetapher die Lichtmetaphysik bereits angelegt sei. (Vgl. Blumenberg. 1957. S. 143.) Damit ist eine umstrittene Deutung angesprochen, in der es primär aber um das Phänomen *Licht* in seiner Wesenheit geht, um das physische und metaphysische Sein, und erst in weiteren Schritten um die Deutung und Bedeutung von Licht in Verbindung mit Erkenntnis, Leben, Schönheit und natürlich im mittelalterlichen Denken vorrangig mit Gott.

Wird das Phänomen *Licht* in die Metaphysik eingeordnet, weil es sich um eine eigene Form des Seins handelt, so können wir eine eigene Lichtmetaphysik begründen. Oder wird es als Metapher gesehen in der Übertragung des Sonnenlichts oder nur als Symbol im kulturellen Kontext? Eine weitere Variante ist die Analogie, die in der Symbolik, in der Metapher als auch in der Lichtmetaphysik, gerade in der mittelalterlichen Lichtspekulation, Anwendung findet.

5.1 Philosophische Vielfalt in der Bestimmung des Lichts

Sein und Seiendes, die Bestimmung dessen, was mit dem einen und mit dem anderen gemeint ist, füllt die Diskussionen um die Lichtmetaphysik, insbesondere im Verlauf des Mittelalters vom Neuplatonismus bis hin zur Scholastik. Das Sein als Idee, als ein Gedachtes, das wahr ist, steht dem Seienden als konkreter physischer Gegenstand, mit den Sinnen wahrnehmbar, als eine andere Wahrheit gegenüber. Das Seiende ist an Zeit und Ort gebunden, sagt also eine Wahrheit in dieser Bindung aus. Das Sein kennt diese Begrenzung nicht, zeigt eine Wahrheit des Generellen und ist damit in der Philosophie höher geschätzt und von höherer Qualität als das gegenständliche Einzelne. Vielleicht ist es sogar richtig, wenn wir nur dem Sein die Wahrheit zusprechen, die wahre Erkenntnis und das wahre Wissen und dem Seienden nur eine relative Wahrheit in Bezug auf Zeit und Ort und Zeugenschaft eines Menschen, der es wahrgenommen hat. Wie verlässlich ist diese Zeugenschaft, auch wenn es nicht nur einer, sondern viele Menschen waren? Auch eine große Anzahl von Menschen lässt sich täuschen! Aber in der gedachten Wahrheit kann nicht minder ein Irrtum liegen. Ist nicht ein metaphysisches Sein ebenso ein Seiendes, könnten wir es so verstehen? Nicht, wenn wir das Allgemeine, das Wesenhafte, das Abstrahierte, die nur geistige Ebene meinen, das Einzelding ausschließen.

In der Lichtmetaphysik zeigt sich genau in diesem Punkt die ganze Problematik. Wenn wir ein Sein des intelligiblen Lichts anerkennen, sprechen wir von einer Lichtmetaphysik. Wenn wir nur das Licht als ein Seiendes, in Gestalt der Sonne, des Feuers, irgendeines anderen Lichtträgers sehen und in diesem Sinne als einen wahren Gegenstand bezeichnen, so setzen wir dieses Licht-Seiende in der Lichtsymbolik, der Lichtanalogie oder der Lichtmetapher ein.

Es ist nicht einfach, sich durch die verschiedenen Theorien, die sich um das Licht in der Philosophie von der Antike über das Mittelalter und die Neuzeit bis hin zur Moderne entwickelt haben, durchzuarbeiten, sie zu verstehen und zu ordnen. Zusammengetragen aus den verschiedensten Aufsätzen und Artikeln komme ich in der *Philosophie des Lichts* (Hedwig), andere sprechen von Lichtphilosophie, auf folgende verwendete Termini:

5.1 Philosophische Vielfalt in der Bestimmung des Lichts

Lichtsymbolik
Licht-Allegorie
Lichtmetapher
Lichtmetaphysik
Licht-Mystik
Lichtanalogie

Lichttheorie
Licht-Gleichnis
Lichtmetaphorik
Illuminationstheorie
Lichtspekulation

Metapher als Allgemeines und der Gebrauch der Metapher, also die Metaphorik, ist hinlänglich geklärt. Was sich im Einzelnen hinter der Lichtmetapher verbirgt, wird ausführlich im zweiten Teil, hier in der Eruierung aus der Philosophiegeschichte, gezeigt werden, in diesem Kapitel nur in Kurzform zusammenfassend.

Mal sind es verschiedenen Bezeichnung für den gleichen Sachverhalt, manchmal sind es nur graduelle Unterschiede, mal unterscheiden sich die Inhalte wesentlich, oder es sind untergeordnete Kategorien, vor allem zeigen sie durch einen veränderten Sprachgebrauch den Wandel der historischen philosophischen Entwicklung an. Die Bezeichnungen haben sich entsprechend neuer Theorien in der Philosophie gebildet oder sie wurden zum Namen einer neuen Lichttheorie eingesetzt.

Insbesondere in der auslaufenden Antike und dem frühen Mittelalter, in der Verschmelzung der frühen christlichen Lehre mit der antiken Philosophie, der Theologie und Philosophie als einer christlichen Philosophie, und dann nochmals später in der Scholastik und wieder in der Trennung dieser Lehren und Disziplinen, blühte die Thematisierung des Lichts auf, um Wesen und Sein dieses Phänomens zu bestimmen.

In der Epoche des Neuplatonismus verstärkt sich (wieder) die Idee des *Einen*, aus dem alles geworden und geschaffen ist. Aus den Anfängen der Philosophie kennen wir die Suche nach dem Urstoff oder Urprinzip, aus dem alles seinen Anfang nahm. Im *Einen* liegt die Vielfalt der Welt, wie wir sie sinnlich wahrnehmen, wie sie für uns sichtbar wird durch das sinnfällige Licht. Auf dieses Eine kann alles in der Welt zurückgeführt werden. Wir haben es mit einem zirkulären Denken zu tun, denn vom Ursprung, dem *Einen* ausgehend, zeigt sich alles in der Welt und geht doch wieder zum Ursprung zurück. Das *Eine* ist Gott, der alles geschaffen hat und alles in sich vereint. Gott ist Licht, das ungeschaffene, sich selbst erleuchtende Licht. Das intelligible Licht geht über zum Menschen, in seine Seele, seinen Geist, seine Vernunft, schafft im Menschen eine sich selbst erkennende Erkenntnis, eine erkennende Wahrheit und eine Erkenntnis für die Welt. Das erkennende Licht wird einerseits als ein eigenes Sein verstanden, andererseits als Symbol oder Metapher eingesetzt. Die Grenzen sind fließend. Klar ist die Unterscheidung zwischen dem sinnlich wahrnehmbaren Licht der Sonne, der Gestirne oder des Feuers, die als ein Eigenes oder als Symbol, Metapher sowie in einer Analogie fungieren, und dem intelligiblen Licht im Inneren des Menschen, dem göttlichen, dem nicht sichtbaren Licht, welches durch den Geist erkannt wird und wodurch der Geist erkennt.

Neben der Idee des *Einen*, der damit verbundenen Idee des Zirkulären sowie der *Zwei-Welten-Licht-Idee* (sinnliches und intelligibles Licht), folgt das mittelalterliche Denken dem Prinzip der Trinität. Die drei Gestalten Gottes, die Dreiteilung der Seele des Menschen, die drei Schritte von Reinigung, Erleuchtung und Einigung zum Aufstieg hin zum *Einen* spiegeln sich ebenfalls in graduellen Lichtabstufungen, sowohl aufwärts steigend bis hinauf zum blendenden Licht, als auch abwärts gehend zur Finsternis hin, wider.

Der Mensch vermag sich selbst zu erkennen – als Seiender – aber nicht wie später bei Descartes durch sein reflexives Denken, sondern durch das erkennende Licht im Inneren, welches göttlichen Ursprungs ist.

Josef Koch benennt Thomas von Aquin als konsequenten Denker einer christlichen Aristotelik, der den vorher herrschenden Neuplatonismus ablöste. Die Lichtsymbolik wird ersetzt durch die Lichtmetapher, die allerdings nicht mehr zielführend zur Gotteserkenntnis beiträgt. Trotzdem behält man die Verwendung von Symbolen bei. So auch in der *Mystik im eigentlichen Sinne* wie bei Bernhard von Clairvaux oder Mechthild von Magdeburg zu finden, ebenso in der *Mystik im weiteren Sinne* wie bei Hildegard von Bingen. Die Mystik kann als eine eigene Geschichte über das Licht gesehen werden. (Vgl. Koch. 1960. S. 655)

Die Betrachtung des Lichts in der Philosophie, hier in der Metaphysik und Erkenntnistheorie, in der Mathematik und der Physik, stellte eine weitere Zäsur dar, naturwissenschaftliche und philosophische Studien begannen sich im späteren Mittelalter zu separieren, bis dann in der Epoche der Aufklärung die Vernunft in die höchste Stufe der Erkenntnis gehoben wurde, Vernunft im Erkennen und Verstehen der naturwissenschaftlichen Sicht auf die Welt. In der Moderne dann manch andere kreative Verwendungen der Lichtmetapher, denken wir an Nietzsche, Adorno oder Foucault.

Überhaupt, bei der philosophischen Befassung mit dem Licht, um zu schlüssigen Theorien zu gelangen, handelt es sich nicht immer um die Verbindung von Licht und Erkenntnis, wie es hier in dieser Arbeit im Fokus steht, sondern um das Erfassen des Lichtes an sich, um die Klärung des Phänomens *Licht* als ein erkenntnistheoretisches Problem. Neben dem Sichtbarmachen und Erkennen, wird das Licht auch als lebensspendend und in die Welt treten verstanden, es wird empfangen und gegeben, es ist Gott und wird von Gott ausgestrahlt etc.

Unterliegt das Licht der Dimension der Zeit und des Raumes, Licht im metaphysischen Sinne, also als ein gedachtes Sein, Licht als Idee, als absolute Wahrheit? Licht breitet sich richtungslos aus und es ist nicht durch die Zeit begrenzt. Gilt dies gleichermaßen für das physische und das metaphysische Licht?

Ein anderes Phänomen ist in der Philosophie des Lichts zu beachten. In einer stärker naturwissenschaftlichen Betrachtung wird das Auge mit seinen Fähigkeiten einer Analyse unterzogen. Vermittels des Lichts vermag das Auge Gegenstände durch Farben zu sondieren. Der Akt dieses sinnlichen Sehens vollzieht sich jedoch im Inneren des Menschen, in seinem Geist, wo die von außen aufgenommenen Wahrnehmungen erkannt und benannt werden und sich als Bild formieren. Im Inneren unseres Verstandes arbeiten wir also mit den Bildern, die unsere Augen aufgenommen haben. Wir sehen einen Gegenstand und benennen dieses Gesehene, wie wir es gelernt haben. Neben dieser Gegenstandwahrnehmung und Bildschaffung wird in der Lichtthematik des Weiteren mit Spiegelbildern und Schattenbildern gearbeitet. Beide Bildarten gehören zu dem mit den Augen Sichtbaren, verlangen aber in der Deutung eine andere Interpretation. Beide Bildarten werden aber ebenso in einer verweisenden Funktion als Metapher, Symbol oder Analogie eingesetzt, die auf angenommene oder indirekte Wahrheiten hinweisen.

Gleichzeitig besitzen wir im Verstand eine Kenntnis, also das Wissen vom Aussehen, ein allgemeines Bild dazu, wodurch wir das Gesehene identifizieren können. Nach Platons *Ideenlehre* werden wir mit den Urbildern geboren, also den Ideen an sich, welches das Wesen, das Wissen und das allgemeine Bild dazu vereint, in unserem Geiste verinnerlicht ist und wodurch wir die äußere Erscheinung der betreffenden Gegenstände erkennen. Diese innere Idee, die sich durch Bild und Wissen zeigt, ist eigenständig und nicht zu verwechseln mit dem durch das Auge aufgenommene Bild. Die *Idee* in diesem platonischen Sinne gehört in der Philosophie zur Metaphysik, das *Augen-Bild* eigentlich zur physischen Welt, obwohl es ein äußerlich nicht sichtbares inneres Bild ist. Mit Worten beschreiben können wir im Prinzip beide Bilder, das metaphysische und das *Augen-Bild*, die Beschreibungen der Bilder mögen vielleicht ähnlich sein, aber ihre Herkunft ist zu unterscheiden und ebenso ihre Bedeutung. In manchen Theorien ist das Urbild allerdings nicht zu beschreiben, bleibt im Dunkel, ist aber durch das außen sichtbare Bild als ein Ähnliches zu erkennen. Hier ist der Schritt zur Symbolisierung, zur Analogie- und zur Metaphernbildung nur ein kleiner.

Im Neuplatonismus und in der mittelalterlichen christlichen Philosophie überhaupt ist die *Idee* durch Gott gegeben. Er ist der Kreator, der alles geschaffen hat, die physische und die metaphysische Welt mit all ihren Gegebenheiten. Aber es ist nicht mehr die platonische Idee, sondern das Wort bzw. die Erkenntnis durch die Vernunft. Gott aber ist Licht, er ist das ungeschaffene Licht, Gott ist ebenso der Kreator des Lichts, des Lichts in der physischen Welt, welches wir mit unseren Augen sehen und wodurch die Dinge in der Welt erst sichtbar werden, sowie des inneren Lichtes in der Vernunft bzw. im Geist des Menschen, wodurch das Wesen der Dinge und das Wissen über sie erkannt werden können.

Auseinander gehen die philosophischen Lichttheorien dahingehend, dass dieses innere Licht bildlich beschrieben nur als ein Symbol für das göttliche Licht verstanden wird oder es einer Analogie entspricht oder als Metapher dient. Als Symbol, Analogie oder Metapher kann ebenso das Licht in der physischen Welt herhalten, was aber in der Aussage eine andere Bedeutung erhält als *das göttlichen Ursprungs* gegebene Licht. Schließlich bleibt noch die Option der Lichtmetaphysik, wonach dieses innere Licht eine eigene Seinsform bildet, womit der Mensch, zumeist durch den Schöpfungsakt Gottes, ausgestattet ist. Die Vernunft kann als eine eigene Licht-Seinsform im Menschen verstanden werden, ganz unabhängig vom christlichen Glauben.

Im Unterschied zum gegenständlichen Licht, das sehr wohl mindestens an die Raumdimension gebunden ist durch den umgebenden Raum, der aber nicht eigentlich zum Licht gehört, und zeitlich, da es durch den Lichtträger ein Ende gibt, selbst rein rechnerisch für die Sonne und alle Gestirne, ist das intelligible Licht raum- und zeitlos.

Zwischenfragen: Gibt es überhaupt ein gegenständliches Licht oder nur die verschiedenen Lichtträger? Ist das physikalisch zu messende Licht gegenständlich, weil wir ein Messinstrument erfunden haben, welches uns Maßeinheiten liefert, die wir uns ausgedacht haben?

Da Licht sich nicht durch Dimensionen bestimmen lässt, wird von der *Sphaera lux* gesprochen, ein nicht näher zu bestimmender, quasi ein formloser Raum, der am ehesten dieser unbestimmbaren Dimension des Lichts entspricht.

Die *zeitlose Zeit* und der *raumlose Raum* im All bilden die Sphäre, in der das Licht zu verorten ist. Zudem ist es aktiv aus sich heraus, nach Art einer *Selbstvervielfältigung*, wie Hedwig es bei Grosseteste charakterisiert sieht. (Vgl. Hedwig. 1980. S. 12)

Das Licht ist kein bestimmbarer Gegenstand, es wirkt als ein

> „'Wodurch' (quod est), das selbst nicht erscheint, aber die sinnfälligen Dinge im Kontext von Raum, Distanz, Gestalt, Ordnung und Unterscheidbarkeit erscheinen läßt. Als diese Vermittlung, die sich im Geschehen des Vermittelns selbst verzehrt, ist das Licht ein Hinweis auf die Struktur des G e i s t i g e n selbst – eine M e t a p h e r, die in der Scholastik noch den ganzen Reichtum der Sinneswelt in sich trägt und ihn auf die intelligible Welt ‚übertragen' kann." (Hedwig. 1980. S. 14)

Hedwig sieht das Problem für die Zeit der Scholastik in den strukturellen Voraussetzungen der Erkenntnis, gemeint ist das Intelligible. Wir können es nicht unmittelbar in seiner Wesenheit und seinen Strukturen erkennen, sondern nur nach einem Abstraktionsprozess, formuliert als eine Begrifflichkeit. Also nehmen wir als Hilfskonstrukt etwa aus der sinnlich erfahrbaren Ebene. „In diesem Rückgriff vermittelt nun die Metapher, insofern sie das Intelligible gleichnishaft aus den vorgegebenen elementaren Hinsichten der sinnlichen Erfahrung expliziert." (Hedwig. 1980. S. 14) In der Auslegung der Metaphorik des Intelligiblen sieht er den Übergang zur Lichtmetaphysik. Resümierend konstatiert er für die Epoche der Scholastik, dass sie eine Thematik von Platon und dem Neuplatonismus (Augustinus und Dionysius) übernimmt und zur Absicherung des metaphysischen Seins des Lichts die metaphorischen Elemente des Lichts auf die Strukturen des Intelligiblen überträgt. (Vgl. Hedwig. 1980. S. 20)

Josef Ratzinger bemerkt in seinem Aufsatz *„Licht und Erleuchtung. Erwägungen zu Stellung und Entwicklung des Themas in der abendländischen Geistesgeschichte"*, dass das Licht ein *Urphänomen* ist, da das Leben vom Licht abhängig sei, vielleicht aber auch ein geheimnisvoller Grund und eine Macht dahinterstehe. Daher sei das Licht zu einer *religiösen Grundkategorie der Menschheit* geworden, in jeder Religion. Wo sich aber Religion und Philosophie berühren, beide wollen Weltanschauung ermöglichen, hat das Licht Zugang zur Philosophie gefunden und sich als Grundkategorie einer Lichtphilosophie entfaltet. (Vgl. Ratzinger. 1960. S. 368)

Der Theologe bemerkt weiterhin, dass das Erkennen eines geistigen Gegenstandes wie das Licht nicht ohne die Ontologie des Lichts zu verstehen sei, denn „die Frage des Erkennens versteht sich erst aus der nach dem Sein." (Ratzinger. 1960. S. 369) Er verweist auf die frühen Ansätze bei Heraklit und in Platons *Politeia* sowie bei Plotin, für den das Licht unkörperlich ist. Das sichtbare Licht ist

5.1 Philosophische Vielfalt in der Bestimmung des Lichts

„ἀσώματον, λόγος, εἶδος" [Unkörperliches, Vernunft, Urbild/Idee]. Plotin wählt den Vergleich, um zu erklären, dass das „überströmende Licht ohne eigene Minderung seinen Glanz ausgießt", so in der Formulierung dieses Kirchengelehrten. (Ratzinger. 1960. S. 369) „Die sinnlich sichtbare Dreiheit Licht – Sonne – Mond ist ein Bild für die intelligible Dreiheit ἕν -νοῦς – ψυχή [das Eine – Nous/der Geist – die Seele], der die Materie als Schatten beigegeben ist, als Finsternis, worin das Licht sich verliert." (Ratzinger. 1960. S. 369) Augustinus geht aber weiter als nur den Vergleich zu wählen und von einer einfachen Übertragung in der Metapher auszugehen, wie Ratzinger meint. Vielmehr sieht Augustins im „Licht nicht bloß eine Metapher für an sich Unsagbare […], sondern ein[en] Begriff, der die intelligible Wirklichkeit genau und treffend benennt." (Ratzinger. 1960. S. 369) Darin sieht Ratzinger den Übergang zur Lichtmetaphysik vollzogen, das sinnliche und das geistige Licht sind voneinander geschieden. Mit Grosseteste kommt die Ausrichtung der Lichtphilosophie in zwei Richtungen, der theologisch-metaphysischen und der physikalisch-mathematischen. Die *forma prima*, bei Aristoteles noch als *Möglichsein* begriffen, wird bei Grosseteste zum Prinzip der Bewegung, wird Aktivität, ist das Licht. „Es gibt nur ein letztes Wirkprinzip, von dem jede Wirkung ausgeht. Dieses eine Prinzip aber ist – die Bewegung. Und die Bewegung stammt vom Licht." (Ratzinger. 1960. S. 370) So Ratzingers Interpretation.

Die verschiedenen Bezeichnungen für Licht, wie lumen, lux, splendor, claritas, fulgor, radius, für die Dunkelheit, wie tenebrae, tenebrositas, umbra (Vgl. Koch. 1960. Sp. 654), wurden benutzt, um differenziert inhaltlich gemeinte Unterschiede zu markieren, manchmal aber auch nur, um rhetorisch abwechslungsreicher aufzutreten. Licht und Dunkelheit bzw. Finsternis werden oftmals bipolar gedacht und genannt. Können wir das Licht nur wahrnehmen, weil es die Dunkelheit gibt und es sich von dieser absetzt? Gilt diese Frage auch für das intelligible Licht? *Lumen* wird oftmals verstanden als das sinnhafte Licht, welches wir also mit den Sinnesorganen wahrnehmen, und *lux* für das geistige innere Licht im Menschen. Aber diese Sprachpraxis ist nicht durchgängig zu beobachten.

Nicht weniger einfach ist Ursache und Herkunft des Lichts zu finden, wenn darüber im Kontext von Erkenntnis philosophiert wird: Licht als Erkenntnis einer reinen Verstandesleistung durch die Annahme der Intelligibilität der Wirklichkeit; Licht als geschaffenes von Gott, der selbst ungeschaffenes Licht ist. Es werden in den verschiedenen Theorien unterschieden zwischen dem:

lumen gratiae (das Licht der Gnade)	lumen supranaturale (das übernatürliche Licht)
lumen naturale (das natürliche Licht)	lumen fidei (das Licht des Glaubens)
lumen gloriae (das Licht der Herrlichkeit	lumen propheticum (das prophetische Licht)
lumen intellectus (das erkennende Licht)	lumen corporeum (das körperliche Licht)

Gott schenkt dieses innere Licht der Gnade, während das prophetische Licht als Offenbarung und Heilsverkündung in die Welt getragen wird, immer nur an und von auserwählten Menschen. Der Heiligenschein zeigt bildlich das Licht der Herrlichkeit dieser Persönlichkeit an und das Licht des Glaubens an diesen einen Gott kann jedem in seinem Bekenntnis zuteilwerden.

Das Licht der Gnade und des Glaubens, das natürliche sowie übernatürliche, das körperliche und das geistige, das prophetische und das glorifizierte Licht, es ließen sich vielleicht noch mehr zusammentragen. Mit lumen ... kann sowohl das sinnhafte als auch das intelligible Licht gemeint sein, sprachlich wird es in beiden Bedeutungen eingesetzt. Ist Gott das Licht oder kommt es durch Gott, ist es ein sichtbares oder ein unsichtbares, ist es das Licht der Dunkelheit, der Klarheit, gibt es eine lichtvolle Dunkelheit, ist es strahlenförmig, stufenförmig oder ringförmig, von unterschiedlicher Qualität aufsteigend oder absteigend, ist es geistiges Licht oder irdisch-natürliches, wird das sichtbare Licht zum unsichtbaren oder umgekehrt, gehört es zur materiellen/stofflichen Welt oder zur metaphysischen, ist es Form ohne Materie/Stoff oder Materie/Stoff ohne Form, ist es visionär, nur im Zustand der Ekstase oder konkret bei klarem Bewusstsein erfahrbar, welches Licht ist wie erfahrbar, ist das Licht Geist, Vernunft, Schatten oder Abglanz, gehört das Licht zur Natur oder zum Menschen oder zum Göttlichen, gibt es nur das sinnlich wahrnehmbare oder auch das mit dem inneren Auge zu sehende Licht überhaupt, schafft das Licht die Verbindung zwischen der geistigen/intelligenten und der materiellen/physischen Welt, ist es also der Mittler/Vermittler zwischen Physik und Metaphysik?

Uneins war und ist man sich drüber, ob es die (platonisch-göttliche) Idee im Menschen ist, ob Gott uns die Erkenntnis eingibt oder ermöglicht oder ob es (nur) unsere reine menschliche Vernunft ist, die uns zu neuen Erkenntnissen führen kann. Heute ist sich die Philosophie zumindest dahingehend einig, dass eine neue Erkenntnis sich nicht aus dem Nichts heraus kreiert, sondern immer im Kontingenten bleibt, in den hinreichenden, aber nicht notwendigen Bedingungen der Möglichkeiten. Auch wenn wir originär Neues erkennen, so geschieht dies doch auf der Folie unseres Wissens, unserer Bildung und Erfahrung sowie im weiteren Sinne unserer sozialen und kulturellen Herkunft.

In der Philosophie wird die Metapher *Licht* benutzt, um auf eine Erkenntnis, wie z. B. eine plausible Aussage, eine Theorie oder eine moralische Maxime hinzuweisen und ihr Bedeutung zu verleihen. Etwas, was im (metaphorischen) Licht steht, wird gesehen, ist erkannt und wird verstanden. Das im Schatten oder im Dunkel Liegende ist (noch) nicht erkannt, steht als Frage, als ungelöstes Rätsel, als Ungewisses, als vielleicht schon Erahntes im geistigen Raum. Die Nacht wird hier zumeist als Metapher für Nicht-Wissen und Nicht-Erkennen verwendet.

Licht, obwohl sinnlich erfahrbar, ist keine Materie, denn Licht hat keinen Körper, macht aber alles Körperliche sichtbar. Materie, und sei sie noch so klein, wird erst durch Licht für uns sichtbar und damit erkennbar. Welcher Wesensart dieses Licht ist – selbst keine Materie, aber doch wahrnehmbar und messbar mittels von Menschen erdachten und konstruierten Messinstrumenten – ist heute Gegenstand der Physik. Unsere Physiker können uns mehr dazu sagen.

In der Übertragung auf den geistigen Prozess der Erkenntnis ist Licht Gegenstand der Philosophie. Mit Licht ist hier zumeist der Geist gemeint, der unserem Verstand etwas zugänglich, erkennbar, verstehbar, sichtbar macht. Die Streitfrage in der Philosophie bewegt sich nun genau um diesen Prozess des Erkennens, dieses *Ins-Licht-treten* eines Gedankens, einer Idee, einer Wahrheit. Sind wir für den Prozess des Erkennens auf sinnliche Wahrnehmung angewiesen, also können wir nur etwas erkennen, was wir vorher über unsere Sinne aus dieser erfahrbaren Welt aufgenommen haben? Oder: Können wir nur durch unseren Geist, vor jeder Erfahrung (a priori), Wahrheiten und Gewissheiten wirklich erkennen? Oder: Können wir das eine nur über Erfahrung und das andere nur durch den Geist erkennen?

Immanuel Kant (1724–1804) hat sich u. a. mit diesen Fragen befasst und die Ansicht vertreten, dass wir (auch) zu Apriori-Erkenntnissen gelangen können. Als Beispiel sei hier der Kategorische Imperativ genannt: „[…] handle nur nach derjenigen Maxime, durch die du zugleich wollen kannst, daß sie ein allgemeines Gesetz werde." (Kant. Metaphysik. 1991. S. 68) Diese bisher bedeutendste Maxime moralischen Handelns ist das Ergebnis eines reinen Erkenntnisprozesses, wie Kant sagt.

Die Lichtmetapher wird in der Philosophie vorrangig für genau diesen geistigen Vorgang eingesetzt. Entwickelt als *Illuminationstheorie,* wird angenommen, dass der Mensch Vernunftwahrheiten durch seinen von den *Ideen* erleuchteten Verstand erkennen kann. Beispiele reiner Vernunftwahrheiten finden sich in der Mathematik, der Logik und der Ethik. In der *Enzyklopädie Philosophie und Wissenschaftstheorie* heißt es, dass in der philosophischen Konzeption der Lichtmetaphorik „… das Licht einerseits Metapher für die Intelligibilität der Wirklichkeit, andererseits Ursubstanz aller Dinge ist." (Mittelstraß. Lichtmetaphysik. 1984. In: EPhW, Bd. 2. S. 608)

Das Fühlen der Seele (oder des Bauches!), die Emotionen, werden bei Kant von der Apriori-Erkenntnis ausgeschlossen. Später mehr dazu.

Des Menschen Kreativität im Denken von Möglichkeiten kennt keine Grenzen.

Bevor ich jetzt im Einzelnen die dominanten philosophischen Theorien bzw. theoretischen Varianten, die sich um die Philosophie des Lichts gruppieren, vorstelle, möchte ich auf die Kritik von Klaus Hedwig bezüglich *wissenschaftstheoretischer Probleme der Lichtmetaphysik*, die er in einem Aufsatz 2007 äußerte, näher eingehen. (Vgl. Hedwig. 2007) Hedwig arbeitet schon seit vielen Jahren über Lichttheorien des Mittelalters, u. a. in den Beiträgen *Forschungsübersicht: Arbeiten zur scholastischen Lichtspekulation. Allegorie-Metaphysik-Optik* von 1977, *Neuere Arbeiten zur mittelalterlichen Lichttheorie* von 1979 und *Sphaera Lux. Untersuchungen zur Intelligibilität des Seienden im Kontext der mittelalterlichen Lichtspekulation* von 1980.

Überhaupt sei der Terminus *Metaphysik* heute nicht mehr kritiklos zu verwenden, somit auch nicht daraus abgeleitet die These von einer mittelalterlichen *Lichtmetaphysik*. Von Clemens Baeumker 1908 eingeführt, machte der Begriff Karriere in den verschiedensten Disziplinen, nur in der Philosophie blieb eine gewisse Skepsis. (Vgl. Hedwig. 2007. S. 368) Dass er trotzdem im renommierten Fachlexikon *Enzyklopädie Philosophie und Wissenschaftstheorie* in einem eigenen Artikel Aufnahme fand, hält Hedwig in einer Anmerkung kritisch fest. Auf diesen Artikel werde ich später eingehen. Die Problemlage um die Bestimmung des Lichts ergab sich aus einer *hermeneutischen Verlegenheit.*

> „Das ‚Licht' – im mittelalterlichen Verständnis als *lux, lumen, splendor* oder *claritas* ausdifferenzierbar – ist ein ungegenständlicher Gegenstand der Wahrnehmung, nicht ein sachliches Was (*quod*), sondern das Medium, ‚wodurch' (*quo*) eine Sache sich unverborgen zeigt. Dieser manifestierende Prozess ist auch für die ‚Form' (*forma*) kennzeichnend, die als Prinzip im Aufbau eines Gegenstandes selbst kein Gegenstand ist, sondern das, ‚wodurch' (*quo*) ein Ding sich als das offenbart, was es ist. [...] Das ‚Licht' (*lux, lumen*) selbst wurde als die alles durchgreifende ‚Form' verstanden, die nicht nur Wahrnehmung und Erkennen ermöglicht, sondern auch die Ursachen des Naturgeschehens den Gesetzen der Lichtausbreitung unterstellt." (Hedwig. 2007. S. 369)

Nach Hedwig ist Licht ein wahrnehmbarer ungegenständlicher Gegenstand, ein Medium. Licht ist ein intelligibles Seiendes, so sagt es unsere Vernunft und so wird es in der Philosophie verstanden.

Licht, Gegenstand ohne Gegenständlichkeit, Materie ohne Stoff, Form ohne bestimmbare Form, Ursache oder Wirkung, ein Sein ohne eigene oder mit eigener Seinsform? Wie lässt sich das Licht adäquat bestimmen? Wissenschaftstheoretisch müssten zunächst der Gegenstandsbereich, die Methode und die Ziele bzw. Zwecke des Gegenstandes geklärt werden, damit er als Terminus in Wissenschaft und Philosophie eingehen kann. Dies habe Baeumker jedoch nicht ausreichend geleistet, so Hedwig' (vgl. Hedwig. 2007. S. 370), trotzdem hat sich die Lichtmetaphysik schnell als fachsprachlicher Begriff für die spätantiken und mittelalterlichen Lehren über das Licht ausgebreitet.

Das kann ich so nicht unbedingt bestätigen, denn in den zahlreichen Aufsätzen, die nach 1908, also nach Baeumkers terminologischer Einführung der Lichtmetaphysik, erschienen, wurde auch von Lichtsymbolik, Lichtmetaphorik oder allgemeiner von Lichttheorie gesprochen und der Terminus Lichtmetaphysik kritisch diskutiert. Beierwaltes benutzt explizit den Terminus der Lichtmetaphysik in seiner Dissertation *Lux intelligibilis* aus dem Jahre 1957 und bezieht sich auf die griechische Zeit.[1] Bei den anderen Autoren wird die Lichtmetaphysik weitgehend in den theologischen Theorien benannt, wenn es sich um eine historische Seins-Lehre des göttlichen Lichts handelt, wie es ausgeprägt in der Spätantike bis ins Mittelalter hinein immer wieder der Fall war. Auch Hedwig selbst benutzt in diesem Kontext in seiner Abhandlung *Sphaera Lucis* von 1980 ganz selbstverständlich den Terminus *Lichtmetaphysik*.

---

[1] Hier einige Aufsätze zur Thematik: Baeumker, C.: Witelo, ein Philosoph und Naturforscher des XIII. Jahrhunderts, 1908; Stenzel, J.: Der Begriff der Erleuchtung bei Platon, 1926; Genner, J.: Die Abstraktionslehre in der Scholastik bis Thomas von Aquin mit besonderer Berücksichtigung des Lichtbegriffs, 1932; Honecke, M.: Der Lichtbegriff in der Abstraktionslehre des Thomas von Aquin, 1935; Bultmann, R.: Zur Geschichte der Lichtsymbolik im Altertum, 1948; Beierwaltes, W.: Lux intelligibilis. Untersuchung zur Lichtmetaphysik der Griechen, 1957; Blumenberg, H.: Licht als Metapher der Wahrheit, 1957; Koch, J.: Über die Lichtsymbolik im Bereich der Philosophie und der Mystik des Mittelalters, 1960; Goldammer, K.: Lichtsymbolik in philosophischer Weltanschauung, Mystik und Theosophie vom 15. bis zum 17. Jhd., 1960; Hempel, Joh.: Die Lichtsymbolik im Alten Testament, 1960; Ratzinger, J.: Licht und Erleuchtung. Erwägungen zu Stellung und Entwicklung des Themas in der abendländischen Geistesgeschichte, 1960; Kreuzer, Joh.: Das Licht als Metapher in der Philosophie, 2016.

Das Problem der Bezeichnung *Lichtmetaphysik* sieht er u. a. darin, dass neuplatonische mit aristotelischen Ansätzen zusammengelegt werden, aber dieses Konglomerat nicht mehr in die aristotelische Konzeption von Metaphysik passt, die Benennung *Lichtmetaphysik* folglich in ihrer Bedeutung nicht klar ist. Hedwig legt zeitlich nachzuverfolgend dar, wer in welchem Sinne welche Termini verwendete, bemerkt, dass die Begriffsverwendung in der Philosophie nachgelassen hat und heute nicht mehr zu vertreten sei. Vielmehr setzt sich die *Philosophie des Lichts* als adäquate Bezeichnung für die philosophische Auseinandersetzung mit dem Gegenstand *Licht* durch, auch in Abgrenzung zur Mathematik und Physik. Andreas Speers[2] kritische Betrachtung der *metaphysischen Lichtdeutung* von Grosseteste führte zur Aufhebung der oft nicht hinterfragten Begriffsbenutzung der Lichtmetaphysik. (Vgl. Hedwig. 2007. S. 369–374) Hedwig sieht in dem *problemgeschichtlich kritischen Gebrauch* bzw. im *philosophischen Abschied* vom Terminus Lichtmetaphysik keinen Verlust, denn es lägen genügend alternative Begriffe, Deutungen und naturwissenschaftliche Untersuchungen vor. (Vgl. Hedwig. 2007. S. 384)

Ratzinger benutzt den Terminus *Lichtphilosophie* für das gesamte Geschehen um die philosophischen Klärungen von Licht und erläutert, dass schon in der Antike bis hin zu Augustinus von einer Lichtmetaphysik gesprochen werden kann. (Vgl. Ratzinger. 1960. S. 368–378)

Die Geschichte der Lichtmetaphysik in der abendländischen Geschichte wird oftmals mit den Platonischen Werken angesetzt, die sich über den Neuplatonismus ganz besonders in der christlich-mittelalterlichen Philosophiegeschichte ausbreitet und bis zur Aufklärung führt, danach nur noch punktuell thematisiert wird. Dieter Bremer will in seiner Untersuchung *Licht und Dunkel in der frühgriechischen Dichtung* nachweisen, dass zumindest die Vorgeschichte der Metaphysik in den frühgriechischen Sprachwerken zu finden sei. Er durchforstet die großen Dichtungen Homers, die Theogonie des Hesiod, lyrische Werke von Alkman und Sappho, Bücher des Pindar und Bakchylides bis hin zu den Werken des Aischylos nach Spuren der Sprachbilder *Licht und Dunkelheit* und philosophischen Implikationen der Lichtmetaphysik. Auf diese sehr umfangreiche Forschungsarbeit kann ich hier nicht im Einzelnen eingehen, es würde den Rahmen sprengen. Mir geht es insbesondere um die Verbindung zur Erkenntnisfähigkeit des Menschen im philosophischen Kontext. Trotzdem finde ich in der ursprünglich als Dissertation verfassten Untersuchung wertvolle Hinweise für mein Projekt, da nach seiner Ansicht der Gebrauch von Licht und Dunkel sich in der Dichtung und in der frühen Philosophie Griechenlands nicht grundlegend unterscheidet. (Vgl. Bremer. 1976. S. 6 f.) Er sieht es als seine Aufgabe an, dem Denken der Licht- und Dunkel-Bildsprache zu folgen, die „auf die Lichtmetaphysik hinführt, selbst jedoch der Metaphysik vorausliege". (Bremer. 1976. S. 8) Er übt Kritik an der Forschungsarbeit von Classen, der zwar eine kritische Analyse in seiner Arbeit vornimmt, aber dabei zu wenig den *fragmentarischen Überlieferungszustand* berücksichtigt und in seiner Untersuchungsmethode zu sehr von den Gegensatzprinzipien *Licht und Dunkel* als *Grundstoffe*,

---

[2] Speer, Andreas: Lux est prima forma corporalis, Lichtphysik oder Lichtmetaphysik bei Robert Grosseteste? In: Medioeva 20 (1995). Quellenangabe in: Hedwig. 2007. S. 374.

Grundprinzipien etc. orientiert ist. Zudem werden die *metaphorischen Funktionen*, die in die *doxographische Schematisierung* nicht hineinpassen, nur partielle berücksichtigt. (Vgl. Bremer. 1976. S. 5)

Des Weiteren distanziert er sich von der Interpretation Beierwaltes zur Einordnung des sinnlichen Lichts als reine Lichtsymbolik, die als eine Vorstufe zur Lichtmetaphysik zu verstehen sei. Bremer sieht diese *Spiritualisierung* des sinnlichen Lichts als das „sinnfälligste Zeichen der übersinnlichen Wirklichkeit" für das frühgriechische Denken nicht gegeben, sondern er versteht es als ein „geistigsinnlich wirkendes Strahlen und Scheinen", welches das „Wirken in der Wirklichkeit" zeigt. (Bremer. 1976. S. 9 f.) Beierwaltes Lichtsymbolik-Deutung scheint ihm eher willkürlich und beliebig, es fehle an zwingenden Nachweisen. Er formuliert eine These zum Lichtverständnis im antiken Sinne:

> „Für die archaische Sprache ist zu sagen: Licht wird primär weder gedacht als Zeichen, das auf ein Anderes verweist, noch als Symbol, das ein Anderes repräsentiert, sondern: Licht ist, was es ist, indem es in seinem Wirken das Wirkliche erscheinen läßt und sichtbar macht; Licht ist als die Kraft des Erscheinenlassens und das Medium des Erscheinens das Erhellende und die Helle, in der sich Wirkliches zeigt als das, was es ist, und zwar im sinnfälligen wie im geistigen Bereich." (Bremer. 1976. S. 12)

Licht hat die Kraft der Sichtbarmachung und als Medium erhellt es, sowohl im Äußeren wie im Inneren; Licht ist sichtbar und unsichtbar und es wirkt im sichtbaren und unsichtbaren Bereich.

Denke ich an die Komplexität der Inhalte der griechischen Mythologie und an die Anfänge des philosophischen Denkens zurück, so finde ich ein vergleichbares Verständnis im Denken von eigentlich metaphysischen Begrifflichkeiten. Gerechtigkeit wird als abstraktes gedacht und verstanden, aber ebenso dargestellt und verstanden in personifizierter Gestalt als eine Gottheit, die Gerechtigkeit bewirkt. Eirene ist die Göttin des Friedens, die als Statue dargestellt verehrt wird, die aber als Göttin ebenso nicht sichtbar und ohne bestimmte Gestalt ist, die Frieden bewirkt, die personifiziert und abstrakt gedacht *Frieden* ist. In diesem frühgriechischen Denken kann ich der These von Bremer über das Licht gut folgen. Vielleicht ist dieses komplexe, nicht analytische Denken noch bis ins Mittelalter, vor allem in der Mystik, verbreitet und führt im späteren modernen Denken über die mittelalterlichen Lichtspekulationen und Lichttheorien zur Einordnung in die Metaphysik.

Trotz einer grundlegenden Skepsis gegenüber dieser Strukturierung von Lichttheorien, werde ich im nächsten Kapitel die Abhandlungen vorstellen, die sich des Terminus der Lichtmetaphysik bedienen, denn es geht mir um die Inhalte, die hier behandelt wurden. Auch der Illuminationstheorie habe ich ein eigenes Unterkapitel vorbehalten, da manche philosophische Betrachtung über das Licht unter diesem Terminus firmiert, wobei manchmal die Illuminationstheorie, zum Teil einfach nur Lichttheorie genannt, als eine spätere Entwicklung der Lichtmetaphysik gesehen wird, von einigen in mathematisch-physikalischer Ausrichtung, sich auf künstliches Licht und Technik beziehend, oder aber als eine allgemeine Bezeichnung für Lichttheorien Verwendung findet. Von Hedwig wird die Illuminationstheorie in seiner Kritik von 2003 nicht erwähnt.

Mein Problem wird dabei sein, zum einen dieselben Quellen bzw. Texte in ihren unterschiedlichen Interpretationen als Lichtmetapher, Lichtmetaphysik oder Lichtsymbol zu sondieren und zum anderen eine für die heutige Zeit schlüssige Argumentation zur Einordnung in eine der Kategorien vorzulegen. Dabei haben nicht wenige Philosophen und Philosophinnen in ihren Theorien sowohl mit der Lichtsymbolik, mit der Lichtanalogie, der Lichtmetapher als auch der Lichtmetaphysik gearbeitet, somit eine Einordnung in nur eine Kategorie gar nicht erst gedacht. Es ist ja eben eine Eigenart der Moderne, immer mehr zu separieren und zu sondieren, um möglichst genaue Subdisziplinen zu bilden. Wir brauchen es heute für die Analyse, die Modifikationen in einem Gesamten sind uns im Denken eher fremd geworden.

Demnach hätten wir nun kurz resümierend folgende Optionen:

- Licht und Erkenntnis in einem übertragenen Sinne wäre die Metapher.
- Licht als sichtbares Zeichen für das nicht sichtbare Erkennen wäre das repräsentierende Symbol im neuzeitlichen Verständnis.
- Sichtbares Licht und unsichtbares Licht im Inneren sind identisch, werden als ein Ganzes gedacht, wie es im frühgriechischen Denken zu finden ist.

Eine ausführliche Auseinandersetzung mit den Originaltexten, in denen die Lichtmetapher Anwendung fand, werde ich erst im zweiten Teil dieses Projektes, im historischen Überblick vornehmen, nicht alle Texte berücksichtigend, sondern eine Auswahl treffend, die auch einen Einblick gibt in die diversen Theorien der Philosophie des Lichts.

Zunächst jetzt die kritische Sichtung von philosophischen Aufsätzen aus dem 20./21. Jahrhundert über Lichttheorien der Antike und des Mittelalters bis hin zur Neuzeit.

5.2 Zur Lichtsymbolik und die Symbole des Lichts

Symbol, ein *Zeichen besonderer Art*. „[…] dem Symbol ist es eigen, dass es auf einen Bereich hinweist, der mit der Natur nichts mehr zu tun hat, sondern über sie erhaben ist." (Koch. 1960. S. 653) Koch spricht deswegen von einer unaufhebbaren Diskrepanz zwischen dem Symbol und der Sache, worauf es verweist. Trotzdem, die Symbolisten des Mittelalters gehen von einem Seins-Bezug zwischen dem Symbolisierten und dem Symbol aus. In ihm suchen wir die Aussage des darin liegenden Unsichtbaren. Das unsichtbare Göttliche zeigt sich im (göttlichen) Geschöpf. (Vgl. Koch. 1960. S. 653)

Wenn Koch davon spricht, dass das Symbol *erhaben* ist über die Sache der Natur, so scheint er die Abstraktion zu meinen, und mit der *unaufhebbaren Diskrepanz* den reinen Zeichencharakter, welches die Bedeutung der ursprünglichen Sache nicht direkt zeigt, sondern nur durch eine Vereinbarung so verstanden wird.

Eine Taube als Symbol zeigt nicht den Frieden, aber wir können uns in einem Kulturraum auf ein solches Zeichen in dieser Bedeutung verständigen. Tauben an sich sind keine friedfertigen Vögel, in Gefangenschaft töten sie sich bisweilen. Erst durch Picassos *Friedenstaube* fand der Vogel als Friedenssymbol eine weite Verbreitung.

Neben einer natürlichen Sache, einem metaphysischen Gegenstand oder Universalien kann auch das Göttliche gemeint sein, worauf ein Symbol verweist.

Ein kurzer Exkurs über repräsentierende Symbole und Kultur
Symbole gehören immer einem bestimmten Kulturkreis an. Kultur entsteht unter Menschen in einer Gemeinschaft, Kennzeichen einer Kultur ist die Kontinuität. Symbole dienen der Verständigung in einem Kulturraum, sind Kommunikationsmittel, und in diesem Sinne sind sie Kulturvermittler. Als Zeichen verwand, das gesellschaftlich eingeführt und bekannt ist, zeigen sie ihre Bedeutung in direkter Form (z. B. als Verkehrssymbole). Sie werden aber auch als sichtbares Zeichen von Zugehörigkeit zu einer Gemeinschaft (z. B. zu einem Sportverein, einer Religionsgemeinschaft, jugendlicher Subkultur) getragen. Sie werden benutzt, um verschlüsselt eine Botschaft mitzuteilen, nur für Eingeweihte verständlich, oder aber als Rätsel zur Entschlüsselung oder mit der Aufforderung zum Nachdenken über mögliche Bedeutungen für das persönliche und/oder gemeinschaftliche Leben. Sie sind sichtbare Zeichen und sie repräsentieren eine Sache, eine Idee, eine Gegebenheit, die selbst nicht anwesend ist. Symbole vermitteln kulturelle Lebensweisen, sie berichten über das Alltags- und Berufsleben, über die Institutionen und Initiationen in einer Gesellschaft, über Religion, Technik und Wissenschaft; sie können sogar als Vermittler über vorherrschende Denkformen (wie z. B. formale Logik, den Abstraktionsgrad im Denken oder die Metaphysik) dienen. Historisch betrachtet können wir über Symbole eines Kulturkreises Rückschlüsse ziehen über das gesellschaftliche Zusammenleben in dieser Zeit an diesem Ort. Die Symbolik verrät uns, ob diese Kultur z. B. naturverbunden oder technikbasiert ausgerichtet war, ob sie diesseitig oder jenseitsgläubig ihr Leben ausrichtete.

Wenn wir heute von Symbol sprechen, meinen wir zumeist das repräsentierende Symbol, welches sich grundlegend von der Bedeutung in der Antike unterscheidet. Hans-Georg Gadamer berichtet davon:

> „Was heißt *Symbol*? Es ist zunächst ein technisches Wort der griechischen Sprache und meint die Erinnerungsscherbe. Ein Gastfreund gibt seinem Gast die sogenannte >tessera hospitalis<, d. h., er bricht eine Scherbe durch, behält die eine Hälfte selbst und gibt die andere Hälfte dem Gastfreund, damit, wenn in dreißig oder fünfzig Jahren ein Nachkomme dieses Gastfreundes einmal wieder ins Haus kommt, man einander im Zusammenfügen der Scherben zu einem Ganzen erkennt. Antikes Passwesen: das ist der ursprüngliche technische Sinn von Symbol. Es ist etwas, woran man jemanden als Altbekannten erkennt." (Gadamer. 2000. S. 41)

Statt einer Tonscherbe wurde auch ein Ring zerteilt und als Erkennungszeichen benutzt. Die zwei Teile waren also in ihrem Sein von gleicher Art, keines war erhaben und sie wurden nicht durch eine Diskrepanz getrennt, sie bildeten ein Ganzes, das zusammengehörte. Das griechische Substantiv *symbolon* und das Verb *symbollein*

5.2 Zur Lichtsymbolik und die Symbole des Lichts

bedeuteten zusammenstellen und zusammentreffen. In der Bedeutung im entsprechenden Kontext wären die beiden Teile einer Tonscherbe die Zeichen für Freundschaft bzw. Gastfreundschaft. Das technische Zusammenfügen der zwei Teile zeigt die Beziehung von zwei Menschen an, die sich begegnen.

Das symbolische Zeichen würde in seiner Bedeutung im heutigen Sinne wohl eher einer Analogie mit einem metaphorischen Charakter entsprechen als einem Symbol, aber im antiken Verständnis war das Symbol konkret das Zusammengefügte, nicht in einem übertragenen Sinne, sondern aktiv stattfindend.

Bremers Kritik an den bisherigen Forschungsarbeiten geht weiter und er nimmt die *Leitbegriffe Lichtsymbolik und Lichtmetaphorik* ins Visier. Den Symbolbegriff unterscheidet er in ein Verständnis im frühen Griechentum und einer späteren Verwendung ab dem Neuplatonismus und einer neuzeitlichen Vorstellung. In der frühgriechischen Literatur trägt das Symbol den Charakter eines Zeichens mit Verweis auf ein Anderes. „Das Zeichen weist auf etwas, das es selbst nicht ist: Es bedeutet […], aber ist nicht, worauf es weist." (Bremer. 1976. S. 11)

In diesem Sinne verstehe ich auch die Erläuterung als Zeichen einer Gastfreundschaft von Gadamer, wie ich es oben ausgeführt habe. Das neuzeitliche Symbol wird jedoch von einem Repräsentationscharakter geprägt, es verweist nicht, sondern repräsentiert, lässt es gegenwärtig sein. Das Symbol stellt quasi ein Anderes dar, ohne es zu sein. Zeichen und Bezeichnendes stehen in Verbindung, sind aber nicht identisch. Das Symbol ist sichtbares Zeichen für ein Unsichtbares. Bremers Kritik bezieht sich wohl u. a. auf die Beiträge von Koch und Beierwaltes, die von einem repräsentativen Charakter des Symbols ausgehen. Auch Hedwig hat nicht immer deutlich gemacht, in welchem Sinne er mit dem Lichtsymbolbegriff operiert.

Der neuzeitliche Symbolbegriff erfasst nicht die Grundstruktur frühgriechischen Denkens. Die Trennung zwischen der sinnlichen Wahrnehmung und der Idee, die im repräsentierenden Symbol zusammentreffen, entspricht nicht dem antiken Denken von Beidem als ein Ganzes. Bremer führt die Entwicklung zur Trennung und dem repräsentativen Charakter des Symbols auf den Neuplatonismus zurück. Die Trennung eines sensiblen von einem intelligiblen Seins-Bereich, die im Symbol zusammentreffen, setzt das separierende Denken voraus, welches in der Platonischen Philosophie vorbereitet wurde und sich im Neuplatonismus manifestierte. Das frühgriechische Denken dachte einen einheitlichen Seins-Bereich. (Vgl. Bremer. 1976. S. 13 f.)

„Wenn die Scheidung von ‚sinnlich' und ‚nicht- bzw. übersinnlich' als metaphysische Leitvorstellung den Symbolbegriff bestimmt, so sind als Weisen der Zuordnung von sinnlichem und nichtsinnlichem Seinsbereich möglich: Der ideenhafte Bereich wird als der vorbildliche angesetzt, in Verhältnis zu welchem der sinnenfällige bloß Abbildcharakter hat; oder der sinnliche Bereich wird als der 'eigentliche' wirkliche angesetzt, dem gegenüber der geistige als ‚nur' symbolisch oder metaphorisch verstanden wird. Von der dritten Möglichkeit […]: Weder der den Sinnen gegebene noch der im Denken erfaßte Bereich hat einen derartigen Seinsvorrang, daß die Wirklichkeit aus ihm begründet werden könnte; vielmehr ist ‚Erscheinung' hier Manifestation von Licht in Gestalt einer Einheit des sinnenfällig und des geistig-seelisch Erfahrbaren." (Bremer. 1976. S. 14)

Wenn ich also auf die ursprüngliche Bedeutung von Symbol im Griechischen zurückgreife und den Seins-Bezug zwischen Symbolisiertem und Symbol in mittelalterlicher Sichtweise mit einbeziehen, so wäre der Gedankengang gut nachzuvollziehen, dass sich das unsichtbare göttliche Licht im natürlichen Licht der Sonne zeigt, die Sonne folglich zum Symbol für das göttliche Licht wird. Da aber das göttliche Licht nicht näher bestimmt werden kann, versucht man dieses Manko über den Seinsbezug zum natürlichen Licht der Sonne zu klären. Man *erkennt*, dass man in das göttliche Licht nicht unmittelbar hineinsehen kann, da man geblendet würde, dass es Leben schenkt, denn ohne Sonnenlicht können (die meisten) Lebewesen nicht existieren, dass es leuchtet aus sich heraus, strahlt, erhellt, sichtbar macht, unerschöpflich scheint und vielleicht noch einiges mehr, so wie es das Wesen und Sein der Sonne ist, so wie wir die Sonne erleben und kennen.

Jedoch wurde die Sonne von Gott geschaffen, Gott ist ungeschaffen, ewiglich. Ungeklärt bleibt, ob Gott und das göttliche Licht identisch sind, das Licht ein Attribut Gottes ist oder Gott das Licht ausstrahlt. Aus dieser Ungeklärtheit ergeben sich dann die Fragen, ob das göttliche Licht in den Menschen eindringt und seinen Verstand/seine Vernunft/seinen Geist erhellt oder ob Gott selbst in Form des Lichtes im Menschen ist, allerdings in auserwählten Menschen. Durch das Licht Gottes wird der Geist des Menschen erleuchtet und erhellt, das Licht strahlt in ihm und er erkennt, da das Licht in ihm etwas sichtbar macht.

Josef Koch publizierte 1960 im *Studium generale* ein Traktat *Über die Lichtsymbolik im Bereich der Philosophie und der Mystik des Mittelalters*, worin er dezidiert die Philosophen und Mystikerinnen dieser Epoche mit ihren jeweiligen lichtsymbolischen Theorien vorstellt. Ich berufe mich hier im zweiten Teil dieses Kapitel auf die Ausführungen von Koch, im ersten Teil auf die Abhandlung *Lux intelligibilis. Untersuchungen zur Lichtmetaphysik der Griechen* von Beierwaltes von 1957, in welcher er zunächst auf die Lichtsymbolik eingeht und erst anschließend auf die Lichtmetaphysik, die ich dann im nächsten Abschn. 5.3 aufgreifen werde. In chronologischer Reihung ziehe ich natürlich die Antike dem Mittelalter vor. Ergänzend dann noch einige Bemerkungen von Hedwig aus seinem Werk *Sphaera Lucis. Studien zur Intelligibilität des Seienden im Kontext der Mittelalterlichen Lichtspekulation*.

Werner Beierwaltes hat sich in seiner Dissertation von 1957 *Lux intelligibilis* mit der Lichtmetaphysik auseinandergesetzt. Über das Licht als Symbol des Geistigen und Göttlichen führt der Weg zur Lichtmetaphysik, so seine Annahme. Da es ihm um das Sein des Lichtes geht, ist die Zuordnung zur Metaphysik klargestellt, jedoch schreibt er zunächst über die Lichtsymbolik, die zur Metaphysik hinführt. Er konzentriert sich auf die griechische Philosophie und will in der „historischen Betrachtung das Wesen der lux intelligibilis sichtbar" machen. Das sinnliche Licht ist die „Stufe zum intelligiblen Licht", die Welt ist „Sinnbild für eine dahinterstehende höhere Wirklichkeit." (Beierwaltes. 1957. S. 1) Dies erkannt zu haben, sei das Verdienst der Griechen, schreibt er weiter einleitend. Die *Lichthaftigkeit des Seienden* sei die wesentliche Aussage. Es geht um die philosophische und die religiöse Bedeutung des Lichts, um die Frage nach dem Sein und einer daraus abzuleitenden Erkenntnis für den Menschen sowie einer möglichen Schlussfolgerung für das Sein

5.2 Zur Lichtsymbolik und die Symbole des Lichts

des Göttlichen. Beierwaltes arbeitet sich durch verschiedenste Aufsätze zur Lichttheorie seit dem Erscheinen von Baeumkers *Witelo* von 1908 durch und ordnet sie in Symbol, Analogie und Metaphysik des Lichts ein. Der ebenfalls im Jahre 1957 erschienene Aufsatz von Blumenberg *Licht als Metapher der Wahrheit* scheint ihm nicht bekannt gewesen zu sein.

Beginnend mit dem Licht als Symbol klärt Beierwaltes, dass „ein Symbol [...] ein den Sinnen vernehmbares Zeichen für die übersinnliche Wirklichkeit [ist]." (Beierwaltes. 1957. S. 9) Hiermit hat er schon den Weg zur Metaphysik geebnet, denn das Symbol spiegelt nur das übersinnliche Sein wider, das Licht ist das „sinnfälligste Zeichen der übersinnlichen Wirklichkeit." (Beierwaltes. 1957. S. 9) In seiner nun folgenden Untersuchung zitiert er zahlreiche Textstellen aus der griechischen Literatur, in denen von Licht und Glanz des Göttlichen in all seinen Erscheinungsformen die Rede ist, von ihm gedeutet als Symbol für das göttliche Sein.

Dieses Denken gehört zum griechischen Kulturraum, war weit verbreitet, unzählige Belege sprechen dafür. Es gehörte ebenso zu anderen Kulturräumen des alten Orients. Jedoch: „Die Lichtspekulationen der Griechen unterscheiden sich gerade dadurch von denen anderer Völker, daß sie das Licht im höchsten Maße spiritualisieren." (Beierwaltes. 1957. S. 7)

Bei Homer gilt das Licht als Symbol des Glücks, des Heils, der Rettung und des Sieges. Darin eingeschlossen ist das Leben, das Licht als Symbol des Lebens. In der Welt der Mythen, des Kultus und des Religiösen gehört das Licht zum Göttlichen: Die Götter leuchten in ihrer Gestalt, in ihren Augen, sind von Glanz umgeben, tragen einen Strahlenkranz um ihr Haupt, leben im lichten Firmament, senden Lichtzeichen mit Blitz und Blendung oder lassen auserwählte Menschen im Licht erscheinen. In den Mysterien offenbart das Licht die Wahrheit, die Eingeweihten können das Licht und somit die göttliche Wahrheit erkennen. Lichterprozessionen und bestimmte Bauweisen zum Lichteinfall im religiösen Bereich manifestieren zudem den Glauben an das Licht als Symbol für das göttliche Sein. Diese Bedeutung der Lichtsymbolik geht auch in die Philosophie über, in das innere Sehen und Erkennen, in das intelligible Sein. (Vgl. Beierwaltes. 1957. S. 13–29)

Als erstes wird Pythagoras genannt, dem Iamblichos die Spruchweisheit „Nicht ohne Licht reden" (Iamblichos. Pythagoras. XVIII 84) zuschreibt. Beierwaltes interpretiert die Auslegung des Iamblichos mit der Gleichsetzung von *Nous/Verstand* und Licht der Seele. Nous/das Licht führt aus der Finsternis, erhellt die Lehre, so dass wir verstehen und erkennen. Das Licht wird zum Symbol für die Klarheit des Geistes. (Vgl. Beierwaltes. 1957. S. 31)

In welchem Zeichen zeigt sich jedoch dieses Licht? In diesem kurzen Weisheitsspruch muss Licht nicht als Symbol fungieren, es kann m. E. adäquater als Metapher verstanden werden und würde damit den Anfang setzten für die Verwendung der Lichtmetapher in der Bedeutung der Erkenntnis.

Die weiteren Ausführungen Beierwaltes zur pythagoreischen Lehre beziehen sich auf die Deutung von Licht als Tag, also bei Tag reden und bei Nacht schweigen, wie die ursprüngliche Bedeutung gewesen sei. Dies mag ich nicht zu beurteilen, es erschließt sich mir nicht unbedingt aus den Lehren der Pythagoreer. Das Licht als Symbol der Wahrheit ordnet er Parmenides zu, der damit „schon den Gedanken von der Erleuchtung im philosophischen Sinne vorwegnimmt." (Beierwaltes. 1957. S. 37) Seine Ausarbeitungen zur Lichtmetaphysik habe ich im nachfolgenden Abschn. 5.3 mit aufgenommen. Im Verständnis von Beierwaltes repräsentiert das Licht, seine Deutung der Lichtsymbolik folgt der modernen Sichtweise, nicht der alten griechischen Sicht.

Nun zum Beitrag von Josef Koch. Von ihm wird das Begriffsfeld der Lichtsymbolik in fünf Bereiche unterteilt:

a) das Licht (lux, lumen …) und die Finsternis,
b) Lichtträger (luminaria) wie Sonne, Mond, Sterne,
c) der Lichtbereich des Himmels,
d) das Licht und die Elemente Feuer, Luft und Wasser, jedoch die Erde würde zur Dunkelheit gehören,
e) die Lichtwirkungen wie Tag und Nacht, Farben und Spiegelbilder als auch Leben. (Vgl. Koch. 1960. S. 654)

Dabei ist zu berücksichtigen, dass z. B. *Leben* im Mittelalter weit gefasst wurde, nicht nur das körperliche, sondern ebenso das seelische und geistige Leben gemeint sein konnte. Im Grunde wurde der *ganze Kosmos in den Bereich der Lichtsymbolik* einbezogen, aber nicht in jeder Betrachtung alles. (Vgl. Koch. 1960. S. 654)

Koch stellt in seiner Abhandlung klar, dass seines Erachtens zwischen Lichtsymbolik und Lichtmetaphysik zu unterscheiden sei und kritisiert hier Clemens Baeumker, der die Lichtsymbolik vernachlässigt, sowie Beierwaltes, der zwar beide Bereiche trennt, dann aber in der Interpretation von Platons *Politeia* das Licht in die Metaphysik verweist. „Die Grundverfassung des Seienden [ist] sein Lichtcharakter, d. h. seine Intelligibilität." (Koch. 1960. S. 654) Licht und Dunkel seien nicht als Metaphern zu verstehen. Koch gibt Ratzinger Recht, der „[…] sagt, grundsätzlich bleibe die Bezeichnung der intelligiblen Wirklichkeit als Licht ein Vergleich." (Koch. 1960. S. 655) Dies wäre dann die Analogie.

Im historischen Verlauf lassen sich aber die Bereiche der Symbolik und Metaphysik beim Licht trennen, denn im 9. – 12. Jahrhundert ist der Symbolismus im mittelalterlichen Denken dominant, danach dringt die aristotelische Lehre der Metaphysik und Naturphilosophie stärker durch und damit ein Denken in den Bereichen der Lichtmetaphysik und der Lichtphysik. (Vgl. Koch. 1960. S. 655) Typisch für das Denken im späteren Mittelalter ist die Verbindung von philosophischem mit theologischem Denken, wie wir es bei Thomas von Aquin ausgeprägt finden. Dies ist die Zeit, in der im Denken die Symbole zu Metaphern werden. In der platonischen Tradition bleibt die Freude am Symbol, in der aristotelischen Folge die Metapher und die Hinwendung zur Metaphysik. Als *unphilosophisch* – mangels eigener Begrifflichkeit – wird hingegen von Koch die Mystik verstanden, nochmals unterteilt in *mystische Erfahrungen* wie bei Bernhard von Clairvaux und Mechthild von Magdeburg und in Mystik im weiteren Sinne mit innerer Ansprache und Visionen wie bei Hildegard von Bingen. (Vgl. Koch. 1960. S. 655)

Koch führt beispielhaft aus, welche philosophischen Denker des Mittelalters mit welchen Symbolen in welcher Bedeutung gearbeitet haben. Besondere Aufmerksamkeit widmet er dem *Handbuch der Lichtsymbolik*, wie er es bezeichnet, der Schrift *Über die himmlische Hierarchie* von Pseudo-Dionysius Areopagita (frühes 6. Jhd. n.Chr.). Symbole des Lichts für den göttlichen Bereich und für die Welt der von Gott geschaffenen Geschöpfe werden dezidiert ausgebreitet, bis hin zur Beschreibung der Engel.

Durch das Symbol erhalten wir eine Anleitung "für den Aufstieg vom bildhaft Sinnfälligen zum Intelligiblen". (Hedwig. 1980. S. 28) Die Symbolik gehört methodisch zur Analogie, sie zeigt nur Entsprechendes auf. Das Licht gehört zu den Symbolen in einem besonderen Sinne, es ist das *ausgezeichnete Symbol der Symbole*, welches die Beziehung Gottes zu seinen Kreaturen verdeutlicht.

> "Es ist diese All-Einheit, die in der Lichtspekulation symbolisch ausgelegt wird: denn das 'Hervorgehen' des göttlichen Lichtes ist – da der Strahl 'in unbeweglicher Selbstgleichheit unerschütterlich und dauernd' verharrt – zugleich auch die 'Umkehr' in den Anfang der Lichtausstrahlung." (Hedwig. 1980. S. 29)

Ein anderes Beispiel: Nach Eriugena (9. Jahrhundert) ist das Feuer die eigentliche Natur des Lichtes und dieses ist Symbol für die Trinität Gottes, wonach das unsichtbare Feuer (Gott) einen Strahl erzeugt und dieser wiederum einen Lichterglanz aussendet; die schöpferische Tätigkeit Gottes erscheint als eine Lichtoffenbarung. In der Ausdehnung der Lichtsymbolik auf den Menschen ist der Mensch „im Besitz eines zweifachen Lichtes, des ganz erhabenen Lichtes von Verstand und Vernunft und des zweitrangigen Lichtes der Sinneserkenntnis." (Koch. 1960. S. 660) Mit unseren Sinnen sehen wir die Sonne, den Mond und die Sterne, die zu Symbolen werden. Der Symbolcharakter des Lichts kommt eindrucksvoll in dem Zitat von Eriugena zum Ausdruck, welches Koch anführt:

> „Was *die Sonne* in der Welt, das ist die helle und untrügliche Sinneserkenntnis im Menschen; was *der Mond*, das ist die unsichere Vorstellung und das gleichsam zweifelhafte Licht der sinnlich erkennenden Seele; was *die Sterne*, das sind die unzählbaren Vorstellungen, die aus den unzählbaren und unbegreiflichen Arten der körperlichen Dinge abgeleitet sind. Wundere dich nicht, dass etwas, was in der menschlichen Natur erscheint, nämlich die körperlichen Sinne, durch die größten Dinge der Welt, nämlich, die Himmelskörper, versinnbildlich wird. Denn die wahre Vernunft belehrt uns unverzüglich, dass *ein Mensch*, und zwar ein *einzelner* Mensch größer ist als die ganze sichtbare Welt, nicht nur durch die Würde der Teile seiner vernünftigen Natur, sondern (vor allem) durch ihre Harmonie." (Eriugena. De divisione naturae. 784 C. In: Koch. 1960. S. 661)

Damit schließt Koch seine Ausführungen zur Lichtsymbolik bei Eriugena.

Für mich bemerkenswert ist die Wertschätzung des Menschen durch diesen Philosophen des Mittelalters, diese Würde des Menschen, die er mit der vernünftigen Natur und der Harmonie des Menschen begründet.

Zur Lichtsymbolik sind nach Koch auch die Werke von Hildegard von Bingen und Mechthilde von Magdeburg zu zählen. Ich werde die Werke dieser beiden Mystikerinnen ausführlich im zweiten Teil dieser Licht-Projektes untersuchen.

Der Lichtsymbolismus wechselt bei Thomas von Aquin in die Lichtmetaphysik oder die Lichtmetapher, je nach Verständnis und philosophischer Einordnung.

Der Mystiker Meister Eckhart (um 1260–1328) bildet in seinen Ausführungen mit seiner Analogielehre auf einer *klaren metaphysischen Grundlage* nach Koch ein Zwischenglied. Das Sein liegt bei Gott, der es den Menschen leiht, immer wieder aufs Neue, welches dem Menschen aber nicht zu eigen wird. (Vgl. Koch. 1960. S. 665)

Als letzten Vertreter der mittelalterlichen Lichtsymbolik stellt Josef Koch die Lehren des Nikolaus von Kues (Cusanus, 1401–1464) vor, dessen Werk *De coniecturis* ganz von *Symbolen des Lichts* und *der Finsternis bzw. des Schattens* durchzogen ist. (Vgl. Koch. 1960. S. 668) Mit dem Bild der Pyramide arbeitend, gelangt das Licht, das bei Gott eins und hell ist, in vier Stufen durch den Geist, die Seele und den Körper des Menschen hinunter und wird in diesem Verlauf immer schwächer. Je schwächer das Licht, desto stärker der Schatten bzw. die Finsternis.

Gott ist nicht sichtbar, daher die Aussage, dass Gott das unsichtbare Licht sei. Wir sehen im Licht, welches wir wahrnehmen können, nur einen Abglanz oder Schatten dieses göttlichen Lichts, was wiederum die Ursache ist für die geistigen Kräfte und die sichtbaren Körper. Das Licht wird zum Bindeglied und zum Vermittler „zwischen dem Geistigen, der Welt der reinen Intelligenzen, und der materiellen Welt". (Goldammer. 1960. S. 672)

Aus Cusanus Lehren können wir auch das Paradoxon verstehen: „Geist führt zur Dunkelheit, und diese wieder zum Lichte." (Goldammer. 1960. S. 673) Das göttliche Licht blendet uns so, dass wir nichts mehr sehen können, also in Dunkelheit sind, was uns wiederum zu der Erkenntnis unseres Nichtwissens führt.

Diesem Denken liegt der Übergang vom Mittelalter zur Renaissance zugrunde. In seinem Lichtsymbolik-Modell kommt sowohl die mittelalterliche Denkweise zur Geltung, in der Licht und Finsternis als Symbolträger angesehen werden, als auch das ganz neue Denken mit arithmetisch-mathematisch berechenbaren Symbolen (z. B. die Pyramide), die eine neue Funktion des Symbols eröffnen, somit ein Mittel wird zur Erforschung der endlichen Welt. (Vgl. Koch. 1960. S. 670)

Was sich in der Malerei als perspektivisches Sehen niederschlägt, was in der Baukunst der Kathedralen sich in den Lichtstrahlen als symbolische Zeichen interpretieren lässt, zeigt sich gleichermaßen im philosophischen Denken.

Die Abhandlung von Koch gibt detail- und aufschlussreich das mittelalterliche Denken um die Lichtsymbolik wider und da die Symbolik von Analogiedenken und der Lichtmetapher-Anwendung abgelöst wird, bildet dieser Zeitabschnitt ein wichtiges Bindeglied in der Eruierung der Lichtmetapher.

Die Lichtsymbolik, seit der Antike die philosophischen Strömungen durchdringend, bleibt allerdings in der Philosophie bis zur Gegenwart erhalten. Eine genauere Betrachtung des 15. bis 17. Jahrhunderts widmet sich Kurt Goldammer in der Forschungsarbeit von 1960 *Lichtsymbolik in philosophischer Weltanschauung, Mystik und Theosophie vom 15. bis zum 17. Jahrhundert*. Die Lichtsymbolik wird getragen von dem Gedanken, „[…] daß die Gottheit Licht ist, daß man sie sehen kann, daß aber das geistige Auge dafür wiederum der Erleuchtung durch Gott und durch seine Gnade bedarf." (Goldammer. 1960. S. 671) Goldammer sieht im 16. Jahrhundert und danach eine neue Blütezeit dieser Symbolik. Durch *Zeitverhältnisse* und durch die *europäische Kulturgeschichte* erlangte sie „[…] eine Schlüsselstellung in der wissenschafts- und geistesgeschichtlichen Entwicklung [...]. Die alte Frage nach dem Funktionieren, den Möglichkeiten und Grenzen des menschlichen Erkennens wurde in dieser Periode neu gestellt." (Goldammer. 1960. S. 671) Als genialsten Vertreter der philosophisch-religiösen Licht-Theorien in der Verarbeitung des Platonismus und des Neuplatonismus stellt Goldammer *Giovanni Pico della Mirandola* (1463–1494) vor. Dieser kombiniere in einer Synthese außerdem noch Aspekte der Kabbalah und der mittelalterlichen Theologie hinzu.

> „Das Problem des religiösen Erkennens wird mit Lichtwirkungen, die von Gott ausgehen, demonstriert. Das lumen supernaturale oder fidei und das lumen naturale erscheinen ebenso wie das vollendende lumen gloriae; Gedanken über claritas und tenebrae erfüllen das Bewußtsein dieses Denkers, für den der Mensch Mikrokosmos ist, also schon deshalb die kosmischen Lichtquellen in sich enthält. Es geht um die Offenbarungsfrage. Außerdem kennt Pico in diesem Zusammenhange das spezielle lumen propheticum, für das er sich besonders interessiert, das er mit Bonaventura als ‚superius' bezeichnet [...]. In Verbindung mit dem Erkenntnisproblem, der Prophetie und Astrologie scheidet er dann vom ‚lumen agentis intellectus' das ‚lumen corporeum' ab, dessen Unterschied zum geistigen Licht gelegentlich auch von den Mystikern hervorgehoben worden war." (Goldammer. 1960. S. 671 f.)

Pico della Mirandola versucht „Zusammenhänge zwischen dem natürlichen Licht und den Vorgängen des Geisteslebens zu konstruieren" (Goldammer. 1960. S. 672), natürlich der Zeit und Kultur entsprechend nur mit Hilfe von philosophisch-religiösen Lichtspekulationen.

Die weiteren Ausführungen Goldammers über Thomasius werde ich im historischen zweiten Teil aufgreifen.

Auffallend scheint mir, dass nicht durchgängig mit einem adäquaten Symbolbegriff gearbeitet wurde, sondern mal die frühgriechische Verwendung bekannt war und entsprechend interpretiert wurde, mal nur der repräsentierende moderne Symbolbegriff zugrunde gelegt und in diesem Kontext gedeutet wurde, was aber m. E. zu Fehlinterpretationen führt. Die Nähe der Symbolik hin zur Analogie, zur Metaphorik und zur Metaphysik erschweren zudem eine klare Abgrenzung zu diesen sowie die Festlegung von Alleinstellungsmerkmalen der Lichtsymbolik. Ein Grund dafür liegt m. E. auch in den sehr stark variierenden Licht-Gott-Vorstellungen.

Spannend wäre eine eigene Forschungsarbeit zur Lichtsymbolik mit den unterschiedlichen Bedeutungsgehalten in der historischen Entwicklung nach heutigem Stand.

5.3 Die Eigenart der Lichtmetapher

Hans Blumenberg möchte mehr Klarheit in die begriffsgeschichtliche Forschung der Philosophie bringen und widmete sich in einem Aufsatz der Metaphorologie, genauer dem *Licht als Metapher der Wahrheit* als einem Beitrag zum *inhaltlichen und methodischen Aufbau einer philosophischen Metaphorologie*. Im Untertitel heißt es weiter: *Im Vorfeld der philosophischen Begriffsbildung*, erstmals 1957 publiziert im Studium Generale 10. (Vgl. Blumenberg. 2021. S. 139 f.) In einem historischen Überblick von der Antike bis zur Gegenwart skizziert er die Entwicklung der Lichtmetapher in ihren verschiedenen Bedeutungen und mit Übergängen zur Lichtmetaphysik. Diese bietet ein Spielfeld für *gegenständlich nicht faßbare Sachverhalte* Denkmodelle zu kreieren, das Potential scheint unerschöpflich zu sein. Das Licht hat sich im Laufe der Geschichte der Philosophie als besonders ergiebig für Denkungsarten gezeigt.

> „Licht kann der gerichtete Strahl, die wegweisende Leuchte im Dunkel, die vordringende Entmachtung der Finsternis, aber auch die blendende Überfülle, ebenso wie die unbestimmbar allgegenwärtige Helle sein, in der alles darinsteht: das selbst nicht-erscheinende Erscheinenlassen, die unzugängliche Zugänglichkeit der Dinge. Licht und Finsternis können die absoluten metaphysischen Gegenmächte repräsentieren, die sich ausschließen und doch das Weltgefüge zustande bringen. Oder das Licht ist die absolute Seinsmacht, die die Nichtigkeit des Dunkels enthüllt, das nicht mehr sein kann, wenn erst einmal Licht geworden ist. Licht ist das Eindringliche, es schafft in seiner Fülle jene überwältigende, unübersehbare Deutlichkeit, mit der das Wahre >heraustritt<, es erzwingt die Unentziehbarkeit der Zustimmung des Geistes. Das Licht bleibt, was es ist, während es Unendliches an sich teilhaben läßt, es ist Verschwendung ohne Schwund. Licht schafft Raum, Distanz, Orientierbarkeit, angstloses Schauen, es ist Geschenk, das nicht fordert, Erleuchtung, die ohne Gewalt zu bezwingen vermag." (Blumenberg. 2021. S. 140)

Blumenbergs Erläuterungen zur Lichtmetapher beginnen historisch bei Parmenides und den Pythagoreern, bei Licht und Finsternis als Gegensatzpaare, wie wir es bei Baeumker und Beierwaltes, bei fast allen Philosophen finden, die sich mit der Philosophie des Lichts befassten. Das bipolare Denken war vorherrschend in diesen Anfängen des Suchens und Fragens nach Erkenntnis und Wahrheit. Aber Blumenbergs Analyse geht einen anderen Weg, er sieht schon im Lehrgedicht des Parmenides die Entwurzelung des Dualismus, eine Aufhebung des bipolaren Denkens. Denn das Sein wird nicht erst durch das Nichtsein zum Sein, das Licht braucht nicht die Dunkelheit, um Licht zu sein. Es gibt kein Gegenteil von Licht, sondern nur das fehlende Licht in der Dunkelheit. Dies ist auch eine mögliche Betrachtung. Durch Platon wird ein altes Denken noch deutlicher aufgelöst, Sein, Wahrheit und Licht brauchen nicht mehr den Gegenpart, sondern Sein und Wahrheit gehören natürlicherweise zusammen. Sein ist aus sich heraus Sein und aus seinem Sein heraus wahr. So veranschaulicht es das platonische Höhlengleichnis. (Vgl. Blumenberg. 2021. S. 141 f.)

Die Idee des Guten, in der Sonne verbildlicht, ist Ursprung von Erkennbarkeit, Sein und Wesen, aber sie ist nicht selbst Seiendes, sondern ragt über dieses hinaus. Wir sehen das Licht durch die Gegenstände, die es sichtbar macht. Aber, was sichtbar macht und Gegenständlichkeit verleiht wie das Licht, kann selbst nicht ebenso gegenständlich sein. Das Licht ruft etwas hervor, was es selbst in seiner Art nicht ist. Bei Platon führt diese Erkenntnis zur Verweisung des Lichts in die Transzendenz und hierin sieht Blumenberg das Potential, dass in der Lichtmetapher die Lichtmetaphysik angelegt ist und mit dieser Transzendenz des Lichts ebenso die Wahrheit hierhin verortet wird. (Vgl. Blumenberg. 2021. S. 142 f.)

Wir sehen eine natürliche Wahrheit durch das natürliche Licht. Wenn aber das Licht von anderer Natur ist als das, was es sichtbar macht, ist es von einem anderen Sein, gehört es zur Metaphysik. Diesem Gedankenweg folgt auch die Wahrheit.

5.3 Die Eigenart der Lichtmetapher

Um das Licht genauer spezifizieren zu können, muss immer auch der Gegenpart der Dunkelheit einbezogen werden. Denn aus den verschiedenen Varianten von Dunkelheiten lassen sich Rückschlüsse auf die Bedeutung des Lichts ziehen. Blumenberg zitiert in diesem Kontext Kurt von Fritz: „Die antike Tragödie zeigt wohl den dunklen Untergrund der menschlichen Existenz, aber nicht als etwas, das dunkel zu ahnen ist. Vielmehr erhellt sie diesen dunklen Untergrund mit einem schonungslos hellen Licht." (K. v. Fritz. Tragische Schuld und poetische Gerechtigkeit in der griechischen Tragödie. In: Studium Generale 8, 228 (1955). In: Blumenberg. 2021. S. 144)

Ich zeige die dunklen Mächte, erfassen kann ich dies nur im Licht der Erkenntnis.

In seinem *Exkurs: Die Höhle* innerhalb des hier behandelten Aufsatzes setzt sich Blumenberg mit der Sonderstellung der Höhle auseinander, die nicht einfach den Gegenpart zur natürlichen Welt des Lichts bildet. Finsternis und Licht, zwei Gegenmächte, zwei Korrelate der Lichtmetaphorik in der Spätantike, werden im Neuplatonismus ganz neu interpretiert, sogar radikal umgedeutet. Die Höhle wird zum eigentlichen Kosmos, das eine zum Symbol des anderen. In der Ostkirche wird Christus in einer Höhle geboren, nicht mehr im Stall. Der Weg führt in die Höhle hinein zum Licht, denn dort wurde das Licht geboren, das den Kosmos der Höhle erhellt. Eine Umkehrung der Platonischen Höhle bahnt sich ihren Weg. (Vgl. Blumenberg. 2021. S. 151)

„Das Innen der Höhle ist positiv umgewertet: als individualisierte Höhlen werden Kämmerlein und Klause im Mittelalter zu Orten, an denen die Wahrheit offensteht. Hinweisung darauf, daß nun alles von *innen erwartet* werden kann. Intra in cubiculum mentis tuae, exclude omnia praeter Deum [wie Anselm von Canterbury im Proslogion schreibt. Er bezieht sich auf das Neue Testament, Matthäus 6.6: „Du aber geh in deine Kammer, wenn du betest, und schließ die Tür zu; dann bete zu deinem Vater, der im Verborgenen ist."] – ist eine neue Lebensformel, die Höhle und Gehäus erschafft, Positionen, in denen man auf das Licht *warten* kann, wie es der Glaube an *Gnade* impliziert." (Blumenberg. 2021. S. 151)

Bei Christine de Pizan werden wir genau diese Situation vorfinden, wo sie in ihrem Kämmerlein die Botschaft der himmlischen Frauen empfängt (siehe Kap. 10).

In der weiteren Geschichte des späteren Mittelalters wird wieder der Weg aus der Höhle, aus dem eigenen Inneren, beschritten, um bei Descartes den Austritt aus der Höhle zur geschichtsphilosophischen Metapher einer neuen Epoche der Menschheit zu werden, das Entdecken der Welt, das Entdecken der Wahrheit. Fortschritt ist mit diesem Austritt verbunden. Um sich von diesem Fortschritt zu distanzieren, zieht man sich wieder in die Höhle zurück, so wie Zarathustra bei Nietzsche. (Vgl. Blumenberg. 2021. S. 151 f.) Hiermit endet der Höhlen-Exkurs Blumenbergs und er kehrt zur Wendung der Lichtmetapher hin zur Lichtmetaphysik zurück.

In der Metapher ist es der Mensch, der diese Übertragung vornimmt, in der Metaphysik wird das Licht eigenständig betrachtet, erhält eine eigene Geschichte des Seins. „Es gibt nur einen ‚Gegenstand' wahrer Erkenntnis: das Licht selbst und an sich selbst." (Blumenberg. 2021. S. 154)

In der Auslegung des christlichen Schöpfungsberichtes schafft Gott am ersten Tag das Licht, am vierten Tag verschiedene Lichtträger; damit war ein breites Spektrum von Interpretationen des Lichtphänomens angelegt, welches sich in der christlichen Philosophie vielgestaltig entfaltete. Das geschaffene Licht fließt auf das von ihm Erleuchtete. „Das ist ja die immanente Aussagetendenz der Lichtmetapher, daß sich das Ganze des Grundes selbst mitteilt und verschwendet, ohne zu schwinden." (Blumenberg. 2021. S. 155)

Das Licht zeigt sich in seinem Sosein und in diesem Zeigen wirkt es – verschwendet sich – und bleibt doch, was es ist, ohne sich zu vermindern. Eine Eigenschaft, die in der physischen Welt normalerweise nicht auftritt. Was das Eine bereichert, vermindert das Andere, zumindest im gegenständlichen Bereich. Wenn wir das Leben einbeziehen, so liegt im natürlichen Vorgang der Lebensweitergabe der Beginn des neuen Lebens ohne Minderung des Lebensspenders. Der Tod eines jeden Lebewesens wird nicht durch die Lebensvergabe verursacht, sondern durch die Erschöpfung des eigenen Lebens.

Licht gibt ohne Verlust der eigenen Substanz. Es ist das göttliche Prinzip, ein Geben, ohne zu verlieren, aber ebenso eine menschliche Fähigkeit, z. B. Liebe zu schenken, ohne sie zu verlieren (oder sich selbst zu verlieren), Freundschaft zu geben, ohne von der eigenen Freundschaft einen Abstrich zu machen. Gedeutet werden kann dies im christlichen Kontext als Geschenk Gottes an den Menschen, ohne Glauben ist die Aussage m. E. gleichermaßen gültig.

Beim Licht scheint es keinen Tod zu geben. Wenn es von Gott kommt, so könnte dies der Grund sein. Wenn wir die Lichtträger wie Sonne und Gestirne nehmen, wissen wir heute, dass auch deren Aktionszeiten begrenzt sind.

Gott ist Schöpfer des Lichts, somit ist er Licht. Im mittelalterlichen Denken wird das Sein des Lichts engstens verbunden mit Gott; in dieser Vorstellung entwickelt sich das metaphysische Denken der Lichterscheinung als eine eigene Gegebenheit. Durch das Licht wird der Stoff, auf den es scheint, als gesetzt inkludiert, eine weitere Lichtmetapher-Funktion, worauf Blumenberg hinweist.

Von Augustinus wird die Betrachtung des Lichts unterschieden zwischen dem geschaffenen und dem ungeschaffenen, dem Licht des intelligiblen Geistes und dem Stoff Licht. Blumenberg bemerkt: „[…] *er* [Augustinus] *führt die Lichtmetaphysik auf die Lichtmetaphorik zurück!*" (Blumenberg. 2021. S. 156)

Eine kurze Skizzierung der Entwicklung der Lichtmetapher im weiteren Mittelalter folgt, die ich nicht referieren möchte, da ich im zweiten Teil dieser Arbeit ausführlich auf verschiedene philosophische Konzeptionen der Lichtmetapher in dieser Epoche eingehen möchte.

Mit der Neuzeit tritt eine ganz neue Erscheinung der Lichtmetapher auf. Das Licht, und damit die Erkenntnis der Wahrheit, wird nicht in den Geist des Menschen hineingegeben, sei es durch Gott, durch Lichtträger oder durch das Licht an sich, sondern das in der Vernunft sich befindende Licht tritt nach außen.

„Der Mensch findet nicht eine objektiv feste Weltstruktur vor, die sich ihm verbindlich darbietet und in die er sich einzufügen hat, sondern er wird selbst zum Prinzip einer von ihm ausstrahlenden Strukturbildung, und indem er sich selbst als *sapiens* verwirklicht, gewinnt er jene weltmächtige Ausstrahlungskraft: Selbstverwirklichung wird zur Bedingung von Weltverwirklichung." (Blumenberg. 2021. S. 167)

5.3 Die Eigenart der Lichtmetapher

Die Philosophie der Aufklärung bringt Licht in das Geschehen der Welt und die Gegebenheiten der Natur. Es ist der Mensch selbst, der aus sich heraus das Sein in dieser Welt sichtbar macht, ihr Struktur gibt und Ordnung. Die Lichtmetapher steht jetzt für diesen Vorgang des Erkennens der Welt. Durch Descartes kommt das methodische Vorgehen in dieser Arbeit hinzu, die Wahrheit wird in einem System verortet, welches methodisch geklärt ist. Zudem ist es nicht mehr allein die Erhellung eines Gegenstandes und dadurch die Sichtbarmachung durch das Licht, sondern die Perspektive lässt verschiedene Blickwinkel und Blickrichtungen auf den Gegenstand bzw. die Welt zu. Das Licht wird gesetzt und erhellt bestimmte Positionen, ein technischer Charakter dringt in die Lichtmetapher ein, der sich u. a. auch in der Malerei niederschlägt. Die faktische technische Entwicklung des physikalischen Lichts beginnt die Welt des Menschen zu dominieren.

> „Aber nur weil diese Möglichkeiten des gezielten Lichts überhaupt einmal entdeckt worden sind, konnte die Technik zu dieser Entdeckung schließlich die gewaltsamsten Mittel erschließen, und es ist signifikativ, daß der Name ›Illumination‹; auf die rücksichtslose Akzentsetzung des künstlichen Lichts Anwendung findet, auf die technische Selektion und Überhöhung des als einzig sichtwürdig unübersehbar zu machenden Menschenwerks." (Blumenberg. 2021. S. 171)

Für Blumenberg schließt sich der Kreis, wenn er diese eingeschränkte Sicht des Menschen auf die Welt, durch das technische Licht verursacht, wieder mit einer Höhle vergleicht, in der wir immer stärker unser Leben verlagern.

Blumenberg wusste 1957, als er diesen Aufsatz schrieb, noch nichts vom Zeitalter des Internets und der Digitalisierung. Heute gibt es Menschen, die der digitalen Welt im Internet inzwischen mehr Glauben schenken als der unmittelbar sinnlich erlebbaren Welt. Ihre Erfahrungen der natürlichen Welt und in der natürlichen Welt sind so marginal, dass ihr Sehen kaum Licht bringt in diese Welt und sie unbedeutend wird und bleibt. Es gibt Menschen, die nicht ihrer eigenen Vernunft folgen, sondern Verführern, Verschwörern und Lügnern – vor Ort oder im Internet – und diesen mehr glauben als dem eigenen Verstand. Gedächtnis und Erinnerung werden ersetzt durch Handyfotos, die man sich zu Hause anschaut oder auch nicht und vielleicht anderen zeigt als eine Form der Beweisführung für etwas.

Vielleicht sind wir Menschen in den hochtechnisierten Industriestaaten schon affiziert und bräuchten einen Fluchthelfer, der uns aus den selbstgeschaffenen und selbst angelegten Ketten der Gefangenschaft hinausführt aus der Höhle der digitalen wieder hin zur natürlichen Welt, in der wir unser Licht strahlen lassen können.

Bremer, der sich klärend mit dem Begriff des Symbols (siehe oben) auseinandersetzt, spricht auch die Metapher an, diskutiert, kritisiert und bestimmt seinen eigenen Sprachgebrauch, indem er in seiner Abhandlung *Licht und Dunkel in der frühgriechischen Dichtung* die Begriffe *Lichtsprache* bzw. *Licht-Dunkel-Sprache* einführt. (Vgl. Bremer. 1976. S. 17) Von Aristoteles wurde der Gebrauch des *Eigentlichen* und der *Übertragung* von Begriffen in der Rhetorik und Poetik beschrieben und als Gestaltungsmittel der Sprache eingeführt.[3] Im antiken Verständnis

---
[3] Ausführlich habe ich mich mit der Metapher im aristotelischen Sinne im Abschn. 2.1 befasst.

musste diese Übertragung aber nicht die beiden Seins-Bereiche des Sinnlichen und des Intelligiblen betreffen, in der neuzeitlichen Entwicklung ist aber genau diese Unterscheidung und Übertragung zumeist bei der Verwendung der Metapher gemeint, es handelt sich insofern um eine metaphysische Grundunterscheidung, so Bremer. Er spricht ebenso von einer *ontologischen Verschiebung*. (Vgl. Bremer. 1976. S. 15 f.) „Diese Vorstellung läßt sich verstehen als genuine Fortbildung des antiken Ansatzes, demgemäß die Metapher – seit Aristoteles gefaßt als Analogie zwischen zwei verschiedenen Bereichen – das Unsinnliche zu versinnlichen und zu veranschaulichen vermag." (Bremer. 1976. S. 16) In der Moderne ist jedoch die Diskussion entbrannt, inwiefern die Sprache überhaupt als Metapher aufgefasst werden muss, da das Wort immer nur in einem uneigentlichen Sinne das Bezeichnete fasst. Für die frühgriechische Literatur konstatiert er, dass die Metapher, insbesondere die Lichtmetapher, nicht als bewusst gesetztes im Sinne von Konkretem auf Abstraktes verstandenes rhetorisches Mittel eingesetzt werden, sondern nur als willkürliche Sprachbilder Verwendung finden. (Vgl. Bremer. 1976. S. 17)

Die Gedankenspiele um die Bedeutung, Formen und Gestaltung des Lichts haben im Mittelalter weitere Varianten erhalten, insbesondere in der Mystik, in der Blendung durch das Licht, das erst das Sehen des Göttlichen ermöglicht. Wir finden die hierarchische Gliederung des Weltalls oder der Weltordnung, die sich in den Abstufungen des Lichts zeigen. Von Gott kommend als dem höchsten, reinsten und hellsten Licht steigt es in drei Stufen, vielleicht auch in sieben, zehn oder dreizehn Stufen immer schwächer werdend, sich wandelnd, hinab zum Menschen, zur Erde bis hin zur Finsternis.

Wir könnten die Gedankenvariationen heute fortsetzen und vielleicht um digitale Formen in der virtuellen Welt erweitern. Wenn wir diese Denkweisen analysieren, wird deutlich, warum eine klare Einordnung in Kategorien so schwierig erscheint. Das Thema des Seins-Bezug zwischen Symbol und Symbolisiertem gehört in die Metaphysik, aber die Symbolik selbst nicht. Die Übertragung des Sehens und Erkennens betrachten wir in der Zuordnung zur Metapher, die ontologische Verschiebung vom Sinnlichen zum Intelligiblen oder umgekehrt im modernen philosophischen Metapher-Gebrauch ist nur auf der Grundlage einer Metaphysik möglich, wie auch die Analogie, wenn sie verschiedene Seins-Bereiche vergleicht.

5.4 Lichtmetaphysik – Was ist Metaphysik?

Die *ersten Dinge*, die Überlegungen und Erkenntnisse über Sachverhalte, die den natürlichen Dingen vorausgehen, die über das natürlich Wahrnehmbare hinaus untersucht werden, gehören zur Meta-Ebene, zur Metaphysik, das Ergründen der physischen Welt zur Seins-Ebene des Physikalischen. Aus einer bibliothekarischen Arbeit durch Andronikos von Rhodos (um 70 v.Chr.) mehr durch Zufall entstanden, wurden die Bücher des Aristoteles nach den Kategorien *über die Natur* und einer Gruppe von anderen Schriften geordnet, deren Inhalt dann als Metaphysik bezeichnet wurde. Es waren die Schriften über die ersten Prinzipien und Ursachen, die

5.4 Lichtmetaphysik – Was ist Metaphysik?

Fragen nach dem Sein des nicht physisch Seienden und nach dem höchsten göttlichen Sein. Er fragte nach Widerspruch und Logik, nach Wahrheit und Wesen und unterschied das Seiende in das bewegliche, das göttliche und das mathematisch Seiende. Es war das, was unter der Bezeichnung *Erste Philosophie* in die Philosophiegeschichte einging.

Im Laufe der Geschichte hat sich das, was unter Metaphysik zu verstehen sei, gewandelt. Im Neuplatonismus anders als bei Augustinus und Thomas von Aquin, in der Neuzeit verschieden von der Moderne; u. a. in der Analytischen Sprachphilosophie sowie in der Wissenschaftstheorie wird die Kritik an der Metaphysik neu aufgenommen, was schon im späten Mittelalter begonnen hatte. Sehr kurz und allgemein gesagt, „hat die Tradition Metaphysik primär als eine allgemeine Lehre vom Sein bzw. Seienden ausgebildet (Sein dabei als generischer Begriff, d. h. als Bestimmung eines obersten Genus, aufgefaßt)." (Metaphysik. In: EPhW, Bd. 2. S. 871). Kategorienbildung, Unterscheidung, Widerspruchsfreiheit gehören zur Wissenschaftstheorie und Metaphysik, dann auf der Metaebene weiterhin die Erkenntnistheorie und die Untersuchung der Möglichkeit von Erkenntnis und Wissen. Um die Notwendigkeit einer Metaphysik als einer eigenen Disziplin der Philosophie zu begründen oder die Überwindung dieser Kategorisierungen anzugeben, wird bis zum heutigen Tag gestritten. Gerade in der Deutung und Diskussion der Lichtmetaphysik hat sich m. E. die mangelnde Klarheit des Verständnisses von Metaphysik gezeigt. Manchmal hatte ich den Eindruck, als müsste ich einen Gordischen Knoten lösen, um zu verstehen, was wer womit eigentlich aussagen wollte. Ich denke, dass mir so manches in der Aussage verborgen blieb, da die Definitionen der Schreibenden zu den jeweiligen Begrifflichkeiten oftmals fehlten, es aber offensichtlich war, dass sie nicht von einem einheitlichen Begriffsverständnis ausgingen.

Mangels ausreichender Klärung ist es m. E. nicht verwunderlich, dass der Terminus *Lichtmetaphysik* Befürworter und Kritiker findet und sich eine Begriffsvielfalt um die philosophische Theorie, die das Phänomen des Lichts untersucht, gebildet hat.

Was schreibt Jürgen Mittelstraß über die Lichtmetaphysik in der *Enzyklopädie Philosophie und Wissenschaftsgeschichte*?

> Die Lichtmetaphysik ist die „philosophische Konzeption, in der das Licht einerseits Metapher für die Intelligibilität der Wirklichkeit, andererseits Ursubstanz aller Dinge ist. Beide Vorstellungen, die ursprünglich auf dualistische Konzeptionen [...] zurückgehen [...], enthält das ‚Sonnengleichnis' Platons, nach dem die Idee des Guten in Analogie zur Sonne in der sichtbaren Welt sowohl Ursache der Ideen [...] als auch Grund ihrer Erkennbarkeit ist [...]. Im Neuplatonismus wird diese Konzeption zu einem umfassenden metaphysischen System ausgearbeitet (das Eine als das intelligible Licht, identifiziert mit Gott und verbildlicht durch die Sonne; [...]), von A. Augustinus zu einem christlichen Lehrstück umgearbeitet (Gott als das ungeschaffene Licht, das alles Geschaffene erleuchtet [...]) und insbesondere von Bonaventura in Form der sogenannten Illuminationstheorie, die auch Augustinus vertritt, erkenntnistheoretisch umgebildet (Erkenntnis als Erfahrung der Wahrheit in einem besonderen ‚geistigen' Licht). Mit der Illuminationstheorie schließt die mittelalterliche Lichtmetaphysik zugleich auch wieder an antike Charakterisierungen der Vernunft und des Verstandes an (= lumen naturale)." (Mittelstraß. Lichtmetaphysik. 1984. In: EPhW, Bd. 2. S. 608).

In diesem Artikel wird die Lichtmetapher und die Illuminationstheorie der Lichtmetaphysik untergeordnet und dabei vor allem auf die neuplatonische und mittelalterliche Theorienbildung um das Sein des Lichts als ein göttliches Sein oder als von Gott Geschaffenes rekurriert. Licht wird im historischen Kontext erkenntnistheoretisch betrachtet, mit Vernunft und Verstand in Verbindung gebracht. Aber m. E. ist zwischen Metapher und Metaphysik zu unterscheiden, die Lichtmetapher ist keine eigene Seinsform und deshalb nicht Gegenstand der Metaphysik, aber dem Licht eine eigene Seinsform zuzusprechen und deshalb von Lichtmetaphysik als eigener Rubrik auszugehen, so wurde insbesondere in der Spätantike und im Mittelalter gedacht. Heute ist die Lichtdeklaration vor allem eine physikalische und die Lichtmetapher ein rhetorisches Stilmittel.

Die Lehre vom Sein gehört zur Metaphysik, das physische Sein, das Theorie-Sein und das göttliche Sein sind als zu unterscheidende Gegenstandsbereiche getrennt zu betrachten, wobei das göttliche Sein zumeist mit einer Sonderstellung gekennzeichnet wird und über den anderen Seienden steht, manchmal außerhalb und über dem Metaphysischen, also nochmals eine eigene Ebene bildet, als höchste und einzige Stufe, ohne gesonderte Bezeichnung, sondern nur als göttlich benannt. Wenn Gott und Licht eins sind, so gehört in diesem Denken auch das Licht zu dieser höchsten ontologischen Stufe. Die Welt des physischen Seins, die Welt des Denkens und die Welt des Glaubens an das Göttliche, wäre eine mögliche Einteilung heute, die Probleme liegen in der klaren Trennung zwischen sinnlicher und gedanklicher Welt, denn die Erfassung des Sinnlichen geht nur über den Geist. Ist es überhaupt sinnvoll, von einer Metaphysik zu sprechen, wenn unser körperliches und unser geistiges Sein immer nur zusammen auftreten und möglich sind?

Wie Hedwig kritisch bemerkt, hat Baeumker den Terminus *Lichtmetaphysik* eingeführte, als er sich mit dem Werk von Witelo auseinandersetzte. Witelo (oder Vitelo) war ein Mönch und Naturphilosoph, der im 13. Jahrhundert lebte, sich mit der Wahrnehmung des Lichts beschäftigte, eine Geschichte der Lichtmetaphysik schrieb und die These vom Licht in Verbindung der Metaphysik mit den Naturwissenschaften aufstellte. Im Folgenden gebe ich seine Betrachtungen in der Ausgabe von Baeumker sehr gekürzt wieder.

Gott ist die *erste Ursache*, das *Urlicht*, *Gott ist Licht* in seinem Wesen. Das von Gott geschaffene Leben hat Teil am Leben und am Sein. „Das Licht ist Leben und in ihm beruht die Möglichkeit des Erkennens, von der sinnlichen Erkenntnis angefangen bis zur höchsten intellektiven." (Baeumker. 1908. S. 358) Der Mönch sieht die Verbindung zwischen dem göttlichen Licht als erste Instanz zu dem Licht des Lebens und dem Licht des Seins, denn diese sind aus jenem göttlichen hervorgegangen. Witelo will das Sein des Göttlichen bestimmen und damit das Sein des Lichts, das ja eins ist. Das Licht des Feuers ist letztlich nur die materielle Fassung des göttlichen Lichts.

> „Eines aber sei schon hier hervorgehoben: die Spekulation, mit der wir uns hier beschäftigen, bedient sich des Lichtbegriffes nicht nur, um das Erkennen des Geistes zu erklären, sondern um das Sein näher zu bestimmen, das absolute göttliche Sein, wie den Hervorgang der endlichen Dinge aus ihm. Nicht um eine bloß erkenntnistheoretische Lichttheorie handelt es sich hier, sondern um eine metaphysische oder ontologische." (Baeumker. 1908. S. 360)

5.4 Lichtmetaphysik – Was ist Metaphysik?

Baeumker referiert die historischen Verläufe, wie sie von diesem Naturphilosophen eruiert werden. Zwischen den religiösen Vorstellungen verschiedenster Religionen des Orients, zwischen dem Alten und Neuen Testament bis hin zur indischen Religion von Licht sieht Witelo Zusammenhänge mit alten philosophischen Theorien. Wie schon aus den Anfängen der griechischen Philosophie bekannt, ist Feuer die Ursubstanz allen Lebens, neben dem Wasser, dem Äther, der Erde oder dem Apeiron/dem Unbegrenzten. Logos und Feuer sind verbunden, vielleicht sogar eins. Der Geist/die Vernunft, göttlichen Ursprungs, zeigt sich im Feuer, Metaphysik und Physik gehen ineinander über, sind verbunden und gehören zusammen, was sich unmittelbar im Leben zeigt. Thesen werden gebildet: Gott ist im physischen Feuer oder das Licht ist nur ein Bild für die sinnlich nicht erfassbare Kraft des göttlichen Lichts oder das Licht steht zwischen der materiellen Erscheinung und dem intelligiblen Urbild. (Vgl. Baeumker. 1908. S. 360) In der Geschichte der philosophischen Theorien finden wir zahlreiche Varianten. Heraklit, Platon, Philo, Plotin, Proklos und Augustinus werden hinzugezogen, später noch Thomas von Aquin und Bonaventura. Nach Plotin kommt der Sonne als einem leuchtenden Körper nicht die Eigenschaft des Körperlichen tatsächlich zu, denn das Licht ist eine unkörperliche Kraft. Licht ist Kraft ohne Masse oder die Sonne ist eine Lichtkraft ohne Körper. (Vgl. Baeumker. 1908. S. 367)

Nach Proklos ist das sinnfällige Licht nur eine Ausstrahlung, die eigentlich von dem wahren Licht herkommt.

> „[…] wenn wir das Göttliche unter dem Bilde des Lichtes zu begreifen suchen, so ist das nicht nur eine bloße Metapher. Vielmehr ist das jenseitige Licht, das in der idealen Welt leuchtet, aus der die Nachbilder in die sinnfällige eingehen, das wahre und eigentliche Licht." (Baeumker. 1908. S. 371)

Für Augustinus ist das Licht ungeschaffen, vielmehr die eine, *ungeteilte Dreieinigkeit* (Gott-Vater, Sohn und Heiliger Geist). Andererseits wird das mit dem Gott-Vater „wesenseine ewige Wort, die ewige Weisheit, für sich Licht genannt: ein dem Vater gleich ewiges Licht, das nicht geschaffen, sondern auf unsagbare Weise gezeugt ist." (Baeumker. 1908. S. 373)

Gott und das göttliche Wort sind eins, wie es im Johannesevangelium anklingt, es handelt sich nicht nur um eine bloße Metapher. Witelo stützt sich auf das Augustinische Wort, dass das Licht erste Substanz ist. „Intelligibles Licht im Sinne der Erkenntnisquelle ist das Vernunftlicht, d. h. die Vernunftwahrheit – auch im religiösen Sinne der Gnadenerleuchtung wird vom geistigen Licht gesprochen." (Baeumker. 1908. S. 374)

> „Auch das Erkennen, weil auf einer Verbindung der aktiven und der bildhaften Kraft beruhend, hat im Lichte sein Prinzip. Wenn auch die Lusterregung (delectatio) nicht ausdrücklich zum Lichte in Beziehung gesetzt ist, so wird doch die Entfaltung des immanenten geistigen Lebens, die im Erkennen sich vollzieht, von der Selbstvervielfältigung des Lichtes als des Subjektes der Erkenntnisthätigkeit hergeleitet. Es kann also kein Zweifel sein, daß auch das immanente Leben des Geistes als Entfaltung der Lichtnatur gedacht wird.

> Dieses Licht als Prinzip allen Lebens, des rein innergeistigen vernünftigen, des durch Mitleidenschaft des Körpers sich vollziehenden sinnlichen und des dem Körper mitgeteilten vegetativen, ist natürlich nicht das sichtbare, körperliche Licht der Sonne oder irgendwelcher anderer Beleuchtungskörper (lux corporea). Es ist das unkörperliche (lux incorporea), metaphysische Licht, das dem göttlichen Urlicht entstammt und an seinem Sein teil hat: das Licht als einfache Substanz. Weil das Licht das allbelebende ist, in der Geisterwelt, in der Welt vernünftiger Seelen, auch innerhalb der Welt der Organismen, so ist alles Leben Thätigkeit einer einfachen Substanz, mag es nun immanent in der einfachen Substanz sich vollenden, oder mag es von ihr aus in den mit ihr verbundenen Körper überfließen. So schließen sich alle Ausführungen unseres Autors [Witelo] über Erkennen, Leben und Weltordnung in der Lichtmetaphysik zusammen." (Baeumker. 1908. S. 514)

Das Licht ist die vermittelnde Instanz zwischen dem sinnlich wahrnehmbaren und dem intelligiblen Sein. Das metaphysische Licht ist das erkenntnistätige Subjekt, das Prinzip allen Lebens, die dem göttlichen Urlicht entstammende und an ihm anteilhabende einfache Substanz. In diesem Sinne gibt es eine Lichtmetaphysik, in der das Sein des seienden Lichtes bestimmt wird. Historisch betrachtet gliedert Baeumker die Theorie des Witelo in das klassische Verständnis von Metaphysik ein.

Ob wir gegenwärtig von einer Lichtmetaphysik sprechen können, nicht im historischen Verständnis, sondern innerhalb der heutigen philosophischen Erkenntnistheorie, bezweifle ich; da scheint mir der Terminus der Philosophie des Lichts für die Gemengenlage der verschiedensten Lichttheorien angebrachter zu sein.

Nicht so denkt Beierwaltes, der sich in seiner Dissertation nach den Ausführungen zur Lichtsymbolik der Lichtmetaphysik zuwendet. Seine Untersuchungen werden geleitet, wie er zu Anfang schreibt, von der Frage: „Wie verhalten sich Licht und Sein zueinander?" (Beierwaltes. 1957. S. 1) Ausgehend von der Annahme, dass das Sein eine lichthafte Struktur aufweist, fragt er daraus ableitend weiter nach der Bedeutung desselben für die Erkenntnis, um schließlich nach dem Sein des Göttlichen zu fragen, da sich das *Göttliche im Licht manifestiert*. Für ihn ist bei Pythagoras, Parmenides und Platon das Licht eine wesenhafte Grundverfassung des Seienden, Platon wird von ihm sogar als Begründer der Lichtmetaphysik genannt. (Vgl. Beierwaltes. 1957. S. 1)

Er beginnt mit Pythagoras und beruft sich auf Aristoteles als Quelle. Bekannt ist die Aufzählung der zehn Gegensatzpaare, die den Pythagoreern als Grundprinzipien des Seienden dienen. Der Anfang wird mit *Begrenztes* und *Unbegrenztes* gesetzt. *Peras* (Begrenztes) ist das Äußere der Dinge, das, was wir sehen und erkennen können, das *Apeiron* (Unbegrenztes) dagegen die Materie selbst, die unserer Erkenntnis nicht zugänglich ist, so Beierwaltes Interpretation. Das Begrenzte und das Unbegrenzte ist der Gegensatz, auf den sich die anderen Prinzipien beziehen, meint er, so jedoch m. E. nicht im Quelltext bei Aristoteles zu finden. Wie beziehen sich nun Licht und Finsternis, das achte Gegensatzpaar in der Aufzählung, auf Begrenztes und Unbegrenztes? *Phos*, das Licht, ist *geistig durchdringbar, geordnet, definierbar*, das Dunkle jedoch gehört zum unbegrenzten Prinzip, ist nicht definierbar. Das Licht gehört zum Wesen des Seienden, ist die Schlussfolgerung daraus für ihn. (Vgl. Beierwaltes. 1957. S. 30)

5.4 Lichtmetaphysik – Was ist Metaphysik?

Eine zweite Quelle zur pythagoreischen Lehre findet er bei Iamblichos und seiner Biografie sowie Lehre des Pythagoras. Hier heißt es: „Nicht ohne Licht reden." (Iamblichos. 1963. 84. S. 91) Nach Iamblichos, so Beierwaltes, ruft diese Spruchweisheit zum *Leben nach dem Geiste* auf. Licht und geistige Erkenntnis gleichen sich, führen aus der Dunkelheit hinaus.

> „Der Tag ist Symbol des Geistes, die Nacht Sinnbild der Negation des Geistigen. Das Reden aber ist ein geistiger Vorgang, weil in ihm der Sinn des Seienden manifestiert wird. Deshalb ist es in der Ordnung, im Lichte, d. h. am Tage, zu reden, in der Nacht aber zu schweigen." (Beierwaltes. 1957. S. 31 f.)

Wie bereits zuvor bemerkt, kommt hier bei Iamblichos m. E. die Lichtmetapher zum Einsatz, und nicht der Tag als Symbol des Geistes, wie Beierwaltes es schreibt.

Die weiteren Erläuterungen von ihm über Tag und Nacht und ihren Bedeutungen zum Sein und zum Licht beziehen sich nicht unbedingt auf die abendländische Philosophie, ich lasse sie hier außen vor. Jedenfalls sieht er in seiner Interpretation der Textfragmente von den Pythagoreern die Begründung für die Einordnung des Lichts in die Metaphysik. Mir ist diese Interpretation zu spekulativ. Bei Aristoteles werden die bipolaren Prinzipien zur Metaphysik gezählt, weil es sich um Prinzipien handelt und nicht um gegenständliche Dinge. Prinzipien sind Abstraktionen, geistige Gebilde unseres Denkens, und gehören natürlich in die Metaphysik.

Parmenides nun, der zweite Philosoph, den Beierwaltes anführt, ist mit seiner Erkenntnistheorie der Wegbereiter für die Lichtmetaphysik. Licht und Dunkel bestimmen das Wesen der Dinge, sind konstitutive Elemente der Wirklichkeit, die durch den erkennenden Geist betrachtet werden können. Das erkennende Organ muss dem erkennenden Gegenstand ähnlich sein, um überhaupt erkennen zu können. Um Licht zu sehen, muss im Geiste Licht sein, so die Schlussfolgerung. (Vgl. Beierwaltes. 1957. S. 34 ff.)

Nun folgt eine umfassende Betrachtung der Platonischen Lehre als dritte und letzte Untersuchung zur Lichtmetaphysik der Griechen. Das *Sonnengleichnis*, das *Liniengleichnis*, das *Höhlengleichnis*, *die Idee ist Licht*, *Licht und Schönheit*, *Licht und Tugend*, das *Augengleichnis* und der *Siebente Brief* bilden die Gliederung dieses Hauptteils der Arbeit von Beierwaltes. Er untersucht die Originaltexte von Platon, beschränkt sich nicht nur auf die Politeia und den Siebenten Brief, sondern nimmt jede philosophische Aussage Platons aus anderen Dialogen hinzu, die im Kontext von Licht, Erkenntnis und der Idee des Guten steht. Außerdem bezieht er sich manchmal auf Vorläufer aus der vorsokratischen Zeit, auf Aristoteles und auf spätere Entwicklungen im Neuplatonismus.

Der höchste Gegenstand der Erkenntnis ist die Idee des Guten; diese Botschaft durchzieht die gesamte Politeia sowie andere Schriften Platons; der Erläuterung dieser philosophischen Aussage dienen die verschiedenen Gleichnisse. Es geht um das *An sich* des Schönen, des Guten, des Seins, was nur durch den Geist erkannt werden kann und nicht durch die Sinne erfahrbar ist. Das Organ des Auges vermag uns die physische Vielheit der Dinge zu zeigen, aber durch den Geist erkennen wir das Eine, die Idee. Das Sehen mit den Augen ist die dominante Wahrnehmungsart und bedeutender als die anderen Fähigkeiten von Sinnesorganen. Diesen „Vorrang des Sehens gegenüber den übrigen Sinnen ist bedeutsam für seine [Platons] Lichtmetaphysik" (Beierwaltes. 1957. S. 39), meint Beierwaltes.

Um zu sehen, brauchen wir das Licht, es ist das Band, das den Sehenden mit dem Gesehenen verbindet. Ursache dieses Lichts ist die Sonne. Aber das Auge selbst leuchtet ebenfalls und im Sehen verbinden sich diese beiden Lichtelemente von Augen und Sonne. Das Licht des Auges dringt nach außen und das Licht der Sonne dringt in den Menschen hinein.

Recht umfassend wird auf das Verständnis und die Bedeutung des Agathon eingegangen, als das Gute an sich, als dem höchsten Seienden, durch das die Ideen sind und das Gerechte und das Schöne. Etwas kann nur schön sein, wenn es vom Guten durchdrungen ist, ebenso das Gerechte, welches ohne das Gute nicht sein kann. Interessant und aufschlussreich für unseren Fokus der Aufmerksamkeit, ob es sich beim Licht der Wahrheit oder der Erkenntnis um eine Metapher oder um ein metaphysisch einzuordnendes Sein handelt, wird die Analyse des Sonnengleichnisses. Sehen die einen in der Analogie zur Sonne nur ein Bild, so gibt Beierwaltes dem „Bild von der Sonne hohe metaphysische Bedeutung". (Beierwaltes. 1957. S. 51)

> „Durch das Bild wird über ein Seiendes etwas ausgesagt nach seinem Verhältnis zu einem anderen. Das Wesen eines Seienden wird also durch Vergleich mit einem anderen erschlossen und wenigstens verdeutlicht. Das Seiende, durch das verglichen wird, muß bekannter sein als das, was verdeutlicht werden soll. Durch das Bild wird ausgesagt, daß es das, was das Bild darstellt, auch im geistigen Bereich gibt, und zwar in der diesem Bereich gemäßen Seinsweise, der geistigen." (Beierwaltes. 1957. S. 51)

Das Bild sagt Wesentliches über die Idee aus. Im Vergleich von Sonne und Agathon stellt Beierwaltes zahlreiche Übereinstimmungen fest, z. B. das Ordnungs- und Lebensprinzip, das Wesen des Lichts, das Beiden gemein ist, sowie die Sichtbarmachung der Dinge durch die Sonne und der Wahrheit durch das intelligible Licht, das Agathon. Der Analogien gibt es viele, nur dass das intelligible Licht vorgeordnet ist und das körperliche Licht der Sonne nur durch jenes existieren kann. (Vgl. Beierwaltes. 1957. S. 51 f.)

Eine Interpretation als Metapher wäre hier möglich, der Vergleich kann auch als Übertragung fungieren, muss nicht ein eigenes Sein bedeuten, aber Beierwaltes sieht dies anders.

Licht und Dunkel sind keine *bloßen Metaphern*, denn sie sagen „über das Sein der Dinge Wesentliches aus". (Beierwaltes. 1957. S. 73) Da die Wahrheit hell leuchtet, ebenso die Erkenntnis, aber auch das Schöne, die Ideen, das Leben, vor allem und als erstes aber das Gute, sagt dieses Helle, dieses Licht etwas Wesentliches über sie aus. Was aber ist diese wesentliche Aussage des Lichts? Das Helle steht immer auf der positiven Seite, die Grade der Helligkeit zeigen eine Stufenfolge und damit eine Hierarchie an. Das stärkste Licht gehört zum Guten an sich, zur Idee des Guten, dem folgen die anderen Ideen und Urbilder, dann die konkreten Dinge und schließlich die Spiegel- und die Schattenbilder. Der Stufenfolge des Lichts entspricht das Erkennen der Wahrheit, das Nachdenken über die Wahrheit, das Meinen über die

5.4 Lichtmetaphysik – Was ist Metaphysik?

Wahrheit und das Vermuten der Wahrheit im intelligiblen Bereich sowie das Sehen der Urbilder der Gegenstände, der einzelnen Gegenstände, dann deren Spiegelbilder und schließlich deren Schatten.

Wenn ich in der Politeia nachlese, so finde ich auch andere Aussagen zum Guten.

> „Also wird den Objekten der Erkenntnis vom Guten nicht nur die Erkennbarkeit gegeben, sondern sie erhalten auch Existenz und Wesen von ihm [dem Guten], das nun nicht selbst ein Seiendes ist, sondern über das Sein an Erhabenheit und Kraft hinausragt." (Platon. Politeia. 509b)

Das Gute hat kein eigenes Sein, sondern es ragt an Erhabenheit und Kraft über das Sein hinaus, so Platon im Originalton. Was immer dieses Höhere sein mag, es bleibt von Platon unbenannt.

Der Grad der Helligkeit entspricht dem Grad des Seins. Es gibt also nicht ein Sein und ein (gedachtes) Nicht-Sein, sondern es gibt Stufen des Seins entsprechend den Graden der Helligkeit.

Wie dies gemeint ist, vermag sich mir nicht zu erschließen.

Beierwaltes schreibt weiter: „Das intelligible Licht ist keine eigene Substanz neben anderem Seienden, sondern die wesenhafte Grundverfassung der Dinge." (Beierwaltes. 1957. S. 73) Im Sein der Dinge liegt untrennbar davon das Sein des Lichts, jedoch nicht als eigenständiges, auch nicht als Attribut zum Ding gehörend, sondern in ihm seiend. Nach diesem Denkmodell liegen in jedem Seienden eine Helligkeit bzw. Dunkelheit, graduell gestuft nach Wertigkeit zum höchsten Guten hin, dem hellsten Sein. Zum Wesen der Dinge gehört es demzufolge, hell – in unterschiedlichen Graden – bzw. dunkel – in unterschiedlichen Graden – das Nichtsein ist das Dunkelste – zu sein. „Das Licht des Agathon ist Ursache dafür […]. (Beierwaltes. 1957. S. 73) Ebenso ist die Wahrheit ein Wesenszug der Dinge wie auch die Schönheit, heißt es später bei ihm. Das vollkommenste Sein – das Gute/Agathon – ist das vollkommenste Schöne und das hellste Licht. (Vgl. Beierwaltes. 1957. S. 82)

Im Schluss heißt es dann, dass die Griechen das Sein als Licht betrachten, so Beierwaltes im Resümee seiner Untersuchung und als Rechtfertigung, dass Lux intelligibilis in die Disziplin der Metaphysik einzuordnen ist.

Beierwaltes sehr gründliche Untersuchung des Lichts im antiken griechischen Verständnis zeigt die Schwierigkeiten auf, die bei der Lektüre platonischer Texte immer wieder auftreten. Platon schreibt nicht immer widerspruchsfrei, manchmal entwickelt er Ideen und Theorien zu einem späteren Zeitpunkt weiter und kommt zu anderen Schlüssen als zuvor. Seine Texte lassen so manches Mal verschiedene Interpretationen zu und wir können heute nicht mehr zu einer eindeutigen Klärung gelangen. Das Denkmodell des Seins in Platons Schriften passt nicht unbedingt in unser Logos-Denken des physischen und metaphysischen Seins. Wenn das Licht-Gute kein eigenes Sein hat, aber über dem Sein von Erkenntnis, Wahrheit, Schönheit … steht, heller und schöner ist als alles andere, er dieses Höhere aber nicht benennt, so haben wir auch heute noch keine benennbare Kategorie dafür bereitgestellt. Obwohl Beierwaltes sich nicht nur auf die Politeia beruft, sondern auch andere Schriften Platons hinzuzieht, außerdem weiteres Schrifttum der Griechen von den Vorsokratikern bis hin zu spätantiken Denkern, so werden zwar mehr Facetten des intelligiblen Lichts beleuchtet, aber eine zufriedenstellende Klärung für mich trotzdem nicht erreicht. Das Licht-Sein im intelligiblen Sein, ohne Eigenständigkeit und keine Attributierung, was ist es?

5.5 Illuminationstheorie und Lichtspekulationen

Nicht einfacher zu handhaben ist der Umgang mit der Illuminationstheorie, die entweder als eigene Theorie, als zur Lichtmetaphysik gehörend oder analog zur Lichttheorie benutzt wird. Immerhin mit einem eigenen Artikel in der *Enzyklopädie Philosophie und Wissenschaftstheorie* bedacht, verwundert es, dass im Artikel von Oswald Schwemmer kein Bezug zum Artikel *Lichtmetaphysik* von Mittelstraß in der gleichen Enzyklopädie genommen wird, umgekehrt sehr wohl, denn nach Mittelstraß ist die Illuminationstheorie eine Entwicklung innerhalb der Lichtmetaphysik und bildet ein *Zwischenstück* zwischen Spätantike und mittelalterlicher Lehre. Beide Theorien berufen sich auf die platonische Lehre vom Licht in der Politeia und behandeln einen vergleichbaren Stoff aus der neuplatonischen Lehre der Spätantike und des Mittelalters von Plotin über Bonaventura bis hin zu Augustinus.

Insbesondere die dominante Stellung von Vernunft und Verstand, durch die das Licht zum Ausdruck kommt, unterscheidet die Illuminationstheorie vom metaphysischen Licht des Seins als zum Göttlichem gehörend. Gott ist die Quelle, durch sein Wort kommen wir zum Licht der Erkenntnis. Wenn wir die *ewigen Grundwahrheiten*, die göttliche Weltordnung und die Geschichtsentwicklung anerkennen, werden wir erleuchtet, erkennen wir und wir erkennen das, was notwendig ist, mit unserer Vernunft und mit Gewissheit. In diesem dritten Schritt gehen wir den Weg in die Logik und Mathematik, also in die Bereiche, die wir mit unserer Vernunft erfassen können. In der Metaphysik allgemein geht es aber um das Licht, welches ein Sein schafft. Sein und Erkenntnis, beides wird als kennzeichnend für das Licht genommen, es schafft ein geistiges Sein und es lässt dieses Sein erkennen.

In der Enzyklopädie Philosophie und Wissenschaftstheorie heißt es:

> „Illuminationstheorie (von lat. illuminatio, Erleuchtung), die auf den Platonischen Vergleich der Erkenntnis des Wahren mit dem Sehen der Dinge im Sonnenlicht (Pol. 507 cff.) (Höhlengleichnis) zurückgehende Lehre, dass Erkenntnis nur in einem besonderen ‚geistigen Lichte' die Wahrheit vollständig erreiche. [...] Charakterisieren lässt sich die Illuminationstheorie (1) durch die Quelle des Lichts, mit dem wir bei unserer Erkenntnis erleuchtet werden, (2) durch die Art, wie wir mit diesem Licht erleuchtet werden, und (3) durch den Bereich unserer Erkenntnis, der erst durch diese Erleuchtung erschlossen wird." (Schwemmer. Illuminationstheorie. 1984. In: EPhW, Bd. 2. S. 199)

Die Quelle des Lichts der Erkenntnis ist Gott, zur Erleuchtung gelangen wir durch die Anerkennung der ewigen Grundwahrheiten und durch die Illumination erkennen wir mit Gewissheit, d. h. durch Logik und Mathematik, was notwendig ist.

Vertreter der Illuminationstheorie gehen davon aus, dass wir empirisch immer nur Annäherungswerte an die Wirklichkeit erlangen, diese aber für eine absolute

5.5 Illuminationstheorie und Lichtspekulationen

Gewissheit nicht ausreichen. Nun kommt Grosseteste ins Spiel, der den Übergang vom metaphysischen Sein zum physischen Sein lehrt, der sich auf die Vernunft in ihrer lichten Erkenntnisfähigkeit beruft und in die Logik und Mathematik vordringt und so die physische Erscheinung des Lichts begründet.

Ein kurzer Einblick noch dazwischen zu Roger Bacons (1220–1292) Lichtüberlegungen, die er im „Begriff der *scientia* zusammenfasst: das Wissen in seiner Vollendung ist allein im göttlichen ‚Wort' realisiert, der *Sapientia*, die in den verschiedenen Stufen der Schöpfung gleichnishaft ‚widerleuchtet' (*relucet*). Alles menschliche Wissen vollzieht sich daher als eine Annäherung an diese göttliche ‚Weisheit', zu der verschiedene methodische Wege des Wissens führen." (Hedwig. 1977. S. 120)

> „Alles Wissen, auch in seinen Bindungen an die Geschichte, die Natur und die mystischgnadenhafte Vollendung, ist daher vorgängig schon immer in einer Hierarchie von verschieden weit ausgreifenden Illuminationen einbehalten, einer Stufung, deren Grund, Ziel und Sinn des Logos als *illuminans ad scientiam* [Erkenntnis erhellend] selbst ist. Der göttliche *intellectus agens* [Intellekt] setzt in einer gestuften, differenziert absteigenden Ordnung der Illuminationen das Erkennen in eine ursprüngliche Lichtheit des Seienden, die verschiedene methodische Auslegungsformen fordert." (Hedwig. 1980. S. 210 f.)

Letztlich zieht Bacon aber den Vergleich zwischen der sinnlichen Erfahrung des Lichts und der Erkenntnis des Seienden. Er ist also unter die Rubriken der Lichtmetaphysik und der Lichtanalogie einzuordnen.

Grosseteste (vor 1170–1253) war Philosoph und Naturforscher, er beschäftigte sich mit der aristotelischen Naturphilosophie und leitete auf diesem Wege hin zur empirischen Welt und zum Licht der Sonne, die alles Gegenständliche sichtbar macht. Er lehrt in seiner Lichttheorie den Übergang vom physischen Sein zum metaphysischen des Lichts, beruft sich auf die Vernunft in ihrer durch das göttliche Licht ermöglichten Erkenntnisfähigkeit und nimmt die Logik und die Mathematik zur Begründung seiner theoretischen Annahmen hinzu.

Von Interesse und aufschlussreich ist das Werk *De luce* von Robert Grosseteste, welches sowohl der Lichtmetaphysik als auch der Naturphilosophie bis hin zur Physik zugeordnet werden kann. Das ist der Forschungs- und Erkenntnisweg, den er selbst geht, er trennt nicht in Disziplinen, wie wir es heute vornehmen, sondern ordnet nach vom christlichen Glauben geprägten Kriterien ein. Wir finden aristotelische Theorien, Elemente der biblischen Schöpfungsgeschichte, als auch Spuren von arabischen und jüdischen Philosophien in seiner Lichttheorie, wie Carla Hermges schreibt. (Vgl. Hermges. 2005. S. 3)

Das stoffliche Möglichsein wird durch die Form zu einem materiellen Sein, so die Lehre des Aristoteles. Für Grosseteste ist die *forma prima* die reine Aktivität, das Prinzip der Bewegung (im Unterschied zur Kraft bei Aristoteles) und diese *forma prima* ist das Licht. Das Wirkprinzip, von dem jede Wirkung ausgeht, ist die Bewegung und diese stammt vom Licht. (Vgl. Ratzinger. 1960. S. 370)

Bei Grosseteste haben wir explizit die Verbindung einer naturwissenschaftlichen Sicht auf das Licht mit einer metaphysisch-religiösen Sicht. Empirische Beobachtung, die zur induktiven Erkenntnis führt, fragt nach dem zugrundeliegenden Urstoff bzw. Urprinzip des Lichts, um die Wesensbestimmung zu klären. Für diesen Weg, der zur Erkenntnis des Lichts führt, brauchen wir die göttliche Vernunft in unserem Verstand. Wir haben also die empirische Beobachtung, gehen den Weg der Induktion und Analyse und durch die mathematische Erfassung des Beobachteten erlangen wir eine erste Abstraktionsebene. Der Weg führt weiter zur Ergründung des Urstoffs bzw. Urprinzips, um die Wesensbestimmung vornehmen zu können. Mittels der göttlichen Vernunft in uns können wir diesen Weg gehen und gelangen zur Erkenntnis.

Grosseteste unterscheidet zwischen einem Licht als *forma prima (lux)*, welches eine dimensionslose körperliche Form (corporeitas) hat, und einem sichtbaren Licht (lumen), das am Himmel zu sehen ist. Das *erste Licht* hat „eine feine körperliche Substanz, die zur Entstehung von Dingen (und auch Welten) führt." In diesem Licht „vereinen sich Erkenntnis und Seinsgründe" und mit diesem Licht sind „die verschiedenen Bereiche des Seins zu entschlüsseln." (Hermges. 2005. S. 3) Wir können dadurch die Natur erklären, die physiologische Funktionen der Sinnesorgane, sogar die Beziehung von Körper und Seele. (Vgl. Hermges. 2005. S. 3)

Das Licht ist vielschichtig, entfaltet sich und breitet sich in alle Richtungen aus. Es hat Energie, reproduziert und vervielfältigt sich. Das Licht als aktive Kraft vermag „sich selbst unendlich zu vermehren, sich selbst immer neu zu erzeugen und sich erzeugend überzufließen", so formuliert es Grosseteste in seinem Werk De luce …, wie Ratzinger es zitiert. (Ratzinger. 1960. S. 370)

In seiner physikalischen Vorstellung entwickelt sich das Licht, von einem Punkt ausgehend, in geraden Linien zu einer Lichtkugel, der Sphäre. Dabei ist das Herkunftslicht und das neu entstandene nicht gleich. Von einer mathematischen Unendlichkeit ausgehend, ist die Dimension des vervielfältigten Lichts allerdings begrenzt, denn Größe kann nicht unendlich sein. Aristoteles folgend geht Grosseteste von der Prämisse aus, dass Materie und Form einander bedingen. Das Licht dehnt die Materie aus, die sich infolgedessen immer mehr entmaterialisiert. Die Weltkugel ist geformte Materie. (Vgl. Hermges. 2005. S. 4 f.) „[…] die äußeren Teile der Materie sind also ‚dünner' als die inneren." (Hermges. 2005. S. 5)

In der Theorie folgen weitere Erläuterungen zur Körperlichkeit des Lichts, zur Ausdehnung, Ausstrahlung und zur Schaffung des Seins. Es entwickeln sich demzufolge dreizehn Sphären im himmlischen und irdischen Raum, in den *höheren Körpern* findet sich das geistige, reine Licht, in den *niederen Körpern* das vervielfachte, physische und weniger reine Licht. (Vgl. Hermges. 2005. S. 5)

> „Das ‚Licht' *(lux)* als die schlechthin einfache, nicht-dimensionale Einheit mit sich erzeugt in der unendlichen Ausdehnung des eigenen einfachen Lichtpunktes eine nur endliche Lichtkugel, die dimensional begrenzt ist, da die ‚Kraft' *(virtus)* des ‚Lichtes' *(lux)* in die Materie eingeht und damit die unendliche Multiplikation quantitativ determiniert wird." (Hedwig. 1980. S. 133)

In dieser Ausdehnung entmaterialisiert sich das Licht und entschwindet.

In der Kosmogonie des Grostestes finden wir die Wiederholung der Lichtstufen und Lichtordnungen des Alls im Mikrokosmos des Menschen. Was für den Makrokosmos der Schöpfer, ist beim Menschen die Seele im Körper.

5.5 Illuminationstheorie und Lichtspekulationen

„Das ‚Licht' – und dieser vermittelnde Aspekt hat auch kosmologische Implikationen – fungiert daher als ein natürliches, körperlich-unkörperliches Medium zwischen Leib und Seele, das den Körper der *affectio* der Strebungen der Seele ‚entsprechend' *(comproportionaliter)* leitet." (Hedwig. 1980. S. 147) Die Seele ist das aktive Prinzip, das den Körper bewegt, ohne in ihm aufzugehen. Im Vorgang der Vermittlung zwischen dem Körperlichen und dem Intelligiblen begründet das Licht die Erkenntnis. Die Wahrheit der Erkenntnis findet ihre höchste Ausdrucksform im göttlichen ‚Wort', in der Selbstaussage Gottes. Das wahre Licht ist das göttliche Licht, ist die wahre Erkenntnis, woran die menschliche Erkenntnis teilhat.

"In seinen apriorischen Komponenten ist der Vollzug des menschlichen Erkennens in diesen Lichthorizont des ‚Wortes' als *lux summae veritatis* [das Licht der höchsten Wahrheit] eingelagert, das in jedem Akt der Einsicht mitgesehen wird. [...] Alles Seiende, aber auch alles Erkennen ist daher für Grosseteste - und darin liegt die augustinische Komponente, die von der Aristoteles-Rezeption nicht verdrängt wird – im Licht des Logos *certior et purior et manifestior* [sicher und reiner und offenkundiger] als im Bereich des Geschaffenen, dessen Sein es ist, ein *adhaerere esse primo* [erstes Gesichertes] zu sein." (Hedwig. 1980. S. 148 f.)

Folgen wir den Theorieausführungen Grossetestes, so ist Gott Licht und das Sein in metaphysischer sowie physischer Art kommt aus diesem Licht. Es ist das Prinzip der Erkenntnis in der Vermittlung zwischen Körper und Seele im Inneren des Menschen und es lässt die Körper im Äußeren sichtbar werden. Das Licht folgt mathematischen Prinzipien, die wir erkennen und berechnen können.

Hedwig, der dem Terminus Lichtmetaphysik kritisch gegenübersteht, fragt sich bei der Problemsuche, wo Fehler in der Theorie von Grossetestes zu finden sind. Er entdeckt, dass dieser philosophische Text theologisch beurteilt, die *Philosophen den Heiligen nachgeordnet* werden, so wie überhaupt die Wissenschaften und die Philosophie der Theologie bzw. dem Glauben. In diesem Sinne werden auch lux und lumen nach theologischen Kriterien interpretiert, das Licht wird nach der Exegese des Schöpfungsberichtes eingeordnet. So mischen sich augustinisch-neuplatonische Traditionen, naturwissenschaftliche Theorien und wissenschaftstheoretische Kriterien nach Aristoteles miteinander. (Vgl. Hedwig. 2007. S. 376 f.)

Grosseteste interpretiert Licht unter der Perspektive des Glaubens und der christlichen Lehre der Bibel, nicht nach physikalischen und metaphysisch-philosophischen Kriterien. Gehört die von ihm entwickelte Lichtkosmogonie zur Metaphysik, zur Mathematik oder in die Physik? M. E. gehört sie nicht in das klassische Verständnis von Metaphysik. Letztlich ist die Einordnung in die Lichtmetaphysik eine Frage der Abstraktion und der Seinszugehörigkeit. Zu welcher Abstraktionsebene gehören Gott und die Engel? Wenn ich das Prinzip des Schöpfergottes annehme, wäre es eine Sache der Metaphysik. Wenn ich konkret den Schöpfergott meine, der alles aus sich heraus geschaffen hat, ist es keine Sache der Metaphysik, sondern des Glaubens an einen bestimmten konkreten Gott.

In Anlehnung an McEnvoy's Auseinandersetzung mit Grossetestes Lichtphilosophie schreibt Hedwig:

„Die Lichtkosmogonie zeichnet [sich] durch eine konzeptionelle Einfachheit aus, die geradezu kühn ist. Die Schöpfung zielt in ihrem Terminus auf das ‚Licht' (*lux*), das simultan mit der ‚Materie' geschaffen ist und in einer zeitlosen, unendlichen und in allen Richtungen gleichmäßig verlaufenden Selbstvervielfältigung (*multiplicatio sui ipsis*) den Kosmos als eine begrenzte endliche *Sphaera lucis* entstehen lässt. Der erste Lichtpunkt dehnt in der eigenen Expansion die Materie mit aus und geht in die quantifizierbare Körperlichkeit als ‚Form' ein: das Licht (*lux*) ist die prima forma coporalis. Der Prozess der kosmischen Lichtausdehnung (*lux*) findet eine Umkehr dort, wo Materie und Form sich vollkommen durchdringen – im Firmament. Aus diesem Gleichgewicht geht dann das sinnfällige, im Diaphanum der Luft sichtbare Licht (als *lumen*) hervor, das im Wechsel von Verdichtung und Verdünnung der Materie die absteigenden Sphärenkreise formt und hierarchisch ordnet. Alle Stufen der Natur, ebenso wie die Gesetze der kosmischen Bewegungen beruhen auf der Annahme, dass das Licht (*lux*) die ‚erste körperliche Form' der geschaffenen Dinge ist und geometrisch expliziert werden kann. Die Konsequenzen, die sich für das Verständnis dieser einheitlich konzipierten, die traditionelle Differenz zwischen supra- und sublunaren Regionen nivellierenden Weltordnung oder, wie Grosseteste auch sagt, der ‚Weltmaschine' (*machina mundi*) ergeben, reichen weit und weisen über das Mittelalter hinaus." (Hedwig. 2007. S. 377)

Die Einordnung des Lichts nach Grossetestes Lichttheorie in die Metaphysik scheint mir demnach nicht gerechtfertigt. Hedwig bezeichnet nahezu durchgehend die Untersuchungen Grossetestes als Lichtspekulation, da seine theoretischen Ausführungen weder einer naturwissenschaftlichen noch einer philosophischen Überprüfung im heutigen Sinne standhalten könnten.

In der Interpretation von McEnvoy, wie Hedwig sie beschreibt, wird deutlich, wie komplex die Lichttheorie von Grosseteste angelegt ist, die metaphysische und physische, die ebenso die theologische Dimension umfasst, eins ins andere übergeht, nicht separierend, sondern sich entwickelnd ergibt. Dieses Denken entspricht sicherlich nicht unserer heutigen Logik. Göttliches, abstrakt Gedachtes und sinnlich Erfahrbares gehören zusammen und fließen ineinander. In der philosophischen Einordnung firmiert die Lichttheorie Grossetestes manchmal unter der Lichtmetaphysik, manches ist vielleicht als Analogie zu verstehen, sicherlich aber nicht als Symbolik oder Lichtmetapher. Vielleicht ist die Bezeichnung *Lichtspekulation* für diese komplexen theoretischen Ausführungen von Grosseteste der treffendste Ausdruck.

Eine andere Sicht hat Bonaventura (1221–1274), der von einem Werden ausgeht, das ist und wird, ein nicht ruhendes Werden. „Dieses Werdesein ist – so sagt Bonaventura – das Sein des Lichts, das sowohl im Lichtquell wie in dessen Ausstrahlung ein Sein von jener höchsten actualitas hat, in der immerwährendes Sein und immerwährendes Geborenwerden dasselbe ist." (Ratzinger. 1960. S. 372) Er geht von der göttlichen Gnade aus, die nicht „als ein starres Etwas in der Seele, sondern als die stets lebendige Einstrahlung des göttlichen Lichtes in den Menschen gefaßt wird. Sie ist also geistiges Licht aus dem Urlicht Gott, Licht nicht bloß in einem übertragenen, sondern in einem durchaus realistischen Sinn." (Ratzinger. 1960. S. 372)

„Es ist diese judikative Abstraktion, die sich in einem inneren, vorgegebenen Licht vollzieht, einem *lumen inditum* [eingetretenen Licht], auf das der Verstand in allen seinen Begriffen notwendig zurückgreift. Das heißt, daß sich in der Begründung der A p r i o r i t ä t

5.5 Illuminationstheorie und Lichtspekulationen

des Erkennens ein Rückgang auf ein intelligibles Licht vollzieht [...], das als solches nicht ‚Gegenstand' des Erkennens ist, aber in der Erkenntnis der Gegenstände als normatives Prinzip des Erkennens stets mitgesehen wird [...]. In diesem Urlicht, das ungegenständlich in allen Gegenständen miterkannt wird, erweist sich die Erkenntnis zugleich als eine Weise der ‚Rückkehr' als *illuminari per radios spirituales et reduci ad summum* [von spirituellen Strahlen erleuchtet und zum Höchsten zurückgebracht werden]. Diese *reductio* [Rückgang] in das Licht, durch das der Geist sieht, läßt das Sehen des Geistes in das nicht-sehende Sehen des Lichtes selbst umschlagen.

In der weiteren Entfaltung dieses epistemologischen Ansatzes entwirft Bonaventura eine Wissenschaftstheorie, die unter einem kosmologischen und heilsgeschichtlichen Aspekt die Erkenntnis als eine Hierarchie von sich überbauenden ‚Erleuchtungen' versteht. Im ‚äußeren' Licht vollzieht sich die Erkenntnis der Kunstformen, im ‚niederen' Licht die Erfahrung der Dingwelt, während das ‚innere' Licht die Erkenntnis dessen ermöglicht, was ‚wahr' ist, eine Einsicht, die sachlich das gesamte Gebiet der p h i l o s o p h i s c h e n D i s z i p l i n e n umfaßt und die Philosophie als eine eigene Wissenschaft rechtfertigt." (Hedwig. 1980. S. 169)

Die Erkenntnisstufen wiederum werden aber von einem *höheren* Licht überstrahlt, das der Offenbarung, wodurch letztlich die Wissenschaft bzw. die Philosophie durch die *Heilsoffenbarung* begründet wird.

Als Analogie unternimmt Bonaventura nun den Schritt von der Licht-Erkenntnis zur Seins-Erkenntnis. So wie wir mit den Augen die Farbigkeit sehen, nicht aber das Licht selbst, so erkennt der Verstand das Seiende, nicht durch die *reine Handlung*. Erst durch die Wirkung erkennen wir Licht und Seiendes, nicht durch die *ungegenständlichen Gegenstände* selbst. (Vgl. Hedwig. 1980. S. 170)

Die Lichtspekulation des Bonaventura enthält noch eine Vielzahl von weiteren gedanklichen Überlegungen über das Sein, die Zeit und die Endlichkeit, über die Offenbarung, den Glauben, die Wahrheit und den Irrtum. Insgesamt ein recht kompliziertes Modell, das bis zur Mystik reicht, welches ich aber nicht weiter ausführen möchte, da es sich zu weit von der Lichtmetapher entfernt.

In einer weiteren Gedankenführung der mittelalterlichen Metaphysik ist das geschaffene Sein immer zugleich ein Werden und Sein, also in einer Bewegung, die aus dem Sein selbst kommt. Dies entspricht einem modernen Denken, wie Ratzinger meint, dem allerdings noch jede wissenschaftliche Beweisführung fehlt, aber es unterscheidet sich grundlegend vom antiken Weltbild, in dem von außen und nachträglich die Bewegung dem ruhenden Sein zugefügt wird. (Vgl. Ratzinger. 1960. S. 372)

Die mittelalterlichen Lichttheorien, ein undurchdringliches Dickicht von Spekulationen über Herkunft, Beginn und Wege des Lichts als auch über Wesen, Sein und Wirkung bis hin zu Verortungen innerhalb und außerhalb der irdischen Welt des Menschen und des Himmels. Es werden Wege des Lichts aufgezeigt, die der aristotelischen Lehre folgen und von der sinnlichen Erfahrbarkeit hin zu Abstraktion führen, oder die der platonischen Lehre folgen und von der göttlichen Idee ausgehend den Weg finden zu den Einzeldingen, die wir mit unseren Augen sehen können, um darüber den Weg zur Erkenntnis zu beschreiten. Die dritte Möglichkeit wäre die Verbindung der aristotelischen mit der platonischen Lehre, harmonisierend, um sowohl das eine als das andere zur Geltung kommen zu lassen für das innere und äußere Licht und die Erkenntnis und die Sichtbarmachung der Welt.

Der mathematisch-physikalische Weg der Berechnung, der Formgebung und Stofflichkeit des Lichts wäre eine weitere Option, jedoch außerhalb der Philosophie bzw. in den Bereich der Naturphilosophie zu setzen.

Die Lichtmetapher in ihrer Bedeutung für die Erkenntnisfähigkeit des Menschen ist in diesem ganzen Geschehen nur ein Aspekt unter zahlreichen anderen.

Um den verwirrenden Theorien und Varianten um das Licht in der Philosophie mehr Klarheit zu ermöglichen, möchte ich vorschlagen, verschiedene Sparten in der übergeordneten Subdisziplin der Philosophie des Lichts zu bilden:

Philosophie des Lichts
1. Theorien der Philosophie des Lichts
   a) allgemeine Lichttheorien
   b) die historische Lichtmetaphysik
   c) naturphilosophisch/mathematische Lichttheorien
   d) Medienphilosophie des Lichts
2. Anwendungen von Lichtbedeutungen in der Philosophie
   a) die Lichtsymbolik
   b) die Lichtmetaphorik
   c) die Lichtanalogie
   d) die Lichtallegorie.

Ich halte die philosophische Auseinandersetzung mit dem Phänomen Licht für weiterhin notwendig und wichtig, insbesondere in der Bedeutung um die medienphilosophischen Aspekte in der Gegenwart. Die Erforschung einer Medienphilosophie des Lichts wäre m. E. eine überaus spannende Projektarbeit.

Gerade im historischen Blick auf die Lichtphilosophie zeigt sich eine kaum zu überblickende Vielfalt an Darlegungen. Die philosophischen Lichtspekulationen geben Zeugnis von der ungeheuren Kreativität des menschlichen Geistes und ich bekenne, dass nicht alle Betrachtungen, Theorien und Erläuterungen für mich einsichtig waren. Wahrscheinlich gehört das Licht zu den ungeklärten Phänomenen in der Philosophie, dessen Geheimnis wir seit Beginn des philosophischen Denkens zu entschlüsseln versuchen. Insbesondere war für mich auffällig, dass augenscheinlich plausible Erklärungen in bestimmten Epochen für damalige Zeiten anerkannt wurden, wir heute jedoch diese Plausibilität nicht mehr nachvollziehen können. Selbst manche logische Begründung im damaligen Zeitgeist vermag uns heute nicht mehr zu überzeugen. Einen besonderen Zugang findet manche Theorie nur über den Glauben bzw. die christliche Philosophie, die wir heute nicht mehr so als allgemeine Begründung anerkennen können, sondern nur noch im historischen Zeitgeist zu deuten vermögen.

Notwendig erscheint mir eine klärende innere Struktur der Philosophie des Lichts, die das philosophische Geschehen um das Licht weitgehend klärt und erleichtert.

In der Betrachtung der Lichtsymbolik ist zu konstatieren, dass hier zumindest zwischen der antiken Bedeutung von Symbol als etwas zusammengehörendes Gleiches und einer späteren repräsentativen Bedeutung zu unterscheiden und dies in den historischen Texten zu berücksichtigen ist. In der antiken Verwendung des Symbols wird ein unmittelbarer Zusammenhang zwischen den Symbolteilen bzw. wofür es eingesetzt wird, angenommen, sei es in Form des physikalischen Seins, sei es in Verbindung verschiedener ontologischer Ebenen von wahrnehmbaren und gedachten Sachverhalten oder nur im metaphysischen Bereich von gedanklichen Bändern. Im modernen Verständnis von Symbol wird immer der kulturelle Rahmen gesetzt, in dem das Symbol angewandt und verstanden wird.

Bei der Lichtmetapher finden wir das breite Spektrum der Metapher-Bedeutungen und -Benutzungen wider, nur immer wieder verbunden mit der Frage, um was es sich beim Licht eigentlich handelt. Licht wird zur Metapher der Wahrheit, der Erkenntnis und des Lebens eingesetzt. Zudem wird die Lichtmetapher auch teils als Übergangsstufe zur Lichtmetaphysik gesehen, teils als zu ihr gehörig bestimmt.

In der Lichtmetaphysik wird das Sein des Lichts festgelegt als ein göttliches, anteilig oder abbildlich göttliches oder als ein rein geistiges Konstrukt des Intelligiblen, im Schöpfungsprozess dem Menschen Gegebenes. Im Prinzip bezieht sich die Diskussion um die Lichtmetaphysik jedoch auf historisch philosophische Betrachtungen der Spätantike und des Mittelalters, nicht um neuzeitliche Traktate. Es ist vorrangig die Zeit der christlichen Philosophie. Im historischen Kontext kann also sehr wohl von einer Lichtmetaphysik gesprochen werden, da sie gedacht wurde, aber nicht durchgängig, sondern neben der Lichtsymbolik und der Lichtmetapher. Der Gebrauch des Terminus *Lichtmetapher* ist überaus indifferent.

Was nun die Illuminationstheorie anbelangt, so ist diese Bezeichnung nicht minder uneinheitlich. Zum Einen wird der Übergang von der philosophischen zur naturwissenschaftlich-mathematischen Betrachtung des Lichts so benannt, zum Anderen parallele Abhandlungen dieser beiden Perspektiven auf das Licht. Manchmal ist mit Illuminationstheorie nicht anderes gemeint als die Lichttheorie. Gebräuchlich wird der Terminus erst im späten Mittelalter bis hin zur Neuzeit.

Resümierend für diesen ersten Teil, den systematischen Betrachtungen, können wir festhalten
Um eine Analyse einzugehen, müssen die direkten und indirekten Grundlagen, die der Analyse zugrunde liegen, transparent gemacht und geklärt werden. Um historische Texte zu verstehen, muss die historische Perspektive so weit als möglich rekonstruiert werden. Es gilt, im Kontext damaligen Geschehens den Gedankenraum zu öffnen, wissend, dass wir nur aus gegenwärtiger Perspektive auf das Vergangene sehen. Wir wollen verstehen und erkennen, schauen zurück mit dem Wissen von heute. Diese Folie des heutigen Wissens müssen wir ausbreiten, damit wir, die Forschenden, die Lesenden, die Betrachtenden und die Wertenden überhaupt in einen Dialog eintreten können.

In den *Klärungen* habe ich als erstes und grundlegend meine Aufmerksamkeit der Metapher gewidmet. Schnell hat sich gezeigt, dass eine Metapher mehr ist als eine bloße Übertragung einer Bedeutung von einem Sachverhalt auf einen anderen. Die gedankliche Übertragung kann sich auf verschiedenen ontischen Ebenen bewegen und diese verbinden, die physische mit der metaphysischen, oder aber innerhalb einer Seins-Ebene arbeiten. Zumeist wird die Übertragung auf eine bildliche Vorstellung, auf eine Imagination transformiert, so dass wir auf der einen Seite das Abstraktum, auf der anderen Seite das imaginierte Bild haben. Im vorliegenden Falle wäre dies einerseits die Erkenntnis, andererseits ein Bild von einem Licht.

Metaphern spiegeln Erfahrungen wider; wir alle kennen das Erleben, plötzlich etwas zu verstehen, was zuvor im Dunkeln lag und jetzt hell erscheint, so wie es beim sinnlichen Sehen geschieht. Dieses Erleben übertragen wir reflektiert als Erfahrung in eine Metapher. Wir finden sie gleichermaßen im alltäglichen Leben wie im philosophischen Arbeiten.

Nicht nur im singulären Ereignis benutzen wir sie, sie kann auch die Leitidee einer ganzen Epoche widerspiegeln, wie wir es bei der Lichtmetapher für die Epoche der Aufklärung vorfinden.

Metaphern wirken gestaltend beim Denkprozess und in der Textniederlegung. Aristoteles sah in ihnen hauptsächlich ein poetisch-rhetorisches Stilmittel, das von philosophischer Kompetenz zeugt, durch das Analogien, Rätsel, Widersprüche, Überhöhungen oder Vor-Augen-Führungen formuliert werden. Sachverhalte durch Metaphern gestaltend erklären, scheint er als rhetorisches Stilmittel in der Philosophie zu empfehlen, wobei er zur Neubildung von Metaphern auffordert. Im weiteren Entwicklungsverlauf werden jedoch verstärkt bekannte Metaphern aufgegriffen, nicht nur zur Erläuterung, sondern im christlichen Mittelalter vor allem, um gedankliche Verbindungen sowie ontische Bänder offenzulegen. Wenn Gott das Licht geschaffen hat, wenn Gott das Licht ist, so legt er es in den Menschen hinein und verbindet die Menschen mit sich, so eine Glaubensvariante jener Zeit.

Metaphern können dem Klärungsprozess eines Sachverhaltes dienen sowie zur Wahrheitsfindung und Erkenntnis beitragen, um z. B. eine ontische Beziehung bzw. Bindung offenzulegen, um Strukturen und Ordnungsprinzipien in verschiedenen Bereichen zu demonstrieren, um komplexe Sachen überhaupt zu strukturieren, in sprachlicher Dichte etwas auf ein Minimum zu reduzieren, vor allem um ein kreatives Spiel mit Worten gestaltend in Sachverhalte einzubringen, intelligent als Verschränkung oder Verknotung oder als Vor-Augen-Führung im Bildlichen. Metaphern entfalten eine eigene Wirkmächtigkeit und erweitern den Denkraum abstrakter Begrifflichkeiten, indem sie über das Wort hinausweisen, fantasievoll sowie experimentell aus der metaphysischen in die physische Ebene wechseln, um einem von sinnlichen Wahrnehmungen unabhängigen Geist einen freien Raum zu eröffnen.

Der Gebrauch und die Bedeutung von Metaphern sind kulturkontextlich gebunden, können aber auch archetypisch-anthropologische Grundwahrnehmungen und Grunderfahrungen des Menschen spiegeln.

Beim Licht müssen wir die zwei ontischen Seins-Ebenen unterscheiden, die physische und die metaphysische. Im natürlichen Licht der Sonne oder des Feuers, später künstlich hergestellter Lichtträger, sehen wir die physische Welt um uns herum und uns selbst in ihr. Die Abwesenheit des Lichts verursacht Dunkelheit, in der wir die Zeit- und Raumorientierung verlieren, wenn uns das Dunkel über eine längere Zeit umschließt. Das Licht des Tages und das schwächere Licht der Nacht gehören zu den selbstverständlichsten Gegebenheiten der Welt.

5.5 Illuminationstheorie und Lichtspekulationen

Durch das physische Licht wird der Schatten produziert, der eine eigene Erscheinung ist und vielfach Anlass gibt zu besonderen Bedeutungen und fantasievollen Ausschmückungen.

Im philosophischen Kontext wird das Licht in den metaphysischen Bereich transformiert, mit verschiedensten Deutungen belegt und metaphorisiert. Hier wird Licht zum Einen mit Leben, zum Anderen mit Erkenntnis, Wissen und Wahrheit in Verbindung gesetzt, und diese mit der intelligiblen Denkleistung des Menschen. Hat Licht eine eigene metaphysische Seinsform, ist es das Attribut eines Lichtträgers oder ist es ein Medium, das sichtbar macht? In der Spätantike bis hin ins frühe Mittelalter führt der Weg hin zum metaphysischen Sein des Licht, davor und später ist es stärker die Attribuierung, Metaphorisierung und Medialisierung, gegenwärtig ranken sich die Diskussionen in der Philosophie vorranging um das Medium *Licht*.

Was denn nun Erkenntnis, Wissen, Wahrheit und Vernunft sei, ist nicht in notwendiger Klarheit geschrieben. Wissen von und Wissen für, ebenso Wahrheit von und Wahrheit für, darüber können wir sprechen, was aber das Wissen an sich sei und die Wahrheit, vor dieser Klärung hat schon Platon kapituliert und es offengelassen. Erkenntnis wird im philosophischen Kontext zumeist als intelligible Leistung des Menschen betrachtet, die Erkenntnis, die weisheitliches Wissen und Wahrheit einschließt. Erkenntnis kommt von Gott, durch Gott, so die Lesart bis in die mittelalterliche Zeit, durch die Vernunft, so die Prämisse schon im späten Denken des Mittelalters.

Beim Bild haben wir es mit einem Medium zu tun, dass auf einen physikalischen Bildträger gebannt wird oder als Imagination im Individuum auftritt. Bild und Wort konkurrieren miteinander, ergänzen sich, in der Metapher verbinden sich Wort und bildliche Imagination. Das Wort ist deutlicher in der Aussage, das Bild komplexer und weniger präzise in der Informationsvermittlung. Im Bild vermag ich zu abstrahieren, ebenso wie im Wort die Abstraktion benannt wird, aber metaphysisches Sein visuell darzustellen ist nur über Umwege wie z. B. Symbole oder Metaphern möglich. Wir können philosophisches Denken, Fragen und Zweifeln in Bilder transformieren, benötigen aber das Wort zur kontextlichen Erklärung. Auch zum Licht als Metapher der Erkenntnis haben wir künstlerische Werke, aber wir benötigen zum Erkennen des Bildinhalts das hinweisende Wort bzw. den entsprechenden Kontext.

In der Lichtmetapher haben wir es häufig mit imaginierten Bildern zu tun, oftmals mit einem universellen Bild der Sonne oder des Feuers, die relativ einfach *gelesen* werden können. Diese Lichtträger werden eingesetzt zum besseren Verständnis eines Sachverhaltes bzw. zur Erleuchtung der Erkenntnis, um die es im eigentlichen geht. Schwieriger zu deuten sind dagegen Lichtträger mythologischer Gestalten oder göttlicher Art wie etwa das *Licht des Glaubens*.

In den zahlreichen Redensarten unserer Kultur wird das Licht als Metapher für das geistige Erkennen eingesetzt. Es gibt jedoch noch andere Bedeutung. Zur Lichtmetapher im Allgemeinen können wir fünf Bereiche sondieren:

- das geistige Erkennen und Verstehen
- den Dualismus in der Welt, das bipolare Denken (z. B. Licht – Schatten)
- die ethische Kategorie des Guten (das Dunkle ist das Böse)

- Zeiten im natürlichen Kreislauf der Natur (z. B. Sommer- und Wintersonnenwende)
- das eigene Sehen, die Unabhängigkeit des Menschen.

Licht ist ein uns allen bekanntes Phänomen, nehmen wir es doch unmittelbar mit unseren Augen wahr. Die Übertragung der Licht-Erscheinung auf den geistigen Prozess des Erkennens ist uns ebenso wenig fremd, ziehen wir doch die einfache Analogie: nur mit Licht können unsere Augen etwas sehen, nur mit Geist kann der Verstand etwas erkennen. Zum *geistigen Sehen* im Sinne der Erkenntnis benötigen wir ebenso *Licht* (d. h. Geist, Idee, göttliche Eingabe ...) wie zum sinnlichen Sehen. Daher findet das Licht als Metapher der Erkenntnis häufig Anwendung in der Alltagssprache, in der Literatur und Malerei, aber auch in den Wissenschaften, hier vor allem in der Philosophie. Als z. B. *Geistesblitz* ist es uns in der Alltagssprache bekannt.

Lichtmetapher in der zweiten Bedeutung des *Dualismus in der Welt* meint das bipolare Denken. Man geht von einer Zweiteilung der Welt aus: Hell und Dunkel, Tag und Nacht, Licht und Schatten wären die Dualismen im Kontext der Lichtmetapher. Mann und Frau, weiß und schwarz, dick und dünn, groß und klein ..., die Aufzählung ließe sich beliebig fortsetzten. Diese sehr einfache Strukturierung der Welt findet oftmals Anwendung im Alltagsleben. Das polarisierende Denken reduziert die Vielfalt der Welt auf die Benennung von zwei sich gegenüberstehenden Polen wie z. B. Hell und Dunkel, zeigt aber manchmal an, dass es ein *Dazwischen* (z. B. die Dämmerung) gibt. Licht und Finsternis, Sonne und Mond, Himmel und Erde, Alt und Jung, Feuer und Wasser, Geist und Materie, Oben und Unten, Gott und Welt, Wahrheit und Lüge, Leben und Tod, insbesondere in archaischer Zeit finden wir in den Anfängen der Philosophie dieses bipolare Denken über die Welt.

Dunkelheit gehört mit Schlaf, Angst und Chaos, aber auch Geborgenheit zusammen, Licht mit Wachheit, Sicherheit, Ordnung, aber auch Gefahren. Im Allgemeinen überwiegen bei Licht die positiven Assoziationen, nur bei der Blendung und dem vernichtenden Feuer ist es mit Übel konnotiert.

Lichtmetapher in der dritten Bedeutung betrifft die Ethik des Guten und Bösen. Hier finden wir ebenfalls eine Anwendung sowohl in der Alltagssprache als auch im philosophischen Kontext.

Im Alltagsleben bezieht sich die Lichtmetapher auf eine ethische Kategorisierung, indem das Gute dem Hellen bzw. dem Licht zugeordnet wird und das Böse dem Dunkel bzw. der Dunkelheit. In der darstellenden Kunst christlicher Provenienz wird das Gute und Heilige mit dem Licht assoziiert, das Böse dagegen dunkel gehalten. Die einfache Formel *Licht ist gut, Dunkelheit ist böse* ist gängiges Alltagsklischee abendländisch-christlicher Kultur. Wir finden dieses Klischee sogar bis hin in Spielfilmen und Comic-Erzählungen gespiegelt, wenn die guten Protagonisten mit blonden Haaren auftreten und die bösen Widersacher schwarzhaarig.

Lichtmetapher in der vierten Bedeutung meint die Zeiten im natürlichen Kreislauf des Jahres. Im Zyklus des Jahreslaufes kündigt das Licht das neue Leben im natürlichen Kreislauf an. Lichtfeste wie das nordische Lucia-Fest, das Osterfeuer,

5.5 Illuminationstheorie und Lichtspekulationen

Johannisfeuer oder Mariä Lichtmess verweisen auf Winter- und Sommersonnenwende, auf Mondzyklen und die Strukturierung des Jahres in Kalendarien zur Datierung von Säe- und Erntezeiten.

Nun noch die Lichtmetapher in der fünften Bedeutung, die auf das eigene Sehen und die Unabhängigkeit des Menschen hinweist.

In der griechischen Mythologie wird den Menschen das Feuer durch Prometheus gebracht, der ihnen damit ein Stück (mehr) Unabhängigkeit von den Göttern gibt; die Menschen werden autonomer, sind nicht mehr einfach nur Spielball der Götter. Das Feuer ist hier der Lichtträger. Durch das Licht wird die physische Welt sichtbar, der Mensch sieht sich selbst und die Welt um sich herum. Als inneres Licht setzt der Prozess der Reflexion zur Selbsterkenntnis ein.

Die Vertreibung von Adam und Eva aus dem Paradies ist in der jüdisch-christlichen Tradition die Mündigwerden des Menschen: Die Schlange spricht zu Eva: „Gott weiß vielmehr: Sobald ihr davon esst, gehen euch die Augen auf; ihr werdet wie Gott und erkennt Gut und Böse. Da sah die Frau, dass es köstlich wäre, von dem Baum zu essen, dass der Baum eine Augenweide war und dazu verlockte, klug zu werden. Sie nahm von seinen Früchten und aß; sie gab auch ihrem Mann, der bei ihr war, und auch er aß. Da gingen beiden die Augen auf, und sie erkannten, dass sie nackt waren." (Genesis 3,5–3,7) Hier kann man die Augen als Lichtträger identifizieren, die zur Erkenntnis führen und die Menschen autonome Geschöpfe werden lassen. Eine unmittelbare Verbindung zwischen autonomem Sehen und eigener Erkenntnis ist nicht zu leugnen.

Die Lichtmetapher, eingebettet in Theorien des Lichts, kann erst durch diese in ihren Bedeutungsvarianten, die allein schon durch die Metapher sich eröffnen, genauer betrachtet werden. Es geht vor allem um eine Einordnung innerhalb der Metaphysik und die vieldiskutierte Frage, ob von einer eigenen Lichtmetaphysik gesprochen werden kann. Die Metapher als theoretisches Konstrukt gehört zur Metaphysik, aber ohne eigenes Sein natürlich nicht, der Bedeutungsgehalt der Lichtmetapher muss separat geklärt werden.

Zunächst einmal finden wir eine Vielfalt von Lichttheorien und Lichtverwendungen vor, wie etwa die Illuminationstheorie oder die Symbolik, die Analogie und die Metapher. Immer wird zunächst der Frage nachgegangen: Was ist das Licht, wovon in der Philosophie die Rede ist? Gemeint ist nicht das sinnliche Licht bzw. nur in der Übertragung auf ein inneres geistiges Licht. Es handelt sich um die Klärung des im Inneren des Menschen sich befindenden Lichts, ob es ein solches überhaupt gibt; wenn dies angenommen wird, woher es kommt, was es ist und was es bewirkt. Wenn es ein geistiges Licht im Menschen gibt, so ist es als ein metaphysisches zu verstehen und die philosophische Behandlung dieses Gegenstandes wird in der Metaphysik betrieben. In der Spätantike, verstärkt im frühen Mittelalter bis hin zur Hochscholastik, zusammenfassend als christliche Philosophie deklariert, haben wir es mit dem Verständnis des Lichts als einer eigenen Lichtmetaphysik zu tun. Das Licht im Menschen kommt von Gott, ist Gott oder göttlich, ist Geist, Vernunft, gehört zu den intelligiblen Fähigkeiten des Menschen. Das innere Licht, die Kompetenz des Intelligiblen, kann sogar als das verstanden werden, was das Wesen des Menschen ausmacht.

Schon vor dieser Zeit und weiterhin bis heute wird das Licht in der Philosophie in anderen Funktionen gesehen und eingesetzt: als Symbol, Analogie oder Metapher. Hier wird kein eigenes Sein des Lichts im Inneren des Menschen angenommen, sondern mit dem sinnlichen Licht als Referenz zur Wahrnehmungskonstanten operiert. Es geht um den Geist, die Vernunft, den Verstand, wie immer wir es benennen wollen, für welches das Licht metaphorisch benutzt wird. Aber schon beim Einsatz von Lichtsymbolen stoßen wir auf das Problem, dass das Symbol selbst sich in seiner Bedeutung gewandelt hat, wir in der Klärung also den historischen Blick nicht außer Acht lassen dürfen. Symbol im antiken Verständnis als etwas Zusammengesetztes, was ursprünglich zusammengehörte und von gleicher Art bzw. einem festen gedachten Band verbunden war, erfordert einen anderen Bedeutungs- und Aussagehehalt als das Symbol in seiner repräsentativen Funktion in späterer Zeit. Hier gibt es nur die kulturell festgelegte gedankliche Verbindung, wofür das Symbol zeichnet. Die Lichtmetapher bietet ein breites Spektrum von Bedeutungsgehalten und Interpretationen, im historischen Teil wird dem explizit nachgegangen.

Die Illuminationstheorie kann als Übergang zu einer stärker naturwissenschaftlichen Perspektive und zur stärkeren Einbeziehung des Kosmosgedankens gesehen werden, obwohl diese Lichttheoriebezeichnung in der Philosophie völlig uneinheitlich verwendet wurde, wie es scheint.

Aus dem breiten Spektrum der Philosophie des Lichts wird jetzt im historischen Teil der Fokus auf die Lichtmetapher gelegt und sondiert, was so zu verstehen ist, was im Einzelnen damit ausgesagt werden soll, was zur Lichtmetaphysik oder zu Übergängen zwischen Beidem verstanden werden kann. Von besonderem Interesse sind dabei die philosophischen Aussagen, die sich in der Lichtmetapher oder den anderen Formen zeigen; es geht mir um die Erkenntnisse, die mit der Lichtmetapher vermittelt werden sollten.

Teil II
Historische Betrachtungen zum Licht der Erkenntnis

Im historischen Projetteil möchte ich chronologisch die Geschichte der Philosophie daraufhin durchforsten, wer überhaupt die Lichtmetapher einsetzte, wozu sie und in welchem Sinne sie benutzt wurde und welche philosophischen Aussagen mit ihr verbunden sind. Es geht nicht primär um eine Geschichte der Lichtmetapher in der Philosophie, sondern um philosophische Theorien und Betrachtungen, die sich der Lichtmetapher bedienten. Beginnen möchte ich mit vorsokratischer Zeit, in der das Licht bereits thematisiert und die Lichtmetapher in Verbindung zur Erkenntnisfähigkeit des Menschen angedacht oder zumindest angedeutet wurde. Platon als Hauptakteur auf der Spielwiese des Lichts wird einen wesentlichen Teil ausmachen. Das Mittelalter mit Augustinus und später mit Thomas von Aquin erfordert die Betrachtung der christlichen Perspektive auf das Geschehen. Christine de Pizan, die in der Philosophiegeschichte vergessene philosophisch gebildete und belesene Schriftstellerin, werde ich ein eigenes Kapitel widmen, um ihr die Würdigung zukommen zu lassen, die ihr m. E. zusteht und die bisher ausgeblendet wurde. Bei Descartes wird das göttliche Licht durch das natürliche abgelöst, das Licht der Vernunft befähigt den Menschen zur Erkenntnis.

Die Epoche des Lichts, die Zeit der Aufklärung, wird einige Zeit der Erarbeitung in Anspruch nehmen und schließlich fordert mich Nietzsche mit seinem *Zarathustra* heraus, welche Gedankenspiele mit dem Licht in der Philosophie möglich sind.

Da die Lichtmetapher zu den sehr häufig benutzten Metaphern in der Philosophie gehört, kann ich nicht alle Äußerungen dazu aufnehmen. Ich kenne sie nicht einmal, vielleicht müsste man ein eigenes Suchprogramm für das Internet dazu schreiben, um wenigstens alle digitalisierten Schriften durchforsten zu können. Inzwischen mag ein KI-Programm diese Arbeit in wenigen Sekunden erledigen, wir müssen uns nicht mehr zeitaufwendig selbst auf die Suche machen, allerdings blieben uns persönlich dann viele Entdeckungen verwehrt. Beim Einsatz von Künstlicher Intelligenz müssten wir dann anschließend sehr zeitaufwendig die Sammlung im Einzelnen gewichten, bewerten und sondieren, was es lohnt, näher betrachtet zu werden. Aber wozu, der Erkenntnisgewinn bei Vollständigkeit der philosophischen Abhandlungen zur Lichtmetapher wäre vielleicht nicht so bedeutsam, dass er den Arbeitsaufwand rechtfertigen würde. Ich habe mich weitgehend auf den gedruckten

Bestand in der Uni-Bibliothek und im eigenen Bibliotheksfundus verlassen und Internetrecherchen hinzugezogen. Einen größeren Umfang hätte ich nicht bewältigen können.

Mich interessiert u. a., inwieweit der Gedankengang Platons über eine eigene Wesenheit des Lichts als ein Gut ohne eigenes Sein von anderen Philosophen und Philosophinnen adaptiert wurde. Das innere Licht, was es ist, nur eine Metapher oder vielleicht ein ganz Eigenes ohne Namen und Kategorie?

Wenn man so will, so befinden wir uns heute immer noch auf der gleichen Stufe der Erkenntnis wie zu Platons Zeiten, dass wir nämlich das physische Licht einem Lichtträger zuordnen können, etwa der Sonne, einem Feuer, einer Kerze etc., das geistige Licht dem Verstand, der nicht als Träger, sondern als Verursacher dieses inneren Lichtes gesehen wird, für das wir keine eigene Kategorie (des Seins) haben. Wir nehmen das Licht als Metapher, übertragen die Sonne, die die äußeren Dinge sichtbar macht, ins geistige Innere des Menschen, wo der Verstand erkennbar macht, aber dies scheint zumindest Platon nicht so direkt gedacht zu haben.

In der christlichen Philosophie des Mittelalters muss ich aus der Vielfalt der Lichttheorien über das göttliche Licht einige herausfiltern, die exemplarisch stehen für andere mit weiteren Modifikationen. Nicht nur die Welt zu erkennen, sondern Gott zu erkennen, scheint das zugrundeliegende Motiv der Lichtmetaphysik manchmal zu sein. Wenn das Sein des Lichts bestimmt werden kann, vielleicht dann auch das Sein Gottes. Das Bilderverbot des Alten Testaments kann eingehalten werden, da das Licht ohne Materie und Form, sich selbst schaffend und niemals sich erschöpfend, die besten Parameter für ein solches Fragen und Suchen bereithält.

Nun beginne ich in der historischen Recherche um die Lichtmetapher mit der frühesten Zeit des philosophischen Denkens im abendländischen Kulturraum, mit Heraklit, Parmenides und mit den Stoikern.

Flammendes Licht, Maria Nühlen, Bleistiftzeichnung, 2023, 70 x 49 cm

Feuer – Ursubstanz bzw. Urprinzip aller Dinge 6

Inhaltsverzeichnis

6.1 Heraklit von Ephesos (535–475 v.Chr.) und die Vernunft des Feuers 134
6.2 Parmenides (ca. 500 v.Chr.) Reise vom Dunkel ins Licht 140
6.3 Das kunstverständige Feuer der Stoiker (um 300 v. Chr. …) 145

In den ältesten philosophischen Quellen aus der Zeit der Vorsokratiker finden wir Hinweise auf die Bedeutung von Licht bzw. Feuer in Zusammenhang mit Geist und Weisheit des Menschen, allerdings nicht in direkter Anwendung als Lichtmetapher. Feuer und Logos gehören zusammen, sind zum Teil identisch, sind von gleicher Art, aber nicht unbedingt dasselbe. Logos bedeutet bzw. ist Licht bzw. Feuer und Feuer bedeutet bzw. ist Logos im Sinne von Erkennendem.

Bremer weist darauf hin, dass die *frühgriechischen Menschen* die Welt als menschliche Lebenswelt durch das Licht, welches die Welt erscheinen ließ, erkannten. Die Welt wurde als ein *beständiges Anwesendes* gedacht, das der Erkennende durch sein Sehen erfährt. Im Unterschied dazu wurde im hebräischen Kulturraum die Wertschätzung des Hörens zur Welterkennung stärker betont. Die Dominanz des *Weltsehens* ist folglich nicht selbstverständlich, sondern gehört zum griechischen Kulturraum, dem wir bis heute dominant gefolgt sind. Zum Sehen aber gehört immer das Licht. (Vgl. Bremer. 1976. S. 50) Bei Aristoteles (siehe Abschn. 7.2) werde ich auf diesen Sachverhalt nochmals zu sprechen kommen.

Wilhelm Luther fragt in seiner Abhandlung *Wahrheit, Licht und Erkenntnis in der griechischen Philosophie bis Demokrit* nach dem Verständnis von Wahrheit und Unverborgenheit im griechischen Denken vorsokratischer Zeit. Ist die Unverborgenheit eine ursprüngliche Eigenschaft der Dinge, gehört sie also genuin zu ihnen, oder ist es eine Sache des Logos, des geistigen Erkennens? Diese Frage können wir nur aus unserem heutigen Denken stellen, die alten Griechen trennten nicht Gegenstand und Bezeichnung oder Ereignis und Beschreibung. Beides gehörte unmittelbar zusammen. So ist die Unverborgenheit mit der Sichtbarkeit verbunden und das Sprechen über ein Ding ist Wahrheit. Die Unverborgenheit gehört also gleichermaßen zu Ding und Logos; Aussage und Sachverhalt sind im frühgriechischen Denken eins. Selbst bei Platon sieht Luther die sinnliche Wahrnehmung und das geistige Erkennen unmittelbar miteinander verflochten. Das innere Sehen mit dem *Seelenauge* ist gleich dem wahren Sein der Ideen. Er spricht in diesem Kontext von der *onto-logischen Wesenheit*, die gleichermaßen der Wahrheit/Wirklichkeit als auch dem erkennenden Menschen/Logos zukommt. Sein und Denken gehören zusammen, sind von derselben Wahrheit bzw. Wirklichkeit. (Vgl. Luther. 1966. S. 36 ff.)

Das philosophische Denken in frühester Zeit war vor allem von der Suche nach dem Ur-Stoff, dem Ur-Element oder dem Ur-Prinzip geprägt. Zumindest setzt die traditionelle Philosophie hier den Anfang der abendländischen Philosophie. Woraus ist alles entstanden? Worauf ist alles zurückzuführen? Können wir Gesetzmäßigkeiten in den Abläufen der Natur nicht nur beobachten, sondern wissend, verstehend, erklärend erkennen? Vielleicht war es die Wissensbegierde des Menschen an sich, die sie zu jener Zeit des 7., 6. und 5. Jhd. v.Chr. antrieb, sicherlich war es aber auch die Bedeutung für das Leben der Menschen, die Erleichterung der Lebensverhältnisse und die Ordnung des Gesellschaftlichen, die man sich aus der Beantwortung der unzähligen Fragen erhoffte.

Die Menschen beobachteten und lernten aus den sich wiederholenden Phänomenen. Sie zogen Schlüsse, um das Erkannte in Zukunft anwenden zu können und vielleicht auf Anderes und Ähnliches zu übertragen. Die beobachtbaren Einzelphänomene wurden auf Wiederholung und Generelles hin überprüft, abstrahiert, Prinzipien wurden erkannt und formuliert, um dann allgemeine Gesetzmäßigkeiten für die Weltordnung zu formuliert. Gedanklich knüpften die Menschen ein Netz von Zusammenhängen, denn wenn aus zunächst einfachen linearen Verbindungen der Gesichtskreis sich erweitert, können die Linien verbunden und verknüpft werden, so dass ein Netzwerk entsteht. Es handelt sich um ein gedachtes Gebilde, aus den Fragen werden Antworten gezogen, die neue Fragen aufwerfen mit neuen Antworten, nicht nur in einem linearen Verlauf, sondern mit Querverbindungen, Überschneidungen und vielleicht auch Mehrfach-Ausläufern; diese abstrahierten Konstrukte waren es, die das philosophische Denken nicht nur in den Anfängen ausmachten.

Alkmaion von Kroton, ein Vorsokratiker des 6. / 5. Jahrhunderts v.Chr., unterschied als erster Grieche zwischen der sinnlichen Wahrnehmung und dem Verstehen des Wahrgenommenen, sprach diese erste Fähigkeit den Tieren zu, beides jedoch den Menschen. Alle Sinneswahrnehmungen hängen mit dem Gehirn zusammen; wenn die Leitung, eine Verbindung zwischen Auge und Gehirn, unterbrochen wird, verstehen wir die Sinneswahrnehmung nicht. Auch Sokrates und Platon haben sich noch mit dieser Theorie auseinandergesetzt, aber sie hat sich nicht durchsetzen können, wie Luther schreibt. Sokrates meinte, dass wir „dem Gehirn die Wahrnehmungen des Hörens, Sehens und Riechens verdanken, aus denen dann Gedächtnis und Meinung und schließlich Wissen entstehen." (Luther. 1966. S. 61) Erst im 18. / 19. Jhd., durch die Forschungsarbeiten von Franz Joseph Gall, wurde die Theorie der Verbindung zwischen Wahrnehmungsorgan und Gehirn nicht mehr bestritten.

In der pythagoreischen Lehre sieht Luther keine Belege für einen Zusammenhang von Sonne, Auge, Seele und Erkennen, es bleibt offen und vage. Aber in der Kosmologie des Philolaos, eines jüngeren Pythagoreers (um 470 – um 390 v.Chr.), hat das Feuer eine zentrale Rolle gespielt. Im Mittelpunkt der Erde bewegt sich das Zentralfeuer, der *Herd des Weltganzen*, ein zweites Feuer umgibt die obere Welt. Das Feuer steht aber nicht in Verbindung mit Logos, Erkenntnis, Vernunft oder Wissen. Als Prinzip nimmt Philolaos die Grenze und das Unbegrenzte, nach dem der Kosmos wie auch alle Einzeldinge sich fügen. (Vgl. die Fragmente des Philolaos. In: Capelle. 1968. S. 473 f.)

Die Aussagenfragmente des Pythagoreers über die Zahl *alles hat Zahl* oder *alles ist Zahl* seien so zu verstehen, dass alles zahlenmäßig geordnet werden kann, dass alles zählbar ist in seiner Wesensart, eine intellektuelle Leistung des Menschen, so die Interpretation von Luther. (Vgl. Luther. 1966. S. 65 f.)

Als Urelement wurde von Thales von Milet das Wasser ausgemacht, aus dem alles entstanden sei; für Anaximander von Milet war es das Unbegrenzte, das Apeiron, vermutlich in räumlicher Dimension gedacht, dass die Wesenheit vom Ursprünglichen ist, für Anaximenes von Milet wiederum war es die Luft und das Unbegrenzte, für Xenophanes von Kolophon die Erde und das Wasser und von Heraklit von Ephesus schließlich das Feuer. Aber Heraklit betrachtete ebenso den Menschen, seine Unvernunft und seine Erkenntnisfähigkeit.

Das Urelement ist das Feuer, woraus sich die anderen Elemente wie Luft, Wasser und Erde, ebenso wie die konkrete Welt, entwickelt haben, so die Lehre der Stoiker (ab ca. 300 v.u.Z.) später. Bei den Stoikern werden das Feuer bzw. Licht in Beziehung zur Vernunft gesetzt. Die Welt ist vergänglich, das reine Feuer dagegen ist ewig. Als unvergänglicher Urkörper stellte das reine Feuer „die ursprüngliche Qualifizierung des Stoffes durch die Vernunft dar." (Hossenfelder. 1985. S. 82)

Bemerkenswert, dass schon in den ältesten Quellen der abendländischen Philosophie das Licht – zumeist als Feuer ausgewiesen – in Beziehung gesetzt wird zur Vernunft, zum Logos, zum Maß-Gebenden und Maß- bzw. Gesetz-Erkennenden.

Zunächst möchte ich Heraklit von Ephesus vorstellen, der sich explizit zum Feuer als Urstoff und Wesenselement der Weltordnung äußerte, der den Menschen zum Gegenstand seines philosophischen Denkens machte, insbesondere die Erkenntnisfähigkeit und damit zu ersten Ansätzen einer Erkenntnistheorie gelangte.

Parmenides folgt ihm mit seinem *Lehrgedicht* über das Sein, über unzweifelhafte Gewissheiten und dem Weg vom Dunkel ins Licht des Wissens. Philosophisch Heraklit folgend, allerdings ca. 200 Jahre später lebend, werden anschließend die Stoiker in ihrer Lehre zum Feuer und zur Erkenntnis vorgestellt.

6.1 Heraklit von Ephesos (535–475 v.Chr.) und die Vernunft des Feuers

Heraklit, aus einer aristokratischen Familie aus Ephesos stammend, soll nicht die politische Herrschaft seines Vaters übernommen, sondern sie seinem jüngeren Bruder überlassen haben. Er widmete sich dem philosophischen Denken, was ihm wichtiger erschien. Den Fragmenten ist zu entnehmen, dass er die Menschen allgemein nicht für klug und vernünftig hielt, sie zu sehr ihren privaten Meinungen und Ansichten folgten, Althergebrachtes unkritisch übernahmen, wie Kinder es tun, aber dem Allgemeinen, d. h. dem Logos, nicht folgten. „Es ist allen Menschen gegeben, sich selbst zu erkennen und vernünftig zu sein." (Heraklit. fr. 33) Aber die meisten Menschen, selbst die Weisen und Gelehrten, scheinen nicht danach zu leben, so seine Ansicht.

Nehmen wir die Aussage Phemonoes in die Philosophiegeschichte mit auf, so ist sie es gewesen, die schon ca. 100 Jahre vor Heraklit mit ihrem Spruch „Erkenne dich selbst" die Menschen zur Selbstreflexion aufforderte und damit den Blick der Betrachtung auf die Erkenntnisfähigkeit des Menschen lenkte. (Vgl. Nühlen. 2021. S. 129 ff.)

Heraklits Lehre ist nicht klar zu bestimmen, da nur wenige Fragmente erhalten blieben, die eindeutig ihm zuzuordnen sind. Ob es nur ausgesprochene oder geschriebene einzelne Aussagen waren, ob er eine eigene Erkenntnistheorie, zumindest in den Ansätzen, verfasste, uns bleibt der Spielraum des Nicht-Verifizierten und die Notwendigkeit der Interpretation. Begriffe wie Logos, Einsicht, ewiges Feuer oder Blitz sind nicht einfach zu bestimmen in ihrer Bedeutung, denn mit *Logos* kann die Weltvernunft und das Weltgesetz gemeint sein, das Gemeinsame, welches das Allgemeine ist, aber auch die Vernunft des gebildeten und reflektierten Menschen; die Einsicht kann auf Wahrnehmung beruhen und damit auf Erfahrung oder aber auf Erkenntnis in einem intelligiblen Verständnis. Die *Vielwisserei*, die Gelehrsamkeit lehrt noch nicht, meinte Heraklit, erst der einsichtige Mensch gelangt zur Erkenntnis. (Vgl. Heraklit. fr. 16 und fr. 18)

Capelle sieht in ihm den ersten Philosophen, der sich den Menschen als Gegenstand der Forschung bestimmte und zu Ansätzen einer ersten Erkenntnistheorie gelangte. (Vgl. Capelle. 1968. S. 128) Der Mensch besitzt Logos und kann damit eigenständig, also unabhängig von Weisen und Gelehrten früherer oder gegenwärtiger Zeiten, die Welt in ihrer Ordnung erkennen.

> „Herakleitos behauptet, dass das All eins ist: getrennt, ungetrennt, geworden, ungeworden, sterblich, unsterblich, Logos, Aion [Ewigkeit], Vater, Sohn, Gott und Gerechtigkeit. *Wenn ihr nicht auf mich, sondern auf den Logos hört, ist es weise, anzuerkennen, dass alles eins ist.*" (9 fr. 50 = Hippolytos IX 9. In: Capelle. 1968. S. 131)

Diese ganzheitliche Sicht, wie Heraklit sie vertritt, gehört zum frühgriechischen Denken. Unserem gegenwärtigen Denken ist es eher fremd, ein Ganzes des Gegensätzlichen zu sehen, die Welt in ihrer Vielfalt als Eins zu denken und überhaupt den Logos als erste allumfassende Instanz zu setzen, wobei Logos als Vernunft und das Feuer als Urstoff bzw. Urprinzip ursprünglich das Gleiche zu sein scheinen.

6.1 Heraklit von Ephesos (535–475 v.Chr.) und die Vernunft des Feuers

Was die Wahrnehmung betrifft, so sehen und hören wir nicht das, was ist, wenn unsere Seele bzw. unser Verstand *unverständig* ist. Unsere Wahrnehmung ist folglich von unserem erkennenden Geist abhängig, erst durch ihn erkennen wir das Wahrgenommene als das, was ist. Die Welt erschließt sich uns durch unsere Sinneswahrnehmungen nur in der Erkenntnis durch den Geist. Dieser frühen Wahrheit vertrauen wir noch heute, haben sie inzwischen jedoch durch naturwissenschaftliche Forschung gut begründet untermauert.

Heraklit entwickelt in seinem metaphysischen Denken den Weg zum Monotheismus, zur Weltvernunft und zum Weltgesetz. Trotzdem bleiben beim ihm die metaphysische Gedankenwelt und das stoffliche Prinzip miteinander verbunden, sind keine getrennten Seins-Welten, Logos und Feuer bilden eine Einheit und werden in einigen Aussagen von ihm offensichtlich sogar synonym verwandt.

„Metaphysik und Physik (insbesondere die Kosmologie), aber ebenso die Erkenntnislehre und die Ethik entspringen bei diesem genialen synthetischen Denker aus ein und derselben Wurzel: aus seiner Grundkonzeption, der Lehre vom Logos." (Capelle. 1968. S. 129.)

Der wohl berühmteste Satz von Heraklit *Alles fließt* (panta rhei), von Platon im Dialog *Kratylos* zitiert, ist in der Philosophiegeschichte bis heute oftmals fehl gedeutet worden, wie Gerhard Gönner in einem Artikel über Heraklit im *Lexikon antiker Autoren* (Vgl. Gönner. 1997. S. 295) schreibt. Vielmehr bezeugen die erhaltenen Fragmente, im Kontext gelesen und gedeutet, dass Heraklit eine Widerspruchslehre vertreten hat. „Alles, was Objekt menschlicher Erkenntnis werden kann, die Gegenstands- und die soziale Welt, besteht selbst als ein aus Gegensätzen Vereintes. [...] Differenz und Identität, Wechsel und Gleichmaß sprechen sich darin aus" (Gönner. 1997. S. 296) Das Fragment des Fluss-Beispiels lautet:

„Denen, die in denselben Flüssen hinein steigen, strömen andere und immer wieder andere Gewässer zu. ... [Der Fluss] zerstreut und ... bringt zusammen ... sammelt sich und fließt fort ... nähert sich und entfernt sich." (Heraklit. Fr. 214 In: Kirk/Raven/Schofield. 1994. S. 217)

Wenn ich mehrmals in denselben Fluss steige, so ist es derselbe Fluss, den ich betrete. Jedoch das Wasser ist beständig ein anderes, aus anderen Wassern gespeist. Ich erlebe Beständigkeit und Wechsel in einem, oder *Identität und Differenz*, wie Gönner es nennt. Sich gleichzeitig nähern und entfernen ist ein Widerspruch, etwas zerstreuen und zusammenbringen als Einheit scheint ein ebensolcher zu sein, so wie auch Derselbe, der immer wieder Anderes einfließen lässt, eigentlich nicht als Einheit zu denken ist. Aber es sind nur scheinbare Widersprüche. In der Natur ist diese Gegebenheit von Widersprüchen leicht zu beobachten, wie Heraklit es am Beispiel des Flusses zeigt. Beim Menschen ist es nicht anders. Bei uns wird jede Körperzelle im Laufe des Lebens mehrfach ausgetauscht, trotzdem bleiben wir die gleiche Person, kein Gedanke in unserem Kopf wiederholt sich tatsächlich, es finden sich immer wieder Modifizierungen und andere Kontexte ein, aber wir bleiben die gleiche Persönlichkeit, auch wenn wir im Laufe der Jahre vielleicht zu einer gereifteren heranwachsen.

In der griechischen Mythologie wird das Identitätsproblem im *Schiff des Theseus* thematisiert.[1]

Eine Vorstellung von Gerechtigkeit kann sich nur dadurch entwickeln, dass Ungerechtigkeiten erfahren werden, Armut gibt es nur durch Reichtum, Gesundheit nur durch Krankheit.

> „Sie würden nicht einmal den Namen der Dike [des Rechts] kennen, wenn es jenes [das Unrecht] nicht gäbe." (Heraklit. Fr. 104)

Die Welt und ihre Teile werden als Ganzes gedacht, das sich aus Gegensätzlichem zusammensetzt. Gegensatz bedeutet nicht per se Widerspruch, sondern Verschiedenes und in der Betrachtung des Ganzen wird der Gegensatz nicht aufgehoben, sondern ist als Prinzip Teil der Weltordnung. Die Verschiedenheit kann eine unterschiedliche Perspektive auf das Geschehen meinen („Der Weg hinauf und hinab ist ein und derselbe." Heraklit. fr. 58) oder durch verschiedene Akteure eine andere Bedeutung erlangen („Meer: das sauberste und zugleich das verfaulteste Wasser, für Fische trinkbar und lebenserhaltend, für Menschen nicht trinkbar und tödlich." Heraklit. fr. 55).

Heraklit hat das scheinbar sich widersprechende bzw. gegensätzliche offensichtlich als ein Grundprinzip des Kosmos verstanden und als Urelement das Feuer dafür benannt. Statt Gegensatz können wir auch Spannung oder Spannungsverhältnis sagen, welches die Welt im Gleichgewicht hält, ein bipolares Denkmodell, welches uns in unserem Kulturraum nicht fremd ist.

Interessant in unserem Kontext hier nun die überlieferten sechs Fragmente des Heraklit zum Thema *Feuer*, die uns einen Einblick in seine Kosmologie ermögli-

---

[1] Hier der Mythos, wie ihn Ekkehard Martens referiert: „Das ‚Schiff des Theseus' war nicht nur ein beliebtes Objekt spitzfindiger Begriffsübungen für die Philosophen der Antike, sondern ursprünglich Gegenstand kultischer Verehrung. Nach der mythologischen Überlieferung war der Held Theseus mit dem Schiff nach Kreta gefahren und hatte mit Hilfe des Gottes Apollon die athenischen Geiseln aus der Macht des Minotauros im Labyrinth gerettet. Als Dank schickten die Athener seitdem jährlich das Schiff des Theseus als Festzug auf Apollons Insel Delos. Über die naheliegenden Identitätsprobleme der Athener mit diesem Schiff berichtet Plutarch in den *Lebensbeschreibungen* (I 23), entsprechend seinem Kenntnisstand im ersten nachchristlichen Jahrhundert: ‚Das Schiff […] haben die Athener bis auf die Zeiten des Demetrios Phaleros aufbewahrt [d. h. etwa eintausend Jahre lang bis ca. 300 v.Chr., E. Martens], indem sie immer statt des verfaulten Holzes neues und festes einziehen ließen. Daher pflegten in der Folge die Philosophen bei ihren Streitigkeiten über das Wachstum der Dinge sich immer auf dieses Fahrzeug zu berufen, so dass einige behaupteten, es wäre und bleibe dasselbe Schiff, andere hingegen, es wäre ein ganz anderes.' Für die Athener war also die Identität des Theseus-Schiffes noch vor allen philosophischen Untersuchungen lebensweltlich ähnlich wichtig wir für Christen die Echtheit von Reliquien oder für andere Religionen bestimmte Kultgegenstände." (Martens. 2000. S. 33 f.)

Platon löst die Frage nach der Identität des Schiffes dahingehend auf, dass er behauptet, die Seele des Schiffes, die Idee, die das Wesen des Schiffes ausmacht – also beim Schiff des Theseus die Wallfahrt zum Apollon-Tempel auf Delos – ist ausschlaggebend und diese Idee ist geblieben, auch wenn nach 1000 Jahren jeder Holzsplitter des Schiffes schon mehrfach gegen einen neuen ausgetauscht wurde.

6.1 Heraklit von Ephesos (535–475 v.Chr.) und die Vernunft des Feuers

chen und auf die gedankliche Verbindung von Feuer bzw. Blitz und Logos bzw. Seele oder, wie wir es hier benennen könnten, von Licht und Erkenntnis verweisen.

> „Die gegebene schöne Ordnung [Kosmos] aller Dinge, dieselbe in allem, ist weder von einem der Götter noch von einem der Menschen geschaffen worden, sondern sie war immer, ist und wird sein: Feuer, ewig lebendig, nach Maßen entflammend und nach [denselben] Maßen erlöschend." (Heraklit. fr. 62)

Die Weltordnung als ein ewiges lebendiges Feuer gedacht, ein sympathischer Gedanke, denn es bedeutet gleichermaßen Beständigkeit und Lebendigkeit, nicht als Gegensätze, sondern als sich verbindende Kräfte. Wenn wir es auf den Menschen übertragen, wären es die in sich gefestigten Persönlichkeiten, die trotzdem *brennen* und offen sind, so meine Vorstellung.

Durch Hippolytos blieben uns verschiedene Fragmente erhalten, in denen das Feuer u. a. als eine geistige Kraft verstanden werden kann.

> „[…] das Feuer *sei* vernünftig […]." (Heraklit. Fr. 69)

> „Über alles wird das Feuer, *sagt er*, einmal herangekommen, urteilen und es verurteilen." (Heraklit. fr. 74)

> „*Alles steuert der Blitz* [das ewige Feuer]." (Heraklit. fr. 75)

> „*Er nennt es [das Feuer]* Mangel und Sättigung." (Heraklit. fr. 72)

Wir können die geistige Kraft des Feuers denken als ein Logosprinzip, als eine vernünftige, steuernde und urteilende Kraft, einerseits als Weltprinzip, das für den Kosmos gilt, andererseits als Vernunftprinzip im Menschen. Das Feuer ordnet den Kosmos, im Erkennen ordnen wir die Welt. Die Vernunft des Menschen wäre dann vergleichbar einem lebendigen Feuer, wobei Heraklit nicht unbedingt den Vergleich meint, sondern er an ein *Prinzipielles* zu denken scheint, aber die Lichtmetapher der Erkenntnis ist deutlich auszumachen.

Das Feuer wird von ihm in verschiedenen Bereichen bzw. Transformationen gedacht. Zum einen ist es das ewige, das göttliche, aber nicht von Göttern geschaffene Feuer, das den Kosmos begründet, ohne Teil des Kosmos selbst zu sein. Als Zweites wäre da das Feuer, das *steuert, vernünftig* ist, *urteilend und verurteilend* wirkt, hier wäre mehr die göttliche oder die menschliche Vernunft angedacht. Drittens scheint er ein Denkmodell als Basis zu meinen, welches einem Spannungsverhältnis unterliegt, das als Weltprinzip ein Gleichmaß herstellt, nämlich das Feuer, das die Welt im Gleichgewicht hält. Der Ewigkeitsgedanke ohne Anfang und Ende wird gedacht, obwohl wir Menschen aus der Wahrnehmung viel stärker den Beginn und die Endlichkeit erfahren. Aber in der Betrachtung des Firmaments können wir eine Vorstellung von Ewigkeit und Unendlichkeit entwickeln, in unserem Erinnerungsvermögen kennen wir keinen Beginn des Denkens oder der bewussten Wahrnehmung, in der Natur beobachten wir den ewigen Kreislauf des Entstehens und Vergehens und der wiederkehrenden Jahreszeiten. Das Licht, welches wir am Himmel mit unseren Augen sehen, ist ohne Grenzen und unterliegt doch der Veränderung in seiner

Helligkeit und Dunkelheit. Das Feuer ist nicht maßlos, nicht grenzenlos, sondern entflammt und erlischt in Maßen, ohne dass es eine Instanz gibt, die dieses initiiert, sondern das Feuer scheint aus sich selbst heraus sich zu wandeln. So können wir es in der Beobachtung wahrnehmen.

Zudem gibt es die Wandlungen des Feuers im Kosmos und auf der Erde.

„Wendungen des Feuers: an erster Stelle Meer, vom Meere aber die eine Hälfte Erde, die andere Hälfte Gluthauch. […] Meer ergießt sich nach zwei Seiten und wird zugemessen nach demselben Verhältnis, das galt, bevor Erde entstand." (Heraklit. fr. 64)

„Alles ist austauschbar gegen Feuer und Feuer gegen alles, wie Waren gegen Gold und Gold gegen Waren." (Heraklit. fr. 63)

Das kosmische Feuer ist als *Teil der Gesamtheit des Seienden* zu verstehen, das in stetem Wechsel mit den anderen Teilen des Seienden steht. In diesem Sinne kann sich das Feuer in Wasser oder Erde verwandeln und wieder zurück in Feuer, ohne das etwas verloren ginge.

Wir sind hier sofort an Einsteins Theorie der Umwandlung von Masse in Energie und zurück in Masse erinnert. Der Vorgang der Beobachtung von erhitztem Wasser in Wasserdampf und bei Abkühlung wieder in Wasser wird bekannt gewesen sein. Durch Feuer konnte diese Transformation in Gang gesetzt werden. Wenn Heraklit vom ätherischen Feuer bzw. *Gluthauch* spricht im Kosmos, so könnten wir uns dieses Feuer als ein Licht vorstellen, das den Himmel durchstrahlt. Bei den alten Griechen war Aither/Äther der Himmel bzw. das sich ausbreitende Licht am Himmel, wo auch Zeus wohnt, der nicht nur hell strahlend, sondern ebenso wolkenverhüllend agierte. Es ist das Gegensätzliche, das zusammengeht sowie zusammengehört und somit das Geschehen in der Welt und die Widersprüche im Menschen aufzeigt. Durch die sich widerstrebenden Kräfte wird ein Spannungsfeld aufgebaut, das den Ablauf im Weltgeschehen gleichermaßen wie auch im Menschen bestimmt.

„Der Gott ist Tag-Nacht, Winter-Sommer, Krieg-Frieden, Sättigung-Hunger [alle Gegensätze, das ist die Bedeutung]; er wandelt sich gerade so, wie Feuer, wenn man es mit Räucherwerk vermischt, nach dem Wohlgeruch jedes einzelnen [Duftstoffs] benannt wird." (Heraklit. fr. 204. In: Kirk/Raven/Schofield. 1994. S. 208)

Wenn im Feuer Weihrauchkörner oder Tannennadeln verbrannt werden, so bleibt es Feuer wie zuvor, und doch wird es durch den Geruch als ein anderes Feuer wahrgenommen. Durch metallhaltige Erde, ins Feuer geworfen, ändert sich die Farbe des Lichts, und doch ist dieses andere Feuer dasselbe wie zuvor.

Neben dem Feuer spricht Heraklit auch von der Sonne und den Gestirnen am Himmel, aber nicht in Verbindung mit Vernunft, Logos oder Urteilsvermögen, sondern als physische Erscheinungen. Er erklärt, wodurch sie ihre Wirkung von Licht entfalten, wie es zu Mond- und Sonnenfinsternissen kommt, der Rhythmus von Tag und Nacht etc.

„Gäbe es keine Sonne, wäre es, sofern es die übrigen Himmelskörper angeht, Nacht." (Heraklit. fr. 80)

6.1 Heraklit von Ephesos (535–475 v.Chr.) und die Vernunft des Feuers 139

> „Die Himmelskörper entflammen und erlöschen; so Heraklit." (Heraklit. fr. 83)

> „[…] Die Flamme der Sonne ist am hellsten und wärmsten. Denn die Sterne sind weiter von der Erde entfernt und leuchten und wärmen deshalb weniger. […] Die monatlichen Phasen des Mondes entstehen dadurch, daß im Fall des Mondes die Schale sich allmählich umdreht. Es entstehen Tag und Nacht und Monate, Jahreszeiten, Jahre, Regen und Winde und dergleichen in Abhängigkeit von den verschiedenen Arten der Ausdünstung. […]" (Heraklit. fr. 86)

Es sind die von den ersten Naturphilosophen erstellten Theorien von warmen und kalten Ausdünstungen, den einzelnen Verbindungen des Warmen und Feuchten oder Trockenen sowie des Kalten und Trockenen oder Feuchten, in allen möglichen Konstellationen, die für die organischen Lebewesen und die nichtorganischen Dingen, gleichermaßen für den Menschen in seiner Körperlichkeit und seiner Seele gelten und wie wir sie noch z. T. bei Aristoteles vorfinden.

Zentral im kosmischen Denken des Heraklit steht das Feuer, das in verschiedenen Transformationen gedacht wird und in Erscheinung tritt. Im alten Standardwerk von Kirk, Raven und Schofield finde ich die gründliche Recherche und Analyse der alten Fragmente.

> „Feuer ist die archetypische Form der Materie. Die Weltordnung als ganze kann als ein Feuer beschrieben werden, von dem gewisse Mengen gelöscht und entsprechende Mengen wieder angezündet werden; nicht alles brennt gleichzeitig. [.....] Als *ein* Teil des Kosmos betrachtet ist das Feuer eine der drei unzweifelhaften Weltmassen und steht auf einer Stufe mit dem Meer (das vermutlich das Wasser im allgemeinen repräsentiert) und der Erde. Das reine kosmische Feuer wurde von Heraklit wahrscheinlich mit dem αἰθήρ (Äther) identifiziert, dem glänzenden feurigen Stoff, der den strahlenden Himmel erfüllt und die Welt umgibt; dieser Äther wurde weithin als göttlich und als ein Ort für die Seelen betrachtet." (Kirk/Raven/Schofield. 1994. S. 217)

Weiterhin heißt es bei ihnen in der Interpretation der Lehre des Heraklit: „Die Seele in ihrem wahren und wirkungsvollen Zustand besteht aus Feuer." (Kirk/Raven/Schofield. 1994. S. 223) Die Seele ist das Organ des Denkens, ist Sitz des Verstandes und der Erkenntnis. Auch für die Seele des Menschen erkennt Heraklit eine Zweiteilung.

> „… sie ist unsterblich, insofern sie aus göttlichem Feuer genährt wird (Heroen), sterblich aber ist die der >Vielen<, da sie nur der menschliche Körper erhält. Während die unsterbliche Seele als >trocken<, da vom Feuer genährt, dem Denken zugehörig gilt, wird die andere zu Wasser und eignet als >Feuchtes< (wie der Betrunkene) der Unvernunft. Ob aber der Mensch zu den Sterblichen gehört oder zu den Unsterblichen, hängt allein von seiner >Eigenart< ab, nicht von irgendeinem Schicksal." (Gönner. 1997. S. 297)

Nach Heraklit sind wir Menschen nicht einfach nur Spielball der Götter, nicht abhängig und einem Schicksal ausgeliefert durch Geburt und Herkunft. Durch Forschung, Nachdenken und Selbsterkenntnis, durch die Besinnung auf unsere Sterblichkeit und durch unsere Fähigkeit zur Reflexion haben wir es selbst in der Hand, ob wir vom göttlichen Feuer (der Vernunft) genährt werden.

„Die trockene [feurige] Seele ist die weiseste und beste." (Heraklit. fr. 230. In: Kirk/Raven/Schofield. 1994. S. 223)

Der Mensch, im Besitz des Logos – die Seele ist der Sitz des Logos -, hat Teil am Weltgesetz, an der Weltvernunft, der Mensch ist zur Erkenntnis und damit zur Wahrheit fähig, autonom allerdings nur mit der *trockenen – feurigen* Seele, nicht der feuchten Seele, die dem Betrunkenen gehört. Zu dieser *weisen Seele* können wir selbst gelangen, aber sie ist trotzdem nur wenigen Menschen zu eigen, so sein pessimistischer Blick auf die Menschen seiner Zeit.

Feuer und Erkenntnis können in einen unmittelbaren Zusammenhang gesetzt werden, wenn man die darüber sprechenden Fragmente interpretiert. Bei Heraklit bedarf es keiner expliziten Metapher, dass Feuer Erkenntnis bedeutet und Erkenntnis gleich ewigem Feuer ist. Der Urstoff Feuer, zunächst in der Tradition der antiken Philosophie dieser Zeit als ein Materielles gedacht, transformiert sich in Erde und Wasser und Gluthauch, ist wandelbar und doch in sich dasselbe. Bei Heraklit wird das Feuer darüber hinaus zu einem metaphysischen Konstrukt mit universellen und ethischen Aspekten. Gegensätzliches vereint sich als ein Spannungsverhältnis zu einer Einheit, Vernunft und Urteilsvermögen liegen im Feuer, es steuert Weltgesetz und Weltvernunft, es ist ewig und beherrscht den Kosmos und die Erde, durch die Seele hat der Mensch Anteil an dieser Kraft, nicht alle Menschen, aber die es selbst wollen, wenn sie sich und die Welt erforschen und zur Einsicht gelangen. Das Feuer ist Erkenntnis!

6.2 Parmenides (ca. 500 v.Chr.) Reise vom Dunkel ins Licht

Zur Person des Parmenides gibt es nur wenig zu sagen: Er lebte und lehrte in Unteritalien, in Elea. Seine Lehre *Vom Wesen (des Seienden)* im Lehrgedicht *Über die Natur*, so die gängige Bezeichnung, wurde zwar nur fragmentarisch, jedoch in wesentlichen Aussagen überliefert; es beschäftigt die Philosophinnen und Philosophen noch heute. Die zwei Teile seiner in Hexametern verfassten Lehrmeinung scheinen sich zu widersprechen, der erste Teil scheint gut verständlich und wenig umstritten in der Interpretation zu sein, der zweite wirft Fragen auf. Später mehr dazu, denn es geht um Licht und Dunkelheit.

Mit Parmenides wird ein neuer Blick auf die Welt geworfen, erstmals dokumentiert die Ebene des Metaphysischen in aller Klarheit und Deutlichkeit erreicht. Es geht um das Sein und die Wahrheit des Seins. Nur das mit dem Geist erkannte kann wahr sein, nicht aber gleichermaßen das sinnlich Wahrnehmbare, welches nicht mit letzter Gewissheit erkennbar ist, denn unsere Sinne können uns täuschen und empirische Objekte können ihre Eigenschaften ändern.

Die Bestrebungen und die Auseinandersetzungen der ersten Vorsokratiker gingen um die empirisch wahrnehmbare Welt und den Grad der Gewissheit dieser empirischen Welt. Parmenides beanspruchte die absolute Gewissheit des Seins bzw. der Wahrheit explizit für eine von ihm aufgestellte Theorie des Seins. Die Philo-

6.2 Parmenides (ca. 500 v.Chr.) Reise vom Dunkel ins Licht

sophen Kirk, Raven und Schofield schreiben in ihrem zum Klassiker avancierten Werk *Die vorsokratischen Philosophen*:

„Parmenides behauptet, dass es bei jeder Fragestellung zwei und nur zwei logisch kohärente Möglichkeiten gibt, die sich gegenseitig ausschließen, nämlich dass der Gegenstand der Untersuchung existiert oder dass er nicht existiert. Aus epistemologischen Gründen scheidet er die zweite Alternative als nicht einsichtig aus. Dann wendet er sich [in seinem Lehrgedicht] einer harschen Kritik der gewöhnlichen Sterblichen zu, weil sie durch all das, was sie glauben, zeigen, dass sie niemals die Wahl zwischen den beiden Wegen des ‚ist' und des ‚ist nicht' treffen, sondern *beiden* folgen, ohne zwischen ihnen eine Unterscheidung zu treffen. Im letzten Abschnitt des ersten Teils erkundet er den einen sicheren Pfad, den des ‚ist', und beweist in einer erstaunlich deduktiven *tour de force*, dass, wenn etwas existiert, es nicht entstehen oder untergehen, sich nicht verändern oder bewegen und auch nicht irgendeiner Unvollkommenheit unterworfen sein kann. Parmenides' Argumente und seine paradoxen Schlussfolgerungen hatten einen enormen Einfluss auf die spätere griechische Philosophie. Seine Methode und desgleichen seine Wirkung sind mit Recht denen von Descartes' *cogito* verglichen worden." (Kirk/Raven/Schofield. 1994. S. 265)

Parmenides benutzt zur Beweisführung seiner neuen Theorie des Seins die Regeln der einfachen Logik, die Gewissheit über die Logik und die Ungewissheit über die Wahrnehmung. Wenn er behauptet, dass wir nur über das Sein etwas sagen können, etwas anderes als das Sein können wir nicht benennen und erkennen, wir wissen nichts über das Nicht-Sein und dessen Existenz, so formuliert er in aller Klarheit eine Aussage, die man nicht widerlegen zu können scheint. Nur das Seiende kann erkannt werden, nur darüber können wir etwas wissen. Für Parmenides sind die wahren Sätze, die Aussagen, von denen wir behaupten können, dass sie gewiss und unbezweifelbar sind, das Seiende. Dies können nur Erkenntnisse des Geistes sein. Über das Empirische ist niemals etwas mit unzweifelhafter Gewissheit auszusagen.

Ähnlich wie Descartes, den Sinnen nicht trauend, verlässt sich der Vorsokratiker auf das Urteil der Vernunft.

„In jeder Untersuchung gibt es nur zwei logisch kohärente Möglichkeiten, die einander ausschließen: ›Etwas (oder genauer, ›das Objekt der Untersuchung‹) existiert‹, oder ›etwas existiert nicht‹. Indem er die zweite Möglichkeit als nicht intelligibel ausscheidet – ‚Weder kann man das Nichtseiende wissen, noch es erklären, denn es ist dieselbe Sache, die gedacht werden und sein kann' -, beweist er die erste Möglichkeit. ‚Nichts ist nicht' (ein Gedanke, dem er größtes Gewicht beimisst), das Seiende aber ‚ist'. Und: Das Seiende und der Gegenstand der Untersuchung sind identisch.
[…]
Zum ersten Mal in der europäischen Philosophie werden Wahrnehmung und Vernunft in Antithese gesetzt. Parmenides zieht einen Trennstrich zwischen dem Schauspiel der materiellen Welt und dem Intelligiblen, der Erkenntnis der Sinne und des Logis, und erklärt zugleich allein die letztere für zuverlässig und wirklich. Nicht mit den Sinnen, sondern nur durch einen Prozess dialektischen Denkens kann die Wirklichkeit erfasst werden." (Habermehl. 1997. S. 503 f.)

Auf das Lehrgedicht des Parmenides in den uns überlieferten Fragmenten und der dieser Arbeit zugrundeliegenden Fokussierung auf das Licht sowie die Lichtträger und die Erkenntnis mit Wahrheitsanspruch möchte ich mich im Weiteren konzentrieren.

Einleitend beschreibt der frühe Philosoph seinen Weg in dieses philosophische Abenteuer, „einen Weg, der weitab vom üblichen Pfad der Menschen liegt." Durch *göttliche Fügung und Recht* wird er in einem Wagen ins Reich der Göttin Dike gebracht, um ihre Worte zu hören, die er den Menschen weitergeben soll. „[…] soweit nur mein Mut reicht" (Parmenides. fr. 4), so weit will er vordringen in das Reich der Erkenntnis. Was ihn erwartet, ist die überzeugende Wahrheit, die sich von der Meinung der Sterblichen unterscheidet. Diese Meinungen verstehen lernen in ihrer Gültigkeit, wenn es allgemein ist, wird ihm aufgetragen. Auf seiner Fahrt wird Parmenides begleitet von den Jungfrauen, „die zuvor das Haus der Nacht zum Licht hin verlassen hatten". (Parmenides. fr. 4)

Nach den einleitenden Worten, die letztlich belegen sollen, dass seine Lehre göttlichen Ursprungs ist und damit allgemeine Gültigkeit besitzt, beginnt er seine Ausführungen über das Sein und das Nicht-Sein zunächst mit dem logischen Ausschlussverfahren und der Aussage „dass man es erkennt, ist dasselbe, wie dass es ist". (Parmenides. fr. 7)

Abwesenheit bedeutet jedoch nicht Nicht-Sein, sondern das, was es ist, ein Seiendes in seiner (momentanen) Abwesenheit. Es kommt folglich nicht auf die Sichtbarkeit mit den Augen an, sondern auf das Sichtbare durch den Geist, auf das geistig Erkannte. (Vgl. Parmenides. fr. 8)

In der Beschreibung zum Weg des Erkennens nennt Parmenides die Ganzheit, nicht als Gewordenes, sondern als ein Geschlossenes, denn es kann sich nicht etwas aus Nichtseiendem entwickeln oder dazu werden. Das Seiende ist ein Ganzes, nicht teilbar, ohne graduelle Abschwächung oder Stärkung, an keiner Stelle ein Mehr oder ein Weniger, „sondern es ist als Ganzheit von Seiendem innen erfüllt" (Parmenides. fr. 11), so müssen wir das Sein denken. Wir dürfen nicht einem bloßen Namen folgen, im Vertrauen, dass es wahr sei, wir müssen es selbst erkennen und mit Gewissheit sagen können, dass es ist. Wir müssen uns dieses unteilbare Ganze des Seins als eine Kugel vorstellen, „von der Mitte aus überall von gleicher Kraft – denn es darf nicht da oder dort stärker oder schwächer sein." (Parmenides. fr. 11) Parmenides arbeitet mit der bildlichen Vorstellungskraft des Menschen, um seine Theorie zu erläutern.

Soweit die verlässlichen Aussagen der Wahrheit, das andere sind Meinungen.

In seinem Theoriemodell der Welt geht er des Weiteren von zwei Formen aus, die beide benannt werden müssen. Sie scheinen Gegensätze mit getrennten Merkmalen zu sein.

„[…] für die eine der Flamme himmlisches Feuer, das milde und vernünftig ist, sehr leicht, mit sich selbst in jeder Hinsicht dasselbe, jedoch nicht dasselbe wie die andere [Gestalt] – andererseits [haben sie] auch diese [bestimmt] für sich, als Gegensatz: unwissende Nacht, eine dichte und schwere Gestalt. Die entsprechende Weltanordnung teile ich dir in ihrer Gesamtheit mit, damit nicht irgendwelche menschliche Einsicht dich übertrumpft." (Parmenides. fr. 11)

In der Weltordnung gehört beides zusammen, Licht und Dunkelheit. Zur Weltentstehung und Weltordnung sieht dieser Philosoph immer wieder diese Elemente des Lichten, die Sonne, Mond und Gestirne entstehen ließen, als auch das Dunkle, was

6.2 Parmenides (ca. 500 v.Chr.) Reise vom Dunkel ins Licht

das Feste ist wie die Erde. Mischungen aus Beidem können ebenfalls entstehen. Sein Weltmodell scheint aus weiteren festen Kränzen (wie eine Mauer) mit einem jeweiligen Feuerkranz umgeben zu sein. Sonne und Milchstraße sind Ausatmungen des Feuers, Luft und Feuer mischen sich im Mond.

Auch bei Parmenides ist das bipolare Denken zu finden, welches er jedoch um die Mischformen von Hell und Dunkel, Feuer und Erde, Warm und Kalt, Feucht und Trocken erweitert um graduelle Abstufungen des Helleren und Dunkleren etc. in verschiedenen Mischungsverhältnissen.

> „Nachdem alles als Licht und Nacht benannt und das ihrem jeweiligen Vermögen Entsprechende diesem und jenem Einsehen beigelegt wurde, ist alles voll von Licht und unsichtbarer Nacht zusammen – die beide gleich sind – da es nichts gibt, das nicht einem der beiden zugehört." (Parmenides. fr. 35)

Wir leben in der Welt des Wissens und der Unwissenheit, beides zugleich ist in uns, beides ist in der Welt, aber über die Welt der Unwissenheit vermögen wir nichts zu sagen, das ist unser Problem. Erst wenn durch das Licht die Dunkelheit erhellt wird, gelangen wir aus der Unwissenheit zum Wissen.

Zum frühgriechischen Denken gehört das Helle und das Dunkle als eigene *Seinsgestalten, Wirkkräfte, Wesensformen*, worauf auch dieser Vorsokratiker zurückgreift, so Bremer in seinem Werk *Licht und Dunkel in der frühgriechischen Dichtung*. In Parmenides Weltentwurf sind es die Gestalten von Licht und Nacht, die das Seiende konstituieren. (Vgl. Bremer. 1976. S. 58)

> „Erkennen des Wirklichen geschieht im Zusammenwirken von Licht und Finsternis als ein unterscheidendes Sehen von Hell-Dunkel-Differenzierungen, und zwar in der Weise, daß der Erkennende als eine Einheit von Hellem und Dunklem das ihm begegnende Wirkliche als ein Gleichgeartetes erfaßt." (Bremer. 1976. S. 58)

Das Erkennen der Wahrheit ist eine Reise vom Dunkel ins Licht, mit der Erkenntnis, dass beides zusammengehört und das Ganze bilden.

So berichtet uns Plutarch noch ca. 600 Jahre nach Parmenides über diesen:

> „Vielmehr hat er [Parmenides] sogar eine Weltordnung entwickelt, und indem er das Helle und Dunkle sich als Elemente miteinander vermischen lässt, erzeugt er aus ihnen und durch sie alle wahrnehmbaren Erscheinungen; denn er hat ja viel über die Erde und den Himmel sowie über Sonne, Mond und Sterne gesagt und die Entstehung der Menschen erörtert; und wie es einem alten Naturphilosophen anstand, der auch sein eigenes Buch zusammenstellte und nicht ein fremdes ausplündert, ließ er keins der wichtigen Themen undiskutiert." (Plutarch über Parmenides. fr. 304, in Kirk/Raven/Schofield. 1994. S. 283)

In der Interaktion der beiden polaren Kräfte von Licht und Nacht entsteht der Kosmos. Es gibt zwei Wahrnehmungen, die zur Zweiteilung der menschlichen Welten geführt haben, die aber eigentlich eins sind und sich entsprechen: die physisch wahrnehmbare Welt und die intelligible Welt, die beide sind, ein Seiendes und nicht geteilt.

Das Weltall ist aus zwei Elementen aufgebaut, aus Licht und Nacht, die gegensätzliche Merkmale tragen und sich nicht in das andere verwandeln können. Die

Welt besteht aus Licht und Schatten bzw. Nacht, Dunkelheit, alles hat an ihnen Anteil. Zusammen füllen sie die Welt aus, die beiden Elemente können sich in ihren Teilen verbinden und ergänzen.

Nach Parmenides ist die Erde rund und das Mondlicht ein von der Sonne geborgtes Licht. Er soll auch als erster gesagt haben, dass der Abendstern derselbe sei wie der Morgenstern.

> „Das Sein kennt keine zeitlichen Grenzen – es ist immerwährend. Hätte es jedoch keine räumlichen Grenzen, könnte es nicht vollkommen existieren. Die Vorstellung dieses Seienden erinnert an Einsteins gekrümmtes All: es ist endlich, und doch gibt es kein ‚dahinter'. Es gibt keine Leere. Leere kann nur sein, wo kein Seiendes ist. Aber wo kein Sein ist, ist Nichtsein – und dieses existiert nicht: ‚Nichts ist nicht.' Andererseits ist das Seiende mit den Sinnen nicht begreifbar; es ist unveränderlich und ‚zeitlos'. Diese Eigenschaften sprechen für seine Immaterialität. Das Seiende ist ein Objekt des Denkens, nicht der Sinne." (Habermehl. 1997. S. 505)

Wir Menschen sind in der Lage uns gedanklich etwas *auszudenken*, was wir aber nicht tatsächlich *begreifen* können, da die entsprechende Wahrnehmung fehlt. Wir können sprachliche Ausdrucksweisen für gedankliche Schlussfolgerungen finden, sie aber nur durch unseren Verstand einsehbar machen, nicht aber in der wahrnehmbaren Welt wirklich im Eigentlichen erfassen.

Für Parmenides hat die Welt des intelligiblen Denkens eine eigene Seinsform, die uns die Wahrheit erkennen lässt und die verlässlicher ist als die sinnlich wahrnehmbare Welt, die auch ist, aber über die wir uns nur in Meinungen austauschen. Aus der unsichtbaren Nacht, die Unwissenheit bedeutet, kommen wir zum Wissen und zur Erkenntnis durch das Licht. Aber Parmenides benutzt nicht direkt die Lichtmetapher zur Erläuterung seines Erkenntnis-, Seins- und Welt-Modells, formuliert es in keinem seiner überlieferten Fragmente unmittelbar, wir können es nur hineininterpretieren. Vielmehr spricht er im ersten Teil seines Lehrgedichts vom Sein und den logischen Schlussfolgerungen zur Erkenntnis dieses Seins und im zweiten Teil von der sich komplementär ergänzenden Welt des Lichts und der Dunkelheit, die die Weltordnung bestimmt. Das geistige, intelligible Erkennen wird von ihm nicht als ein inneres Licht bezeichnet, auch nicht im übertragenden Sinne einer sinnlichen Wahrnehmung durch das Sehen.

In einer weiterführenden Interpretation sieht Johannes Kreuzer in seinem Aufsatz *Das Licht als Metapher in der Philosophie*, 2016 im *Studium Generale* publiziert, dass im Parmenideischen Lehrgedicht an das Konzept angeknüpft wird, dass „das Licht jene Macht ist, die sich selbst und ihr Gegenteil durchschaubar macht". (Kreuzer. 2016. S. 66) Er sieht im zweiten Teil des Lehrgedichtes den Weg einer *mehrfachen Aufklärung*: der Weg führt aus dem Dunkel (1) in den Denkraum ‚Licht' (2) *durch alle empirischen Widerfahrnisse hindurch*, worin das Licht zur Metapher einer reinen Denkwelt (3) wird. (Vgl. Kreuzer. 2016. S. 66) Aber Kreuzer bleibt nicht bei diesem Gedanken stehen, sondern sieht bei Parmenides die Überwindung der Metaphorik hin zur Metaphysik, denn das *Erkenntnislicht* wird *ontologisiert*, das Licht der Erkenntnis wird zum eigenen Sein. Im Erkenntnisvorgang wird die Meinung überwunden hin zu Wahrheit, zum sicheren Wissen. Das Erkenntnislicht bringt die Aufklärung, die uns zum Wissen führt. Die *Sphäre des Lichts* gibt den Weg frei zu Wahrheit. (Vgl. Kreuzer. 2016. S. 67 f.)

Vielleicht führt diese Interpretation zu weit, denn Licht und Dunkelheit sind die beiden Elemente, die die wahrnehmbare Welt, sind die Kräfte, die den Kosmos bilden. Durch das Licht kommen wir zur Wahrheit, zur intelligiblen Wahrheit, die ein eigenes Sein hat. Das Sein des Parmenides ist ein metaphysisches Sein, von dem wir mit Gewissheit sprechen können. Das metaphysische Sein schließt das physische Sein ein, über welches wir für sich jedoch nicht mit dem Anspruch der Wahrheit aussagen können. Aber hat deshalb das Licht ein metaphysisches Sein, weil es zur Wahrheit führt? Das Licht bleibt m. E. unbestimmt in seiner Seinsart, ist keinesfalls als ein sinnliches zu bestimmen, aber auch nicht klar als ein metaphysisches, sondern Parmenides spricht von einer Kraft sowie von Licht und Dunkelheit als Elemente. Wenn das Licht als direkte Metapher von diesem Philosophen eingesetzt worden wäre, so wäre es mit der Unzulänglichkeit der sinnlichen Wahrnehmung behaftet, was für ihn aber nicht zur Wahrheit führt. Das Licht kann nur intelligibel als ein Wahres erkannt werden, was es aber in seinem Sein genau ist, bleibt unklar, es ist zumindest eine Kraft.

6.3 Das kunstverständige Feuer der Stoiker (um 300 v. Chr. ...)

Zeitlich überspringe ich jetzt ca. 200 Jahre, schließe inhaltlich jedoch an Heraklit und seine Feuer-Seele-Vernunft-Theorie in den Anfängen der stoischen Lehre an. Auf die Zeit der großen Klassiker der griechischen Antike, mit Platons Einsatz der Lichtmetapher und Aristoteles theoretischen Betrachtungen, werde ich im nächsten Kapitel gesondert eingehen. Ich ordne und analysiere die Schriften dieser Zeitepoche hier nach theoretischen Aspekten zur Problematik der Lichtmetapher, nicht nach der chronologischen Reihung.

Eigentlich wurde mit *stoa* eine athenische Säulenhalle bezeichnet; als Versammlungsort der ersten Stoiker erhielten diese ihren Namen durch die Architekturformation des philosophischen Denkraumes. Die Ära der großen Klassiker der griechischen Philosophie – Sokrates – Platon – Aristoteles – war mit dem Tod des letztgenannten zu Ende gegangen, die Zeit der Stoiker begann. In Unterteilung der älteren Stoa (300–150 v.Chr.) in Athen und der jüngeren Stoa (50–200 n.Chr.) in Rom finden wir eine Reihe von Namen wie Zenon von Kition (332–262/1 v.Chr.), dem Begründer der stoischen Schule, des Weiteren Kleanthes (331/30–230/29 v.Chr.) und Chrysippos (um 280 – um 206 v.Chr.), die Hauptvertreter in der griechischen Epoche, sowie aus römischer Zeit Seneca (1–65 n.Chr.), Epiktet (50 – c. 138 n.Chr.) und Marc Aurel (121–180 n.Chr.). Eine exakte Zuschreibung zahlreicher überlieferter Fragmente zu bestimmten Autoren ist heute nicht mehr gänzlich möglich, so werden diese nicht zuzuordnenden dann allgemein unter *Stoa* subsumiert.

Über die Lehre der Stoiker schreibt Matthias Vogt in *Dumants Handbuch Philosophie* zusammenfassend:

> „Das System der Stoiker [...] gliedert sich in die drei Bereiche Logik, Physik und Ethik. In der Logik werden Regeln aufgestellt, mit deren Hilfe der Wahrheitsgehalt von Aussagen beurteilt werden soll. Die Physik erklärt den Kosmos, die Welt; die Ethik schließlich demonstriert, wie der Mensch in Harmonie mit der Natur, mit dem Kosmos leben kann. Die höchste Wertschätzung kommt dabei der Ethik zu, die – so ein stoischer Vergleich - in einem Garten, der von der Logik umzäunt wird, als Frucht an den Bäumen – der Physik – hängt. [...] In dem Ineinandergreifen von Logik, Physik und Ethik entsteht mit der Stoa erstmals ein geschlossenes philosophisches System. Der zentrale Begriff der Stoa ist die Natur. Nur sie existiert, alles, was ist, ist daher körperlich." (Vogt. 2003. S. 64, 67)

Zur Logik gehören in der stoischen Lehre die Erkenntnistheorie und die Dialektik; aber eine Verbindung zum Licht bzw. zum Feuer wird erst in der Physik hergestellt. Die stoische Lehre hat Probleme mit der Erklärung des Nicht-Stofflichen wie der Vernunft, da doch eigentlich alles Wahrzunehmende stofflicher Natur ist und wir nur beim Materiellen von Wahrem sprechen können und zur Wahrheit vordringen. Die immaterielle Vernunft, um sich nicht in einer in sich widersprüchlichen Theorie zu verfangen, wird deswegen nur mit dem Prinzip *Stoff* zusammen gedacht, ist untrennbar mit ihm verbunden, Stoff und Vernunft bilden den Körper.

In Bezug auf das Licht wird nun der Einfluss Heraklits auf die Stoische Lehre deutlich. Es ist das Feuer, aus dem die anderen Elemente wie Luft, Wasser und Erde hervorgehen. Das Feuer, dominantes stoffliches Element, welches sich in der Qualität des Warmen (bei Luft ist es das Kalte, beim Wasser das Feuchte, bei der Erde das Trockene) zeigt, ist wandelbar, aber an sich unvergänglich, es ist die gestaltende und schaffende Kraft der Natur, und „zuweilen mit Logos [in der Bedeutung der Vernunft] und Gott gleichgesetzt". (Hossenfelder. 1985. S. 82.) Erst in der Gestalt des Atems – griechisch *pneuma* = Lufthauch – ist das Feuer nicht mehr zerstörerisch, durchzieht die Natur, die Physis, und wirkt so gestaltend und schaffend, bewegt alles auf vernünftige Art und Weise.

> „Die in den Dingen wirkende Kraft ist daher nicht das reine Feuer, sondern der warme ‚Hauch', das Pneuma. Dieses ist Feuer, das sich schon im Übergang in Luft, die als erstes Element aus ihm hervorgeht, befindet, so dass durch die Verbindung mit dem Kalten der Luft die zerstörerische Gewalt des Feuers neutralisiert wird. Das Pneuma durchzieht alle Körper und bewirkt ihre Beschaffenheit, ihre Bewegung und, vermöge seiner inneren Spannung (τόνος), ihren inneren Zusammenhalt. Diese Spannung ist als das Widerspiel zweier Bewegungen, die sich gegenseitig aufheben, zu denken." (Hossenfelder. 1985. S. 82[2])

Nur indirekt können wir, abgeleitet aus der heraklitischen Philosophie, auch in der Stoischen Lehre die Verbindung von Feuer und Erkenntnis erschließen. Das nicht konsequent logisch schlüssige Denken und der Widerspruch von Materie und Immateriellem kommen in der Stoa zum Tragen. Das Feuer ist stofflicher Natur, aber an sich ist es in seiner wandelbaren Natur trotzdem ewig, es ist Kraft, ist Vernunft und Seele. Aber durch die Unterscheidung von irdischem Feuer, das wir alle kennen, und dem kosmischen Feuer, gemäß der philosophischen Lehre, gelangen wir doch zu einem konstruktiven Konzept.

---

[2] Hossenfelder bezieht sich auf die Fragmente-Sammlung SVF von Hans Friedrich August von Arnim. 1903. Sticorum veterum fragmenta. Vol. I-IV. Leipzig, repr. 1964. Bd. II. S. 405–462.

6.3 Das kunstverständige Feuer der Stoiker (um 300 v. Chr. ...)

„(1) Die Stoiker sagen von Gott, er sei intelligent, ein kunstverständiges Feuer, welches methodisch zur Entstehung der Welt voranschreitet und welches all die Samenprinzipien umfasst, nach denen alles dem Schicksal entsprechend geschieht, (2) auch sei er ein Atemstrom, der durch die ganze Welt hindurchzieht und je nach Materie, durch die er durchkommt, wechselnde Bezeichnungen annimmt." (Aetios I. 7.33; SVF 2.1027. In: Long/Sedley. 2000. S. 327)

„(1) Zenon sagt, die Sonne, der Mond und jedes der anderen Gestirne seien intelligent und klug und hätten die Feurigkeit kunstverständigen Feuers. (2) Es gebe nämlich zwei Arten Feuer: das eine sei unkünstlerisch und wandle den Brennstoff in sich selbst um; das andere sei kunstverständig und stifte Wachstum und Erhaltung, wie man es bei Pflanzen und Tieren findet, wo es Natur beziehungsweise Seele ist. (3) Von dieser Art sei das Feuer, das die Substanz der Gestirne bildet." (Stobaeus I. 213, 15-21; SVG 1.120. In: Long/Sedley. 2000. S. 327.)

Das intelligente Feuer, der kunstschaffende Gott oder das kunstschaffende Feuer und der intelligente Gott sind eins gemäß der stoischen Lehre. Der göttliche Samen bewirkt das Wachstum der Natur in seiner unendlichen Vielfalt, in seiner Diversität, aber nicht chaotisch und willkürlich, sondern in geordneten Schritten und Maßen. Die Kreativität des Feuers lässt die Welt bunt und bizarr entstehen, die Intelligenz des Göttlichen gibt die Ordnung dieses Schaffensprozesses an. Es ist kein kontinuierliches Wachstum, sondern in Phasen der Zu- und der Abnahme verlaufend.

Die Wandlung des Feuers in Äther bzw. Luft, in Wasser und Erde lesen wir bereits bei Heraklit, ebenso das abnehmende und zunehmende Feuer, das in der Stoa der Weltenbrand ist, der den Kosmos entflammt und durchdringt, dann jedoch abnimmt und zu einer Weltordnung führt. Der Kosmos, ein lebendiges Wesen, hat eine Seele aus Feuer und ist Sitz der Vernunft oder des Geistes. Ob nun das Feuer zerstört oder es einen Wandlungsprozess in Gang setzt, ist eine Frage der Interpretation. Ebenso ist die Lesart, ob es sich um eine Flamme oder um Licht handelt, eine Sache des Denkkontextes oder später der Übersetzung.

Chrysippos wird nachfolgender Satz zugeschrieben: „Wie nun das Licht sich selbst zeigt und zugleich alles, was in ihm steht, so auch die Einbildungskraft." (Stoic. Vet. Fr. II 63 (ed. V. Arnim S. 24,36 f.); vgl. auch II 118 (S. 36,9 f.; zitiert nach: Bremer. 1976. S. 53) Hier haben wir die Lichtmetapher in klassischer Form, Licht zeigt sich und alles, was im Licht steht, Erkenntnis zeigt sich selbst und was sie im Geist erkennt.

Bei Philon lesen wir vom Weltenbrand, durch den die Welt sich in eine Flamme, so habe es Kleanthes gemeint, oder in Licht verwandelt, so die Ansicht des Chrysippos, und bei Plutarch wird gemäß den Stoikern die Welt durch den Weltbrand klug und weise. (Vgl. Long/Sedley. 2000. S. 330.)

Philon setzt des Weiteren das „körperliche Sehvermögen als ein ‚Führendes' in Bezug [...] zum Licht im All". (Bremer. 1976. S. 53) Allerdings steht vor diesem leiblichen Sehen der Nous als ein seelisches Licht, welches „mit seinen eigenen Strahlen ringsumherleuchtet, durch welche die dichte und tiefe Finsternis, welche die Unwissenheit hinsichtlich der Dinge ausbreitete, zerstreut wird" (Stoic. Vet. Fr. II 458 /S. 150,26–30; zitiert nach: Bremer. 1976. S. 53)

Die Kürze der Fragmente überlässt dem gedanklichen Spielraum ein weites Feld. Wir könnten sogar zur christlichen Schöpfungsgeschichte einen Bogen schlagen mit der Erschaffung der Erde in seiner unglaublichen Vielfalt an Leben und Gestaltungsformen in verschiedenen Phasen und zur Unterteilung in Licht und Dunkelheit.

Hinzu kommt noch die künstlerische Schaffenskraft des kosmischen göttlichen Feuers, in verschiedenen Fragmenten erwähnt, worauf wir Hinweise auf den Prometheus-Mythos ausfindig machen können. Der Titanen-Gott ist im Besitz der Gabe des künstlerischen Schaffens und des Feuers, die er Hephaistos und Athene gestohlen hatte; beides macht er den Menschen zum Geschenk, die dadurch autonomer und selbst zu Kreatoren ihrer künstlerischen Welt werden.

Klar erkennbar sind die gedanklichen Verbindungen von Feuer, Licht, Flamme zu Geist, Vernunft und Intelligenz, aber wie genau diese Verhältnisse zu bestimmen sind, lässt sich nicht in klärenden Aussagen formulieren. Die Stoiker sprechen von Kosmos und physischer Welt, vom Menschen und vom Göttlichen, von leiblichen Seelen und vom seelischen Licht. Die erhaltenen Fragmente bleiben letztlich in der Aussage zu fragmentarisch für eine überzeugende Interpretation.

Was nun diese erste historische Analyse des Lichtphänomens in der Philosophiegeschichte anbelangt, so können wir konstatieren, dass das Licht eine exponierte Stellung einnimmt. Es wird zum Urstoff bzw. Urprinzip überhaupt erklärt, gleichermaßen für die physische und metaphysische Welt, denn der Kosmos ist aus dem Feuer entstanden und das Feuer ist vernünftig. Ganzheitliches Denken, nicht analytisches ist das vorherrschende Denkmodell der frühgriechischen Zeit. Feuer ist Erkenntnis und Erkenntnis ist Feuer, diese Einheit wird so gedacht, nicht etwas Feuer als Symbol, als Metapher oder Analogie.

Wenn ich von einem starken bildgeprägten Denken in jener Zeit ausgehe, dafür haben wir genügend Anhaltspunkte, so wäre die bildliche Darstellung der Vernunft, des Geistes, der Erkenntnis das Feuer. So wie es für den Frieden oder die Gerechtigkeit jeweils eine göttliche Gestalt gibt, so für den Geist und die Erkenntnis das Feuer. Der Frieden und die Götting des Friedens sind eins, die Vernunft und das Feuer sind eins, dies wäre für mich eine plausible Erklärung der inhaltlichen Aussagen für das frühgriechische philosophische Denken. Nicht gemeint sind die Himmelskörper wie Sonne, Mond oder Sterne, denn ihr Licht und bei Abwesenheit die Dunkelheit können natürlich, d. h. naturphilosophisch erklärt werden.

Bei Parmenides kommen noch die ontologischen Überlegungen zum physischen und metaphysischen Sein hinzu und die logischen Schlussfolgerungen als philosophisches Methodenwerkzeug. Er denkt auf Weltordnung hin, die nach dem Prinzip von Licht und Dunkelheit strukturiert ist. Über das Dunkle können wir nichts sagen, da es unserem Wissen verschlossen ist, sowohl in der physischen als auch in der metaphysischen Welt. Wahres und Wirkliches vermögen wir nur aus der Welt im Licht mitzuteilen. In der Bedeutung und Wertschätzung ist das intelligible Denken höher zu bewerten, denn nur durch die Vernunft können wir Wahrheit erkennen; durch die sinnliche Wahrnehmung gelangen wir zu Meinungen, denn unsere Wahrnehmung kann täuschen und die physische Welt sich in ihren Eigenschaften ändern. Erkennen ist Licht und Licht ist erkennen, nicht als Metapher gemeint, vielmehr als ein metaphysisches Seiendes, zumindest aber als Kraft. Auch wenn Parmenides dies so nicht explizit sagte, so können wir es aus den wenigen überlieferten Fragmenten erschließen.

Die stoische Lehre umfasst einen zu weiten Zeitraum und die Überlieferung der Lehrinhalte sind zu fragmentarisch erhalten, als dass wir uns ein einheitliches Bild darüber machen könnten. Es wird zwischen dem natürlichen, irdischen Feuer und dem Prinzip Feuer als Logos, als Nous oder als ein seelisches Licht, unterschieden. Das geistige Feuer bringt Wissen und Weisheit in die Welt, es gehört zum metaphysischen Sein der Welt, auch wenn diese Zuordnung nur erschlossen werden kann, es nicht explizit so in der stoischen Lehre benannt wird.

Platons Körper und Schatten, Maria Nühlen, Bleistiftzeichnung, 2022, 63 x 44 c

Die intelligible Erschließung der Welt 7

Inhaltsverzeichnis

7.1 Platon (428/427–348/347 v.Chr.) und die Erkenntnis des Höchsten 153
7.2 Aristoteles (384–322 v.Chr.): Wie die Sonne, so der Geist 164

Zur Epoche der klassischen griechischen Philosophie mit Platon und Aristoteles gehört das berühmteste Gleichnis, in welches die Lichtmetapher für den Prozess der Erkenntnis methodisch eingesetzt wird, ich meine das Platonische Höhlengleichnis.

Während in den Anfängen des philosophischen Denkens der Mensch und die Welt um ihn herum in einer ganzheitlichen Sicht erkundet wurde, ist für die klassische Periode im antiken Griechenland die intelligible Erschließung der Welt dominant, neben den weiterhin empirischen Befunden. Platon setzt auf die geistigen Kapazitäten des Menschen, die uns die Welt erkennen und verstehen lassen, das innere Licht im Menschen, durch das wir sehen, wie die Welt wirklich ist. Aristoteles Weg geht über die sinnliche Wahrnehmung als verlässliches Instrument zur Erschließung, erst nach dieser Bestandsaufnahme der physischen Welt führt der Weg zur Abstraktion und Generalisierung, vor allem aber zur Ordnung der Welt durch das geistige Vermögen. Beide bedienen sich der historischen Errungenschaften ihrer Vorgänger, bei Platon ist es u. a. die pythagoreische Lehre, die in seine Philosophie einfließt, bei Aristoteles ist es ein umfangreicher Fundus aller philosophischen Denkrichtungen, die er und seine Schüler zusammengetragen hatten.

Es ist die Zeit der Philosophie, in der die Welt durch das intelligible Denken erschlossen wird, nicht mehr mit Hilfe göttlicher Mächte, nicht allein durch sinnliche Wahrnehmung, sondern durch die geistige Kraft des Menschen, die aus der physischen Welt ein Abstraktes ableitet und das Wesen einer jeden Art bestimmt. Vergleichbares leisten die Philosophen und Philosophinnen in diesem bedeutenden Schritt in der Metaphysik. Die intelligible Erschließung der Welt stellt sich auf mit eigenen Theorien und Strukturen, mit wissenschaftlicher Methodik und schriftlicher

Fixierung für nachkommende Generationen. Nicht alle Gedanken sind neu, denken wir an Parmenides, aber wir haben nun schriftliche Zeugnisse philosophischer Theorien, wir können auf umfassende Werke zurückgreifen, die uns gedankliche Entwicklungen offenlegen.

Hauptsächlich möchte ich mich in dieser Epoche auf das Werk von Platon stützen, auf seine Gleichnisse, in denen er mit der Metapher des Lichts arbeitet. Daneben gilt es, Aspekte von Aristoteles zu berücksichtigen, die er in seinen Forschungsarbeiten nennt und wo das Licht im Erkenntnisprozess thematisiert wird.

Vorher jedoch wieder ein Exkurs, der in die Vorzeit der platonischen Philosophie gehört. Ich möchte die Dichtungen von Sappho einflechten, denn sie stehen zwar zeitlich zwischen den homerischen Dichtungen und den frühgriechischen Vorsokratikern sowie Platon, aber sie führen in philosophischen Implikationen zu Platon hin.

Sappho wurde um 630 v.Chr. (oder später) auf Lesbos geboren, musste vermutlich zweimal aufgrund der politischen Situation vor Ort nach Sizilien ins Exil und kehrte anschließend nach Lesbos zurück, wo sie um 570 v.Chr. starb. Sie ist die älteste uns bekannte Lyrikerin des Abendlandes, ihr Werk blieb leider nur in wenigen Fragmenten erhalten. Ihre teils rätselhaften, sehr poetisch anmutenden und ansprechenden Verse berühren uns noch heute und geben uns zu denken.

Wie später Platon, so legte Sappho *das Schöne* und *die Liebe* ins Zentrum ihrer Poesie, fand eigene Worte sinnlichen Empfindens wie abstrakten Denkens für das Höchste, das sie besang und wertschätzte.

Aus dem Gedicht *Das Schönste* (27 D) können wir ihre Werthaltung entnehmen. Nicht die Reiterheere, *das Fußvolk* oder *ein Heer von Schiffen* sind das Schönste (Vgl. Sappho. S. 35), diese Aufzählung würde der gängigen Ansicht aus männlicher Perspektive entsprechen. Es ist die Sehnsucht, das Begehren, die Liebe, was die Schönheit ausmacht. Die Reiter, das Fußvolk, die Schiffe scheinen nur als ein Schönes, sind in ihrer äußeren Sichtbarkeit beeindruckend, aber was diese Dichterin anspricht, ist das aus dem Inneren des Menschen kommende, nicht äußerlich sichtbare, es ist die Liebe, die man nicht im Schein der Sonne sehen, aber im inneren Licht erkennen kann: das ist das Schönste. Die Göttin Aphrodite vereinigt in sich die Ideale der Schönheit und der Liebe, die als ein einander bedingendes und zusammengehörendes Ganzes gedacht werden.

Im *Arignotelied* finden wir Sapphos Lichtmetapher in vollendeter lyrischer Dichtung:

„Nun aber glänzt sie [Arignota] hervor unter den Frauen Lydiens,
wie wenn nach dem Sinken der Sonne
die Mondgöttin rosenfingrig
alle Sterne hell überstrahlt,
ihr Licht breitet sie aus übers salzige Meer
wie über die blumenreichen Gefilde." (98 D)
(Sappho. Selbstzeugnisse. S. 101)

Wie das Licht der untergehenden Sonne, wie das Mondlicht, das die Sterne überstrahlt, so glänzt die geliebte Arignote beim Abschied aus dem Kreis der Gefährtinnen in Sapphos Mädchenpensionat.

An anderer Stelle heißt es in einem Fragment: „[…] keine einzige, die jemals erblickt strahlendes Sonnenlicht, wird an Weistum so reich, glaube ich, kein einziges Mädchen. Nie wirds das geben …" (60 D) (Sappho. S. 57)

Licht und Schönheit bilden bei dieser Poetin eine Einheit, es ist sowohl die Schönheit im Konkreten als auch die Schönheit an sich, abstrahiert und als Idee im platonischen Sinne, obwohl Platon erst ca. 200 Jahre später seine Ideenlehre schrieb und er Sappho als zehnte Muse, als *die Weise* rühmte. Die Liebe, das Sehen, das Begehren ist es, wodurch Sappho das Leuchten des Sonnenlichts und das Schöne erkennt, das Licht und das Schöne, erkannt als ein Prinzip, als ein Abstraktes, welches sich im Konkreten zeigt und beweist.

„Leuchtender Eros, die Sonne, das Schöne – das hab' ich gewählt." (Sappho. Liebesgedichte. S. 55.) Das leuchtende Begehren, die im Inneren wie im Äußeren strahlende Sonne und die Schönheit, die sich in den Menschen, der Natur und den Dingen dieser Welt zeigt, bilden Sapphos Welt, die sie als die ihre bestimmt hat.

Eros – Licht – Schönheit, es ist das platonische Eros-Prinzip, welches diese Frau dichterisch vorbereitet, lange vor Platon. Die Liebe hat sie zum Licht hingeführt, durch welches sie sehen und erkennen kann. Durch das Licht sieht sie das Schöne, im Sonnenlicht das konkrete Schöne eines geliebten Menschen, durch das erkennende Licht im Inneren die Schönheit an sich. Für Sappho ist Eros der *Worte flechtende*, der folglich das Erkannte in Worte zu fassen vermag; durch Eros finden wir zur Sprache. Diese berühmte Dichterin der Antike folgt nicht einer allgemeinen Meinung, einem allgemeinen Wertekanon ihrer Zeit und Kultur, sondern setzt eigene Wertmaßstäbe, die sie erkannt hat, bei sich selbst und im Anspruch als generelle Werte. Liebe/Eros, Licht und Schönheit bilden ein Ganzes, so eine Deutungsmöglichkeit ihrer Verse, die nur in Bruchstücken erhalten blieben. Das Schöne leuchtet aus sich heraus, kommt ans Licht, wirkt als ein Leuchten, wonach wir uns sehnen, was wir begehren.

7.1 Platon (428/427–348/347 v.Chr.) und die Erkenntnis des Höchsten

In der abendländischen Philosophiegeschichte war Platon vermutlich der Erste, der die Lichtmetapher explizit für seine Erkenntnistheorie einsetzte und dabei von der Intelligibilität des Geistes ausging. Bei ihm wird nachweislich die philosophische Abstraktion in die Metaphysik vollzogen, obwohl Platon in seinen Gleichnissen recht anschaulich und konkret seine Lehre von den Ideen und vom Guten zu vermitteln vermochte. Andererseits finden wir bei ihm noch Gedankenstränge aus vorsokratischer Zeit, die an die Milesische Schule, vor allem an die pythagoreische Lehre erinnern. In seiner Philosophie greift er Bilder und Vorstellungen aus der Vergangenheit auf, die damals zum kulturellen Erbe gehörten, knüpft an traditionelles Wissen aus der späten Mythologie-Entwicklung an, um sich verständlich zu machen. Platon wusste seine Philosophie in Dialoge einzuweben, die Gedankengänge Schritt für Schritt offenlegen, er wusste sie in Gleichnis-Erzählungen hineinzusetzten; dadurch wurde seine Lehre anschaulich und lebendig. Kaum ein philosophisches

Lehrstück wird in der westlichen Welt bekannter sein als das *Höhlengleichnis*; hier in der *Politeia* finden wir den Einsatz der Lichtmetapher par excellence.

Einige Absätze zuvor im selben Werk *Politeia* entwickelt er durch die Figur des Sokrates das *Sonnen- und Liniengleichnis*. Wieder finden wir die Verwendung der Lichtmetapher zur Erläuterung seiner Ideenlehre. Alle Lichtmetapher-Einsätze zur Erklärung der Erkenntnistheorie seiner Ideenlehre möchte ich im Folgenden analysieren und besprechen. Einige Erläuterungen zur platonischen Erkenntnistheorie aus dem *siebenten Brief* und in seinem späten Werk *Timaios* werden ergänzend mit aufgenommen, um differenzierter auf die empirische, mathematische und die apriorischen Aspekte in seiner Lehre eingehen zu können.

Das Wesen des Schönen an sich zu erkennen und zu lieben, es rein für sich zu betrachten, ist nur wenigen Menschen vorbehalten, dies sind die Philosophen und Philosophinnen. (Vgl. Platon. Politeia 476 b) Mehr zur Liebe und zum Schönen später noch aus dem Symposion, hier zunächst die Konzentration auf die Politeia, dem Entwurf eines idealen Staates und dem Weg dorthin.

Platon wirft zunächst Behauptungen ins Gespräch, die für seine Gesprächspartner so nicht nachzuvollziehen sind, daher die vielen Erläuterungen und Gleichnis-Erzählungen, die seine Philosophie verständlich werden lassen sollen.

Die Begriffe, die ewig unveränderlichen, sie sind die wahrhaft Seienden (Vgl. Platon. Politeia 479 e) und die Philosophierenden können mit dem erkennenden Seelenteil diese Wahrheit sehen. Die wahrheitlichen Begriffe haben ein eigenes Sein, was später von Aristoteles so bestätigt und durch den Zufall der Geschichte zur Metaphysik als Bezeichnung für diese Seinskategorie erhoben wird.

Es gibt zwei Reiche, das Reich des Sichtbaren und das Reich des Erkennbaren, das Reich der Sinne und das Reich der Ideen. „Die Einzeldinge kann man sehen, aber nicht denken, die Ideen jedoch denken, aber nicht sehen." (Platon. Politeia 507 b) Es gibt zwei Seinsweisen, das Sein der physischen Dinge und das Sein der Ideen, die wahrheitliche Begrifflichkeiten sind.

Die wichtigste und wohl auch schwierigste Textstelle in der Politeia, die seine Theorie der Idee des Guten erläutert, ist im sechsten Buch nun in den weiteren Ausführungen zu finden. Platon verwendet die Analogie der Kraft der Sonne zur Erklärung der Kraft der Idee des Guten.

Wie geht es weiter mit dem (sinnlichen) Licht und der Erkenntnis, den beiden Welten, die der große Philosoph durch Analogien verbindet. Die eigentlichen Fragen in der Politeia richten sich auf das Gemeinwesen und das Wesen des Guten an sich, also konkret auf das Gute für den Menschen und die Welt, angedacht als Polis, und das Gute als Idee. Aus dem Guten an sich können wir das Gute der Wahrheit und der richtigen Erkenntnis ableiten, über das Gute an sich hinaus gibt es nur noch das Göttliche. Es geht um die Vorstellung eines idealen Staates und welche Voraussetzungen gegeben sein müssen, um diesen aufzubauen.

Dieses letztendlich Gute, das Höchste, welches wir zu erkennen vermögen, wie gelangen wir dorthin und was ist es? Es ist die Idee des Guten, es ist das geistig Errungene, das nur gedacht werden und durch den Geist aus sich heraus, also intelligibel, erkannt werden kann. Erst mit dieser Idee des Guten können wir der Welt, in der wir leben, adäquat begegnen, sie erkennen und verstehen und gut in ihr leben.

7.1 Platon (428/427–348/347 v.Chr.) und die Erkenntnis des Höchsten

Um uns also eine Welt des guten Lebens zu schaffen, brauchen wir diese Idee des Guten und müssen sie erkennen.

Der Schöpfer der Sinnesorgane hat die Kraft des Sehens und Gesehenwerdens am kostbarsten geschaffen. Jedoch der Sehsinn und die sichtbaren Dinge brauchen ein Drittes nämlich das Licht, dieses Band, das Sehen und Sichtbarkeit verbindet. Woher kommt das Licht? Von Helios, dem Sonnengott, der die Sonne geschaffen hat. Die Sonne ist also nicht die Sehkraft, aber die Ursache von ihr, denn von der Sonne fließt wie ein Strom die Sehkraft ins Auge, somit ist das Auge das sonnenhafteste unter allen Sinnesorganen. Die Sonne fließt ins Auge, so dass es sehen kann, und ebenso macht sie durch ihr Licht die Dinge sichtbar. Die Sonne ist aber ein *Spross des Guten*. Das Gute hat sich die Sonne als ein Abbild selbst gezeugt, die Sonne ist ein Abbild des Guten. Sie ist nicht das Gute selbst, sondern nur ein Abbild, wie es der Schatten oder das Spiegelbild sind. In der geistigen Welt ist die Sonne Abbild des Verstandes so wie die Sonne in der physischen Welt Ursache für das Sehen der Augen und die Sichtbarkeit der Dinge ist. Es gibt demnach die Sonne im geistigen Sehen des Menschen und diese ist ein Abbild des Höchsten, aber nicht das Gute selbst. Die Wahrheit und das geistig Seiende leuchten auf und die Seele bzw. der vernünftige Seelenteil kommt zur Einsicht und Erkenntnis. Die Seele besitzt Denkkraft, eine intelligible Kraft. Wenn die Seele jedoch auf die Welt draußen schaut, die vermischt ist mit dem Dunkel, kommt sie nur zu Meinungen, dann gewinnt man den Eindruck, die Seele sei ohne Verstand.

Hier also klar der innergeistige Vorgang: nur innerhalb des Seelenvermögens, nur innerhalb unseres Verstandes können wir Wahrheit, Einsicht und Erkenntnis gewinnen.

Die Idee des Guten ist es, eine Kraft, die den Objekten des Denkens die Wahrheit gibt und dem erkennenden Subjekt die Kraft des Erkennens. Die Idee des Guten ist die Ursache für Erkennen und Wahrheit, so wie die Sonne in der Welt draußen die Ursache für die Sehkraft des Auges und die Sichtbarkeit der Dinge ist. Licht und Sehkraft sind sonnenähnlich, aber sie sind nicht die Sonne, Erkenntnis und Wahrheit sind *gutähnlich*, aber nicht das Gute. Durch das Gute kann der Verstand erkennen und das Gedachte erkennbar werden. (Vgl. Platon. Politeia 507 d–508 c)

> „Ebenso stelle es dir in der Seele vor! Wenn sie sich auf das stützt, worauf die Wahrheit und das Seiende leuchten, dann kommt sie zu Einsicht und Erkenntnis und besitzt offensichtlich Denkkraft. Wenn sie aber auf die Welt schaut, die mit dem Dunkel vermischt ist, die wird und vergeht, dann hat sie bloß Meinungen und wird blind, ändert ihre Ansichten bald so, bald anders und erweckt den Eindruck, ohne Verstand zu sein."
> „Allerdings"
> „Jene Kraft also, die den Objekten des Denkens die Wahrheit und den erkennenden Subjekten die Kraft des Denkens gibt, bestimme als die Idee des Guten."
> [...]
> „Wie du dort Licht und Sehkraft mit Recht für sonnenähnlich, nicht aber für die Sonne hälst, so tust du hier gut, Erkenntnis und Wahrheit für 'gutähnlich', nicht aber – ob das eine oder das andere – für das Gute zu halten; höher noch zu schätzen ist – seinem Wesen nach – das Gute.
> [...]

> Die Sonne gibt dem Sichtbaren nicht nur die Fähigkeit, gesehen zu werden, sondern auch Werden, Wachstum und Nahrung, ohne selbst dem Werden unterworfen zu sein."
> [...]
> „Also wird den Objekten der Erkenntnis vom Guten nicht nur die Erkennbarkeit gegeben, sondern sie erhalten auch Existenz und Wesen von ihm, das nun nicht selbst ein Seiendes ist, sondern über das Sein an Erhabenheit und Kraft hinausragt."
> (Platon. Politeia 508 b–509 b)

Die Seele, bzw. der vernünftige Seelenteil in ihr, besitzt Sehkraft, was eigentlich Erkenntnisvermögen meint. Diese Idee des Guten wird durch den Verstand selbst erkannt, sie steht über der Wahrheit und der Erkenntnis, die beide schön sind, die Idee des Guten aber ist das Höchste und das Schönste, sie ist nicht selbst Seiendes wie anderes Gedachtes und Erkanntes, sondern überragt noch das metaphysische Sein. Von Bedeutung ist das Sehen des Unveränderlichen, das Erkennen der Wahrheit, im Unterschied dazu wären die bloßen Meinungen und Ansichten nachrangig, die dem Sehen in der Dämmerung gleichkämen.

Platon formuliert hier erstmals eine Metaphysik, wie sie zuvor noch nicht gedacht worden war, zumindest habe wir keine Zeugnisse darüber. Das durch das Gute Erkannte hat eine eigene Existenz und Wesenheit, es hat ein eigenes Sein. Wenn wir also z. B. durch das Gute die Gerechtigkeit an sich erkennen, so gibt es sie, so ist sie, so erkennen wir das, was die Gerechtigkeit an sich ausmacht. In nachfolgenden Ableitungen können wir dann das Gerechte in den konkreten Handlungen ableiten.

Schritt für Schritt erläutert er in verschiedenen Denkmodellen diesen Weg zur Erkenntnis und benutzt dafür Analogien und Lichtmetaphorik. Nach dem soeben erläuterten Sonnengleichnis versucht er nun in der Politeia im Liniengleichnis seine Theorie darzulegen.

Es gibt nach Platon zwei Welten, die sichtbare und die erkennbare. Um sich diese Gedankenkonstruktion zu veranschaulichen, wählt er im ersten Gleichnis die Linie, eine erste Abstraktion. Die Linie wird in zwei ungleiche Teile untergliedert, diese werden nochmals im gleichen Verhältnis geteilt. Der erste Part gehört zum Gebiet des Sichtbaren, der andere zum Erkennbaren. Im sichtbaren Stück nun gehört ein Teil den Abbildungen, das sind die Schatten und Spiegelbilder im Wasser oder auf glänzenden Oberflächen der Gegenstände. Der andere Teil im sichtbaren Abschnitt der Linie gehört den Lebewesen, den Pflanzen und von Menschen erzeugten Geräten, die den Bildern ähnlich sind. Die Abbilder (Schatten, Spiegelbilder) verhalten sich zu Original wie die Meinung zum Wissen. Die Sonne ist ein Abbild des Guten, wie es zuvor beschrieben steht, somit ist sie in ihrer Funktion als Metapher der Meinung vergleichbar und nicht dem Wissen.

Nun folgen die Erläuterungen zum anderen Linienabschnitt, der für das Erkennbare steht. Auch dieses Stück ist untergliedert, im ersten Teil befinden sich wiederum Abbilder, aber hier sind sie von der Seele erzeugt, und zwar mit Hypothesen, z. B. von mathematischer oder geometrischer Art oder z. B. Figuren. Das Ziel ist es, von diesen Abbildern und sichtbaren Figuren, schon abstrahiert als Zeichnungen, also nicht mehr die Einzeldinge zeigend, sondern ein Allgemeines, zu den Urbildern vorzudringen. Der denkende Geist dringt mit der Kraft der Dialektik, die ihm zu eigen ist, und unter Verwendung von Hypothesen als Voraussetzung, zum

7.1 Platon (428/427–348/347 v.Chr.) und die Erkenntnis des Höchsten

voraussetzungslosen Urbeginn des Ganzen vor, zu den Urbildern, die im zweiten Abschnitt verortet sind, dem bedeutendsten. Der nächste Weg führt von diesen Urbildern in einzelnen Schritten zurück zu den konkreten Einzeldingen, aber ohne Zuhilfenahme des Sichtbaren, des Sonnenlichts, sondern nur durch Denkleistung, durch die Kraft und das Vermögen der Seele. Es ist die intelligible Leistung, die Platon sehr anschaulich und ausführlich als besonderes Vermögen des Menschen, er denkt dabei allerdings an die philosophisch Veranlagten, erläutert.

Die viergeteilte Linie, es handelt sich ja nur um ein Demonstrationsobjekt, wird nun übertragen auf die Seele mit ihren vier seelischen Verhaltensweisen:

> „[…] Erkenntnis beim höchsten; Nachdenken beim zweiten; dem dritten gib das Meinen und dem letzten das Vermuten, und ordne sie analog, indem du annimmst, sie hätten in dem Maße an der Klarheit Anteil, in dem sie an der Wahrheit teilhaben." (Platon. Politeia 511 e)

An späterer Stelle beschreibt Platon die Theorie, die er im Liniengleichnis demonstriert, nochmals nur mit Worten:

> „Also bleiben wir bei unserer früheren Bezeichnung: Wir nennen den ersten Abschnitt (wissenschaftliche) Erkenntnis, den zweiten Nachdenken, den dritten Glauben, den vierten Vermuten; die beiden letzteren zusammen Meinen, die beiden ersten Denken. Meinung handelt vom Werden, Denken vom Sein; und wie sich das Sein zum Werden, so verhält sich das Denken zum Meinen, und wie sich das Denken zum Meinen, so verhält sich das Erkennen zum Glauben und das Nachdenken zum Vermuten." (Platon. Politeia 533 e–534 a)

Im *Hinterkopf* sollte man das Menschenmodell von Platon mitdenken: Nur die Philosophinnen und Philosophen können erkennen und nachdenken, der einfache Mensch kommt zum Glauben und Vermuten. Durch gezielte Bildung, und dazu ist der Staat aufgerufen, können alle Menschen vom Glauben zu einer fundierteren Meinung kommen, aber nur die philosophisch Veranlagten können zur wissenschaftlichen Erkenntnis und schließlich zur Idee des Guten an sich vordringen, bedürfen dafür aber einer exzellenten Bildung. Platon hat keine Vorbehalte, Frauen mit zu den philosophisch Veranlagten zu zählen. Nur wenn es um die höchste Staatsmacht geht, um die Besten der Besten, dann behält er diese besondere Veranlagung nur wenigen Männern vor.

Die Ideenlehre, das Kernstück seiner Philosophie, ist ihm so wichtig, dass er im Anschluss an das Sonnen- und Liniengleichnis in einer weiteren, noch stärkeren Bilderzählung, die Grundzüge seiner Erkenntnistheorie darlegt. Diesmal nimmt er die Höhle, in der die Menschen gefangen sind, als Gleichnis. Wir Menschen sind in unserem Wissen und unserer Erkenntnis eingeschränkt; um zur Wahrheit zu gelangen, müssen wir die Höhle verlassen und im Licht der Vernunft die Welt an sich erkennen.

Das platonische Höhlengleichnis nun in einigen wesentlichen Auszügen im Original. Der Dialog wird zwischen Sokrates, der Platons Philosophie erläutert, und Glaukon, einem Bruder Platons, der zuhört, lernt und verstehen will, geführt.

> „Und nun", fuhr ich [Sokrates] fort, „mache dir den Unterschied zwischen Bildung und Unbildung in unserer Natur an dem folgenden Erleben gleichnishaft klar. Stelle dir die

> Menschen vor in einem unterirdischen, höhlenartigen Raum, der gegen das Licht zu einen weiten Ausgang hat über die ganze Höhlenbreite; in dieser Höhle leben sie von Kindheit, gefesselt an Schenkeln und Nacken, so dass sie dort bleiben müssen und nur gegen vorwärts schauen, den Kopf aber wegen der Fesseln nicht herumdrehen können; aus weiter Ferne leuchtet von oben her hinter ihrem Rücken das Licht eines Feuers, zwischen diesem Licht und den Gefesselten führt ein Weg in der Höhe; ihm entlang stelle dir eine niedrige Wand vor, ähnlich wie bei den Gauklern ein Verschlag vor den Zuschauern errichtet ist, über dem sie ihre Künste zeigen."
> „Ich kann mir das vorstellen", sagte Glaukon.
> „An dieser Wand, so stell dir vor, tragen Menschen mannigfache Geräte vorbei, die über die Mauer hinausragen, dazu Statuen aus Holz und Stein von Menschen und anderen Lebewesen, kurz, alles mögliche, alles künstlich hergestellt, wobei die Vorbeitragenden teils sprechen, teils schweigen."
> „Merkwürdig sind Gleichnis und Gefesselte, von denen du sprichst."
> „Sie gleichen uns! Denn sie sehen zunächst von sich und den anderen nichts außer den Schatten, die von dem Feuer auf die gegenüberliegende Mauer geworfen werden, verstehst du?" (Platon. Politeia 514 a)

Die Gefangenen halten die Schatten und Geräusche für die wahren Dinge dieser Welt, da sie nichts anderes kennen. Einer der Gefangenen wird von den Ketten befreit, sieht nun die konkreten Gegenstände vor dem Feuer und hält diese für die wahre Welt. Er wird an das Feuer vorbeigeleitet zum Ausgang der Höhle. Durch das blendende Sonnenlicht kann er zunächst nur wiederum die Schatten anschauen, dann die Spiegelbilder der Menschen und andere Sachen im Wasser oder auch sich selbst. Bei Gewöhnung an die Lichtverhältnisse schaut er zum Himmel hinauf, sieht in der Nacht die Sterne und den Mond, erkennt alles als die reale Welt, von der er vorher kein Wissen hatte.

> „Zuletzt aber könnte er die Sonne, nicht ihr Abbild im Wasser oder auf einem fremden Körper, sondern sie selbst für sich an ihrem Platz anblicken und ihr Wesen erkennen."
> „Notwendigerweise!"
> „Und dann würde er durch Schlussfolgerung erkennen, dass sie es ist, die die Jahreszeiten und Jahre schafft und alles in der sichtbaren Welt verwaltet und irgendwie Urheberin ist an allem, was sie gesehen haben." (Platon. Politeia 516 b–c)

Dieser befreite Gefangene schätzt sich nun glücklich und möchte nicht zurück in das Höhlenleben. Trotzdem, stiege er wieder hinab zu seinen ehemaligen Mitgefangenen, um über das Erlebte zu berichten und auch ihnen die Möglichkeit der Erkenntnis zu eröffnen, wie er es erfahren hat, so würden sie ihm nicht glauben, denn er wäre noch von der Sonne geblendet, könnte in der Höhle kaum etwas sehen, er könnte nicht überzeugen. Vielmehr würden sie ihn vermutlich töten, wenn er sie nötigte, aus der Höhle zu gehen.

> „Dieses Bild", fuhr ich fort, „musst du nun, mein lieber Glaukon, als Ganzes mit unseren früheren Darlegungen verbinden. Die Welt des Gesichtssinnes vergleiche mit der Wohnung im Gefängnis, das Feuer in ihr mit der Macht der Sonne. Wenn du dann den Weg hinauf und die Schau der Oberwelt als den Aufstieg der Seele zur Welt des Denkbaren annimmst, dann verfehlst du nicht meine Ansicht, da du sie ja zu hören wünschst. Nur Gott weiß, ob sie auch richtig ist. Das ist nun meine Meinung: In der Welt des Erkennbaren ist die Idee des Guten die höchste und nur mit Mühe erkennbar; wenn man sie aber erkannt hat, dann ergibt sich,

dass sie für alles Rechte und Schöne die Ursache ist; sie schafft in der sichtbaren Welt das Licht und seinen Herrn, in der Welt des Denkbaren ist sie selbst die Herrin und hilft uns zu Wahrheit und Einsicht; sie muss jeder schauen, der im eigenen wie im öffentlichen Leben vernünftig handeln will." (Platon. Politeia 517 a–c)

Natürlich sind wir Menschen nicht in der Lage, tatsächlich in die Sonne zu schauen, aber es ist eben ein Gleichnis und auf dieser Ebene können wir es nachvollziehen. Auch der andere Aspekt, dass wir beim direkten Anblick der Sonne ja immer noch nicht mit Gewissheit sagen können, ob es sich nicht vielleicht um eine weitere größere Höhle handelt und wir immer noch nicht bis zur letzten Instanz der Erkenntnis gelangt sind, bleibt ungelöst. Durch das Gleichnis können wir verstehen, was Platon sagt, seine Theorie gedanklich fassen und ihr folgen, wenn sie uns überzeugt hat. Sonst müssen wir uns andere Wege zur Erkenntnis suchen.

Auf die Wahrnehmung durch unsere Sinne können wir uns nicht verlassen, die Sinne sind keine Instanz zur Wahrheitsfindung, sie können uns täuschen, zudem kann sich die wahrnehmbare Welt ändern, Wasser verdunstet oder wird zu Eis etc. Erst in der *Welt des Denkbaren* gelangen wir durch unsere Seele mit ihrem Vernunftteil zur Idee des Guten, d. h. zur höchsten Ebene, in der wir die Wahrheit erkennen. Dieses höchste Gut, die Idee des Guten, ist die Ursache für *alles Rechte und Schöne*. In der sichtbaren Welt schafft die Idee des Guten das Licht und den Erschaffer des Lichts, in der denkbaren Welt ist sie selbst die höchste Instanz, durch die wir zur Wahrheit und Einsicht finden. Will der Mensch im privaten und öffentlichen Leben vernünftig handeln, so muss er diese Idee des Guten in der Welt des Geistes, in der metaphysischen Welt, sehen.

Platon setzt die Lichtmetapher ein, indem er den eigentlichen Erkenntnisprozess, der erst durch diese Idee des Guten, zu der wir Menschen (nicht alle, aber die Philosophierenden!) in unserer geistigen Welt vorstoßen können, überträgt auf das Licht der Sonne und des Feuers.

Das verwirrende am Höhlengleichnis ist die Aussage, die Platon in diesem Gleichnis tätigt: Die reale Welt mit all ihren sinnlich wahrnehmbaren Dingen ist nur Schein, ist nur Schatten vom eigentlichen Sein, von den Ideen. Um diese Welt des Seins zu erkennen, führt der Philosoph uns in Gestalt des befreiten Gefangenen aus der Höhle heraus ans Tageslicht, wo wir die wirkliche Welt und die Sonne, die die Welt sichtbar macht, sehen können. Ein Tausch der Realitäten soll uns zur wahren Erkenntnis führen. Die in unserem Inneren verborgenen Gedanken, für Außenstehende im Dunkel liegend, finden zur Wahrheit des Seins. Die im Licht der Sonne sich zeigende vielfältige Welt, die wir mit unseren Augen unmittelbar sehen können, ist Täuschung, ist Schatten, ist Abbild, hat ebenfalls ein Sein, aber ein anderes und von minderer Qualität. Wenn wir Platons Gedankengänge in seiner Erkenntnistheorie folgen, unabhängig von Gleichniserzählung oder abstrakter Formulierung in Worten, so klingt seine Beweisführung überzeugend und wir können sie intellektuell bestätigen. Begeben wir uns aus seiner Theorie hinaus, betrachten das Geschehen aus eigener Erfahrung und von einem Standpunkt außerhalb des Höhlengleichnisses, so scheinen seine Theorie und seine Schlussfolgerungen unsinnig. Denn unsere sicherste Quelle von Wahrheit sind unsere Augen, aber sie täuschen uns, und unser innerer Geist, den wir nicht genau bestimmen können, was er überhaupt ist, der nicht nur das von den Augen aufgenommene verarbeitet, sondern auch Träume und Fantasien produziert, in seiner Kreativität unbegrenzt zu sein scheint in der Erschaffung phantastischer Welten, soll uns die Wahrheit erkennen lassen. Wir verlieren den Boden unter unseren Füßen, wie verlieren Orientierung und Verlässlichkeit, wir *schwimmen in einem Meer der Unwissenheit* und wissen nicht, wohin wir uns begeben sollen, um wieder auf sicherem Boden zu stehen und um planen zu können, wohin wir gehen wollen.

Und um diese eigentlich *verrückte* Theorie zu erläutern, benutzt Platon die Lichtmetapher, sehr überzeugend, denn er beruft sich auf unsere tagtägliche Erfahrung, wir sehen ja mit unseren Augen die Wirklichkeit der Welt im Licht der Sonne, also können wir in der Übertragung uns ein inneres Sehen mit einem inneren Licht vorstellen, welches uns die Wahrheit sehen lässt.

Wenn wir das Höhlengleichnis in unsere digitale Medienwelt übertragen, wird die Lage noch komplizierter und unübersichtlicher. Denn die digital erzeugte Welt, die wir nur als leuchtende Bilder auf einem Bildschirm sehen, seien es auf dem Handy in Miniformat ständig bei uns oder auf dem Fernseher im Meterformat zu Hause, zeigen uns eine Realität, die wir mit den Augen aufnehmen, von der wir aber nicht wissen, ob sie kreative Produkte einer fantastischen Gedankenwelt sind oder dokumentarische Ausschnitte eines realen Geschehens zeigen. Das gesprochene Wort in digitaler Form kann uns ebenso in die Irre führen, denn wir können nicht überprüfen, ob es sich um manipulierte Worte handelt oder um authentische Sätze. Sich auf die eigene Vernunft berufen, auf die Überprüfung der Wahrheit durch die kritische Sicht des eigenen Standes, wird angesichts der überschwemmenden Dominanz der Bilderwelt und gefakter News immer schwieriger. Wie viele fernseh- und handysüchtige Menschen gibt es bereits, die in ihrer Sucht stark manipulierbar sind und in das politische, kulturelle und sozialgesellschaftliche Geschehen hineinwirken? Diesbezüglich hat die Philosophie ein immenses Aufgabenvolumen vor sich, haben die Philosophen und Philosophinnen in ihrer Verantwortung für die Mitmenschen ein gut durchdachtes Konzept zur demokratischen Gestaltung in einer digitalisierten und KI-generierten Welt zu erarbeiten und vorzulegen.

Wir sollten zur Zwei-Reiche-Theorie von Platon zukünftig noch ein drittes Reich hinzusetzen, das digitale. Die Welt des Digitalen ist sowohl sinnlich als auch geistig zugänglich, sie setzt sich sowohl aus der Welt der Sinne als auch der der Ideen zusammen und bildet eine ganz eigene Welt, die des Medialen. Was spräche dagegen, die digitale Medienwelt als eine eigene Seinsform neben der physischen und der metaphysischen zu denken?

Nach dem Ausflug in die Jetzt-Zeit, wieder zurück zu Platon und seiner Philosophie.

Der Siebente Brief sollte noch erwähnt werden, da hier vom Licht in einer einfachen Metapher-Übertragung gesprochen wird.

Als der bekannte Philosoph zum dritten Mal auf Einladung von Dionysios nach Syrakus reist, will er zunächst überprüfen, welche Fortschritte dieser in der Philosophie gemacht hat. Es geht ihm um den *philosophisch Veranlagten*, den Platon herausfiltern möchte und ob Dionysios dazugehört. Denn nur der von der Philosophie

Ergriffene wird wie von einem *Feuerfunken* erfasst, er übt seine normale Tätigkeit aus, aber in allem hält er sich an die Philosophie und an eine demetsprechende Lebensführung. (Vgl. Platon. Siebenter Brief 340 b–d)

Platon will seine wichtigsten Lehren nicht in einer Abhandlung verschriftlichen, denn die Philosophie lässt sich seiner Ansicht nach nicht in solche Worte fassen. Vielmehr entsteht sie „plötzlich wie ein Licht, das von einem springenden Funken entfacht wird" (Platon. Siebenter Brief 341 d) im gemeinsamen Bemühen um das Problem und aus dem Zusammenleben heraus. Philosophie braucht nicht den Eremiten, sondern erfordert das gemeinsame Suchen von philosophisch Veranlagten nach Problemlösungen. Natürlich hätte er, Platon, darüber schreiben können, „[…] was hätte ich Schöneres als das in meinem Leben tun können, Schöneres als den Menschen eine große Heilslehre niederzuschreiben und das Wesen der Dinge für alle ans Licht zu ziehen?" (Platon. Siebenter Brief 341 d) Aber die Menschen hätten ihn nicht verstanden, es wäre ihm wie dem befreiten Gefangenen in der Höhle ergangen, nur ganz wenige hätten ihm folgen können, und dazu hätten wenige Worte genügt und die so Ausgezeichneten könnten es dann selbst herausfinden.

Die Verwendung der Lichtmetapher hier entspricht mehr der Sprache im allgemeinen Gebrauch: *der überspringende Funke, das Licht, das aufgeht, etwas ans Licht bringen*. Wir kennen es aus der Alltagssprache und dem Alltagsdenken, die Sichtbarmachung eines Gedankens im übertragenen Sinne durch das Licht. Von einem metaphysischen Sein des Lichts ist hier nichts zu erkennen. In diesem Kontext benutzt Platon die Lichtmetapher in einfachster Übertragung. Dann geht er zum Prozess seiner Erkenntnistheorie über. Das Seiende ist durch drei Stufen zu bestimmen, die vierte Stufe ist dann die Erkenntnis des Seienden und auf der fünften Stufe wird der wahre Sinn, das Wesen dieses Seienden erfasst. Nach sachlicher gemeinsamer Überprüfung wird *Verständnis und Einsicht* über den Gegenstand der Betrachtung *aufleuchten*, so intensiv als der Mensch es vermag. (Vgl. Platon. Siebenter Brief 344 b)

Beispielhaft erklärt er seine Schritte der Erkenntnis am Begriff *Kreis* mit Namen, Definition und Abbild und worauf sich die Erkenntnis stützt. Aber das Wesen des Kreises, diese Idee des Kreises als ein Seiendes, finden wir nur im vernünftigen Seelenteil. Nur wenige Menschen kommen bis ans Ziel dieses Weges, bis hin zur wahren Erkenntnis. Das Aufleuchten von *Phronesis* und *Nous* findet in diesen Ausführungen seiner Erkenntnistheorie eine Erwähnung, aber nur im metaphorischen Sinne.

In einem alten Aufsatz fand ich die Thematisierung des Lichts im *Siebenten Brief* mit interessanten Ausführungen. Julius Stenzel schrieb 1926 den Aufsatz *Der Begriff der Erleuchtung bei Platon*, publiziert in der Zeitschrift *Die Antike*. Ihm geht es in seinen Betrachtungen um den „Sinn der Erleuchtungsstelle des Briefes durch den Vergleich mit der des Staates". (Stenzel. 1926. S. 255) Platons Anliegen in beiden Schriften sei es u. a., die Bedeutung der Paideia für ein gelingendes Staatswesen aufzuzeigen und deshalb diesen Weg der Erkenntnisfähigkeit des Menschen offenzulegen. Die entscheidende Textstelle ist im *Siebenten Brief* zu finden, wo der Philosoph bekennt, dass seine Hauptlehren nicht in einer Schrift zu finden seien, sondern durch die wissenschaftliche Arbeit und das Zusammenleben entstehen. Stenzel finden den Ausdruck *Erleuchtung* passend, denn er trifft den Übergang vom schlafenden Zustand zum Wachen.

„Sehen, Schau, Licht, Erleuchtung hängt durch den Grundbegriff der Idee, der Sicht, des Eidos, der geschauten Gestalt, mit dem Kern der platonischen Philosophie aufs engste zusammen; eine zulängliche Auseinandersetzung des Erleuchtungsbegriffs muß deshalb zu einer Rechenschaft über die Gesamtauffassung der platonischen Lehre führen." (Stenzel. 1926. S. 241)

Stenzel fragt nach einem möglichen mystischen Hintergrund in Platons Gedankenwelt, der durch den Erleuchtungsbegriff nahezuliegen scheint, verwirft dann jedoch diesen Gedanken, da er nicht tatsächlich bei diesem zu finden sei, sondern erst später im Neuplatonismus aufkommt. Er spricht dann von einer Analogie, die eingesetzt wird.

„[…] um die eigentliche Wirkung des inneren Lichts scharf zu erfassen. Wie dort der Akt des Sehens beschrieben wird, so hier der Akt der Erkenntnis. Wenn der Mensch sich nach dem Reiche des inneren Lichtes wendet, dorthin wo die Wahrheit und das Seiende leuchten, da bemerkt er etwas […] und erkennt es und scheint den Geist [..] zu haben und zu halten. Die Kraft, die den Dingen, während sie erkannt werden [..], Wahrheit verleiht und dem Erkennenden die Fähigkeit der Erkenntnis, die sieh als die Idee des Guten an und sie denke dir als die Ursache des Wissens und der Wahrheit während der Erkenntnis […]. Wie das Auge sonnenhaft ist, so ist die Wahrheit und das Wissen guthaft; aber beide stehen an Rang hinter dem Guten zurück. Und die gleiche Wirkung und Kraft wie die Sonne, die nicht nur sehen, sondern auch die Dinge werden und wachsen läßt, hat das Gute im intelligiblen Bereich: es schafft die Gegenstände der Erkenntnis, und so ist das Gute noch jenseits des Seins [..] an Ehrwürdigkeit und Kraft." (Stenzel. 1926. S. 247)

Die Erklärung Stenzels, warum die Idee des Guten kein eigenes Sein hat, sondern noch über dem metaphysischen Sein steht, gibt er durch die Verortung in der Intelligibilität des Menschen an: die Idee des Guten ist eine Kraft, sie erschafft erst die Gegenstände der Erkenntnis, ist ihnen also übergeordnet.

Stenzel bewegt der Erleuchtungsgedanke, er stellt Fragen, warum Platon die Analogie des Erleuchtens mit der Idee des Guten in Zusammenhang bringt, das Erkenntniserlebnis mit der Idee des Guten und die Idee des Guten mit der politischen Arbeit im Staat. Er sieht Anhaltspunkte in der *vertieften Betrachtung der Paideia* in der Politeia. Die Erziehung des Menschen ist Gewöhnung an die Gemeinschaft, an die Werte, das Denken und Handeln dieser Polis und die Paideia *greift die ganze Seele an*, meint also den ganzen Menschen in seiner Persönlichkeit. Die Idee des Guten erleuchtet den Menschen. Es wird ein Licht angezündet, das sich nun selbst *mehrt und nährt*, es ist die Erleuchtung durch und für die Gemeinschaft. Er formuliert als Antwort auf seine Fragen zum Erleuchtungsgedanken, dass die philosophische Erkenntnis der „Quell des Werdens, Wachsens und Erkanntwerdens zugleich, die Sonne im Reiche des Intelligiblen" sei. (Stenzel. 1926. S. 252)

Weit entfernt vom Individualismus sieht Stenzel den idealen Staat als ein Werk, das nur in der Gemeinschaft entstehen und getragen werden kann. Das Ich ist keine Größe im griechischen Denken, die Polis steht im Zentrum des Denkens, Wollens und Handelns, deshalb ist der Erkenntnisprozess auch nicht als Einzelleistung, sondern als eine gemeinschaftliche Errungenschaft der philosophisch Denkenden zu verstehen. Als Fazit konstatiert er, dass der Sinn der Erleuchtung, wie Platon es meint, die Einsicht in die Zusammenhänge von Erkenntnisstufen, eine Verknüpfung stiftende Einheit und das Erlebnis der Zusammenschau ist.

Nicht die solitäre Erleuchtung in der stillen Kammer des Philosophen, ganz für sich und in sich zurückgezogen, sondern die Erkenntnis der Idee des Guten im gemeinsamen Ringen von Philosophinnen und Philosophen zum Wohle der Polis, das sei die Botschaft Platons.

Die Fokussierung auf die Polis ist typisch für das griechischen Denken jener Zeit, auch noch bei Aristoteles, der aber immerhin schon die ersten Ansätze einer Individualethik in seiner Nikomachischen Ethik formuliert. Das Denken, Handeln und Verhalten richten sich auf die Gemeinschaft, der man angehört, etwas ist nur sinnvoll, wenn es am Gemeinwohl ausgerichtet ist, die Werte werden hierarchisiert nach der Bestimmung für die Polis. Auch das Verschiedene eint sich zu einem Wohl der Gemeinschaft. Somit ist es nur folgerichtig, wenn der Erleuchtungsgedanke nicht als ein singuläres Ereignis in analytischer Methodik, sondern als ein *Erlebnis der Zusammenschau* und mit synthetischer Funktion eingesetzt wird. Diese Gemeinwohlausrichtung und das Zusammensetzende ist in jener Epoche so selbstverständlich, dass Platon es nicht explizit immer wieder erwähnt, sondern es als gegeben voraussetzt. Die Lichtmetapher scheint somit bei ihm genau in dieser spezifischen Bedeutung eingesetzt zu werden.

Noch ein Wort zum Schönen, denn die Idee des Guten ist auch Ursache des Schönen, wie es in der Politeia steht. Im Symposion heißt es: „Denn die Weisheit gehört zu dem Schönsten und Eros ist die Liebe zu dem Schönen." (Platon. Symposion 204 b) Der Stufenweg in der Erkenntnis des Schönen folgt dem bekannten Muster seiner Erkenntnistheorie. Zunächst entdecken wir die Liebe zur Schönheit des einzelnen Körpers, dann die Liebe zur Schönheit des Körperlichen, weiter die Liebe zur Schönheit der Seele bzw. des Geistigen, weiter abstrahiert die Liebe zur Schönheit aller Seelen, um schließlich auf der fünften Stufe die Liebe zum Schönen an sich, das göttliche Schöne, die Idee des Schönen zu erkennen. (Vgl. Platon. Symposion 210 a 212 b) „Dies heißt nicht bloß: Schönes zeigt sich *im* Licht, sondern Schönes zeigt sich in seiner Schönheit *als* Licht." (Bremer. 1976. S. 222) So sieht Bremer den Erkenntnisweg der Liebe zum Schönen an sich, die Schönheit ist als ein Licht zu verstehen, wie auch die Liebe ein Licht ist. Schönheit und Liebe sind Lichtgestalten, nicht konkret, sondern als Idee, die wir vielleicht hier als formlose Gestalt beschreiben könnten, besser wäre m. E. noch die Bezeichnung *Lichtgedanke*.

Hier haben wir die Parallele zu Sapphos poetischen Worten, wenn sie von der Schönheit der Arignote einerseits und der Schönheit an sich andererseits spricht, die sie durch die Liebe sieht und erkennt. Aber Sappho ist Dichterin, somit fasst sie ihr Denken in poetische Worte und nicht in eine philosophische Theorie.

Eine mehr naturphilosophische Betrachtung des Feuers finden wir im Dialog *Timaios*. Platon erläutert das Entstehen, Werden, Sein und Sich-Wandeln der physischen Körper, insbesondere der Elemente. Erde, Luft, Feuer und Wasser sind körperlicher Natur, können sich in einem Wandlungsprozess zu einer anderen Gestalt ändern, so Feuer zu Luft und Luft zu Wasser, aber die Bestimmung dessen, was die einzelnen Elemente ausmachen, ist ein geistiger Erkenntnisprozess, der nicht vom sich wandelnden Zustand berührt wird. Es geht um die Tiefe des Wesens, die zu jeder Gattung von Körpern gehört. Nach Explikationen zum Dreieck und was sein Wesenhaftes ausmacht, kommt er zu den Elementen zurück. Das Feuer kennzeichnet er hierbei als die beweglichste Gattung, den kleinsten Körper, die schärfste Spitze und das Leichteste, immer im Vergleich zu Erde, Wasser und Luft, die mittlere oder eine entgegengesetzte Position einnehmen. (Vgl. Platon. Timaios. 55 d–56 b) Durch die Ungleichartigkeit der Elemente kommt es zur immerwährenden Bewegung der Körper (Vgl. Platon. Timaios. 57 e) Zum Feuer wird später noch ergänzt, dass es nicht nur brennt und etwas verbrennt, sondern durch sein ausstrahlendes Licht Gegenstände sichtbar macht.

Die Ausführungen Platons bleiben auf die sinnliche Wahrnehmung begrenzt, sie berühren hier nicht seine Erkenntnislehre. Die als natürlich zu beobachtenden Wandlungsprozesse, in denen aus Luft Feuer oder aus Wasser Stein und aus diesem wiederum Wind und Luft werden, können wir so nicht aus der Wahrnehmung bestätigen, aber manches mag manchem so erscheinen. Es ist in diesem Kontext nicht weiter von Belang, denn das Feuer wird nur in seinem naturwissenschaftlichen Verständnis und metaphysischen Sein erläutert, nicht aber als Lichtmetapher eingesetzt.

Auf eine erneute Diskussion über das Licht als Symbol und das Licht als ein metaphysisches Sein, wie es von Beierwaltes in seiner Dissertation ausgeführt wird, habe ich hier verzichtet, da mir seine Position und die anderer ausreichend im Kap. 5 mit seinen Unterkapiteln expliziert zu sein scheint.

Wir könnten bei Platon versucht sein, beim Licht von einem metaphysischen Gegenstand auszugehen, denn für ihn hat die Welt der Ideen Bestand, sie bilden ein eigenes Reich, das wahr ist. Die physische Welt, ebenso die Lichtträger der Sonne und anderer Gestirne in ihr, sind nur Schatten, Abbilder der wahren Welt. Über diese Welt der Wahrnehmung und der Welt der Ideen reicht noch ein Drittes hinaus, die Idee des Guten an sich, die nicht von metaphysischem Sein ist, sondern mehr, das Höchste überhaupt, für das wir keine eigene Kategorie benennen können. Diese Idee des Guten ist das Schönste und das Lichteste. Da Platon immer die Sonne als Referenzobjekt für das Licht, auch in der Steigerung, nimmt, können wir sie nur als Metapher verstehen. Er spricht nicht von der Idee des Lichts. Zudem benutzt er die Erzählung von Gleichnissen, um seine Erkenntnistheorie zu erläutern; Gleichnisse arbeiten mit gedanklichen Übertragungen wie die Metapher.

7.2 Aristoteles (384–322 v.Chr.): Wie die Sonne, so der Geist

In der Lichtvorstellung unterscheiden sich Platon und Aristoteles grundlegend. Bei jenem liegt das Licht in den Dingen und diese haben ihre je eigene Helligkeit bzw. Dunkelheit. Bei Aristoteles jedoch werden die Dinge erst durch das Licht sichtbar, der Geist (Nous) bringt das Licht in die gegenständliche und ungegenständliche Welt und macht dadurch die Dinge sichtbar bzw. erkennbar. In der physikalischen Welt gibt es eine Lichtursache wie die Sonne oder das Feuer, die das Licht verbreiten und die Dinge sichtbar machen. Für den Geist benutzt der große Philosoph die

Analogie zu den physischen Lichtträgern, so dass der Geist – wie die Sonne oder das Feuer – die metaphysische Welt beleuchtet und sichtbar macht. Wir haben es also mit der Lichtmetapher im klassischen Sinne zu tun, so wie Aristoteles die Metapher in seiner Rhetorik und Poetik analysiert und beschreibt (s. Abschn. 2.1). Das *Nous* wird von ihm nicht als Licht verstanden, sondern der Geist arbeitet *wie* das Licht in der physikalischen Welt.

Wie bereits dort erläutert, setzt er in der Poetik das *Ausstreuen von Samen* für *säen* als Beispiel für die Lichtausstreuung der Sonne als göttliches Licht. In welchem Sinne, ob physisch oder metaphysisch, lässt sich nicht ermitteln, da der Kontext dieses Metaphernbeispiels fehlt. Lediglich das *göttliche Licht* könnte auf einen metaphysischen Zusammenhang hindeuten. Aber Aristoteles benutzt die Analogie nur zur Demonstration, um die verschiedenen Sparten innerhalb der Metapher zu erläutern. Eine andere Art der Verwendung der Metapher ist das Prinzip des Vor-Augen-Führens, wo er als Exempel wiederum das göttliche Licht wählt und davon spricht, dass Gott den Verstand als ein Licht in der Seele angezündet habe. (Vgl. Aristoteles. Rhetorik 1411 b) Hier ist die Deutung zum Licht als Metapher der Erkenntnis klar gegeben. Aber er setzt diese Lichtmetapher nicht für eigene philosophische Gedankengänge ein, sondern er benutzt diese Metaphern, die allgemein bekannt gewesen zu sein scheinen, als Demonstrationsbeispiele. Er hat sie in seiner historischen Forschungsarbeit eruiert und dann in seiner *Metaphysik*, *Poetik* und *Rhetorik* als Redewendungen und Beispiele für rhetorische Stilmittel beschrieben. Insofern sind seine Zitate, die den Hinweis auf die Lichtmetapher enthalten, ein Beleg für die Benutzung dieser Metapher schon im ältesten großgriechischen Kulturraum.

In der Metaphysik findet sich bei Aristoteles eine zweite Textstelle, in der das Licht erwähnt wird. Es ist die Auflistung der Gegensatzpaare in der pythagoreischen Lehre, um das grundlegende dualistische Prinzip in der philosophischen Gedankenwelt der Pythagoreer zu erläutern.

> „Andere aus derselben Schule [der Pythagoreischen] nehmen zehn Prinzipien an, welche sie in entsprechende Reihen zusammenordnen: Grenze und Unbegrenztes, Ungerades und Gerades, Einheit und Vielheit, Rechtes und Linkes, Männliches und Weibliches, Ruhendes und Bewegtes, Gerades und Krummes, Licht und Finsternis, Gutes und Böses, gleichseitiges und ungleichseitiges Viereck." (Aristoteles, Metaphysik 986 a 20–26)

Nach den Pythagoreern sind die Gegensätze Prinzipien des Seienden und in diesem Sinne werden sie von Aristoteles in seinen Forschungsarbeiten dokumentiert. In der weiteren Entwicklung der Philosophiegeschichte werden die Pole der Prinzipien bzw. die Pole im Dualismus einer Wertung von Positiv und Negativ unterzogen sowie einer ethischen Bewertung von Gut und Böse. Dabei symbolisiert das Licht jeweils das Gute und das Dunkle jeweils das Böse.

Diese dualistischen Prinzipien sind Kategorien in der Metaphysik, aber sie beziehen sich auf die Wahrnehmung der physikalischen Welt mit Ausnahme der ethischen Wertung von Gut und Böse. Die Prinzipien umfassen inhaltlich allerdings mehr als nur die sinnlich wahrnehmbare Welt, sie abstrahieren und können insofern Allgemeingültiges aussagen. Der Dualismus von Licht und Finsternis entspricht dem unmittelbaren Sehen und lässt sich überall beobachten. In einer weitergehenden Deutung könnte ich vermuten, dass erst durch das Licht die anderen Prinzipien in ihrem konkreten Sein in der physikalischen Welt sichtbar und erkennbar wären und in der Finsternis eben nicht. Aber es handelt sich um eine einfache Auflistung ohne Hierarchisierung oder anderer Bedeutungsmöglichkeit, es wird als *geordnete Reihung* bezeichnet, so dass mir eine weitere Deutung als zu spekulativ anmutet. Eine bedeutungsgebende Ordnung in der Reihenfolge der Auflistung scheint mir nicht gegeben.

Weitergehende Überlegungen zur metaphysischen Einordnung und Deutung werden von Beierwaltes publiziert, die ich im Abschn. 5.4 bereits thematisiert habe. Von Blumenberg wird dagegen im Zusammenhang mit Parmenides die andere Interpretation eingeführt, dass die Kategorie des Seins auch ohne das Nicht-Sein denkbar ist, oder das Licht als eigenständige Kategorie auch ohne Finsternis festzulegen sei oder überhaupt das dualistische Prinzip nicht einzig als Gegensatz zu denken wäre, sondern ein Verschiedenes und Anderes beinhaltet. Wir müssen zwei Pole nicht als Gegensätze denken, sondern können sie als eine Gegenüberstellung oder als eine Spannbreite betrachten. Neben dem Licht und der Finsternis gibt es tausende Stufen der Dämmerung, neben Weiß und Schwarz alle Varianten von Graustufen. Das Weibliche kann man dem Männlichen gegenüberstellen, ohne dass man sie als Gegensätze denkt, aber es gibt auch Vermischungen der Geschlechter, zumindest in der individuellen Ausprägung und im sozialen Rollenverhalten, aber die Prinzipien des Geraden und Ungeraden, des Begrenzten und Unbegrenzten, des gleichseitigen und des ungleichseitigen Vierecks lassen keine Zwischenstufen zu. Die Auflistung der Prinzipien in der pythagoreischen Lehre scheinen mir das bipolare Denken archaischer Zeit zu zeigen, eine einfache Strukturierung der Welt, die für jeden zugängig ist, nachvollziehbar und selbst anzuwenden. Es kann, muss sich aber nicht um Gegensätzliches handeln, es kann die Spannbreite der Dimensionen verdeutlichen, die zwischen den beiden Polen liegt, es kann das Andere und das Verschiedene gemeint sein, es kann die einfachste Form der Strukturierung aufzeigen. Wir finden die Anwendung des bipolaren Denkens bis zur heutigen Zeit, manchmal auch missbräuchlich zur Manipulation eingesetzt, um Vielfalt und Differenzierung auszugrenzen.

Die Erkenntnistheorie seines Lehrers Platon hat seinen Schüler letztlich nicht überzeugt und er hat sie nicht übernommen. Er hat sich auf seine sinnliche Wahrnehmung als verlässliche Quelle des Wissens und der Wahrheit verlassen und für den Wandlungsprozess von Dingen die Bewegung, das Werden und Vergehen eingeflochten. Der sinnlichen Täuschung können wir durch empirische Forschung begegnen; wenn sie gründlich durchgeführt wird, unterliegen die Ergebnisse nicht aktuellen Täuschungen durch momentane Zustände, und Wandlungsprozesse können wir beobachten und beschreiben. Bewegungen, Wandlungen, Wachstum, Veränderungen gehören zum Sein der Dinge und können in der Abstraktion, die das Wesen des jeweiligen Gegenstandes beschreibt, mit aufgenommen werden. Zum Wesen des Menschen gehört das Entstehen, das Wachstum, die körperlichen, seelischen und geistige Entwicklungen, der Alternsprozess sowie der Tod, in der Bestimmung unserer Wesenheit nehmen wir es als Wahrheit auf. Die Aristotelische Er-

7.2 Aristoteles (384–322 v.Chr.): Wie die Sonne, so der Geist

kenntnisordnung geht zunächst von der Wahrnehmung aus, einer einfachen Form der Erkenntnis, des Weiteren von Prinzipien, die wertvoller und wichtigere Form der Erkenntnis. Also gibt es Erkenntnisse auf zwei ontischen Ebenen: auf der physikalischen und auf der metaphysischen Ebene.

Das oben angeführte Fragment aus der Pythagoreischen Schule gehört mit zu seiner Sammlung im Rahmen seiner Schriften zur Metaphysik.

Aristoteles hat uns ein wissenschaftliches Werk hinterlassen, welches an Fülle und Qualität seines gleichen sucht. Er und seine Schüler sammelten alle Materialien, denen sie habhaft werden konnten, kategorisierten und systematisierten sie. Schriftliche Zeugnisse wurden systematisch ausgewertet, (empirische) Beobachtungen wurden dokumentiert und analysiert. Ob es sich um Bereiche der Biologie mit Tieren und Pflanzen handelte, um Gesteine und Erdproben, um Land- und Meereskarten, kulturelle Eigenheiten von Völkern und kleineren Stämmen, um politische Systeme und gesellschaftliche Phänomene, Aristoteles sammelte, analysierte und zog seine Erkenntnisse und Schlüsse aus den Befunden. Dies war seine praktische wissenschaftliche Vorgehensweise. Hinzu kommen seine bedeutenden Schriften zur Logik, Metaphysik und Ethik. Auch hier sammelte er zunächst die schon verbreiteten Lehren und Meinungen (in schriftlicher oder mündlicher Form), systematisierte und analysierte die Inhalte, schrieb dann das Eigene zur Thematik.

Dabei unterliefen ihm nicht wenige Fehler, seine Beobachtungen in der empirischen Forschung sind manchmal nicht nachvollziehbar und halten einer Überprüfung nicht stand, aber wer handelt, macht Fehler. Nur wurden seine wissenschaftlichen Erkenntnisse im Laufe der Geschichte zu wenig hinterfragt, wurden als gesetzte Wahrheiten anerkannt und führten zu tragischen Fehlentwicklungen. Als markantes Beispiel seien hier nur seine naturwissenschaftlichen Studien zur Frau genannt, die eine Minderwertigkeit der Frau behaupteten und zu einer jahrhundertelangen Fehlentwicklung in der politischen und gesellschaftlichen Stellung der Frau führten, die bis zum heutigen Tag noch nicht gänzlich aufgehoben ist.

Die anderen Überlegungen zum Licht gehören in die naturwissenschaftlichen Ausarbeitungen. In seinen Schriften *De anima/Über die Seele* und *De sensu/Über die Sinneswahrnehmung* schreibt er über das Wesen des Lichts, die Wahrnehmung und die Beschaffenheit. Sie enthalten jedoch keinerlei Verbindung zur geistigen Erkenntnisfähigkeit des Menschen, beschränken sich ganz auf naturwissenschaftliche Studien. Trotzdem möchte ich sie kurz in den Grundzügen skizzieren, da Elemente dieser aristotelischen Betrachtung über das Licht in der Spätantike und im Mittelalter in die philosophische Erkenntnistheorie und die Lichtspekulationen einfließen.

Licht ist ein Transparentes, ist die Aktualität des Transparenten, sofern es transparent ist, das ist das wesentliche Sein des Lichts. Licht hat die Ursache des Sichtbarseins in sich. Licht ist eine bestimmte Art von Zustand, es ist sichtbar, aber nicht an sich, nicht durch sich selbst, sondern durch eine (andere) Farbe. Licht hat keinen eigenen Körper, aber es macht die Farbigkeit des Körperlichen sichtbar. Licht als potentiell transparentes Medium ist nicht und macht nicht sichtbar, sondern erst im Zustand des aktual Transparenten macht das Licht sichtbar. Das Licht wird in die Aktualität gebracht durch das Feuer oder den Äther, die die Eigenschaften der Illumination besitzen. Aber nicht dergestalt, dass etwas aus dem Feuer in das Licht fließt, keine Emanation, das illuminierende Feuer oder der Äther bringen das Licht in diesen Zustand der Aktualität, so dass es wirkt, unmittelbar, ganz, ohne Bewegung, ohne Zeit, eben als eine Aktualität.

Es gibt unbegrenzte Körper, wie das Wasser oder die Luft, die jeweils durch ein Umgebenes begrenzt werden, und es gibt begrenzte Körper, die durch ihre Farbigkeit in ihrer Körperlichkeit sichtbar gemacht werden. Licht kann Wasser und Luft in einer transparenten Farbigkeit sichtbar machen, trotz ihrer Unbegrenztheit, so wie es physikalische Körper aufdeckt. Licht ist eine Potenz, die in begrenzten und unbegrenzten Körpern liegt und durch diese Körper in der Aktualität zur Erscheinung kommt.

> „Es gibt etwas Durchsichtiges. Ich nenne durchsichtig das, was zwar sichtbar ist, jedoch nicht an sich sichtbar schlechthin, sondern durch die ihm fremde Farbe. [...] Das Licht ist das wirkliche Sein dieses Durchsichtigen, sofern es durchsichtig ist." (Aristoteles. Über die Seele. 418 b)

Licht hat ein eigenes Sein ohne Körperlichkeit, ist nicht an sich sichtbar, sondern durchsichtig, ist nur durch Farben an Körpern sichtbar, und es ist ohne Bewegung, sondern immer nur in einer Aktualität des Transparenten anwesend. Licht bewirkt das Sehen. Man kann nicht ohne äußeres und inneres Licht sehen. Das äußere Licht kommt durch die Sonne, das Feuer, den Äther oder einen anderen Lichtträger, das innere Licht kommt aus der Seele.

> „[...] und so wenig man ohne äußeres Licht sehen kann, so wenig ohne inneres [...] Denn die Seele oder ihr Wahrnehmungsvermögen sitzt nicht an der Außenfläche des Auges, sondern offenbar innen. Daher muß das Innere des Auges durchsichtig und lichtempfindlich sein. [...]" (Aristoteles. Kleine Schriften. 438 b)

Mit dem inneren Licht scheint Aristoteles hier das Wahrnehmungsvermögen des Menschen gemeint zu haben, nicht ein eigenes inneres Licht der Vernunft.

Alle Farben eines Objektes werden im Licht gesehen, das Sichtbare ist nämlich die Farbe. Die Farben entstehen aus einer Mischung von Schwarz und Weiß. Das Wesen des Lichts ist ein Sein, aber welcher Art? Denn ohne Körper ist es nicht physischer Art, aber es ist ebenfalls keine gedankliche Abstraktion, keine intelligible Denkform, die der Metaphysik einzuordnen wäre, sondern ein Zustand, der sich entweder in Potenz oder in Aktualität befindet. „Das Ansich kommt ihm nicht dem Begriffe nach zu", denn dann gehörte es zur Metaphysik, „sondern weil es in sich selbst die Ursache des Sichtbarseins hat." (Aristoteles. Über die Seele. 418 a) Licht erlangt den Zustand der Aktualität aber nur durch das illuminierende Feuer oder den Äther. Welcher Kategorie gehört ein solcher Zustand als eine eigene Seinsform an?

> „Die Vollendung des Durchsichtigen ist das Licht." (Aristoteles. Über die Seele. 419 a)

Hier wird es nochmals kompliziert in der gedanklichen Konstruktion, wenn man seine Aussagen in der *Metaphysik* hinzunimmt. Die Entelecheia, die Vollendung, ist

7.2 Aristoteles (384–322 v.Chr.): Wie die Sonne, so der Geist

der Zustand eines Seins, welches es durch Bewegung, durch die Energeia, zu diesem Werk bzw. Sein geworden ist. Die Wirklichkeit ist Bewegung und Energeia und sie liegt im Werden und sie führt zur Vollendung der Wirklichkeit. (Vgl. Hüni. 1992. S. 95 f.)

Da Aristoteles bei Licht das Werden und die Bewegung ausschließt, ist der Übergang vom potentiell Durchsichtigen zur Aktualität des Durchsichtigen, also dem Licht, keine Transformation des Werdens oder der Bewegung, sondern es ist oder es ist nicht, es trägt in sich die Ursache des Sichtbarseins.

Die schwer vorstellbaren und kaum verständlichen Ausführungen des Aristoteles über das Licht ließen in der Philosophiegeschichte ein Feld von Spekulationen entstehen, die zur Lichtmetaphysik führten, zu Lichtsymbolismen und zur Lichtmetaphorik verschiedenster Art. In der Spätantike und im Mittelalter blühte eine Vielfalt von Theorien zur Lichtphilosophie auf, die im Einzelnen kaum zu sondieren sind. Vor allem die Vermischung von einem inneren Licht des Geistes bzw. der Seele, also einem intelligiblen Licht in der Vernunft des Menschen, mit dem äußeren Licht durch Lichtträger in der physischen Welt lässt vieles verwirrend erscheinen. Aristoteles hat das intelligible Denken des Menschen gesehen, aber nicht mit einem inneren Licht metaphysischer Art in Verbindung gebracht. In der christlichen Philosophie kommt es jedoch, je nachdem, ob in der Nachfolge von Platon oder Aristoteles oder einer Gemengenlage beider Philosophien, zu einem Licht Gottes im Menschen, das erkennen lässt. Es ist ein übernatürliches Licht, von Gott oder durch ihn, im Menschen oder durch den Menschen wirkend. Die göttliche Idee Platons transformiert sich in einen christlichen Gott, die Entwicklung der Dinge der Welt aus den Urstoffen von Wasser, Luft, Feuer oder Äther werden nun von Gott geschaffen, so wie sie uns in der Welt erscheinen.

Bei den großen Philosophen der klassischen Epoche der griechischen Philosophie finden wir die Auseinandersetzungen und Betrachtungen zum Licht auf der intellektuellen Ebene des Intelligiblen. Bei Platon ist es die Ideenlehre, in die sich seine Lichtvorstellungen problemlos einordnen lassen. Die Idee des Guten, die höchste Stufe der Erkenntnis, ist wie die Sonne, die das stärkste Licht, das uns die gegenständliche Welt sehen lässt. Aber es bleibt beim „wie", bei der Analogie, bei der Metapher-Funktion, für die das Licht eingesetzt wird. Platons Lichtgleichnisse sind Gleichnisse, nicht aber philosophische Erkenntnisse über das Licht. Die Metapher gehört nach Aristoteles zum Bereich der Metaphysik, Metaphern zu denken, zu erkennen und einzusetzen sind eine intelligible Leistung.

Bei Aristoteles haben wir in seinen Betrachtungen über das Licht die Verknüpfung von physischer und metaphysischer Welt, von sinnlicher Wahrnehmung und intelligibler Erkenntnis. Licht ist transparent und nicht zu sehen, macht aber auf eine spezielle Art die physischen Dinge sichtbar. Das Licht selbst ist keine theoretische Begrifflichkeit, die zur Metaphysik gehört, und ohne Körperlichkeit kann es nicht der physischen Welt zugeschlagen werden. Trotzdem hat das Licht eine eigene Wesenheit, ein eigenes Sein. Es hat einen potentialen und einen aktualen Zustand, und erst in diesem zweiten entfaltet es seine Wirkung. Diese gedankliche Konstruktion des Lichts ist eine intelligible Leistung, denn sie ist nicht empirisch zu beobachten und nicht unmittelbar logisch zu erschließen. Das Licht ist bei Aristoteles eine komplizierte theoretische Konstruktion, nicht beweisbar, selbst in der Plausibilität nicht wirklich überzeugend.

Für beide Philosophen gilt jedoch, dass ihre philosophischen Betrachtungen über das Licht langwirkende Einflüsse auf eine Philosophie des Lichts hatten und wir ihre Spuren bis heute verfolgen können.

Das übernatürliche Licht – lumen supranaturale

Inhaltsverzeichnis

8.1 Zeugnis ablegen für das Licht in der Welt – das Johannesevangelium (1. Jh. n.Chr.) 173
8.2 Plotin (204–270 n. Chr.) und Augustinus (354–430 n.Chr.): Das helllichte Dunkel im Neuplatonismus 178

Für die spätantike und mittelalterliche Philosophie des Lichts können wir Kategorisierungen vornehmen, welche das Licht nach ihren Ursprüngen und ihrer Art und Weise einteilen. Das übernatürliche Licht – lumen supranaturale – ist das göttliche Licht. Dem gegenüber steht das natürliche Licht – das lumen naturale -, was zum Teil in der griechischen Antike betrachtet wird, vor allem aber vor und seit der Zeit der Aufklärung auf der Tagesordnung steht. Beim göttlichen Licht in der christlichen Ausprägung finden wir die Varianten des lumen gratiae, das Licht der Gnade Gottes, das lumen fidei/des Glaubens, das lumen gloriae/der Herrlichkeit und das lumen propheticum/das prophetische Licht, wenn es sich z. B. um die göttliche Vorhersehung handelt. Immer ist es das Licht Gottes oder das durch ihn bewirkte Licht. Das Licht des Glaubens oder der Gnade wird dem gläubigen Menschen durch Gott zuteil; diese Metapher meint das Erkennen im Glauben oder das Erkennen durch den Glauben bzw. durch die Gnade Gottes.

Die Lichtmetapher für Offenbarung und Glauben gehören zur Tradition vieler Religionen; diese übertragende Bedeutung von Licht ist nicht der christlichen Religion allein vorbehalten. In diesem Abschnitt des Projektes möchte ich mich den philosophischen Theorien des übernatürlichen göttlichen Lichts in der christlichen Ausprägung widmen.

Es ist die religiöse Offenbarung des Johannes, wodurch Menschen eine sonst nicht ableitbare Wirklichkeit erkennen. Die Offenbarung kommt von Gott und kann z. B. durch einen Engel oder einen von Gott auserwählten Menschen vermittelt werden. Die unmittelbare Verknüpfung von Wort/Logos und Licht finden wir dann im Evangelium des Johannes im Neuen Testament.

Augustinus, der Theorie Platons folgend, setzt den göttlichen Geist als Ideengeber für den Menschen ein. Der Geist der Erkenntnis ist die Teilhabe des Menschen am Göttlichen. Der göttliche Geist erleuchtet den menschlichen, wodurch dieser erkennt. Gewissheit erlangt der Mensch aus seinem Inneren heraus, dort findet er die sichere, durch Gott vermittelte Wahrheit, die zeitlos und überindividuell ist. Über den Weg ins Innere gelangt der Mensch zur Gewissheit, zur Selbstgewissheit. „Erkenntnis [ist die] Erfahrung der Wahrheit in einem besonderen ‚geistigen Licht'." (Mittelstraß. Lichtmetaphysik. 1984. In: EPhW, Bd. 2. S. 608)

Gott ist das Licht, das reine Licht, das göttliche Licht, das aber für den Menschen nicht sichtbar ist, denn Gott ist nicht sichtbar. Es ist nicht einfach, sich in die Gedankenwelt des Glaubens dieser Zeit, vielleicht auch heute noch, einzufinden, denn mythisch-verklärt stehen Gott – Licht – Logos bzw. Vernunft und Wort in Verbindung.

> „'Wie kann ich Gott erkennen? ... Und wie kannst du ihn mir zeigen?' fragte der Heide Kelsos, worauf ihm der Christ Origenes antwortete: ‚Der Schöpfer aller Dinge ... ist Licht.' Suchten Christen den Prozess des Werdens zu erklären, so beriefen sie sich auf die Erfahrung des Lichts. Sie beschrieben die Bekehrung als einen Prozess der Erleuchtung; im jüdisch-christlichen Verständnis bedeutet Logos die Verbindung zwischen Wort und Gott – Wörter, auf die Licht gefallen ist." (Sennett. 1995. Fleisch und Stein. S. 168.)

Richard Sennett zitiert hier Origenes (Contra Celsum. Cambridge 1965. S. 381 f.), um das Verhältnis zwischen Gott, Licht und Wort zu erläutern. Das Licht ist überall, so wie Gott unsichtbar überall ist. So wie wir das Tageslicht nicht sehen, weil es einfach da und überall präsent ist und wir keine Abgrenzung ausmachen können, auch nicht zur Nacht hin in der unmittelbaren Wahrnehmung, da die zeitliche Prämisse hinzu*gedacht* werden muss; Tag und Nacht sind nicht gleichzeitig zur Unterscheidung wahrzunehmen. So ist Gott und durch ihn die Vernunft und das Wort als immaterielle Güter präsent und können nur durch den Glauben und den Geist erfasst werden. Aber Menschen brauchen praktische Beweise zur Überzeugung, der bedingungslose Glaube ist den meisten nicht zu eigen. Deshalb begann man, wie Sennett schreibt, durch Bauwerke dieses göttliche Licht für Menschen wahrnehmbar zu machen. Im Kuppelbau mit runder Öffnung in der Mitte dringt der Lichtstrahl der Sonne ins Innere und bildet eine Licht-Säule von der Kuppel bis zum Boden. Bei diffusen Lichtverhältnissen wirkt die Kuppel durch das einfallende Tageslicht heller als der weitere Raum, gleicht dem Firmament in Größe und Weite, aber eben anders als der Himmel draußen. (Vgl. Sennett. 1995. S. 169 f.) Lichtsäule und das strahlende Kuppeldach werden zum Sinnbild Gottes.

Wir kennen dieses Schauspiel auch in der natürlichen Welt, wenn durch eine Wolkendecke ein Lichtstrahl dringt und nur eine begrenzte Fläche am Boden hell erleuchtet wird. An kitschig-romantische Heiligenbilder meiner Kindheit kann ich mich gut erinnern. Der Lichtstrahl trifft ein Kind, das über eine Brücke geht, eine Lichtung im Wald, ein Wegkreuz auf einem Feldweg oder eine kleine Kapelle in ländlicher Idylle. Es soll das göttliche Licht zeigen, das beschützt und das Gute symbolisiert, das Licht sei Gott, so die Botschaft des Glaubens.

8.1 Zeugnis ablegen für das Licht in der Welt – das Johannesevangelium (1. Jh. n.Chr.)

Warum in einer philosophischen Arbeit über die Lichtmetapher ein Beitrag aus der Bibel, aus dem Neuen Testament? Weil mich der erste Abschnitt des Johannesevangeliums schon immer tief beeindruckte und ich die Aussage über das Wort und das Licht als eine philosophische verstehe.

Der Auftakt des Johannesevangeliums ist wie ein Paukenschlag:

„Im Anfang war das Wort, und das Wort war bei Gott, und das Wort war Gott.
Im Anfang war es bei Gott.
Alles ist durch das Wort geworden, und ohne das Wort wurde nichts, was geworden ist.
(Joh. 1,1–3)

Eine Schöpfungsgeschichte ganz anderer Art, dichter kann man sie nicht formulieren, ein hohes Abstraktionsniveau, denn die Welt entsteht aus dem Wort, aus dem Logos.

Logos, das griechische Verb, bedeutet nicht nur Wort, sondern inkludiert auch Vernunft, vernünftiges Wort und vernünftiges Denken. Gott ist dieses Wort und er erschafft die Welt durch das Wort. Es ist die Vorstellung eines Gottes ohne Bild, kein geistiges Wesen, welches dem Menschen in seiner Bildlichkeit und Figürlichkeit gleicht, sondern der Gott hat sein Sein durch die Sprache. Wie wir im anthropologischen Verständnis den Menschen in seiner Wesenheit durch die Sprache definieren, so Gott als Wort bzw. durch das Wort. Die Sprache verweist auf das Denken, die Vernunftfähigkeit, den Geist, denn ohne Intelligenz ist keine Sprache möglich. Wir benennen die Dinge dieser Welt, wodurch sie werden, was sie sind. Wir erkennen die Welt, in der wir uns befinden, durch die Sprache. Aus dem Chaos, dem ungeordneten Zustand dieser Welt, wird eine Ordnung, die in einer sprachlichen Strukturierung einen Kosmos bildet.

Die Erfahrung des Verstehens eines Sachverhaltes durch die Benennung ist uns Menschen gemein. Wenn wir die richtige Bezeichnung gefunden haben, genügt es, dieses Wort zu sprechen oder zu denken, um dieses Ding, dieses Geschehen oder diese Wahrnehmung in seiner Komplexität zu erfassen. Zum Menschsein gehört die Sprache. Erst wenn ich *Ich* denken und sagen kann, vermag ich einen gedanklichen Bezug zu mir herzustellen. Das gilt ebenso für das *Du* und für jede Sache. Das Wort ist eine abstrakte Form, durch die ich die Sache selbst kennzeichne und seine Beziehung zu mir bzw. zum Menschen.

Das Johannesevangelium ist in Teilen nur für die Menschen zugänglich, die dieses abstrakte Denken beherrschen und verstehen, die die Bedeutung des Wortes bzw. der Sprache an sich erkennen und die Erschaffung der Welt aus dem Wort nachzuvollziehen vermögen. In der christlichen Philosophie des Mittelalters wird oftmals Bezug genommen zum Johannesevangelium. Zahlreiche Erzählungen, Gleichnisse und Aussagen des Johannesevangeliums sind jedoch in einfach zugänglicher Sprache und in einer reichen Bildsprache gefasst, so dass sie Gläubige überzeugen können. Es ist der Bericht des Johannes, des Lieblingsjüngers Jesu, der seine Botschaft und seine Erlebnisse mit Jesus Christus niederschreibt, um es den gläubigen Menschen bzw. der Nachwelt zu hinterlassen. Johannes versteht sich als Zeuge, der über seine Zeugenschaft berichtet, von den Wundertätigkeiten bis hin zum Leidensweg und zur Kreuzigung. Politische und gesellschaftliche Konflikte dieser Zeit und an den Orten des Geschehens umrahmen die Berichterstattung.

Nun zur Bedeutung des Lichts im Text des Johannesevangeliums, worum es hier geht.

> „In ihm [dem Wort] war das Leben, und das Leben war das Licht der Menschen.
> Und das Licht leuchtet in der Finsternis, und die Finsternis hat es nicht erfasst." (Joh. 1,4–5)

Es wird im Text eine Verbindung hergestellt zwischen dem Wort/Logos, das bei Gott war oder Gott ist und dem Leben, des Weiteren zwischen dem Leben und dem Licht.

Wort/Logos – Leben – Licht – Gott, wie können wir die Beziehung zwischen diesen Begriffen deuten, wie können wir diese Worte verstehen?

Leben meint nicht nur das Biologische, sondern Leben schließt das Seelische und Geistige mit ein. So schreibt es Koch für das Mittelalter, so sehe ich es ebenso schon für die Zeit davor. (Vgl. Koch. 1960. S. 654)

Das Wort/Logos ist bei Gott und Gott ist das wahre Licht, wovon der Mensch erleuchtet wird. Durch die Menschwerdung Gottes durch Jesus, seinem Sohn, ist das Wort zum Leben transformiert und zum Menschen gekommen. Wort/Logos meint nicht einfach Theorie, geistiges Konstrukt oder etwas Ähnliches, sondern bedeutet Leben, ebenso wie Wort/Logos zum Licht geworden ist, welches den Menschen erleuchtet. Es ist nicht so schwer, diesen Einklang von Vernunft/Geist, Licht, Leben und Gott herzustellen und zu erkennen, wenn wir das Licht als Metapher verstehen für Gott und für die Vernunft bzw. die geistige Erkenntnis. Es wird nicht von einem physischen Lichtträger gesprochen oder vom Licht als einem physischen Sein, sondern von Gott als Licht und Lichtbringer in der Finsternis in der Gestalt des Menschen Jesus Christus, der in die Welt kommt, und mit dem die Menschen leben. Dieses göttliche Licht erleuchtet die Menschen und bringt sie zum Glauben.

> „Es trat ein Mensch auf, der von Gott gesandt war; sein Name war Johannes. Er kam als Zeuge, um Zeugnis abzulegen für das Licht, damit alle durch ihn zum Glauben kommen. Er war nicht selbst das Licht, er sollte nur Zeugnis ablegen für das Licht.
> Das wahre Licht, das jeden Menschen erleuchtet, kam in die Welt.
> Er war in der Welt, und die Welt ist durch ihn geworden, aber die Welt erkannte ihn nicht.
> Er kam in sein Eigentum, aber die Seinen nahmen ihn nicht auf.
> Allen aber, die ihn aufnahmen, gab er Macht, Kinder Gottes zu werden, allen, die an seinen Namen glauben, die nicht aus dem Blut, nicht aus dem Willen des Fleisches, nicht aus dem Willen des Mannes, sondern aus Gott geboren sind." (Joh. 1,6–13)

In den nächsten Zeilen geht es um die Menschwerdung Gottes durch Jesus und um Johannes den Täufer, der Zeugnis ablegt für Jesus als Sohn Gottes. Das wahre Licht kommt in die Welt, um die Menschen zu erleuchten, aber sie erkennen es nicht, zumindest viele Menschen nicht, sie werden nicht erleuchtet und lassen sich nicht erleuchten, sie bleiben in der Finsternis.

Nehme ich die Anmerkung in der Bibel (Einheitsübersetzung, hrsg. 1980) zu dieser Textstelle hinzu, so wird nochmals deutlich, dass die eigentliche gedankliche Verbindung zwischen dem Wort/Logos und dem Licht zu denken ist.

> „Anmerkungen in der Bibel zu dieser Textstelle: „1,1-18 Der griechische Ausdruck für ‚das Wort' (ho lógos) hat auch eine Bedeutungsgeschichte in der griechischen Philosophie, knüpft hier aber an den biblischen Schöpfungsbericht (Gen 1: ‚Gott sprach') und jüdischgriechische Gedanken über die ‚Weisheit' und das ‚Wort' an, durch die man Gottes Schöpfungstätigkeit verdeutlichte. [...] So vermuten viele Forscher auch hinter dem Prolog des Johannesevangeliums ein urchristliches ‚Logos-Lied'.
> 1,3-4 Andere, weniger wahrscheinliche Satzeinteilung: und ohne das Wort wurde nichts. Was geworden ist, das war in ihm Leben.
> 1,9 Andere Übersetzungsmöglichkeiten: Es (Das Wort) war das wahre Licht, das jeden Menschen erleuchtet, kommend in die Welt. Oder: Es (Das Wort) war das wahre Licht, das jeden Menschen erleuchtet, der in die Welt kommt." (Bibel. NT. Anmerkung S. 1195)

Das Wort ist das wahre Licht, das jeden Menschen erleuchtet, der in die Welt kommt und glaubt. Wenn Wort gleich Licht ist, so ist es das Wort, der Logos, die Vernunft, der Geist, durch den die Menschen die Welt erkennen.

Im Folgenden habe ich alle Textstellen des Johannesevangeliums mit einer inhaltlichen Aussage zu *Wort*, *Geist* und *Licht* herausgefiltert, die zwischen den Gleichnissen und Erzählungen der Schrift eher versteckt zu finden sind. Ich möchte sie im Zusammenhang lesen und verstehen. Es scheint, dass es drei Ebenen der Aussagen in diesem Text gibt: die abstrakte Ebene des reinen Geistes, die konkrete Ebene des Geschehens und der Gleichnisse sowie die Ebene des Glaubens. Glauben und Erzählung gehören zusammen und beziehen sich unmittelbar aufeinander, die metaphysische Ebene des Wortes und des Geistes kann als davon getrenntes Gedankengut betrachtet werden.

In einer weiteren Textstelle dieses Evangeliums heißt es:

> „Was aus dem Fleisch geboren ist, das ist Fleisch; was aber aus dem Geist geboren ist, das ist Geist. Wundere dich nicht, daß ich dir sagte: Ihr müßt von neuem geboren werden. Der Wind weht, wo er will; du hörst sein Brausen, weißt aber nicht, woher er kommt und wohin er geht. So ist es mit jedem, der aus dem Geist geboren ist. [...] Was wir wissen, davon reden wir, und was wir gesehen haben, das bezeugen wir, und doch nehmt ihr unser Zeugnis nicht an." (Joh. 3,5–11)

Der Geist ist frei wie der Wind und wenn wir neu geboren werden in diesem Sinne, so werden wir frei sein, so meine Deutung. Aber Wissen und Wahrnehmung reichen nicht aus, um zur Überzeugung zu gelangen, reichen nicht zur Freiheit des Geistes aus. Wir müssen aus dem Geist geboren werden, um zu verstehen.

> „Denn mit dem Gericht verhält es sich so: Das Licht kam in die Welt, und die Menschen liebten die Finsternis mehr als das Licht; denn ihre Taten waren böse. Jeder, der Böses tut, haßt das Licht und kommt nicht zum Licht, damit seine Taten nicht aufgedeckt werden. Wer aber die Wahrheit tut, kommt zum Licht, damit offenbar wird, daß seine Taten in Gott vollbracht sind." (Joh. 3,19–20)

Der moralische Input wird nicht außenvorgelassen, das im Licht Stehende gehört zum Guten und die Taten in der Finsternis zum Bösen. Befremdlich die Formulierung „wer aber die Wahrheit tut", denn Wahrheit steht eigentlich nicht im Kontext von Handlungen. Da hier ethische Aspekte angesprochen werden, könnte die Aussage im Sinne von Kant *mit dem Anspruch der Wahrheit, der gute Wille, die Wahrhaftigkeit* gemeint sein.

> „Jener [Johannes] war die Lampe, die brennt und leuchtet, und ihr wolltet euch eine Zeitlang an seinem Licht erfreuen. Ich aber habe ein gewichtigeres Zeugnis als das des Johannes. Die Werke, die mein Vater mir übertragen hat, damit ich sie zu Ende führe, diese Werke, die ich vollbringe, legen Zeugnis dafür ab, daß mich der Vater gesandt hat." (Joh. 5,35)

Bei Johannes wird nur mit der Metapher der Lampe gearbeitet, ein physischer Gegenstand zur Erzeugung von Licht, welches eine Zeitlang ausreicht zur Freude, aber das wahre Licht ist ein göttliches, das zur Erkenntnis führt.

> „Der Geist ist es, der lebendig macht; das Fleisch nützt nichts. Die Worte, die ich zu euch gesprochen habe, sind Geist und sind Leben." (Joh. 6,63)

> „Als Jesus ein andermal zu ihnen redete, sagte er: Ich bin das Licht der Welt. Wer mir nachfolgt, wird nicht in der Finsternis umhergehen, sondern wird das Licht des Lebens haben." (Joh. 8,12)

Karl Matthäus Woschitz befasst sich in seinem Werk *Verborgenheit in der Erscheinung. Mystagogie und Spiritualität des Johannesevangeliums* umfassend mit dem Johannesevangelium, eruiert und interpretiert insbesondere die Lichtmetapher, wie sie sich in direkter Sprache, aber auch in Gleichnissen über Blindheit artikuliert. „Das Licht als metaphorisches Paradigma" (Woschitz. 2012. S. 238), so betitelt er das dritte Unterkapitel im zweiten Teil seines Buches. Jesus bezeugt sich selbst, dass er das Licht der Welt ist, das wahre Licht, und wer nicht ihm bzw. einem falschen Licht folgt, bleibt in Finsternis und gelangt nicht zum wahren Leben. (Vgl. Woschitz. 2012. S. 238 f.) Wenn dieses *Ich* genauer betrachtet wird, kann darin der Anspruch der *Einmaligkeit und Exklusivität* erkannt werden, den Jesus für sich beansprucht, natürlich als Sohn Gottes bzw. als der sich zu den Menschen begebende Gott. Das Licht-Sein für den Menschen und im eigentlichen Sinne für den ganzen Kosmos, nichts Geringeres beinhaltet der Anspruch des *Ich bin das Licht der Welt*. (Vgl. Woschitz. 2012. S. 239)

Wer diesem Denkmuster der Lichtmetapher nicht folgt, bleibt in der Dunkelheit, *verpasst das Leben*, würden wir heute vielleicht sagen.

> „Wir müssen, solange es Tag ist, die Werke dessen vollbringen, der mich gesandt hat; es kommt die Nacht, in der niemand mehr etwas tun kann. Solange ich in der Welt bin, bin ich das Licht der Welt." (Joh. 9,3–4)

> „Wenn jemand am Tag umhergeht, stößt er nicht an, weil er das Licht dieser Welt sieht; wenn aber jemand in der Nacht umhergeht, stößt er an, weil das Licht nicht in ihm ist." (Joh. 11,9–10)

> „Da sagte Jesus zu ihnen: Nur noch kurze Zeit ist das Licht bei euch. Geht euren Weg, solange ihr das Licht habt, damit euch nicht die Finsternis überrascht. Wer in der Finsternis

geht, weiß nicht, wohin er gerät. Solange ihr das Licht bei euch habt, glaubt an das Licht, damit ihr Söhne des Lichts werdet. Dies sagte Jesus. Und er ging fort und verbarg sich vor ihnen." (Joh. 12,35–36)

„Ich [Jesus] bin das Licht, das in die Welt gekommen ist, damit jeder, der an mich glaubt, nicht in der Finsternis bleibt." (Joh. 12, 45)

„Es ist der Geist der Wahrheit, den die Welt nicht empfangen kann, weil sie ihn nicht sieht und nicht kennt. Ihr aber kennt ihn, weil er bei euch bleibt und in euch sein wird." (Joh. 14,17)

Die weiteren Textpassagen sagen Ähnliches aus: es geht um das göttliche Licht, um den Geist und das Leben im Licht, um die Wahrheit und das gute Leben, um die Menschwerdung Gottes durch seinen Sohn Jesus Christus, um den Glauben an dieses Geschehen insgesamt. Immer wird das Licht in Abgrenzung zur Finsternis genannt. Die Finsternis, die uns nicht sehen und erkennen lässt und unsere Taten ins unmoralische Handeln verweisen. Licht, Leben, Geist, Erkenntnis und Wahrheit stehen in einen unmittelbaren Zusammenhang mit positiver Konnotation, sie führen zum Glauben. Die Finsternis bedeutet das Leben in Unwissenheit, im moralisch Negativen und im Unglauben. In der Dunkelheit fehlt uns die Orientierung für die Richtung, für den richtigen Weg, für die Entscheidung, für die richtige Handlung. Ohne ein richtungsweisendes Licht wird das Leben willkürlich und sinnlos, ohne das Licht der Erkenntnis verstehen wir nicht, was die Welt ist, was wir sind, wozu wir unser Leben bestimmen sollen. Aber es gibt in diesem Glauben nur das eine wahre Licht, welches zur Erlösung des Menschen aus seiner Finsternis werden kann.

Nochmals der Kosmosbezug: Jesus ist das wahre Licht, welches die Welt hell macht, damit der Glaubende sich darin zurechtfinden kann.

„Die beiden dualen Begriffe Licht und Finsternis sind ins Theologisch-Begriffliche erhoben, aber so, dass nicht eine vorgegebene kosmologische Licht-Finsternis-Dualität die Prämisse bildet, sondern das konkrete Erscheinen des (wahren) Lichtes. Finsternis ist Sich-dem-Licht-Verweigern, denn durch das Erscheinen des Lichts ist eine Entscheidungssituation heraufgeführt, und in der ‚Finsternis wandeln' bedeutet ‚Irren'." (Woschitz. 2012. S. 240)

Es ist eine Frage der Entscheidung, ob ich mich dem Licht verweigere oder ihm folge, es ist keine Fügung des Schicksals, sondern eine Frage von selbstverantworteter Schuld, wenn ich in der Finsternis bleibe, so die Interpretation von Woschitz. (Vgl. Woschitz. 2012. S. 240)

Das Licht im Evangelium des Johannes hat kein eigenes Sein, ist nicht als ein metaphysisches Sein im eigentlichen Sinne zu verstehen, obwohl es keine natürliche Lichtquelle hat, sondern nur in direkter Verbindung mit Gott bzw. mit Jesus Christus genannt wird. Es ist göttliches Licht. Außerdem wird es immer im Kontext des Logos oder des Geistes genannt. Licht bedeutet Erkenntnis im Verständnis des Glaubens.

Für mich ist daher die Kategorie der Metapher die adäquate Einordnung in der Philosophie des Lichts, allerdings nicht als Metapher der Erkenntnis im Intelligiblen, sondern der Erkenntnis im Glauben. Licht steht für Leben, für ein moralisch gutes Leben und Licht steht für die Wahrheit im Glauben der biblischen Lehre. Das göttliche Licht, das zu den Menschen gekommen ist und an das Menschen glauben, führt zur Erkenntnis der Wahrheit und des moralisch guten Handelns.

8.2 Plotin (204–270 n. Chr.) und Augustinus (354–430 n.Chr.): Das helllichte Dunkel im Neuplatonismus

Bevor ich ausführlicher auf die Lichtlehre des Augustinus eingehen möchte, noch einige Bemerkungen zu Plotin, der als Vorläufer zu betrachten ist und zum Neuplatonismus gehört.

In der Plotinischen Philosophie des Lichts finden wir die Betonung des *Einen*, das sich denkende Denken, das Licht, welches sich sieht.

Plotin spricht in seiner Erkenntnislehre vom Aufstieg des Sinnlichen zum Geistigen und weiter hinauf zum Einen, Guten und Schönen. Die Vielfalt der physischen und geistigen Welt findet ihre Einheit in dem Einen, dem höchsten Sein. Aber die Seele geht den umgekehrten Weg, fließt aus der ursprünglichen Einheit hinaus in die Vielfalt, um sich dann in der mystischen Versenkung wieder in das Eine zu begeben. „Du wirst ganz und gar reines, wahres Licht." (Plotin. I 6,9,25, Z. 18. In: Beierwaltes. 2001. S. 58 f.) Das Eine ist Grund und Ursprung sowie letztes Ziel gleichermaßen. Das höchste Eine ist ein über das metaphysische Sein Hinausragendes, es ist eine eigene Kategorie, es ist oberhalb des Geistigen. Das Eine ist ohne Form, da es der Grund der Form ist, und es ist somit wesenlos, da die Form zur Wesenheit gehört. Das Eine ist kein Ding, da die Dinge aus dem Einen kommen. Das Eine ist jenseits des Seienden. Das Eine ist „der Vater aller Ursachen, Ursache seiner selbst und im Durchgang durch sich selbst er selbst; denn er ist vornehmlich er selbst und über seiendermaßen er selbst." (Plotin. Enneaden VI 8,14. In: Gässler. 1994. S. 28)

Gott ist nicht zu bestimmen; er ist das *Eine*, er ist der, der die Vielfalt der Schöpfung geschaffen hat, die durch das Licht uns gegenwärtig ist, den wir aber dennoch nicht erreichen und näher bestimmen können als das *Eine*.

Um die Lichtphilosophie Plotins zu verstehen, müssen wir Denkwege in der Hinführung und in der Rückführung gleichermaßen beschreiben. Für mich war die Beschreibung *verknotetes Denken* die hier passende zu seiner Gedankenführung.

Plotin setzt die Lichtmetapher ein, jedoch nicht nur in der uns bisher bekannten Manier. Das intelligible Licht im Inneren des Menschen, also das Licht der Erkenntnis, überträgt er auf das sinnliche Licht, das wir mit unseren Augen sehen. So wie wir mit unserem geistigen Licht sehen, so mit den Augen das Licht in der physischen Welt. Andererseits benutzt dieser Philosoph zur Erläuterung seines Einen jenseits des Denkens den Vergleich mit dem Licht an sich, für den Geist des Denkens die Sonne und für die Seele den Mond. (Vgl. Kreuzer. 2016. S. 72)

Ein hierarchischer Aufbau von Seinsregionen korrespondiert mit einem Aufbau von Helligkeitsgraden des Lichts bzw. den Partizipationsstufen am Licht. In einem triadischen Aufstieg durch Reinigung, Erleuchtung und Einigung übernimmt das Licht jeweils abgestuft die vermittelnde Funktion, um zum Höchsten und zum

8.2 Plotin (204–270 n. Chr.) und Augustinus (354–430 n.Chr.): Das helllichte Dunkel ...

Ursprung, die beides Eins sind, zu gelangen. „In der *illuminatio* [Erleuchtung] geht der Geist durch das Licht der Erkenntnis in die 'helllichte Dunkelheit' (*caligo supersplendens*) des Schöpfers ein." (Hedwig. 1980. S. 32)

Eine Anlehnung an die Platonische Philosophie ist naheliegend, wenn wir *das Eine* des Plotin mit der *Idee des Guten* von Platon vergleichen. Bei diesem haben wir das Denkmodell: die Idee des Guten an höchster Stelle ohne kategoriale Einstufung, dann die Welt der Ideen auf der Ebene der Metaphysik und schließlich die Welt der Einzeldinge auf der Ebene des Physischen. Bei Plotin steht das Eine ganz oben, ebenfalls über die metaphysische Ebene hinausragend, dann das vielfältige Geistige im metaphysischen Bereich und drittens das noch mehr umfassende Reich des Physischen. Bei Platon führt die Hierarchie in der Wertigkeit von oben nach unten, der praktische Weg zur Erkenntnis in umgekehrter Reihung, denn wir werden zwar mit der Vielfalt der Ideen geboren, aber ohne direkte Erinnerung, erst durch das Erleben der Einzeldinge erinnern wir uns und der Erkenntnisprozess beginnt mit der Einordnung in die jeweilige Kategorie auf der Stufenleiter nach oben. Bei Plotin beginnt der Weg der Erkenntnis ebenfalls im Sinnlichen, geht zum Geistigen über bis hin zum Einen; die Seele jedoch beginnt im Einen, fließt in die Vielfalt bis hin zum Konkreten, um dann in spiritueller Versenkung wieder im Einen die Erfüllung zu finden. Die Idee des Guten wird durch Gott, der das Eine ist, ausgetauscht.

Während Platon die Sonne und das Feuer als sinnliche Lichtquellen benennt und in der Metapher das Licht auf den Geist und die Erkenntnis anwendet, kehrt Plotin diesen Prozess um und bestimmt das intelligible Licht als den Ursprung, welches auf das sinnliche Sehen mit den Augen übertragen wird. Inneres geistiges Licht wird auf sinnliches äußeres Licht übertragen, aber das Licht ist auf den verschiedenen Seins-Ebenen von unterschiedlichen Qualitäten bzw. Graden der Helligkeit geprägt. Als Referenz gehört das Licht an sich zum Einen bzw. Göttlichen, die Sonne zur metaphysischen Zwischenebene des Geistigen und der Mond zum Irdischen.

Was sich für uns heute befremdlich liest, ein *helllichtes Dunkel,* war im Denken damaliger Zeit wohl gebräuchlich. Nicht die formallogische Argumentation fand vorrangig Anerkennung in den Betrachtungen, sondern die eher zum Mystischen tendierenden Gedankenspiele, eigentlich ein neues kreatives Spekulieren um Wahrheiten, die sich frei denken und formulieren ließen. Die Anfänge der Mystik werden schon bei Plotin gelegt, um sie dann später sehr viel breiter aufzustellen und in diesem Geist zu schreiben. Augustinus selbst setzt auf die Vernunft des Menschen und auf eine überzeugende Argumentation. Die Philosophie Platons und die christliche Lehre verschmelzen miteinander, bilden eine Einheit, denn Gott ist das Höchste, das Hellste, das Licht, welches wir denkend erkennen können, so wie die Idee des Guten, so wie die Sonne an der Spitze der Hierarchie steht. Aber bei Platon steigen wir die Stufen zur höchsten Erkenntnis hinauf, bei Augustinus leiten wir deduktiv das wichtigste Wissen aus der göttlichen Erkenntnis durch Gott ab, hier folgt er der Seelen-Erkenntnis-Lehre des Plotin.

Augustinus beschäftigte sich ausführlich mit den Schriften Plotins, lernte von ihm und übernahm zunächst wesentliche Teile seines philosophischen Gedankenguts. In seiner weiteren Entwicklung verlor er die Ablehnung gegen die Texte im Alten Testament der Bibel, die ihm sprachlich zu einfach erschienen, wendete sich der katholischen Lehre stärker zu, wohl auf Raten seiner Mutter Monnica hin. Auch die Werke Ciceros beeindruckten ihn, vor allem hinsichtlich der sprachlichen Feinheiten im Wortschatz, und von Platon übernahm er u. a. die Freiheit des dialogischen Gesprächs für philosophische Betrachtungen. Augustinus schaffte in seinen Werken ein Konglomerat aus antikem, spätantikem, römischem und christlichem Gedankengut, Sprachstil, Wortschatz und Gestaltung, woraus seine eigene kritische Auseinandersetzung ihn eine Philosophie in persönlicher Ausprägung in eloquenter Sprache und ausgefeilter Rhetorik schreiben ließen.

Zu den Frühwerken gehören die Selbstgespräche, worin wir die Verbindung von Gott, Licht und Erkenntnis thematisiert finden. Er schrieb sie mit 33 Jahren, wie er selbst angibt. Für diese philosophischen Gedankengänge wählt er den Dialog des Zwiegespräches, welches er mit seiner Vernunft führt. Die Vernunft fragt ihn, wem er sich anvertrauen will, wenn er eine Entdeckung mache. Augustinus antwortet, dass er auf seinem Gedächtnis zur Aufbewahrung vertraue. Die Vernunft hinterfragt, ob dies wirklich gut sei und Augustinus hegt Zweifel. Deshalb rät ihn die Vernunft, es aufzuschreiben und er folgt diesem Rat. Soweit die Einleitung, dann der Beginn der Selbstgespräche mit einem Gebet zu Gott zur Erlösung von seiner Krankheit, damit er in der Lage sei zu schreiben. In diesem Gebet heißt es dann u. a., dass Gott *Vater des Lichts der Erkenntnis* sei. „Gott [ist] geistiges Licht in dem und von dem und durch den geistig leuchtet, was geistig leuchtete insgesamt." (Augustinus. Selbstgespräche. S. 9 f.) Augustinus sucht das Wissen, nicht aus der sinnlichen Wahrnehmung errungen, sondern aus dem Geist. Er ist auf der Suche nach Weisheit, um ihrer selbst willen, nicht um etwas anderes zu erreichen. Er ist auf der Suche nach Gott.

Nun setzt er die Metapher des Lichts ein, um seine Betrachtungen verständlich werden zu lassen. Die Vernunft verspricht Augustinus, ihm in seinem „Geist Gott so deutlich zu zeigen, wie sich den Augen die Sonne zeigt." (Augustinus. Selbstgespräche. S. 31) Die Vernunft ist für den Geist des Menschen dasselbe wie die Augen für das Sehvermögen. „Das Sehvermögen der Seele ist die Vernunft." (Augustinus. Selbstgespräche. S. 35) Der Vergleich des sinnlichen Sehens mit der geistigen Betrachtung geht weiter. Die Erde ist sichtbar und das Licht, aber ohne Licht ist die Erde unsichtbar. So auch in der Wissenschaft, hier als theoretische, nicht als empirische gemeint, wo man nur erkennt, wenn es durch ein anderes, *sozusagen von einer Sonne*, beleuchtet wird, so auch die Erkenntnis zu Gott. (Vgl. Augustinus. Selbstgespräche. S. 37/39) Die Weisheit ist ein Licht der Seele, unaussprechlich und unbegreiflich. Es folgt im Zwiegespräch eine modifizierte Form des platonischen Höhlengleichnisses, Schritt für Schritt führt der Weg zum Licht, bis man in das Licht selbst schauen kann, ohne geblendet zu werden. (Vgl. Augustinus. Selbstgespräche. S. 57) Auch Plotin hatte sich dieses Gleichnisses bedient, allerdings in einer detaillierteren Form der Abstufungen.

Im Inneren des Menschen wohnt Wahrheit, diese müssen wir suchen, denn das Licht des Verstandes wird dort entflammt. „Das ‚Licht' der Erkenntnis – das, was ‚inluminatio' (Einleuchtung) heißt – zeigt sich in der Selbstreflexion des sich in seiner Endlichkeit begreifenden Bewußtseins und besteht darin." (Kreuzer. 2016. S. 74) Die Vernunft warnt Augustinus vor der Sinnenwelt, die nur verführt. Nur durch die *Flügel der Seele*, die rein und frei sind, können wir uns *aus der Finsternis bis zu jenem Licht emporschwingen*, dem Irdischen entfliehen, um zur Schau Gottes zu gelangen. Es folgt am Ende des ersten Tages und zu Beginn des zweiten Tages der Selbstgespräche eine Klärung von physischem und metaphysische Sein, eigentlich ist es eine Erläuterung der platonischen Ideenlehre in augustinischer Formulierung. Aber auch ein aristotelisches Wissenschaftsverständnis klingt an, die Rhetorik mit ihren verschiedenen Elementen, das Stoff- und Formprinzip, schließlich geht es noch um den Tod und die Unsterblichkeit der Seele.

Das intelligible Wissen obsiegt vor jeder empirischen Wahrheit.

Nur wenige Äußerungen über das Licht, nicht nur in Anwendung als Metapher wie in den Selbstgesprächen, finden sich in dem späteren Werk *Bekenntnisse*. Ein Rückblick auf das eigene Leben im Alter von ca. 40 bis 45 Jahren, ein Zwiegespräch mit Gott, ein kritisches Selbstgespräch, in dem er nicht nur sein Leben von frühester Kindheit an, soweit seine Erinnerungen und die Erzählungen seiner Mutter Monnica reichen, erzählt, sondern es in Hinblick auf den christlichen Glauben bewertet. Überaus ehrlich bekennt er sich zu seinen Verfehlungen, seinen Begierden und Irrtümern. Er bringt Erklärungen ein, die seine Fehler im Kontext des kindlichen und jugendlichen Alters verständlich werden lassen, er schildert Eitelkeiten und seine Geltungssucht als junger Erwachsener und seine Verführbarkeit, auf die die Manichäer reagieren und ihn für sich gewinnen, aber auch von seinen Zweifeln und seinen Erkenntnissen, die ihn zum christlichen Glauben und zur katholischen Lehre führen.

Diese Ehrlichkeit und kritische Betrachtung, immer durch den Filter der christlichen Lehre bewertet, ist für mich beeindruckend, vor allem, da er es verschriftlicht, sich somit den Spiegel unausweichlich vor Augen hält, aber es auch als Nachlass der Welt überlässt.

Wie aber das Erinnern und das Gedächtnis funktionieren, speichern wir es als Bild, entledigen wir uns der Erinnerung, wenn wir es aufschreiben, entlasten wir uns dadurch? Er hinterfragt ebenso kritisch das Gedächtnis an sich auf Wahrheit und Vermögen hin, wie auch die Inhalte seiner persönlichen Erinnerung.

> „So ist es da, daß wir es nicht vergessen; indem es da ist, vergessen wir. Oder läßt sich hieraus erkennen, daß es nicht selber, wenn wir seiner uns erinnern, im Gedächtnis ist, sondern nur sein Bild? Denn wäre es an sich selbst dort gegenwärtig, so wäre doch die Folge, daß wir vergäßen, nicht daß wir uns erinnerten.
> Wer wird dies Rätsel einmal lösen? Wer begreifen, wie das ist?
> Ich wenigstens, o Herr, mühe mich daran ab und mühe mich an mir selber ab: es ward mein eigen Ich mir zum Boden der Mühsal, und ich bestelle ihn mit vielem Schweiß. Jetzt ist es kein Forschen an den Gefilden des Himmels, kein Messen zwischen den Gestirnen, kein Loten auf der Erde: das bin ich selbst, ich bin mein Erinnern, ich bin meine Seele. Kein Wunder ist es, wenn sich meinem Ich entlegen zeigt, was ich nicht bin; was aber ist mir näher als mein Ich?
> [...]
> Wenn nun das Vergessen auch nur seinem Bilde nach, nicht an sich selbst sich im Gedächtnis erhält, so war es eben doch auch selber da, so daß sein Bild sich fassen ließ. Als es aber dagewesen, welcherweise schrieb es da ein Bild ins Gedächtnis, wo ja durch seine Gegenwart auch das Gewußte, das es antrifft, getilgt wird im Vergessen?
> [...]

> Welch schauerlich Geheimnis, mein Gott, welch tiefe, uferlose Fülle! Und das ist die Seele, und das bin ich selbst? Was bin ich also, mein Gott? Was bin ich für ein Wesen? Ein Leben, so mannigfach und vielgestalt und völlig unermeßlich!" (Augustinus. Bekenntnisse. S. 525/527)

Augustinus stellt sich die Frage *Wer bin ich?* und findet keine schlüssige Antwort aus sich heraus. Er denkt nach über das Erinnern und Vergessen, über die Suche nach Wahrheit, über das naturwissenschaftliche Wissen und die geistigen Erkenntnisse, über Freundschaft, Beziehung und Liebe. Seine philosophischen Betrachtungen sind eingeflochten in biografische Schilderungen, die ihn im Nachhinein zu dieser Suche nach Verstehen und Erkenntnis führen. Dazwischen das Zwiegespräch mit Gott, im tiefen Glauben, dass dieser sein Leben begleitet.

Gott führt ihn aus der Finsternis ans Licht, denn *Gott ist das wahre Licht*. „Den Rücken hatte ich gegen das Licht gekehrt, das Angesicht zu den Dingen, die es beleuchtete, und also ward mein Angesicht, mit dem ich das Erleuchtete schaute, selbst nicht erleuchtet." (Augustinus. Bekenntnisse. S. 185) Er ist intelligent, lernt schnell, findet Anerkennung, aber er dankte nicht Gott für diese Gabe, wie er selbstkritisch bemerkt. Die Menschen kehren sich vom Licht Gottes ab, so wie er es tat. Die Menschenseele *gibt Zeugnis vom Licht*, ist es aber nicht selber, sondern das *Wort Gottes ist das wahre Licht*.

Oftmals sind es Bibelzitate, in denen vom Licht Gottes gesprochen wird, immer wird das Licht im Sinne einer Metaphorik angewandt. Wenn die Menschen an Gott glauben, finden sie das Licht. Auch wenn er von *Gott als dem wahren Licht* spricht, so ist dies noch kein eigenes Licht, sondern ein Licht der Übertragung auf dieses Glaubensverständnis. Auch bei seinem *Bekehrungserlebnis* „strömte [ihm] Gewißheit als ein Licht ins kummervolle Herz, daß alle Nacht des Zweifelns hin und her verschwand." (Augustinus. Bekenntnisse. S. 417) In diesem Erlebnis hört er ein Kinderlied aus dem Nachbarhaus „Nimm es, lies es, nimm es, lies es!", er schlägt die Bibel auf und liest die Textstelle „Nicht in Schmausereien und Trinkgelagen ... (Röm. 13,13 f.)". Daraufhin ändert er seinen Lebensstil und beginnt ein Leben in Bescheidenheit und mönchischer Abgeschiedenheit.

Das Aufschlagen der Bibel und die Textstelle als ein *Fingerzeig Gottes* zu verstehen, war unter den Gläubigen jener Zeit eine beliebte Handlung. Augustinus bediente sich dieser Gepflogenheit, diese Erzählung muss nicht von einem authentischen Erlebnis berichten.

Im 10. Buch seiner *Bekenntnisse* schreibt er dann:

> „So möchte ich bekennen, was ich weiß von mir, auch bekennen, was ich nicht weiß von mir; denn was ich weiß von mir, ich weiß es nur, weil Du mir leuchtest, und was ich nicht weiß von mir, nur so lang weiß ich's nicht, bis mein 'Dunkel' im Licht Deines Angesichts wie heller Mittag wird'." (Augustinus. Bekenntnisse. S. 497)

Gott wird von Augustinus als *Licht meines inneren Auges* bezeichnet, als Licht Gebender, der die Dunkelheit erleuchtet. Gott ist das ungeschaffene Licht, das alles Geschaffene erleuchtet. Weiter schreibt er in der Erleuchtung durch Gott über die Zeit, über sein philosophisches Suchen nach dem, was Zeit ist und welche Bedeutung

8.2 Plotin (204–270 n. Chr.) und Augustinus (354–430 n.Chr.): Das helllichte Dunkel …

sie hat, nach den Zeiten der Zeit und der Länge der Zeit. Gottes Zeit ist die Ewigkeit, ist das Heute als Ewigkeit. (Vgl. Augustinus. Bekenntnisse. S. 627)

Die Zeit der Gegenwart ist, hat also ein Sein, die Zeit der Vergangenheit ist ohne Sein, da sie nicht mehr ist, wie auch die Zukunft, da sie noch nicht ist. Aber wir können sie im Geiste als Erinnerung und in der Vorausschau denken, also haben sie ein geistiges Sein.

„[…] Zeiten ‚sind' drei: eine Gegenwart von Vergangenem, eine Gegenwart von Gegenwärtigem, eine Gegenwart von Künftigem. Denn es sind diese Zeiten als eine Art Dreiheit in der Seele, und anderswo sehe ich sie nicht: und zwar ist das Gegenwart von Vergangenem, nämlich Erinnerung; Gegenwart von Gegenwärtigem, nämlich Augenschein; Gegenwart von Künftigem, nämlich Erwartung. Erlaubt man uns, so zu sprechen, dann seh ich auch drei Zeiten und gebe zu: ja, es ‚sind' drei.
[…]
Von woher sonst als aus der Zukunft [kommt die Zeit]? Wo hindurch sonst als durch die Gegenwart? Wohin sonst als in der Vergangenheit? Also aus dem, was noch nicht ist, durch das hindurch, was ohne Ausdehnung ist, in das, was nicht mehr ist." (Augustinus. Bekenntnisse. S. 641–645)

Das Rätsel der Zeit treibt ihn um, er möchte verstehen und klären, und wenn es so alltäglich und so abgründig ist wie die Zeit, bittet er Gott um Licht in dieses Nichtverstehen.

In den letzten drei Büchern seiner *Bekenntnisse* nehmen die philosophischen Betrachtungen und eine Bibelexegese stark zu. Er hinterfragt das Sein und das Nicht-Sein, die Form, den Stoff und das Formlose, die Auslegung des Buches Genesis, den Wandel und Wechsel der Dinge, fragt nach dem Urstoff und der Schöpfung durch Gott. Die Erde war formlos und Gott gab allem eine Gestalt; es war Finsternis, also die Abwesenheit von Licht. „Wo also Licht noch nicht war, was war da das Dasein von ‚Finsternis' anderes als eben Nichtdasein von Licht?" (Augustinus. Bekenntnisse. S. 677) Gott ist „das Urlicht, das aus sich selber Leuchtung spendet", wir Menschen gelangen zur *Leuchtung durch empfangenes Licht*, wie auch die Weisheit Gottes, die erschafft, und die Weisheit, die erschaffen ist und von uns empfangen wird. (Vgl. Augustinus. Bekenntnisse. S. 701) Für Augustinus ist Gott das Licht seiner Augen im Dunkel.

Im 13. Buch zum Abschluss dann ein großer Lobgesang auf das Schöpfungswerk Gottes, gefüllt mit zahlreichen Bibelzitaten.

Nach den *Selbstgesprächen* und den *Bekenntnissen* komme ich nun zum *De trinitate*, einem späteren Werk, an dem er lange schrieb. Hier geht es um die *Versöhnung* von göttlicher und menschlicher Natur in der Dreieinigkeit Gottes, um die Einheit von Transzendenz und Immanenz, der Überschreitung des Weltlichen bzw. Irdischen in Einheit mit dem Innerweltlichen. Das Überschreiten und das Verbleiben im Weltlichen bilden eine größere Einheit, die in Gott liegt. Gott Vater und Gott Sohn wie auch der Heilige Geist sind wesensgleich bzw. wesenseins. Das göttliche Eine ist mit der Vielfalt der Welt in Einklang zu bringen, das Ewige mit der irdischen zeitlichen Bedingtheit. Gott ist beides, transzendent als Gott Vater, immanent als Gott Sohn. Die dritte hinzukommende Einheit ist die Selbstreflexivität des Geistes, das Sich-selbst-denken-können der Seele durch den Geist. Die Seele erkennt sich selbst durch den Geist auf dem Weg zum höchsten Einen.

Die Trinität als eine zu verstehende Sache, ist eine Angelegenheit des Denkens, die über den Geist selbstreflexiv erkannt werden kann. Wir vermögen uns zu erinnern, eine evidente Bestätigung unseres Seins, unseres Geistes und unserer Erinnerungsfähigkeit. Denken ist ein Erinnern an uns selbst, der Geist erblickt sich selbst durch das Denken und erkennt sich. (Vgl. Augustinus. De trinitate. S. 197)

In *De trinitate* geht es Augustinus letztlich um die Darlegung, dass die Dreieinheit nicht dreigeteilt ist, sondern der eine wahre Gott in Gestalt von Vater, Sohn und Heiliger Geist, die gleichen Wesens sind, eins sind. Wir erinnern uns dessen ohne Zeitbezug, wir tragen es als Bild in uns, wir wissen, dass wir uns dessen erinnern. Zeit ist nur mit Bewegung denkbar, sie gehört unmittelbar zur Zeit, aber die Ewigkeit ist ohne Veränderung, also trifft unsere Vorstellung von Zeit nicht auf die Ewigkeit zu, Gott ist ohne Zeit.

In seinen Lichtvorstellungen unterscheidet er zwischen dem körperlichen und dem geistigen Licht. Auch wenn man das Licht der Sonne steigert, sei es ins unendliche hinein, so ist es nicht Gott. Gott ist das Licht, aber nicht, wie es die Augen sehen, sondern wie es das Herz sieht. Wahrheit ist gleich einem Lichtblitz. (Vgl. Augustinus. De trinitate. S. 9)

Bezogen auf den Apostel Johannes, der sagt, dass der im Licht bleibt, der seinen Bruder liebt, übernimmt auch Augustinus diesen Glauben und verbindet die Bruderliebe, die Liebe zu Gott und das Licht Gottes miteinander. Wer das Licht Gottes nicht sieht, bleibt in der Finsternis. Er kann den Bruder nur menschlich lieben. Die geistige Liebe aber würde ihn zum Licht führen und mit dem inneren Auge würde er sehen und gesehen werden.

> „Wer nämlich den Bruder nicht liebt, ist nicht in der Liebe. Und wer nicht in der Liebe ist, ist nicht in Gott, weil Gott die Liebe ist. Wer sodann nicht in Gott ist, ist nicht im Licht, weil ‚Gott das Licht ist, und Finsternisse nicht in ihm sind'. Wenn also jemand nicht im Licht ist, was nimmt es da wunder, wenn er das Licht nicht sieht, das heißt, wenn er Gott nicht sieht, weil er in der Finsternis ist? Den Bruder aber sieht er mit menschlichem Blick, mit dem Gott nicht gesehen werden kann." (Augustinus. De trinitate. S. 41)

Sehen im Sinne von Erkenntnis ist *im Licht der Wahrheit sehen*. In Zusammenhang mit menschlicher und Gottes Weisheit wird dem Menschen beschieden, dass er am höchsten Licht teilnimmt und sein Geist weise wird, wenn er Gott verehrt. Die menschliche Weisheit ist nur eitel. Licht ist Wahrheit, ist Weisheit, ist ewig, wenn es das Licht Gottes ist, welches wir nur mit den inneren Augen sehen können. Gott ist Licht und wir können daran teilhaben, aber wir sind nicht Teil dieses Lichtes. Das sinnliche bzw. körperliche Licht, welches wir mit unseren Augen sehen, führt uns nur zur Eitelkeit, nicht zu Liebe, Weisheit und Wahrheit, hebt nicht die geistige Finsternis auf.

In der Schöpfungsgeschichte, nun bin ich beim *Gottesstaat*, ebenfalls ein Spätwerk, wird das Licht zwei Mal von Gott geschaffen, denn am ersten Schöpfungstag schied er das Licht von der Finsternis, nannte es Tag und Nacht, und am vierten Tag erschuf Gott die Sonne und die anderen Gestirne am Firmament. Das Licht der Sonne kann also nicht gleich dem Licht des ersten Schöpfungstages sein. Dieses erste Licht, das Gott von der Finsternis schied, ist von anderer Art, jedoch vermag Augustinus zunächst nichts Genaueres darüber zu sagen. „Es kann in seiner Weise

8.2 Plotin (204–270 n. Chr.) und Augustinus (354–430 n.Chr.): Das helllichte Dunkel ...

nicht von uns verstanden werden und dennoch muß es ohne Zögern geglaubt werden." (Augustinus. Gottesstaat. S. 717) Es mag ein körperliches Licht sein oder ein Licht des Gottesstaates, in dem die Engel und die seligen Geister sind. Er erwägt weiter, dass unter dem *Es werde Licht* die Erschaffung der Engel zu verstehen sei. (Vgl. Augustinus. Gottesstaat. S. 723) Dieser Gedanke, dass die Engel als Licht erschaffen wurden am ersten Schöpfungstag, verfestigt sich in seinen weiteren Ausführungen.

Im *Gottesstaat* entwirft er die Konstruktion, dass es zwei Staaten gibt, der in Selbstliebe sich gestaltende Weltstaat und der Gottesstaat. Wir wissen vom Gottesstaat durch die Bibel, in den Psalmen wird davon gesprochen, so seine Beweisführung. Der *Gottesstaat* des Augustinus ist über weite Teile eine historische Arbeit, zum einen mit Erzählungen des politischen Geschehens seit der Antike, zum anderen mit moralischen Bewertungen dieser Ereignisse nach christlichen Moralvorstellungen. Hinzu kommen Schilderungen von gesellschaftlichen Konflikten und Normen, die im Weltstaat das Tagesgeschehen der Menschen bestimmen. Auch sie werden durch Augustinus nach Lösungsoptionen und moralischen Kategorien bewertet.

Rom ist nicht untergegangen durch die Verbreitung des Christentums, wie behauptet wird, sondern durch eigene Schuld und den Glauben an heidnische Götter.

Der Philosoph der Spätantike zeigt sich überaus belesen und gebildet, kennt die alten Dichter und Philosophen Griechenlands nicht minder als die römischen, berichtet detailliert über Mythos sowie staatliches Handeln, kennt die Geschichtsschreibungen, aber immer stehen seine Berichte unter der Perspektive der christlichen Lehre und seine Betrachtungen unter dem Filter katholisch-christlicher Ethik. Historie, Philosophie und Theologie vermengen sich in seinen Schriften, legen sein komplexes Denken offen, welches aber immer unter dem Primat der christlichen Glaubenslehre bleibt. Ein Beispiel für seine Argumentationsweise: Der Philosoph ist ein Liebhaber der Weisheit und damit ein Liebhaber Gottes, denn Gott ist die Weisheit. Somit kommen Philosophen wie Sokrates und Platon der christlichen Lehre sehr nahe.

Die platonische Philosophie fasziniert ihn und so beschäftigt er sich sehr ausführlich mit ihr, entdeckt viele Parallelen zur christlichen Theologie, grenzt sie aber auch von ihr ab. Im X. Buch des Gottesstaates kommt er zunächst auf Plotin zu sprechen, der für die bekannten Philosophen, womit hauptsächlich Platon gemeint ist, behauptet, dass sie von übersinnlichem Licht *erleuchtet werden, um selbst zu strahlen*, dass die *Weltseele* der Platoniker aus derselben Quelle der Seligkeit gespeist wird wie die christliche Lehre. „[…] und das sei ein Licht [Gottes], das nicht sie [die Weltseele] selbst ist, sondern von dem sie erschaffen ist und durch das sie, übersinnlich erleuchtet, übersinnlich leuchtet." (Augustinus. Gottesstaat. S. 615/617) Das Licht der Wahrheitserkenntnis, welches durch Johannes in die Welt kam, der aber nicht selbst das Licht war, sondern Zeugnis von ihm ablegen sollte, war das Licht Gottes. (Vgl. NT. Joh. 1,6–9)

Augustinus lässt nun die Philosophie weitgehend hinter sich und widmet sich ab dem XI. Buch im *Gottesstaat* ganz der Exegese der Bibel. Es gibt für ihn eine körperliche und eine unkörperliche Schöpfung. Gott spricht nicht durch *geistige Mittel* der Analogie, der Träume etc., sondern er spricht durch die Wahrheit, die mit dem Verstand zu hören ist. Wir lesen darüber in der Bibel. (Vgl. Augustinus. Gottesstaat. S. 707)

Die philosophischen erkenntnistheoretischen Betrachtungen Augustinus komprimiert zusammenfassend, schreibt Carl Johann Perl zum *Gottesstaat* mit seinen 14 Büchern in der Einführung:

> „[...] alles Sein an sich ist gut. [...] Das wahre Sein ist das unveränderliche Sein. Die Sinneserkenntnis kann nur als Ausgangspunkt für das geistige Denken benützt werden. Erst das göttliche Licht bringt durchstrahlend die unveränderliche Wesenheit der Dinge zum Vorschein; sie sind Abbilder göttlicher Ideen. [...] Das endliche Sein aber besitzt nichtsdestoweniger ein Sein, jedoch nur in dem Maße, als es am absoluten Sein teilnimmt. So ist die Welt, die sich der Sinneserkenntnis offenbart, nach den dem göttlichen Verstand innewohnenden Ideen geworden und darum ein Abbild Gottes." (Einleitung, in: Augustinus. Gottesstaat. S. XXX)

Die platonische Ideenlehre ist gut zu erkennen, in Übereinstimmung mit der christlichen Lehre, wie sie von Plotin gesetzt wird, folgt ihr Augustinus.

Fassen wir die Äußerungen über das Licht in seinem Werk zusammen: Es gibt zwei Arten von Licht, das äußere, sinnliche, stoffliche, und das immerseiende Licht Gottes, welches im Menschen das innere, geistige Licht des Glaubens, der Wahrheit und der Erkenntnis als Teilhabe ist; äußeres und inneres Licht sind voneinander zu trennen. Die unmittelbare Erleuchtung des Verstandes kommt durch Gott, geschieht im Inneren des Menschen, vollzieht sich in einem deduktiven Verfahren durch den Geist, der sich selbst erkennt und kennt.

Mit *Licht* meint Augustinus in seinen verschiedenen Werken:

- das natürliche Licht durch eine Lichtquelle wie die Sonne, er nennt es *körperliches Licht*, welches wir mit den Augen wahrnehmen und worüber er u. a. auch naturwissenschaftliche Analysen betreibt;
- das innere Licht, von geistiger Art, welches wir mit den inneren Augen sehen, das intelligible Licht, die erkenntnistheoretische Betrachtung;
- das göttliche Licht, Gott ist Licht, als Prämisse des Glaubens gesetzt;
- das göttliche Licht der Wahrheit, der Weisheit und des Glaubens, ebenfalls in erkenntnistheoretischer Betrachtung;
- das Licht im Gebrauch einer einfachen Metapher als rhetorischer Einsatz in den Schriften.

Wir können das Licht bei Augustinus in drei Kategorien unterteilen:

- das natürliche Licht = körperliches Licht
- das metaphorische Licht = geistiges Licht
- das Licht als eigenständige Sache = göttliches Licht, Gott ist Licht.

Zu unseren Erkenntnissen gelangen wir Menschen durch die Erleuchtung unseres Verstandes durch Gott, also in einem deduktiven Verfahren, wie es lange Zeit im Mittelalter weiterhin gedacht wurde. Die Innerlichkeit der Erkenntnis durch die Erleuchtung, aber auch die Selbstzweifel und Selbstreflexion des Menschen in der inneren Betrachtung, bereiten den Weg für die Mystik des Mittelalters vor.

Ob wir das innere Licht im Sinne Augustinus als ein metaphysisches oder ein metaphorisches Licht verstehen, ist eine Frage der Zuordnung. Das intelligible Denken des Menschen beruht auf eine Erleuchtung durch den göttlichen Geist, Erkenntnis ist Erleuchtung, wir können es durchaus als eine Metapher verstehen, denn bei der Erleuchtung des Geistes spricht Augustinus nicht von einer eigenen Seinsform. Aber das göttliche Licht ist ein Licht an sich, nicht abgeleitet, sondern aus sich selbst geschaffen, ein metaphysisches Licht.

Im Johannesevangelium geht es um das wahre Licht und das falsche, Christus ist das auf die Erde herabgekommene göttliche Licht, das Wahrheit, Erkenntnis und das Gute bringt, aber die Menschen erkennen es nicht. Nur wer im Glauben steht, sieht und erkennt. Das göttliche Licht ist es, welches in der Lichtmetapher seinen Ausdruck findet. Plotin und Augustinus stehen im Glauben der christlichen Lehre und Gott, Licht, Geist, Leben, Glauben und Moral stehen in einem unmittelbaren gedanklichen Zusammenhang, bestimmen die Lehre sowie das Leben. Bei Plotin geht der Weg vom sinnlichen Licht zum geistigen weiter zum höchsten Einen, Guten, Schönen, zu Gott, und dann wieder hinab zur irdischen Welt. Augustinus durchlebt verschiedene Phasen der philosophischen Erkenntnis, folgt Plotin und Platon, reflektiert das eigene Selbst und gelangt zum göttlichen Licht der Wahrheit, der Weisheit und des Glaubens. Die Lichtmetapher findet bei ihm Verwendung für das innere geistige Licht wie auch das göttliche Licht im Menschen, aber Gott ist Licht im Sinne eines eigenständigen Seins.

Himmlisches Licht, Maria Nühlen, Bleistiftzeichnung, 2023, 63 x 44 cm

Das göttliche Licht in Mystik und Vernunft

9

Inhaltsverzeichnis

9.1 Wie Wind und Licht im Feuer – Visionen der Hildegard von Bingen (1098–1179) 191
9.2 Mystik, Minne und Philosophie des Christentums (13. – 15. Jh.) 204
9.3 Unser Verstand erkennt sich selbst im Licht des Thomas von Aquin (1225–1274) 213

Widersprechen sich Mystik und Vernunft? Vermischen sich Glauben und Philosophie, wovon reden wir dann? Können wir von Philosophie sprechen, wenn sie dermaßen von der christlichen Lehre durchdrungen ist wie in der langen Zeitspanne des Mittelalters?

Beim *lumen supranaturale* stoßen wir bereits auf diese Problemlage, auf die die oben formulierten Fragen verweisen. Gott ist das übernatürliche Licht, welches den Geist des Menschen erhellt, denn der Mensch ist ein Geschöpf Gottes, demzufolge der menschliche Geist eine göttliche Kreation. Jedoch die geistige Kapazität des Menschen als ein Kreatürliches zu verstehen oder die Inhalte der geistigen Arbeit als göttliches Input sind zwei verschiedene Sachverhalte, die nicht unbedingt einander bedingen. Wenn wir vom *lumen gratiae* sprechen, betrifft dies die geistigen Inhalte des Gedachten, denn die göttliche Gnade wird nur auserwählten Menschen zuteil und lässt diese Worte und Gedanken formulieren, die nicht aus den Begnadeten selbst erwachsen sind. Gott und Mensch werden eins in der Mystik, die *unio mystica*, so in damaliger Lehre bezeichnet, ist das geheimnisvolle Geschehen, welches nur im Glauben zu erfassen ist. So zumindest die Bekundung der von der göttlichen Gnade bedachten und so die Lehre der Kirche. Aber dass die Philosophie sich auf die göttliche Eingebung beruft, ist nicht wirklich neu, in der griechischen Antike schon Standard, es war nur nicht der christliche Gott, sondern vielleicht der griechische Apollon. Aber die Behauptung, dass der Mensch aus sich heraus Gedanken hervorbringen kann, eine autonome Kraft des Geistes besitzt, eine ihm ganz eigene Vernunft, ist ja die große Entdeckung und die Grundlage einer sich eigenständig entwickelnden Philosophie.

Die Erkenntnisse des Menschen sind das originäre Wissen, das Besondere und Wertvolle, das wir zu erbringen vermögen. Der Mensch ist nicht (mehr) Botschafter des göttlichen Wissens in die Welt, sondern der Selbstdenkende sendet seine Botschaft. In der Mystik jedoch vermischen sich die Standpunkte von Vermittlung und Autonomie, von Transformation des göttlichen Gedankens in eine für den Menschen verständliche Sprache mit eigenen vernünftigen Worten. Mystische Inhalte müssen nicht der Vernunft widersprechen, das ist nicht der Kern des Problems, sondern die mystischen Gedanken in eine vernünftige Sprache zu transformieren mit den der Vernunft des Menschen zugänglichen Inhalten, dies umreißt das Problem des Erkenntnisvorgangs und der Zuordnung zu Philosophie oder Glauben.

In seiner Untersuchung der Nonnenviten aus dem 14. Jahrhundert bemerkt Walter Blank einen Sprachwandel, der sich in manchen Klöstern im Schrifttum vollzieht. Aus einem *erkennen* wird ein *sehen*, das *contemplari* und *intelligere* wird abgelöst von *videre, conspicere, speculari* und *apparere*. (Vgl. Blank. 1962. S. 169) Das Vergeistigte der Mystik weicht einer Bildlichkeit, die sich verstärkt der Metaphern bedient.

> „Mit der zunehmenden Hinwendung zur Bildlichkeit ist aufs engste die Versinnlichung der Metaphorik verknüpft. Die Metapher reicht in ihrem Bedeutungsgehalt bis in Bereiche, wo das unmittelbar gesprochene Wort keinen Zugang mehr findet. Sie ist daher das geeignete Mittel für den Mystiker, sich ihrer als Ausdrucksmöglichkeit des Ineffabile [Unsagbaren] und des ‚Swigens' [Verschwiegenen?] zu bedienen." (Blank. 1962. S. 170)

Verweisend auf die Schriften von Nohl und Lürs[1] hebt Blank die „Synthese von Innerem und Äußerem" in der Metapher hervor, wie sie in der Mystik Ausdruck findet und interpretiert werden muss. Die Einswerdung dieses Innen und Außen wird erlebt, findet dadurch ihre überzeugende Ausdrucksweise, ist nicht rhetorisches Mittel. (Vgl. Blank. 1962. S. 170)

> Sofern also eine Metapher nicht durch inneren Zwang gebaut ist, die der religiöse Gehalt bedingt, rückt sie die Darstellung aus dem streng religiösen Bezirk hinaus in die Sphäre der freien Poetik, die eine eigene Gesetzmäßigkeit in sich trägt." (Blank. 1962. S. 171)

Die Metapher in erlebter und religiöser Überzeugung „gelangt zu besonderer religiöser Realität" (Lüers. S. 17. In: Blank. 1962. S. 171). Bei den zahlreichen Nonnenviten des 14. Jahrhunderts wird die Metapher jedoch oftmals als rhetorisches Mittel eingesetzt und das Schrifttum dieser Art zeigt kaum noch mystische Elemente. (Vgl. Blank. 1962. S. 171)[2]

Wenn sich zur Mystik dann die Minnedichtung gesellt, wird es m. E. noch komplizierter, denn eine innige Verbindung der Glaubenden mit Gott, bis hin zur Liebe und Vereinigung mit Gott, zum Teil in dichterischen Worten geäußert, wie lässt sich

---

[1] Blank gibt als Quellen an: Nohl, S. In: Deutsche Vierteljahresschrift für Literaturwissenschaft und Geistesgeschichte. Hg. v. P. Kluckhohn und E. Rothacker. Halle/Stuttgart 1923 ff., I 3, S. 369; Lüers, Grete. Die Sprache der deutschen Mystik im Werk der Mechthild von Magdeburg. München 1926. S. 15.

[2] Mehr zum Genre der Nonnenviten im Abschn. 9.2.

dies vernünftig erklären? Eine geistige Einheit mit dem Göttlichen zu bilden, vermögen wir noch nachzuvollziehen, aber eine den ganzen Menschen umfassende Vereinigung bis hin zur Vorstellung einer körperlichen Einheit, ist uns fremd. Es bleibt eine Sache des Glaubens, aber was in der Minne geäußert wird, kann durchaus vernünftigen Inhalts sein. Die Minne bildet eine eigene Kategorie in der Mystik und ich möchte sie im Abschn. 9.2 exemplarisch bei Mechthild von Magdeburg behandeln. Als Vertreter der Mystik und Philosophie des Christentums werde ich anschließend Meister Eckhart und Nicolaus Cusanus vorstellen, insgesamt nur wenige Denker aus dieser langen Zeit mit einem Reichtum an Facetten von Lichtmetaphorik. Thomas von Aquin setzt dann die Priorität auf die Vernunft, Glauben und Philosophie sind leichter zu trennen.

Mit Hildegard von Bingen begeben wir uns in die Zeit der Mystik, den Bereichen der Religiosität und Philosophie, der Spiritualität, der Erleuchtungen und der Visionen, die auf einen tiefen Glauben zurückzuführen sind. Christliche und philosophische Gedankenwelt werden nicht getrennt, sondern als eine im selbstverständlichen Einklang sich verstehende Lehre gedacht. Die göttliche Eingebung ist auch philosophische Erkenntnis, das Bild des von Gott geschaffenen Menschen impliziert allgemeine anthropologische Aussagen, der Kosmos mit der Erde in ihm sind von Gott kreierte Werke, die sich in ihrer Großartigkeit dem Menschen zeigen und von ihm vernünftig erfasst und verstanden werden wollen. Gott offenbart sich einigen wenigen auserwählten Menschen, die diese Offenbarungen an die Menschheit weitergeben sollen. Gott ist der Schöpfer, der alles geschaffen hat, und in seiner Macht liegt das Geschick der Welt. Trotzdem ist der Mensch frei in der Gestaltung seines Lebens, in seinen Handlungen, die zum Guten und zum Bösen führen können und für die er sich mit allen Konsequenzen entscheiden muss und für die er selbst die Verantwortung trägt.

Für mich stand nun die Entscheidung an, ob ich die Mystik mit aufnehme in eine philosophische Arbeit oder sie als unphilosophisch deklariere und ausgrenze. Wenn ich mich für letzteres entscheide, würde ich Hildegard von Bingen und Mechthild von Magdeburg ausklammern, die nachweislich die Lichtsymbolik und die Lichtmetapher in ihren Ausführungen eingesetzt haben. Aber reicht der philosophische Gehalt aus, um sie hier einzugliedern und mit in diese Abhandlung einzureihen? Religiöses und philosophisches Gedankengut werden nicht getrennt gedacht, bilden eine Einheit; mir kommt es aber auf die philosophischen Aussagen an. Also kann ich nur versuchen, dieses Philosophische in meinem Verständnis zu eruieren und kritisch darzulegen. Ich werde es versuchen; auch unter der Prämisse, dass das Philosophische nicht unbedingt und immer in aller Klarheit zu extrahieren ist.

9.1 Wie Wind und Licht im Feuer – Visionen der Hildegard von Bingen (1098–1179)

Das Leben und das Werk von Hildegard von Bingen werde ich zunächst in einer kurzen Ausführung behandeln, da ihre Person und ihre Werke bisher m. E. nicht ausreichend in der Philosophiegeschichte gewürdigt wurden und ich dieses Manko ausgleichen möchte.[3] Zudem steht das Licht im Zentrum ihrer Betrachtungen, das göttliche, das vernünftige und das natürliche Licht, und aus dem Licht heraus breitet sie ein vielfältiges und breites Spektrum an philosophischen Überlegungen aus, welches den Kosmos, die Erde und den Menschen umfasst.

Hildegard von Bingen war Äbtissin in einem von ihr gegründeten Frauenkloster der Benediktinerinnen, gelegen auf dem Rupertsberg in der Nähe von Bingen am Rhein. Sie gilt als naturkundige und heilkundige Gelehrte, komponierte zahlreiche Musikwerke im Stil der Gregorianischen Gesänge, schrieb drei umfangreiche Visionen und predigte öffentlich. Mit 42 Jahren begann sie erstmals ihr inneres Sehen aufzuschreiben, mit 65 Jahren ihre letzte große Vision, das *Liber Divinorum Operum*, das *Buch vom Wirken Gottes*. Als ihr größtes Werk gilt heute *Wisse die Wege*, *Scivias*, mit zahlreichen Bildern illustriert. Die Auslegung des Alten und Neuen Testamentes bestimmen die Inhalte dieses umfangreichen Buches, vor allem aber die Lehren der Kirche zum christlich-moralischen Verhalten des Menschen im Alltagsleben. Die Themenbereiche von *Wirken Gottes* und *Wisse die Wege* unterscheiden sich nicht wesentlich, aber das erstgenannte Werk ist stärker von theologisch-philosophischen Inhalten geprägt und die *Scivias* stärker durch eine enge Auslegung der Bibel im Sinne der Kirchenlehre mit zahlreichen Erläuterungen zum Kodex der Kirche, zu den Geboten und Verboten im alltäglichen Leben bis hin zur Kleiderordnung und erklärenden Worten dazu. Als weiteres sei genannt das *Buch der Lebensverdienste (Liber vitae meritorum)*. Zur Bibliografie kommen hinzu *Cause et cure – Ursprung und Behandlung der Krankheiten*, *Lieder (Symphoniae)*, *Briefe (Epistola)* und kleinere Werke sowie die *Heilsame Schöpfung – Die natürliche Wirkkraft der Dinge (Physica)*.

Die *Prophetin vom Rupertsberg*, die das Wirken Gottes verkündete, war keine Prophetin der Zukunft, sie konnte nicht weissagen, sondern sie verstand sich als Verkünderin im Auftrag Gottes über sein Werk und sein Wollen.

Obwohl sie sich selbst als ungebildet bezeichnete, war sie sehr wohl belesen und mit dem Schrifttum ihrer Zeit vertraut. Sie las und sprach Latein, wenn auch nicht immer in rhetorisch und grammatikalischer Eloquenz, aber sie konnte zumindest Texte in lateinischer Sprache lesen und Gespräche führen. Ihre Visionen erhielt sie als innere Bilder, die sie dann verbal beschrieb und interpretierte. Sie schrieb selbst ihr Erlebtes auf oder diktierte es, ließ es aber textlich überarbeiten – hinsichtlich Rhetorik und Grammatik, nicht in Bezug auf den Inhalt – und sie ließ ihre Imaginationen aufzeichnen und malen mit genauen Angaben zur Gestaltung und Farbgebung. Zum Teil wurden die Bildwerke erst nach ihrem Tod angefertigt, allerdings möglichst getreu den detaillierten Beschreibungen. Hildegard reiste und empfing

---

[3] Die Biografie wurde zusammengetragen aus Angaben in ihren eigenen Schriften, aus dem Werk von Sara Salvadori *Das Geheimnis der Bilder*, Erika Uitz *Die Frau in der mittelalterlichen Stadt*, *Deutsche Mystikerinnen* in der Herausgabe von H. Chr. Meiser, Hans Liebeschütz *Das allegorische Weltbild der heiligen Hildegard von Bingen* und *Herrscherinnen und Nonnen* vom Autorenkollektiv E. Uitz, B. Pätzold, G. Beyreuther. Die biografischen Daten stimmen in allen Quellen überein.

9.1 Wie Wind und Licht im Feuer – Visionen der Hildegard von Bingen (1098–1179)

Gäste, Kranke suchten bei ihr Linderung und Heilung, Pilgerinnen Erlösung von seelischem Leid und Hilfe auf dem Weg zum rechten Glauben.

Oftmals war sie krank, welcher Art, ist nicht bekannt. Sie schreibt selbst, dass sie auf das Krankenlager geworfen wurde, bis sie bereit war, Gott zu gehorchen, um die Visionen, *die Gestaltungen aus dem lebendigen Licht*, zu empfangen und aufzuschreiben. Die Stimme sprach zu ihr:

> „Du armseliges Wesen, Tochter vieler Mühsal, die du von schweren Krankheiten ausgezehrt, aber dennoch von der Tiefe der Geheimnisse Gottes durchströmt bist, übermittle das, was du mit deinem inneren Auge siehst und mit den inneren Ohren deiner Seele vernimmst in dauerhafter Schrift zum Nutzen der Menschen. Denn die Menschen sollen dadurch ihren Schöpfer erkennen und nicht davor zurückweichen, ihn in gebührender Ehrfurcht zu verehren." (Hildegard. Wirken. S. 20)

Durch die Verschriftlichung der empfangenen Visionen wird die Botschaft Gottes in der Interpretation Hildegard von Bingens dauerhaft festgehalten und prinzipiell für jeden Menschen zugänglich.

Man rätselt darüber, ob es sich bei ihrer Krankheit um schwere Migräneanfälle handelte, die Lichterscheinungen und Visionsbilder Begleiterscheinungen dieser Krankheit waren, aber wenn man ihre Texte liest, so kann das darin liegende Wissen nicht auf Krankheitszustände zurückgeführt werden.

> „Ich schaute ein geheimnisvolles und wunderbares Gesicht. Mein ganzes Innere ward davon erschüttert, und die Empfindungen meines Körpers erloschen. Wie sanfte Regentropfen träufelte es aus dem Hauche Gottes in das Erkennen meiner Seele, so, wie der Heilige Geist den Evangelisten Johannes betaut hat, als er aus Jesu Brust die gewaltig-tiefe Offenbarung sog […] Das WORT, das vor den Geschöpfen ohne Anfang war und das nachher ohne Ende sein wird, hieß alle Geschöpfe hervorgehen. Und Es schuf Sein Werk nach Seiner Ähnlichkeit, so, wie ein Künstler sein Werk strahlend schön macht. Was vor Ewigkeit in Seiner Vorsehung war, erschien auf eine sichtbare Weise." (Hildegard. Werk. S. 8)

Der Mensch ist der *Schatten der geheimnisvollen Wirklichkeit Gottes* und Gott lehrt ihr in dieser Vision die Schöpfung und forderte sie auf, diese auszulegen. „Ich sah, dass diese Auslegung der Anfang einer anderen Schrift sein müsse, die noch nicht offenbar geworden war. In ihr sollten viele Fragen der geheimnisvollen Schöpfung Gottes untersucht werden." (Hildegard. Werk. S. 9) Recherchen ergaben, dass Elisabeth ca. zehn Jahre, von 1163 bis 1173, an dem Buch *Vom Wirken Gottes* arbeitete, ihre Visionen in dieser Zeit selbst aufschrieb oder dem Mönch Volmar diktierte, der allerdings vor Vollendung der Verschriftlichung ihrer letzten Vision verstarb. Dieses Werk setzt sich aus den beiden Teilen der Schöpfungsgeschichte in der Bibel zusammen, der Genesis und dem Prolog des Johannes-Evangeliums.

Die Visionen der Hildegard von Bingen, sowohl das Text- als auch das Bildwerk, für uns heute zu verstehen, ist nicht einfach. Sie arbeitet stark mit einer ausgeprägten Symbolik, insbesondere einer Farbsymbolik, die wir nicht einfach übersetzen können. Symbole werden in ihrer repräsentativen Funktion von ihr verwendet, nicht im antiken Verständnis der Zusammensetzung von Zusammengehörendem. Die Farbe *Grün* für die *Universale Hoffnung* können wir entschlüsseln; Hildegard meinte jedoch die christliche Hoffnung, die Hoffnung auf Erlösung von Sünden und Leid, die Hoffnung auf einen Platz im Reich Gottes am Ende der Tage. Manchmal mag allgemein Hoffnung gemeint gewesen sein in Bezug auf das irdische Leben. Aber sie spricht immer wieder von der *Grünkraft*, scheint damit eine Art Naturkraft oder Lebenskraft zu meinen. Was sagt sie aus, wenn sie schreibt: „Denn es gibt kein Geschöpf, das nicht irgendeinen Strahl hätte, sei es die Grünkraft oder Samen oder Blüten oder Schönheit; sonst wäre es kein Geschöpf." (Hildegard. Wirken. S. 107) Wir haben diese *Grünkraft* in uns, ein Wort aus ihrer Privatsprache im Sinne Wittgensteins, vielleicht ist einfach nur *leben* gemeint, oder das Vermögen zu keimen, also aus uns selbst heraus zu wachsen, oder die Fähigkeit zu blühen oder einfach schön zu sein. Dies gilt gleichermaßen für Pflanzen und Tiere als auch für uns Menschen.

Grün kann allgemein Natur meinen oder Pflanzen, kann allgemein Hoffnung oder Hoffnung im christlichen Kontext bedeuten, kann als Grünkraft in ihrem Sinne verstanden werden, also als eine Art Lebens-/Naturkraft.

Hildegard von Bingen arbeitet mit einer Symbolsprache, die zu ihrer Zeit und im Umkreis ihrer religiösen Gemeinschaft verstanden wurde, d. h. in ihrem Kulturkontext. Zum Teil erläutert sie selbst ihre Symbolfarben, ändert die Bedeutung manchmal in späteren Schriften oder anderen Visionsbildern. Immer ist es das Symbol im repräsentativen Charakter, nicht im antiken. Wir können nur eine Transformation in unsere Zeit in einem entsprechenden Kulturraum versuchen, um ihre Botschaften und Erkenntnisse zu verstehen.

Ihr zweites Werkzeug der Beschreibung, neben den Symbolen, ist die Analogie, nicht in metaphorischer Funktion, die vielleicht entschlüsselt werden müsste, sondern in einer Unmittelbarkeit, die für jeden verständlich ist. Die Analogien sind der Lebenswelt des Menschen oder beobachtbaren Phänomenen in der Natur entnommen.

Noch ein weiterer Aspekt erscheint mir wichtig. Wir kommunizieren heute in einer Wortsprache, ganz besonders in der Philosophie, die zudem noch einen metaphysischen Wortschatz im Laufe der Geschichte immer stärker ausgebildet hat. Im Mittelalter jedoch, zur Lebenszeit Hildegards im 12. Jahrhundert, verständigte man sich sehr viel stärker über eine Bildsprache, denn viele Menschen waren des Lesens und Schreibens unkundig, auch in Klöstern. Außerdem arbeitete insbesondere die christliche Kirche mit ausdrucksstarken Bildern, lehrte und belehrte mit Botschaften vom Himmel und der Hölle, durch Vorbilder von Heiligen und der Verdammnis des Teufels. Das Bildmaterial war der Lebenswelt der Menschen entnommen, zeigte Krankheit und Armut wie auch Anmut und Schönheit, die Symbole waren einfach gehalten und nahmen Bezug auf die bekannte Welt, sie blieben in einem direkten Bezug zur Bedeutung des Gemeinten, waren kaum abstrahierend gestaltet. Die Symbole waren eingeführt und bekannt, ihre Aussagen klar und deutlich. Es ist eine Zeit, in der die Allegorie immer stärker zum Einsatz kommt und zur Kommunikation genutzt wird, so auch von Hildegard.

In der christlichen Lehre wurde eine eigene Symbolsprache entwickelt, die in christlichen Kreisen bekannt war, denn man lebte überhaupt im Glauben der Kirche. In den religiös-philosophischen Gelehrtenkreisen bediente man sich stärker der

Wortsprache, sprach und schrieb in Latein, aber eben auch in der Bildsprache der Allegorie, wohl auf einem ausgeprägteren Abstraktionsniveau, denn man wollte Allgemeines und Grundsätzliches aussagen und vermitteln.

Außerdem war die Art der Bildgestaltung einfach gehalten, wir würden heute von einem naiven Stil sprechen. Die Perspektive fehlte, es waren flache, plakative Bilder ohne Relief und Raum, wenig Farbschattierungen, einfache Formen und klare Farben, einem bestimmten Schema folgend, nicht in individueller Gestaltung und persönlicher Handschrift. Ein Feuer wurde anders dargestellt als wir es heute malen würden, die Flammen waren einfach gehalten, eine Lebendigkeit, wie wir es heute gewohnt sind, ist nicht zu erkennen. Aber natürlich kann es sein, dass die Menschen damaliger Zeit in dieser Symbolgestaltung sehr wohl Lebendigkeit erkannten, in ihnen beim Anblick der Zeichen, Zeichnungen und Gemälde innere Bilder mit starken Empfindungen auslösten.

Wenn ich das Beispiel *Baum* nehme, so macht es einen Unterschied, ob ich eine Palme, einen Laubbaum oder einen Nadelbaum schematisch darstelle als ein Symbol; die Botschaft ist jeweils eine andere, gelesen wird das Bildmaterial sehr wohl differenziert.

Wir müssen dies mit bedenken, wollen wir die Visionen der Hildegard von Bingen verstehen. Mir geht es jedoch nicht um all die Lehren, die sie über den Glauben und die Moral der Kirche verbreiten wollte, sondern um den philosophischen Gehalt in ihren Visionen und natürlich um ihren Einsatz des Lichts als Metapher der Erkenntnis. Sie benutzte eine sehr direkte und unmittelbare Symbolsprache, die sich stark auf den Menschen und die Natur bezog. Aber genau darin finden wir anthropologische Implikationen, aus denen wir ihr Bild vom Menschen herausfiltern können. Ihr Weltverständnis umfasste den Makrokosmos und den Mikrokosmos, zeigte eine Welt im Ganzen auf, die sich entspricht, in sich stimmig ist und nur als eine Einheit verstanden werden kann. Denn Makrokosmos und Mikrokosmos sind gleich strukturiert, unterliegen den gleichen Prinzipien, funktionieren auf vergleichbare Art und Weise, das eine kann ins andere übertragen werden und sie bilden als Einheit ein Ganzes. Grund dafür ist die Erschaffung der Welt mit allem in ihr durch Gott. Er ist es, der als Kreator diese Einheitlichkeit wollte und schuf, der es genau so und nicht anders bestimmte.

Trotz dieser sehr direkten Symbolsprache in den Visionsbildern von Hildegard ist zu erkennen, dass sie ihr Bildungsgut und Wissen aus einer mannigfaltigen Literatur schöpfte, zu dem sie offensichtlich Zugang hatte. Jüdische Lehren, syrisches und altorientalisches Schrifttum in lateinischer Übersetzung waren ihr bekannt und sie schöpfte in ihren Lehren aus diesem Fundus. Das Alte und Neue Testament lag nicht in der uns heute bekannten Auswahl der Luther-Bibel vor, sondern *heilige Schriften* in einem größeren Umfang und aus verschiedenen Kulturkreisen gehörten zum Konvolut der Textsammlungen, die ihr vertraut waren. Der Kanon der christlich-abendländischen Kirche war noch nicht festgelegt. Hildegard von Bingen pflegte Briefverkehr mit Gelehrten anderer Klöster, tauschte sich auf ihren Reisen mit den Ansichten Anderer aus, empfing Gäste zum geistigen Gespräch, bildete sich eine eigene Meinung und fasste sie zu einer eigenen Lehre zusammen, wie es ihr stimmig erschien. Dabei arbeitete sie keine eigene philosophische oder theologische

Theorie aus, übernahm vielmehr Elemente aus verschiedenen Betrachtungen und führte sie zu einer für sie stimmigen Einheit zusammen.

Sie beanspruchte niemals, dass es ihre eigenen Ideen, ihr eigenes Wissen, ihre eigenen Erkenntnisse seien. Vielmehr würde sie von Gott mit diesem Wissen gespeist werden. Aber sie sei auch nicht nur Gefäß für die göttlichen Lehren, die durch sie an die Menschen unmittelbar weitergegeben würden. Vielmehr wäre sie Vermittlerin, die das von Gott ihr Gegebene auf ihre Art und Weise den Menschen mitteilen würde, in eigener Verantwortung und in eigener Überzeugung des Richtigen, Guten und Wahren.

Hans Liebeschütz schreibt in seiner Habilitationsschrift *Das allegorische Weltbild der heiligen Hildegard von Bingen*:

> „Aber Hildegard fühlt sich doch nicht als totes Werkzeug, das Offenbarungsgut weitergibt, ohne es zu verstehen. In der Stunde ihrer Berufung zu schriftlicher Glaubensverkündung erfaßt die Zweiundvierzigjährige unmittelbar den inneren Sinn vieler biblischer Bücher, ohne dabei den durch die lateinische Grammatik erfaßbaren Wortsinn des Textes verfügbar zu haben. So bedeutete der Beginn ihres Schriftprophetentums für sie selbst das volle Wissen um eine gottgeschenkte Kraft der Erkenntnis, die schon in den Gesichten ihrer Frühzeit wirksam gewesen war, aber erst von da ab in ihrer Eigenart erfaßt werden konnte." (Liebeschütz. 1930. S. 42)

In den letzten Jahren heute ist ein Hype um Hildegard von Bingen entstanden, der mich erstaunt. Es entwickelt sich ein Markt im Gesundheitswesen im allgemeinsten Sinne, um Produkte für Körper und Seele. Mit Nahrungsmitteln, Gewürzen, Kochrezepten, Diäten, mit Aromaölen, Seifen, Cremes, Gelenkbalsam, Tropfen, Heilkräutern, Heilbädern, Salben und Kräutermischungen, mit Meditations- und Yogaübungen, Meditations-Bildern, -Texten und -Musik, Sphärischen Klangspielen, Lyrikbändchen und Gedichten, mit ihren Kompositionen plus Variationen dazu werden den Menschen eine Vielfalt an Produkten angeboten, die ihnen körperliche und seelische Heilung versprechen. Ein Fastenpaket im Set ist Online zu erwerben. So manches gehört in die Kategorie der esoterischen Literatur. Menschen kaufen, um ihren Stress abzubauen, ihre innere Balance (wieder-) zu finden oder einfach etwas für sich, um ihr Wohlbefinden zu steigern. Alle Produkte nach den Lehren und Kompositionen der Hildegard von Bingen nachempfunden, so deklariert es die Werbung.

Papst Benedikt XVI. hat Hildegard von Bingen am 10. Mai 2012 im Sinne der katholischen Kirche heiliggesprochen. Zudem wurde sie von diesem Papst am 7. Oktober 2012 offiziell als Kirchenlehrerin aufgenommen und stieg damit in den Kanon der Kirchengelehrten auf. Ihre Persönlichkeit und ihre Leistungen wurden in eine breite Öffentlichkeit getragen und der Markt reagierte darauf. Allerdings auch die wissenschaftliche Forschung, denn nicht nur in der theologischen Frauenliteratur breitete sich ein Angebot mit ihren Visionen inklusive Textdeutungen aus, sondern Dissertationen und Habilitationen wurden von Wissenschaftlerinnen über ihr Leben und Werk erarbeitet. Ihr Werk fand Würdigung nach so langer Zeit. Trotzdem gelangte sie nicht in den Kanon der Philosophinnen und Philosophen, denn sie war Mystikerin, ihre Texte zu religiös, der philosophische Gehalt zu gering. Da sie

9.1 Wie Wind und Licht im Feuer – Visionen der Hildegard von Bingen (1098–1179)

ihre philosophischen Betrachtungen nur aufschrieb, nicht aber durch eine Theorie begründete, hatte sie keine Chance, in die *Hall of Fame der Philosophie* aufzusteigen. Eine Werkausgabe mit neuen Übersetzungen in zehn Bänden ist seit 2010 im Beuroner Kunstverlag erschienen.

Mein Fokus hier in dieser Arbeit liegt auf der Lichtmetapher, deshalb möchte ich mich jetzt diesem Themenkomplex bei Hildegard von Bingen widmen.

In ihrem Selbstverständnis wirkt in ihr das Licht der Erkenntnis, sie empfängt die Offenbarungen in einem Medium von Licht, welches sie umgibt. Wie Liebeschütz schreibt, entspricht ihr Selbsturteil über den Ursprung des Prophetenamtes einer alten Mönchsfrömmigkeit, die zur Mystik führte. In Hildegards Bildsprache erkennt man ein Zusammentreffen mit dem „frühchristlichen Schrifttum seit dem Johannesevangelium und mit bestimmten Bildern synkretistischer Visionen von dem Licht der Erkenntnis." (Liebeschütz. 1930. S. 49 f.)

Wenn Hildegard von ihren Lichterscheinungen spricht, von Sonne, Mond und Sterne, die sie wie die Spiegelbilder im Wasser sieht oder wie Schatten, sind wir an das Höhlengleichnis erinnert. Wir finden in ihren Schriften das klassische antike Seelenmodell in einer Dreiteilung, aber mit zum Teil anderen Elementen als bei Platon und Aristoteles.

> „Denn auch in der Seele sind drei Kräfte, das Begreifen (comprehensio), mit dem sie in der Kraft Gottes das Himmlische und das Irdische begreift; die Einsicht (intelligentia), durch die sie das meiste einsieht, indem sie weiß, dass die Sünden böse sind, und sie sie durch die Reue ablehnt, und schließlich die Triebkraft (motio), durch die sie in sich überall bewegt wird, wenn sie nach dem Vorbild der Gerechten mit ihrer Wohnstätte (dem Leib) heilige Werke vollbringt." (Hildegard. Wirken. S. 111)

Über den Vernunftteil in der Seele des Menschen schreibt sie an späterer Stelle weiter:

> „Aber wie der Wind Feuer auflodern lässt, so bewegt auch die Vernunft die Seele des Menschen und macht sie hell. Die Vernunft in der Seele nämlich ist gleichsam der Wind und das Licht im Feuer. Die Seele ist ein Hauch, von Gott in den Menschen gesandt, der nie abnimmt und [der] vernünftig ist. Und wie das Feuer ohne Glut kein Feuer wäre, so wäre auch die Seele ohne die Vernunft nicht mit Einsicht begabt, während die übrige Schöpfung in ihrer Unvernunft wie ein Wind vergeht, weil sie kein flammendes Feuer ist. Denn die Vernunft führt die Seele mit ihrem Wissen überall hin, indem sie auf tausend Weisen betrachtet und erkennt, was der Mensch tut." (Hildegard. Wirken. S. 122)

Der Mensch wurde mit der Erkenntnis des Guten und mit dem Licht der Wahrheit geschaffen. Wir finden bei Hildegard die Gleichsetzung von Licht, Wahrheit und moralisch Gutem. Durch die Erkenntnis lenken wir unsere Handlungen zum moralisch Guten und es ist derselbe Geist, der die inneren und die äußeren weltlichen Dinge regelt. (Vgl. Hildegard. Wirken. S. 125) „Auch die Seele erscheint wie Feuer, aber die Vernunft in ihr ist gleichsam das Licht." (Hildegard. Wirken. S. 125)

Neben dem *Begreifen* und der *Einsicht* als Teile der Seele gibt es die Vernunft im Menschen, die auf die Seele einwirkt. Von der Vernunft wird die Seele so durchdrungen, *wie die Welt von der Sonne erleuchtet wird*. Hier haben wir die Metapher-Funktion des Lichts: die Vernunft ist wie das Licht der Sonne.

Wenn der körperliche Part in der Seele den *Begierden des Fleisches* nachgeht, verdunkelt sich *das Licht der Vernunft*. Erst durch die Reue kann *die Klarheit des Lichts* wieder die Seele erleuchten. (Vgl. Hildegard. Wirken. S. 126) „Leuchtend klar wie das Weiß der Augen des Menschen erscheint auch die Erkenntnis, die Einsicht funkelt wie ihre Strahlkraft in ihm, und die Vernunft leuchtet in ihm wie ihre Pupille." (Hildegard. Wirken. S. 128)

Die Visionen empfängt Hildegard im *Schatten des lebendigen Lichts*, aber sie sieht noch ein zweites Licht in sich leuchten, welches ihr Freude schenkt, sie als *das wahre Licht* deutet, ein unmittelbares Fassbarwerden Gottes. (Vgl. Liebeschütz. 1930. S. 169)

„Die körperliche Möglichkeit der Erzeugung leuchtender Bilder, die keinen Ursprung in der Außenwelt haben und doch mit dem Anspruch auftreten, Wirklichkeit zu sein und auch wirklich für den Träger klar durchgebildete Umrisse besitzen, ist eine durch gute und kritische Beobachter bezeugte Tatsache." (Liebeschütz. 1930. S. 169)

Liebeschütz führt zur Beweisführung die Schilderungen des Physiologen Johanns Müller an. Ich vermag die Erscheinungen dieser inneren Lichtbilder als Wirklichkeit nicht zu beurteilen. Natürlich können wir uns in Gedanken Bilder vorstellen, recht konkret sogar, Künstler arbeiten oftmals mit dieser Methode. Aber die Besonderheit von *leuchtenden Bildern* mit unbekannten Gestalten ohne Bezug zur Außenwelt sind mir eigentlich nur aus Schilderungen von Visionen unter Drogeneinfluss oder einem ekstatischen Zustand bekannt. Aber von Hildegard sind keine Zustände der Ekstase überliefert und ihre Schriften lassen dies nicht vermuten.

Heinrich Schipperges hat sich eingehend mit ihren Werken beschäftigt und u. a. *Gott ist am Werk* übersetzt. Er schreibt dazu einleitend:

„Was in diesem Bild vor uns ersteht, ist eine reife christliche Anthropologie, die nicht auf exakte Quellen zu reduzieren ist, obwohl sie sich deutlich im Traditionsstrome abhebt. Aber die Sprache ist fern dem Denken des Platonismus und fremd den Begriffen des Aristotelismus; sie ist Mystik aus dem Wort. Aber auch diese Mystik kennt keine ekstatischen Eruptionen, keine Gefühlswallungen, keine nebulösen Spekulationen; diese mystische Sprache ist rationell distinguiert, konsequent erarbeitet, symbolisch verdichtet. Sie spricht aus der großen Ordnung der Wirklichkeit, deren Sinngrund das Wort ist und deren Vorbild in den Psalmen zu suchen ist." (Schipperges in: Hildegard. 1958. S. 15)

In ihren Visionen beschreibt Hildegard zunächst das Bild, das sie innerlich sieht. Aber dieses Bild ist nicht unbedingt statisch, sondern sie schreibt von Bewegungen der Winde, von dichter Luft oder Luft-Wasser-Gemischen, von Maßen und Proportionen, die ins Dreidimensionale gehen, eigentlich von einer bewegten Welt, die sich so aber in einem gemalten Bild nicht festhalten lässt. Zu diesen unmittelbaren Bildbeschreibungen fügt sie erläuternde Erklärungen hinzu, z. B. woher die Winde kommen und gehen oder die leuchtenden und dichteren Strahlen, da diese stärker in der Wirkung sind. Jeder Wind, jeder Strahl, jedes Licht ist ein Symbol und wird nun exakt entschlüsselt für dieses Bild als Freude, Sünde, Kraft, Reue etc. und interpretiert und im Sinne der christlichen Glaubenslehre genau erläutert. Bibelzitate aus dem AT und NT und weitere Quelltexte werden hinzugefügt und das Ganze eingebettet in die Allmacht Gottes. Die christliche Moral durchdringt die gesamte Vision, aber im Verständnis von Hildegard von Bingen. Es ist ihr Bild und es sind ihre Interpretationen, zuweilen eigenartig anmutend, aber immer mit Bezug zum Glauben und immer in der Erleuchtung durch Gott und den Willen Gottes offenbarend.

Ihre detaillierten Beschreibungen sind für mich ein Beleg für ihre genaue Naturbeobachtung der Pflanzen- und Tierwelt, sowie der Konstellation und Bewegungen der Gestirne am Firmament. Außerdem bekundet sie gute Kenntnisse über den menschlichen Körper, aber natürlich dem Wissensstand des 12. Jahrhunderts entsprechend. Manche Beschreibung erinnert in dieser Manier an naturwissenschaftliche Studien des Aristoteles, nur es sind Hildegards eigene Beobachtungen. Sie versucht immer wieder, logische und plausible Abläufe und Zusammenhänge, sowohl im Makrokosmos als auch im Mikrokosmos des Menschen herzustellen, die allerdings für mich nicht unbedingt logisch nachzuvollziehen sind. Aber das Welt-, Natur- und Menschenbild damaliger Zeit war ein anderes als unser gegenwärtiges, so dass manches für uns heute unverständlich bleibt. Auch in ihren Menschenkenntnissen zeigt sie eine gute Beobachtungsgabe, weiß um körperliche Begierden, um seelische Gefühlslagen und sinnliche Erlebnisse; die Bedeutung bleibt jedoch immer im christlichen Kontext der Moral des Guten und Bösen, der Versuchung, der Reue und der Vergebung durch Gott.

Zu Beginn ihrer großen Visionen über die Schöpfungsgeschichte beschäftigt sie sich eingehend mit dem Phänomen der Zeit.

> „Das war das wahre Licht [Gott], das niemals durch einen Schatten verdunkelt und dem niemals eine Zeit gegeben wurde zu dienen oder zu herrschen, abzunehmen oder zu wachsen. Es ist vielmehr die Ordnung jeder Ordnung und das Licht allen Lichts und aus sich heraus leuchtend. Gott nämlich hat sich nie an irgendeinem Morgen, in irgendeiner Morgenröte erhoben, sondern er war immer vor aller Zeit." (Hildegard. Wirken. S. 209)

Die Zeit ist eine Konstante, die zum Menschsein gehört, nicht ursprünglich zu Gott. Vor dem Eintreten des Menschen in diese Welt gab es nur die Ewigkeit und nach dem Ende der Menschheit wird es wieder so sein. Für die Ewigkeit jedoch ist die Zeit ohne Bedeutung. Mit der Menschwerdung Gottes durch seinen Sohn ist auch die Zeit in das göttliche Denken eingedrungen, denn Christus lebte *unter dem Gesetz der Zeit in dieser Welt*. Die Zeit spielt in alle Bereiche der Welt hinein, aber nur der Mensch weiß darum. Der Mensch hat als einziges Geschöpf Kenntnis vom Wesen der Zeit und von den „richtigen Zeiten, weil er durch alles lebendig in Bewegung gehalten wird." (Hildegard. Wirken. S. 196)

Für mich ist es eine bemerkenswerte philosophische Erkenntnis von Hildegard, dass es die Zeit nur in einer Bedeutung für den Menschen gibt. Für die Natur mit all ihren Lebewesen, die Gestirne und überhaupt die Welt hat die Zeit keine Bedeutung, auch wenn der Mensch die Veränderung beobachten kann. Nur für den Menschen, der um seine begrenzte Lebenszeit weiß und diese sinngebend zu füllen versucht, ist die Zeit wichtig; es ist eine *anthropologische Bedeutung* der Zeit, so Schipperges.

Die Ewigkeit vor Beginn des Menschen und die Ewigkeit nach dem Ende der Menschheit kennt keine Zeit.

Der Beginn der Zeit wird durch das Wort gesetzt, wie es im Johannes-Evangelium steht: *Am Anfang war das Wort.* Zeit ist Bewegung im Raum, die wir messen können, so die einfache physikalische Erklärung heute. Gott ist die Ursache aller Bewegung, wir Menschen werden uns dessen bewusst und „diese Bewußtheit besteht aus Vernunft, Diskretion und Weisheit." (Hildegard. Werk. S. 48), so Hildegard von Bingen.

In ihrem anthropologischen Grundverständnis erkennen wir eine ausgeprägte Sicht auf die Sinnesorgane, des Weiteren auf die inneren Organe, auf die Gliedmaßen und den Körper des Menschen insgesamt. Sie arbeitet nicht mit dem Modell der Dreiteilung des Menschen in Körper, Geist und Seele, sondern mit einer Ganzheit des Menschen. Wohl übernimmt sie die Dreiteilung der Seele, wie es zu ihrer Zeit üblich war. Die Sinneswahrnehmungen arbeiten ebenso vernünftig wie der Geist und die Seele und die Sinnesorgane, Körperorgane und Gliedmaßen werden in Analogie gesetzt zur Schöpfungsgeschichte sowie zu metaphysischen Phänomenen. Eine implizierte Moral durchdringt alles, es ist die christliche Morallehre, wie wir sie heute noch kennen.

In der Auslegung der Genesis-Schöpfungsgeschichte des Alten Testamentes schreibt Hildegard von Bingen in ihrem Werk *Scivias*:

> „Gott bezeichnete am Menschen das Werk der sechs Schöpfungstage. Mit den Augen ist gemeint, daß Gott sprach: Es werde Licht! Die Ohren bedeuten Gottes Wort: Es bilde sich das Firmament inmitten der Wasser, da ja auch die Wasser ein Rauschen hervorbringen. Vom Geruch her ist das Wort zu verstehen: Es sammle sich das Wasser; ferner: Die Erde bringe grünende Kräuter hervor, da ja die Kräuter und Fruchtbäume einen Duft geben. Der Geschmack will meinen: Es sollen Lichter am Himmelsgewölbe entstehen, Lichter, die alles, was auf Erden entsteht, im Geschmack temperieren, so wie auch der Geschmack es spürt. Mit dem Tastsinn der Hände ist zu verstehen, daß Gott sprach: Die Wasser bringen kriechende und fliegende Lebewesen hervor, die auf der Erde gedeihen; dort sollen sie sich tummeln, dem Menschen zu Diensten, wie ja auch seine Hand dem Werke dient. Der aufrechte Gang endlich bedeutet das Wort: Lasset uns den Menschen machen nach unserem Bild und Gleichnis. Ist doch der Mensch nach oben aufgerichtet, da er wie auf den Füßen errichtet einherschreitet." (Hildegard. Werk. S. 52 f.)

Eine Interpretation der Schöpfungsgeschichte in dieser Verbindung zu den Sinneswahrnehmungen und Sinnesorganen des Menschen habe ich nie zuvor gelesen; es ist Hildegards Sicht auf den Makrokosmos und Mikrokosmos, auf die Ganzheitlichkeit der Schöpfung, zu der der Mensch gehört. Der aufrechte Gang zeichnet den Menschen aus und eben das Wort, mit den Augen sehen wir das Licht, welches sich von der Finsternis scheidet, mit den Ohren hören wir Gottes Wort und das durch das Wort von Gott geschaffene rauschende Wasser. Wir riechen das sich sammelnde Wasser und die Kräuter und Fruchtbäume. Wir nehmen tatsächlich das Wasser, z. B. das salzige Meerwasser, mit seinem eigenen Geruch wahr. Wir schmecken alles, was auf Erden dadurch entsteht, dass durch die Wärme der Sonne sich die verschiedensten Geschmacksvarianten entwickeln; ich denke z. B. an Tomaten, die erst durch Wärme und Licht der Sonne einen reifen Geschmack erhalten. Die von Hildegard von Bingen aufgeschriebenen Betrachtungen über die Schöpfung knüpfen unmittelbar an erlebbare und bekannte Beispiele aus dem Leben und der Körperlichkeit des Menschen an. Nur ist uns dieses Denken heute weitgehend fremd.

Auch wenn immer ein Sinnesorgan mit einer Sinneswahrnehmung in Verbindung steht, so treten die Wahrnehmungen nicht unbedingt isoliert auf, sondern vermischen sich und wirken konzertiert, ebenso die Sinnesorgane, die verschiedene Funktionen erfüllen können.

Andere Beschreibungen und Erläuterungen zur Genesis-Schöpfungsgeschichte finden sich in den Visionen vom *Wirken Gottes*. Hieraus entnehme ich nur die beiden Stellen zum Thema Licht. Am ersten Schöpfungstag sprach Gott: *Es werde Licht und es ward Licht*. Es ist nicht das Licht der Sonne, sondern das unsichtbare Licht Gottes, welches für die Menschen nicht sichtbar wird, sondern sich durch das Leben zeigt, es ist das unvergängliche Licht. „Er nannte es Tag, und zwar nicht den Tag der Sonne, sondern den unvergänglichen Tag, der in der Höhe von keiner Finsternis unterdrückt wird." (Hildegard. Wirken. S. 236) Insgesamt schreibt Hildegard drei Erläuterungen zu jedem Schöpfungstag mit den jeweiligen Schöpfungsakten. Im ersten Teil wird der Schöpfungsakt an sich, wie er im Alten Testament der Bibel nachzulesen ist, erläutert, im zweiten Part folgt eine mehr allegorische Erläuterung hinsichtlich der christlichen Lehre des Glaubens (= Licht) und Unglaubens (= Finsternis) und im dritten Unterkapitel eine bildliche Beschreibung mit moralischen Implikationen.

In gleicher Manier erfolgt die Abhandlung des vierten Schöpfungstages mit der Erschaffung der Lichter am Firmament, der Sonne, dem Mond und den Sternen. Die Gestirne erfüllen eine bestimmte Funktion für den Menschen, denn sie teilen die Zeit ein.

> „Die Aufgaben dieser Leuchten setzte Gott fest und teilte sie auf in Tag und Nacht, weil von diesen beiden Unterscheidungen, nämlich Tag und Nacht, die gesamte Einteilung der Bedürfnisse des Menschen abhängt. So soll der Mensch mit der Vernunft durch die Zeichen dieser Lichter erkennen, welches dieses und jenes Geschöpf ist und wie die Zeitabschnitte der Tage, Nächte und Jahre durch diese einzelnen Zeichen benannt werden [...]." (Hildegard. Wirken. S. 257)

Es folgen wieder die Interpretationen im Sinne der Glaubenslehre und der christlichen Moral.

In der Schöpfungsgeschichte geht es weiter mit Adam, dem ersten Menschen, der *einfacher Natur* sowie *ein leuchtendes Kind* war. Aber mit dem Sündenfall verlor Adam seine *Lichtnatur* und die *Prophetengabe*.

> „Gott zerstörte in ihm das Licht des lebendigen Wissens. Dieses Wissen war in Adam gleichsam prophetische Verkündigung. Dies wird nun dauern bis zur Menschwerdung des Gottessohnes, wo Er dies Wissen aus sich erleuchtet, wie die Sonne die ganze Erde erleuchtet." (Hildegard, Werk. S. 53)[4]

In einer Analogie wird die Leuchtkraft der Sonne für die Erde mit der inneren Leuchtkraft Christi, dem Leuchten seines Wissens, gesetzt. Erst wenn die Macht des

---
[4] In anderer Übersetzung bei Hildegard. 2013. S. 308.

Antichristen überwunden ist, wird die Welt sich auflösen und der Tag beginnen, „da die wandelnden Zeiten in die Ewigkeit nie endenden Lichts übergehen." (Hildegard. Werk. S. 58) Das Ende der Zeit und der Beginn der Ewigkeit ist gesetzt, keine Nacht verdunkelt, keine Gestirne bewegen sich mehr, es ist nur noch Tag. „Die Vollkommenheit göttlicher Kraft schließt in ihrer Ewigkeit alles Zeitliche mit seinen so verschiedenartigen Erscheinungsweisen in eins." (Hildegard. Werk. S. 59)

In ihrer Makrokosmos-Mikrokosmos-Betrachtung werden Analogien gezogen zwischen den Gestirnen, den Jahreszeiten und den Lebenszeiten des Menschen, sogar den täglichen Befindlichkeiten mit Nahrungszunahme und sich entleeren, dem Wachen und Schlafen und den *schwankenden Säftekonstitutionen* des Menschen, wie wir es aus der Antike in den naturkundlichen Beschreibungen des Aristoteles oder des Hippokrates oder des Galenus kennen. Die detailreichen Beschreibungen des menschlichen Körpers, der Entwicklungen von der Geburt bis ins hohe Alter und bis zum Tod, den Erklärungen der Organe, Gliedmaßen und Sinneswahrnehmungen erinnern stark an die naturwissenschaftlichen Studien des Aristoteles. Sie mögen uns heute zum Teil unverständlich und kurios erscheinen, aber es wird deutlich, dass sie auf exakte Beobachtungen und darauf aufbauend vernünftig zu scheinende Erklärungen beruhen, die natürlich dem heutigen Wissensstand nicht entsprechen können.

Philosophisch interessant wird ihre Auslegung der Schöpfungsgeschichte nach dem Johannes-Evangelium. Hier ist Gott der Tag, der *die Sonne entflammt*, sowie die Vernunft, aus der *alles vernünftige Wesen atmet*. Durch das Wort erschuf Gott die Welt und den Menschen nach seinem Bilde und stattete ihn mit seiner Vernunft und seiner Kreativität aus. „So begreift die Vernunft des Menschen in ihrem Können alles durch Namen und durch die Zahl; denn der Mensch unterscheidet keine Sache anders als durch Namen, noch erkennt er die Vielzahl der Dinge außer durch die Zahl." (Hildegard. Wirken. S. 201 f.) Erst wenn wir in der Lage sind etwas zu benennen, haben wir es mit unserem Verstand erfasste, und erst wenn wir uns der Zahlen bedienen, erkennen wir die Vielfalt.

> „Im Anfang jenes Ursprungs, da Gottes Wille sich zum schöpferischen Schaffen der Natur auftat – ohne solchen Beginn wäre Er ja bei sich selber geblieben, da Er sich nicht geoffenbart hätte -, was das WORT ohne den Anfang eines Ursprungs. ‚Und das Wort war bei Gott', genau sowie das Wort sich in der Vernunft befindet, weil die Vernunft das Wort in sich hat und weil die Vernunft das Wort schon ist und somit eins von anderen nicht getrennt werden kann. Denn das WORT war ohne den Anfang, vor dem Beginn der Schöpfung, wie auch bei deren Ursprung. Das gleiche WORT war sowohl vor dem Anfang als auch beim Entstehen der Kreaturen bei Gott, auf keine Weise von Gott getrennt. Mit diesem Seinem WORT wollte Gott ja, daß Sein WORT alles erschaffen sollte, so wie es von Ewigkeit geplant war. [...] und dann ertönte das WORT und führte alle Geschöpfe ans Licht. Auf diese Weise sind WORT und Gott eins. [...] Aus dem gleichen Wort heraus wirkt des Menschen Geist die Werke, aus dem gleichen Laut bringt die Vernunft ihre Werke tönend, rufend oder singend hervor, wie sie auch durch den Scharfsinn ihrer künstlerischen Fähigkeiten in der Kreatur tönende Musikinstrumente [Kithara und Tympanon in der Übersetzung von Heieck] erklingen läßt." (Hildegard. Werk. S. 138 f.)[5]

---

[5] Dieses Zitat sowie einige andere habe ich der Übersetzung von Schipperges genommen, da sie mir adäquater erschienen.

Der Mensch ist vernunftbegabt, in der Lage, durch seine Kreativität Werke zu schaffen, die aber sterblich sind wie der Mensch selbst. Nur Gott kann seinen Werken Leben geben, weil *Er selbst Leben ohne Lebensanfang* ist. (Vgl. Hildegard. Wirken. S. 204)

„Es [das Leben] gab durch Vernunft und Wissen den Menschen das Licht, in dem sie im Glauben Gott anschauen sollten. Sie sollten Ihn als ihren Schöpfer anerkennen, weil sie von diesem Licht so durchflutet sind, wie das Tageslicht die Welt erleuchtet." (Hildegard. Wirken. S. 206) Wie das Tageslicht die Welt beleuchtet, so führt der Verstand und das Wissen den Menschen zum Glauben und zu der Erkenntnis, dass Gott sein Schöpfer ist.

Das göttliche Licht ist Prinzip aller Ordnungen, Licht aus sich selbst heraus. „Und wie die Sonne mit ihren Lichtern ihn [den Menschen] aufgenommen hat, so soll der Mensch alle Kreaturen anschauen und sie erkennen." (Hildegard. Werk. S. 147)

Die Schöpfungsgeschichte geht weiter, wie wir sie aus dem Johannes-Evangelium kennen und wie sie von Hildegard von Bingen interpretiert wird. Am Ende betont sie (nochmals) die Einheit des Menschen, dass Körper, Geist und Seele nicht getrennt sind, sondern eine Einheit bilden. „Der Körper wäre nämlich nichts ohne die Seele, die Seele würde nichts ohne den Leib verwirklichen. So sind sie nun im Menschen eins, und der Mensch stimmt dem zu." (Hildegard. Werk. S. 156) Durch den *Geisthauch* [Seele], von Gott dem Menschen eingegeben, bildet der Mensch eine Einheit und erkennt sich als eine solche. Der Mensch ist vernunftbegabt und Gott hat ihm die Entscheidungsfreiheit gegeben zu handeln, wodurch er auch sündig werden kann. (Vgl. Hildegard. Wirken. S. 205)

Hildegard von Bingen arbeitet in ihren Schriften mit einer ausgeprägten Lichtsymbolik, Lichtanalogie und Lichtmetapher. Sie benutzt die Lichtmetapher für die Vernunft des Menschen, die Vernunft, die dem Menschen Einsicht gibt in das Geschehen im eigenen Inneren, in die moralischen Kategorien des Guten und Bösen und im Verstehen der äußeren Welt. Die Vernunft ist wie das Licht der Sonne; sie spricht aber auch direkt vom Licht der Vernunft, was m. E. aber als Metapher gemeint ist. Gott ist es in seiner Schöpferkraft, der den Menschen so mit Verstand, Vernunft und Erkenntnisfähigkeit ausgestattet hat. Gott ist Licht, das ungeschaffene Licht, und Gott hat das Licht geschaffen, durch das wir sehen, wie auch alles andere in dieser Welt von ihm geschaffen wurde und was uns durch das Licht sichtbar wird. Im Sinne des Aristoteles setzt Hildegard immer wieder die Analogie des *Vor-Augen-Führens* an, also eine direkte Art von Analogie, die unmittelbar einsichtig ist und sich aus dem Erlebnisraum des Menschen ergibt. Aber wenn es um die Erklärungen zur Vernunft geht, setzt sie die Lichtmetapher ein, bezieht moralische Kategorien, Erkenntnisse und die verantwortliche Handlungskompetenz des Menschen ein.

In ihren Visionen gibt es auch die Vorstellung eines metaphysischen Lichts, das ist Gott, Licht und Gott sind in diesem Sinne eins für Hildegard und vom Menschen nicht zu erfassen und nicht zu erkennen. Daneben erscheint das physische Licht der Sonne und Gestirne, welches wir Menschen wahrnehmen können.

Die Erkenntnis durch die von Gott den Menschen gegebene Vernunft wird auf das Licht übertragen. Die Erkenntnis bezieht sich auf den Makrokosmos und den Mikrokosmos bis hin zur Selbsterkenntnis des Menschen.

9.2 Mystik, Minne und Philosophie des Christentums (13. – 15. Jh.)

Es ist diese Zeit, in der die Philosophie nur innerhalb des Christentums im Abendland zugelassen und durchgehend auf der Folie der christlichen Lehre gedacht wurde. Es handelt sich trotzdem um philosophisches Gedankengut und nicht um Theologie. Es gab ebenso die Entwicklung einer starken Durchdringung des christlichen Glaubens in der Philosophie, wo Glaube und philosophische Lehre nicht mehr zu trennen sind, es trotzdem nicht der Theologie zugeschlagen werden kann, da es nicht nur die Lehre von Gott ist. Mystik ist das innere individuelle Erlebnis mit Gott, der die Lehre eingibt und über den oder die Auserwählte sie der Welt mitteilt. Nehmen wir Mechthild von Magdeburg, so kommt noch die Minnedichtung in der Mystik hinzu. Es ist die Zeit des 12. bis 15. Jahrhunderts, die ich hier ausgewählt habe, nicht die sehr weit gefasste, schon mit Paulus und dem Johannesevangelium beginnende und bis ins 15. Jahrhundert reichende Zeit. Das Gotteserlebnis ist für mich hier nicht ausschlaggebend für die Einordnung in die Mystik, denn die göttliche Idee, der Daimon oder Apollon, der Gott der Weisheit, die in der griechischen Antike den Philosophen und Philosophinnen die Gedanken und Ideen eingaben, ist für die Lehre an sich unerheblich, da sie oftmals der Legitimation der Lehre dienten und weniger als real Gegebenes verstanden wurden, so auch nicht unbedingt der christliche Gott, der durch den auserwählten Menschen spricht. Die Philosophie kann in ihrer Eigenständigkeit gewürdigt werden, auch wenn sie ggf. herausgefiltert werden muss aus der christlichen Lehre. Es ist die Philosophie des Christentums, wie Kurt Flasch diese Epoche sehr treffend benannt hat.

Außer Acht lasse ich die Minnedichtungen, wie sie gehäuft aus dem Hochmittelalter überliefert sind. Walter Blank durchforstete in seiner Dissertation *Die Nonnenviten des 14. Jahrhundert. Eine Studie zur hagiographischen Literatur des Mittelalters unter besonderer Berücksichtigung der Visionen und ihrer Lichtphänomene* zahlreiche Schriftstücke über Klosterfrauen. In den Viten, die größtenteils erst nach dem Tod der Visionärinnen verfasst wurden, berichteten die Biografien von göttlichen Lichterscheinungen, Vereinigungen mit Gott, Gnadenbekundungen und Wundern der Heilung. Der Historiker konnte nachweisen, dass gerade die Visionen nicht von den Nonnen selbst berichtet wurden, sondern erst im Nachgang nach ihrem Tod ihnen zugeschrieben wurden, um den Ruf ihres Klosters zu erhöhen, um Spenden zu erhalten und einen höheren Zulauf von Frauen, vielleicht vermögenden, ins Kloster zu erreichen. (Vgl. Blank. 1962) Mechthild von Magdeburg und Hildegard von Bingen werden von ihm ausdrücklich aus den Nonnenviten dieser Art herausgenommen.

Vorstellen möchte ich jetzt, exemplarisch ausgewählt, Mechthild von Magdeburg, Meister Eckhart und Nicolaus Cusanus (Nikolaus von Kues/Cues), alle im

9.2 Mystik, Minne und Philosophie des Christentums (13. – 15. Jh.)

13. – 15. Jahrhundert lebend, in ihren Ausführungen zur Lichtphilosophie jedoch weit auseinanderliegend. Thomas von Aquin, der ebenfalls zu dieser Zeit gehört, habe ich ein eigenes Kapitel gewidmet, um seinen Ausführungen über das Licht und die Erkenntnis in ihrer philosophischen Aussage gerecht zu werden. Ebenso bei Christine de Pizan, die mit Lichtgestalten arbeitet, einer ganz anderen Art des Lichtmetaphorik, mit neuen Aussagen und aus der Perspektive der Frau. Bei Meister Eckhart habe ich das philosophische Potential erst durch die Lektüre *Meister Eckhart. Philosoph des Christentums*, von Kurt Flasch geschrieben und 2010 publiziert, erkannt. Ich hatte ihn durch Studium und Philosophiegeschichte nur als Mystiker kategorisiert, wie tief er jedoch in seinen Lehren in die Philosophie eindrang, wurde mir erst durch Flasch offensichtlich. Cusanus war ebenfalls mehr ein Zufallsfund bei der Lektüre des *Philosophischen Lesebuchs Band 1*, herausgegeben von Hans-Georg Gadamer.

Es gibt also zeitliche Überschneidungen in den nächsten Kapiteln, nicht jedoch in den philosophischen Aussagen.

Insgesamt ist diese Zeit des Mittelalters voller Betrachtungen über das Licht und Gott, Lichtspekulationen in einer Vielfalt von Modifikationen füllten die Bücher jener Epoche, aber sich mit heutigem Wissensstand darauf einzulassen, wäre eine eigene Arbeit, die ich in diesem Rahmen nicht leisten kann. So wähle ich aus, um Einblicke zu geben, nicht um Vollständigkeit zu erreichen.

Zunächst jetzt relativ kurz, dies scheint mir hinreichend für einen Einblick, die Lichtmystik von Mechthild von Magdeburg.

Mechthild von Magdeburg (um 1210 – um 1282 oder später)
Eine Begine im Mittelalter, schrieb *Das fließende Licht der Gottheit*, welches zu den schönsten Minnedichtungen in der Mystik zählt. Aus wohlhabendem, vielleicht adeligem Elternhaus stammend, mit guter weltlicher, nicht theologischer Bildung aufgewachsen, verzichtet sie auf alles, was ihre Herkunft ihr bieten konnte, und zog mit ca. 20 Jahren nach Magdeburg, um dort sehr bescheiden mit einigen anderen Frauen als Begine zu leben. (Vgl. Deutsche Mystikerinnen. 1987. S. 90) Die letzten Lebensjahre verbrachte sie im Kloster Helfta.

Der Titel ihres Werkes *Das fließende Licht der Gottheit* in sieben Büchern und weiteren Unterkapiteln wurde ihr von Gott übermittelt, wie sie selbst sagt. Ihre in Prosa und Reimung sich abwechselnde Lyrik ist voller gegenseitiger Liebesbekundungen zwischen ihr und Gott, vor allem in Gestalt von Christus und dem Hl. Geist. Die Liebe Gottes reicht hin bis zur Umarmung der Menschheit, eine romantisch verklärende Minneliebe, die Mechthild erfüllt und ihr Leben gestalten lässt. Dabei geht sie so weit, dass die Minne wie auch die Kirche personifiziert werden und ihr als Frau bzw. Jungfrau gegenüberstehen. Es ist ihre Art der Dichtung, ihre Rhetorik, die ihre Worte einerseits sehr lebendig wirken lassen, andererseits die Botschaft in ihrer Bildhaftigkeit anschaulich machen, so dass sie von jedem und jeder Lesenden und Zuhörenden, zumindest in ihrer Zeit, verstanden werden konnten. Allerdings sind die frommen Inhalte uns heute sehr fremd. Mechthild wechselt von der Symbolsprache in die Allegorie, regt durch die lebendigen Bilder Fantasie und Denken an, benutzte am Rande auch die Metaphorik.

„Gott spricht: Wenn ich scheine, so mußt du leuchten. Wenn ich fließe, so mußt du träufen. Wenn du seufzest, so ziehst du mein Herz in dich. Wenn du weinest nach mir, so nehm ich dich an meinen Arm. Wenn du aber liebst, so werden wir Zwei Eins." (Mechthild. In: Vorwort. In: Deutsche Mystikerinnen. 1987. S. 7)

In ihrem Werk setzt sie die Lichtsymbolik ein, um „die gnadenvolle Herablassung Gottes zur minnenden Seele zum Ausdruck [zu] bringen." (Koch. 1960. S. 665.) Es geht nicht vorrangig um die Lichtsymbolik, wie der Titel vielleicht vermuten ließe, sondern um die Liebe Gottes, wie Koch meint. Gott lässt die Menschen *das sinnliche Feuer erkennen* und mit *den Augen der Seele schauen*, aber Gott selbst ist das Feuer, das ohne Beginn und Ende ewig *in der Höhe über allen Dingen* brennen wird. (Vgl. Mechthild von Magdeburg. 2010. S. 109)

An anderer Stelle heißt es: „Minne ohne Erkenntnis dünkt der weisen Seele Finsternis" (Deutsche Mystikerinnen. 1987. S. 98) Die Übertragung des sinnlichen Sehens auf die Erkenntnisse der Seele ist bei ihr durchaus als Metapher formuliert, aber nicht weiter ausgearbeitet. In diesem bildlichen Vergleich liegt die weise Seele in Finsternis, wenn die Minne ohne Erkenntnis bleibt.

Mechthild kennt nicht nur die Liebe, sondern ebenso die Kritik gegen die Vertreter der Kirche, sie formuliert Klagen gegen Mönche, Priester und Obrigkeiten in der Hierarchie der Kirchenvertreter.

Über die Kirche schreibt sie im fünften Buch ihrer Visionen:

„Als nun die armeselige Kirche vor unseren Herrn hintrat, war sie (zwar noch) einer Jungfrau gleich. [… und der Herr sprach…] Sie [die Kirche] ist jedoch augenkrank hinsichtlich ihrer Erkenntnis und lahm an ihren Händen, zumal sie keine guten Werke tut. Sie hinkt an den Füßen ihres Verlangens, da sie selten und träge meiner gedenkt. Auch ist ihre Haut beschmutzt. Sie ist unrein und unkeusch." (V, 34) Mechthild von Magdeburg. 2010. S. 107)

Im siebten Buch heißt es, noch drastischer formuliert:

„O weh, du Krone der heiligen Kirche,
wie sehr bist du getrübt!
Entfallen sind dir deine Edelsteine,
denn du ärgerst und schändest
den heiligen christlichen Glauben.
Dein Gold ist verfault
im Pfuhl der Unkeuschheit,
denn verarmt bist du
und hast die wahre Minne nicht.
Deine Keuschheit ist verbrannt
im Feuer der Gier und des Fraßes.
Deine Demut ist versunken
im Sumpf deines Fleisches.
Deine Wahrheit ist vernichtet
in der Lüge dieser Welt.
Deine Blumen aller Tugend
sind von dir abgefallen.

O weh, du Krone heiligen Priestertums!
Wie bist du heruntergekommen?
Was ist von dir übrig geblieben?

9.2 Mystik, Minne und Philosophie des Christentums (13. – 15. Jh.)

> Mit geistlicher Vollmacht
> kämpfst du gegen Gott
> und seine auserwählten Freunde!" (VI, 21)
> (Mechthild von Magdeburg. 2010. S. 108)

Ihre Sprache der Kritik ist deutlich, vielleicht lässt sich manches Geschehen mit dem der heutigen Zeit vergleichen.

Mechthild benutzt die Symbol- und Metapher-Sprache, wie es der Minneart und der mittelalterlichen Zeit entspricht, aber ohne direkte philosophische Implikationen, vielmehr in einem einfachen, gut verständlichen Sprachcode. In einem Gespräch zwischen ihrer Seele und Gott schreibt sie:

> „[…] geformt mein Mund vom Heiligen Geiste;
> Meine Augen geklärt durch Feuer und Licht;
> […]" (II, 18)
> (Mechthild von Magdeburg. 2010. S. 88)

Die Kirche ist *augenkrank hinsichtlich ihrer Erkenntnis* und Mechthilds *Augen geklärt durch Feuer und Licht*. Das sinnliche Sehen wird mit Erkenntnis und Klärung in Verbindung gesetzt; sie benutzt die klassische Anwendung der Verbindung der physischen mit der metaphysischen Ebene und den Symbolträgern Feuer und Licht. Die Augen sind es, die sinnliches Sehen und im übertragenen Sinne Erkenntnis ermöglichen. Feuer und Licht sind die Symbole des Sehens und Erkennens in repräsentativer Bedeutung. Wenn die Kirche als *augenkrank* beschrieben wird, so sieht und erkennt sie nicht, vor allem fehlt ihr die kritische Selbstreflexion, um die Fehler und Schwächen im Eigenen zu erkennen. Inwieweit die Erkenntnisfähigkeit der Kirche die gesamte christliche Lehre betrifft, bleibt offen. Da Mechthild ihre Botschaft direkt von Gott erhält, wäre ein solches Denken naheliegend. In den Worten *Deine Wahrheit ist vernichtet …* spricht sie es aus, entzieht der Kirche die Glaubwürdigkeit, über die Wahrheit zu sprechen. Die Kritik an der Kirche ist eigentlich substantiell für diese, bringt diese Mystikerin in Gefahr, aber sie beruft sich auf die unmittelbare Eingebung durch Gott. Es gab innerhalb der Kirche sehr wohl Zweifel, die diese von ihr genannten Missstände sahen.

Ihre Dichtung und Prosa ist folglich nicht immer als Minne zu lesen und wegen ihrer harschen Kritik an Kirchenfürsten und Kirchenvertreter wurde sie auch der Häresie verdächtigt, aber es kam zu keiner Anklage. Mutig in jener Zeit, ihre Gedanken öffentlich so in Worte zu fassen.

Weiterführende inhaltliche Vertiefungen zur Wahrheit und Erkenntnis habe ich in ihren Schriften nicht finden können.

Während wir bei Mechthild von Magdeburg von klassischer Mystik sprechen können, die ihre Gedanken direkt von Gott empfängt, wie sie selbst es bekundet und die sie in Minnedichtung vorträgt, können wir bei Meister Eckhart diese eindeutige Zuweisung heute nicht mehr vornehmen, meint Kurt Flasch, der intensiv dessen Lehre untersuchte und darin eine deutlich vernunftbasierte, argumentativ strukturierte Arbeit erkennt. Die Welt überhaupt ist durch Gott geschaffen, insofern auch die Lehren dieses Philosophen, aber er ist kein auserwählter Empfänger der Botschaft Gottes, der die Worte Gottes verkündet. Flasch unterbreitet den Vorschlag, von einer Philosophie des Christentums zu sprechen, und nicht Eckhart in die Mystik einzugliedern. Seine Argumente in der Arbeit *Meister Eckhart* von 2010 sind für mich so überzeugend, dass ich mich dem anschließen kann.

Meister Eckhart (vor 1260–1328)
Mit bürgerlichem Namen Eckhart von Hochheim, wird in der Philosophiegeschichte oftmals verkürzt nur Eckhart genannt. Er war Dominikaner, lehrte und lebte in Erfurt und Köln, war Magister in Paris, hatte hohe Ämter in der kirchlichen Hierarchie inne, erhielt höchste Anerkennung für seine Lehren, bis seine Gegner ihn der Häresie anzeigten, er angeklagt und verurteilt wurde; aber er verstarb vor Ende des Prozesses. (Vgl. Flasch. 2010. I. Kapitel) Seine Lehre war hochkomplex, für Laien kaum, für Gelehrte seines Standes nur schwer zu verstehen. Dies und Neider seines gehobenen Standes führten letztlich zur Häresieanklage gegen ihn.

Was seine Lichtlehre anbelangt, können wir drei Bezugspunkte ausmachen: Das Johannesevangelium, die Genesis und insbesondere seine Seinslehre.

In seinem Kommentar zur Schöpfungsgeschichte in der Bibel ist Eckhart der Ansicht, dass Gott die Welt nicht als Einzeldinge schuf, sondern als Ideen der Dinge gemäß einem vernünftigen Grundriss der Welt. Die Ideen sind als *spezifische* Ideen, z. B. des Löwen oder des Menschen, zu verstehen. Die Parallelen zur Platonischen Ideenlehre mit der höchsten Idee des Guten und der daraus abgeleiteten Vielfalt der Ideenwelt im Metaphysischen, aufgrund dessen wir die konkreten Einzeldinge auf der Welt erkennen können, ist nicht zu übersehen.

Basis des Glaubens ist die Menschwerdung Gottes im Sohn Christus und so ist auch die Erschaffung der Welt zu verstehen. Mit Weisheit und Vernunft wurde die Schöpfung von Gott vollbracht und mit vernünftiger Überlegung können wir dies nachvollziehen und erkennen; Gott schuf die Welt mit Vernunft und wir erkennen sie im Lichte der Vernunft. (Vgl. Flasch. 2010. S. 145)

Wir können daraus schlussfolgern: Gott schuf nicht das konkrete Licht in einem eigenen Sein, sondern er erschuf die Idee des Lichts, sie gehört zu seiner vernünftigen Architektur zur Gestaltung der Welt. „Das Licht der Vernunft gibt uns Anteil am obersten, göttlichen Licht. Es ist der Samen sowohl der Tugenden wie der Wissenschaften." (Eckhart. In: Flasch. 2010. S. 157) Intellekt und Ethik sind gleichermaßen wichtig, sie bilden die Grundlage für ein gelingendes gutes Leben des Menschen im geistigen und praktischen Lebensvollzug. Mit dem *Licht der Vernunft, d. h. philosophierend*, können wir zwischen Wahrheit und Falschheit unterscheiden sowie zwischen Gut und Böse. (Vgl. Flasch. 2010. S. 157)

Eckhart setzt die Analogie ein, um zu erklären. Auge und Holz, das eine ist ohne das andere nicht zu sehen. Das Auge ist nur durch das Sehen bewusst präsent und das Gesehene nur durch das Auge. Denken können wir jedoch beides getrennt, da beides nicht in ihrem Sein etwas miteinander zu tun haben. In einer Predigt über das Johannesevangelium schreibt er: „Man kann auch die Sonne ohne Licht denken und Licht ohne Sonne, aber zwischen Bild und Bild läßt sich keine Art von Unterschied erkennen. Ich gehe noch weiter und sage: Gott in seiner Allmacht kann da keinen

9.2 Mystik, Minne und Philosophie des Christentums (13. – 15. Jh.)

Unterschied erkennen, denn es wird miteinander geboren und stirbt miteinander." (Eckhart. In: Flasch. 2010. S. 59)

Wenn wir *Bild* einmal durch Ur-Bild bzw. *Idee* ersetzen, das andere Mal *Bild* durch *geistige Vorstellung – imago*, so wird die Aussage verständlicher. Für Eckhart sind diese Bilder gleich, da das Urbild im Bild enthalten ist. Das Holz ist im Auge, aber nicht als ein Seiendes, trotzdem sind sie eins. Gott ist in der Seele des Menschen, als Bild, daher ist Gott und die Seele eins. Die geistigen Wesen sind ineinander, sind eins. Licht und Sonne sind eins, im Intellekt können wir sie trennen und gesondert betrachten und als verschiedene Gegenstände behandeln.

Was Eckhart unter Analogie versteht, erläutert er sehr anschaulich. Wir sagen sowohl von einer bestimmten Speise als auch vom Urin, dass sie gesund seien. In Beiden ist jedoch keine Gesundheit, aber der Urin dient als Indikator für die Gesundheit eines Körpers und die bestimmte Speise dient der gesunden Ernährung und führt somit zur Gesundheit. (Vgl. Flasch. 2010. S. 132)

Wenden wir diese Analogie auf das Licht an, so könnten wir im Sinne von Eckhart sagen: Licht ist in der Vernunft wie das Licht im Auge. Weder im Auge noch in der Vernunft ist jedoch Licht, aber zum Sehen mit den Augen brauchen wir das (körperliche) Licht und für das Erkennen durch die Vernunft benötigen wir das (innere) Licht. Die Idee des Lichts kommt von Gott, die Anwendung in der inneren und äußeren Welt folgt aus der Idee. Die Lichtmetapher wird als Analogie formuliert.

Das Licht der Vernunft ist Metapher, Gottes Licht „blendet unseren Verstand wie das Sonnenlicht unsere Augen zurückstößt." (Flasch. 2010. S. 183) Wir Menschen sind es, die dem Licht Gottes nicht gewachsen sind.

Nun komme ich zur Erkenntnislehre, zur Frage nach dem Sein in metaphysischer Zuordnung oder einem Sein anderer Art, vielleicht jenseits von Physik und Metaphysik, wozu vielleicht ein eigenes Sein des Lichts gehört, wie wir es zuvor schon von Platon kennen, aber auch bei Plotin es so lesen können.

In der Erkenntnislehre Eckharts, die zunächst auf die Erkenntnisse Platons und Aristoteles aufbaut, geht er weiter bzw. versucht tiefer vorzudringen. Das Erkenntnissein ist ein besonderes, so wie der Intellekt, beide nehmen eine besondere Stellung in der Metaphysik ein, die von der traditionellen Vorstellung der Philosophie dieser Zeit abweicht. (Vgl. Flasch. 2010. S. 325) Die eigene Seinsart, die von der Seinsart der Metaphysik abweicht und ganz anders zu verstehen ist, nämlich als Seinsgrund, nicht als ein Sein geistiger Art vergleichbar dem Sein physischer Art. Es geht nicht um Einzeldinge, nicht um geistige Einzelphänomene, nicht um die verschiedenen Ideen, aus denen die Welt durch Gott entstanden ist, sondern um alles und das Allgemeine, um das Sein selbst als Idee. Es geht um die Wahrheit der Wahrheit, um die Gerechtigkeit der Gerechtigkeit, um die Erkenntnis der Erkenntnis und um das Licht des Lichts, es geht um das Wesen, das im jeweiligen Sein liegt. Bei Platon bleibt es, wie er es in seinem Dialog *Theaitetos* zeigt, ohne Antwort. Auch Aristoteles klärt es nicht ausreichend. Es bleibt bei der *Wahrheit von* und der *Wahrheit für* oder der *Erkenntnis von* und der *Erkenntnis für*. Bei Eckhart finden wir die Antwort darauf in einer eigenen Vorstellung vom Seinsgrund. Wenn ich das Wesen der Wahrheit zu erfassen suche und unterscheide zwischen der Kraft und dem Wesen, muss ich zum Seinsgrund vordringen. In der

(Wirk-)Kraft liegt die *Wahrheit für* und *Wahrheit von*. Dann erkenne ich mit meinem Intellekt, dass der Seinsgrund mit dem Sein eins ist, eine Einheit bilden, die nicht zu trennen ist. Das Wesen der Wahrheit und die Kraft der Wahrheit sind eins. Das Lichthafte des Lichts und das Licht sind eins, denn das eine ist ohne das andere nicht zu erkennen. Es ist wie beim Holz und dem Auge, der Seele und Gott, dem Licht und der Sonne. In der traditionellen Metaphysik denken wir immer wieder in Bildern oder analog Bildern. Durch die Vernunft wissen wir, dass Gott existiert. „Die Vernunft ist der Ort der Gottesgeburt. Es ist die Vernunft, die Mensch und Gott vereint [...]." (Flasch. 2010. S. 50) „Vernunft ist das Vermögen des Allgemeinsten und des Dahinterliegenden." (Flasch. 2010. S. 51) Das Allgemeinste gehört zur Metaphysik, aber zu welcher Kategorie gehört das *Dahinterliegende*, das *reine Sein*, das *reine Wesen*? Die Vernunft ist etwas im Menschen, in seiner Seele, in seinem Geist Seiendes. Vernunft und Mensch sind eins, denn ohne den Menschen gäbe es keine Vernunft und ohne Vernunft nicht den Menschen. Wir können es getrennt denken, mehr nicht. Gibt es also kein eigenständiges Sein der Vernunft? Eckhart fragt weiter: Was ist das Vernunfthafte der Vernunft? Das Vernunfthafte und die Vernunft sind eins. Wir können die Vernunft nur denken, wenn wir auch das Vernunfthafte denken. Ein sehr einfaches Beispiel zur Erläuterung, das er uns gibt: Wenn wir die Bibel lesen, müssen wir Kenntnisse von der Bibel haben, sonst können wir sie nicht als Bibel lesen.

In seiner Erkenntnislehre sagt Eckhart über das Sein:

> „[...] Rückwendung des Seins auf sich selbst, eine Bleibe, ein sich festsetzen in sich durch Denken, ein Aufwallen, ein Sich-selbst-Gebären, in sich brausend, in sich selbst Hinein-Fließen und Aufwallen, Licht in Licht, in sich selbst hineinstrahlend, sich ganz durchdringend, das mit allem, was in ihm ist, sich auf sich als ganzes zurückwendet." (Eckhart. In: Flasch. 2010. S. 175)

Wir finden bei ihm die Antwort auf die Frage, was Wahrheit an sich sei, das Wesen der Wahrheit neben der Kraft, indem er neben dem Sein einen Seinsgrund denkt, und zwar als Prinzip, welches für die Wahrheit, das Wissen, die Erkenntnis, das Licht und ebenso für das Sein selbst gilt. Aber Sein und Seinsgrund sind eins, Wahrheit und Wahrheitsgrund, Licht und Lichtgrund sind eins, wir können es separat denken und benennen, nicht mehr. Das Rätsel ist also nur scheinbar gelöst, denn den Seinsgrund können wir inhaltlich nicht näher bestimmen. Diese bisher in der Philosophiegeschichte nicht näher bezeichnete Kategorie wird als Grund benannt, aber nicht inhaltlich gefüllt. Es ist das Wesen der Erkenntnis, das Lichthafte des Lichts und das Wesen des Seins, das zwar auch eine Ebene des Metaphysischen zu sein scheint, aber eine andere Art des Metaphysischen als (das Wirken der) Wahrheit, als (die Kraft der) Erkenntnis oder das Scheinen des Lichts.

Alles ist aber als solches durch die göttliche Idee geschaffen, dies bleibt auch bei Eckart so.

Bei der Metapher des Lichts, die Eckhart für die Erkenntnis und die Vernunft einsetzt in der Beschäftigung mit der biblischen Schöpfungsgeschichte, haben wir es wieder mit der Übertragung von Sinnlichen auf das Metaphysische zu tun und im

9.2 Mystik, Minne und Philosophie des Christentums (13. – 15. Jh.)

Kontext des Johannesevangeliums mit der Analogie. Daneben benennt er aber in seiner Seinslehre das Licht in einem ihm eigenen Sein, womit wir bei der Lichtmetaphysik wären.

Nikolaus Cusanus (1401–1464)
Jetzt komme ich zum letzten Gelehrten der christlichen Philosophie, die ich beispielhaft für dieses Kapitel ausgewählt habe. Gadamer spricht bei ihm von einem Denker, „dessen Genialität und Bedeutung erst im letzten Jahrhundert voll erkannt worden ist." (Gadamer. 1992a. S. 344) Nicolaus von Cusanus ist gebürtig aus Kues, einer kleinen Stadt an der Mosel, er war päpstlicher Legat und Bischoff und hat uns eine *größere Reihe philosophischer Schriften* hinterlassen. (Vgl. Gadamer. 1992a. S. 344) In seinem Spätwerk *Gipfel der Betrachtung* befasst er sich mit dem *spekulativen Feuer seines Geistes*, es geht um das *Mysterium des Seins*, wie Gadamer in seinem Philosophischen Lesebuch einleitend schreibt.

Die Abfassung ist nach Art eines Dialogs gehalten, Peter (?) und der Kardinal (Cusanus) philosophieren miteinander und Cusanus erläutert ihm zusammenfassend seine wichtigsten Erkenntnisse.

> „Das Können desselben wird daher von einigen Heiliges Licht genannt; das meint kein sinnlich erfahrbares oder erkennendes, einsehbares Licht, sondern das Licht alles dessen, was leuchten kann; vermag doch nichts leuchtender zu ein als das Können selbst, nichts klarer, nichts schöner. Sieh hin auf das sinnlich wahrnehmbare Licht, ohne welches es keine sinnliche Schau geben kann, und beachte, wie in jeder Farbe und jedem Sichtbaren es kein anderes ursprunghaftes Wesensein gibt als das Licht, das in den verschiedenen Seinsweisen der Farben verschiedenartig sichtbar wird, und wie, wäre das Licht hinweggenommen, weder die Farbe noch das Sichtbare noch das Sehen fortbestehen könnte. [Wir sehen das Licht allerdings nicht, wie es ist, sondern nur im Sichtbaren.] Das Licht selbst aber faßt den Glanz und die Schönheit alles Sichtbaren in sich zusammen und überragt sie. [Das Licht selbst zeigt sich nicht im Sichtbaren, sondern offenbart sich als unsichtbar.] Wer nämlich das Strahlen des Lichtes in den sichtbaren Dingen als ein nicht sehbares ersieht, sieht es wahrer als sonstwie.
> [...]
> Übertrage also dieses sinnlich Erfahrbare auf Geistiges, wie etwa das Können des Lichtes auf das Können schlechthin, das unbedingte Können selbst, und das Sein der Farbe auf das einfache Sein. Denn das nur im Geiste erschaubare einfache Sein verhält sich zum Geiste wie das Sein der Farbe zum Sehsinn." (Cusanus. In: Gadamer. 1992a. S. 349)

Wir sehen nicht das reine Licht, sondern wir sehen das Licht durch die Farbe, selbst wenn es ein farbloses Licht zu sein scheint, es sich also nur um eine quasi Farbe handelt. Wir stoßen im Sehen immer auf Gegenständliches, selbst beim Wasser oder beim Rauch, das uns in einer Farbe erscheint. Und nur in dieser Weise sehen wir das Licht bzw. denken und erkennen wir das Licht. Wir sind hier an Aristoteles erinnert mit der Vorstellung der Transparenz und Aktualität des Lichts, welches nur durch die den Körpern anhaftenden Farben sichtbar wird, aber nicht als ein Eigenständiges, sondern als ein gedanklich zu erschließendes.

Anders das Licht des Geistes, aber um zu verstehen, was dieses ist, können wir die Übertragung vom sinnlichen Licht vornehmen. Bei der geistigen Sichtbarmachung spricht Cusanus vom *Können*, durch das Können erkennen wir den Geist wie durch die Farbe das Licht. Der Geist erschließt sich sein Potential selbst.

> „Aber das lebendige, einsichtige Licht, das Geist genannt wird, betrachtet in sich das Können selbst. So ist alles um des Geistes willen da, und der Geist, um das Können-selbst zu sehen." (Cusanus. In. Gadamer. 1992a. S. 354)

Hiermit sind die wichtigsten philosophischen Aussagen zur Lichtphilosophie zusammengetragen. Der Geist sieht sich selbst und versucht sich zu ergründen. Der Geist will das *Können-selbst* bestimmen, aber er in seinem Können ist es nicht, sondern nur dessen Abbild. Wenn der Geist in seinem Können das Können-selbst sieht, da es doch jedem Können innewohnt, so wird in seinem *Sein-Können*, und er ist nichts anderes als sein *Sein-Können, eine Weise der Sichtbarwerdung des Könnens* offenbar. Der Geist vermag die Weisen des Können-selbst als Allgemeines in der Ausprägung seines Geistes zu erkennen. (Vgl. Cusanus. In: Gadamer. 1992a. S. 354) Das Können-selbst geht jedem Können in den verschiedensten Seinsformen voraus und ist nur darüber als ein Abbild zu erkennen. Die wahre Wirklichkeit sehen wir im Abbild der wahren Wirklichkeit, so wie „alle Dinge nichts anderes [sind] als die Sichtbarwerdung des Könnens selbst." (Cusanus. In. Gadamer. 1992a. S. 353)

Auch wenn uns die Sprache fremd erscheint, sein Denken vielleicht nicht minder, so ist die Aussage, die er über das Licht tätigt, doch verständlich. Der Geist sieht und denkt sich selbst, aber so, wie das Licht nur durch die Farbe sichtbar wird, so kann der Geist sich nur durch sein Können erkennen.

Weniger der Philosophie, mehr der mystischen Theologie zuzuordnen sind seine ekstatischen Erlebnisse aus früheren Schriften. *Gott ist das unsichtbare Licht*. Was wir als Licht sehen, ist nur der Abglanz oder Schatten dessen. *Die Ursache der geistigen Kräfte* sowie des Sichtbaren ist dieses unsichtbare Licht. (Vgl. Goldammer. 1960. S. 672) „Das Licht ist also in der Vorstellung dieser Menschen Bindeglied und Vermittlung zwischen dem Geistigen, der Welt der reinen Intelligenzen, und der materiellen Welt." (Goldammer. 1960. S. 672) Wir sehen die Wahrheit nur mit dem geistigen Auge, „das den Menschen mit zunehmender Reife immer begehrenswerter wird". (Goldammer. 1960. S. 673) Die „[…] Idee der lichtvollen Dunkelheit" beruht auf den Gedanken eines „Erkenntnislichtes im Menschen und des kosmischen, visionär-ekstatisch erfahrbaren Gotteslichtes […]." (Goldammer. 1960. S. 674) Nikolaus Cusanus kannte die Ekstase und seine Gedanken in den frühen Schriften speisen sich aus dieser inneren Schau des göttlichen Lichts, das so blendet, dass alles von Dunkelheit umschlossen wird. Aus dem Erleben der Ekstase ist seine religiöse Erkenntnis der Mystik zuzuordnen.

Wenn dem Geist die Fähigkeit des *einsichtigen Lichts* zugeschrieben wird, können wir es nur als eine Übertragung in einer Metapher verstehen. Cusanus wählt den Vergleich der Wirkung des Lichts auf die gegenständliche Welt zum Vorgang des Denkens und Erkennens, um dieses zu erläutern.

9.3 Unser Verstand erkennt sich selbst im Licht des Thomas von Aquin (1225–1274)

Thomas von Aquin führte ein Leben als Gelehrter der Kirche, war anerkannt und sehr gefragt, nicht nur in seinen kirchlichen Lehren, sondern auch in seiner Souveränität des Denkens. Er genoss eine umfangreiche Bildung, seine Eltern gaben ihn schon mit fünf Jahren in ein Benediktinerkloster und mit 19 Jahren trat er in den Dominikanerorden ein. Er konnte aus dem geistigen Erbe des philosophischen Abendlandes schöpfen, kannte bestens die alten Schriften Griechenlands, spricht von Aristoteles nur als von *dem Philosophen*, las die Auseinandersetzungen der Spätantike und des Neuplatonismus und disputierte mit den Gelehrten seiner Zeit. Er schrieb Kommentare zur Bibel, wie z. B. zum *Johannesevangelium*, zu Boethius Schrift *De Trinitate* und Dionysius *De Divini Nominibus*, kannte sich bestens in den Schriften des Augustinus aus, vor allem aber befasste er sich mit dem Werk des Aristoteles, z. B. mit der *Metaphysik*, *De anima*, *Physik*, *Politik* und *Ethik*. Durch seine sehr ausgiebige Lehrtätigkeit war nicht nur sein philosophisch-theologisches Themenspektrum weit gefächert, sondern die Verständlichkeit seiner Lehre für seine Schüler war ihm ein wichtiges Anliegen. Seine Abhandlungen schrieb er im Modus von Fragen mit zunächst Antworten aus Quellen anderer Autoren und abschließender eigener begründeter sich positionierender Antwort. Die Schriften des Aristoteles verband er mit dem bisher dominierenden Neuplatonismus, diskutierte die verschiedenen Positionen, bekannte sich dann immer wieder zu den Theorie Aristoteles. Thomas Hauptwerk *Summa theologia* blieb unvollendet. Auf dem Weg zum Konzil in Lyon erkrankte er und starb 1274, vielleicht vor Erschöpfung aufgrund seiner sehr intensiven Arbeiten und vielen Reisen, wie es in *Metzlers Philosophen Lexikon* angenommen wird. (Vgl. Scherer. 1995. S. 884)

Das Werk von Thomas von Aquin ist so umfassend, dass ich hier nur einen sehr kurzen Einblick geben kann. Der Einsatz der Lichtmetapher ist so verstreut in seinen Schriften zu finden, dass ich nur wenige Beispiele herausgreifen werde. Thomas war Theologe und Philosoph und so befasste er sich mit Themenstellungen beider Disziplinen, trennte sie nicht unbedingt, vielmehr stehen seine Abhandlungen immer auf der Basis des christlichen Glaubens, nicht aber unbedingt der scholastischen Lehre, dafür war sein Geist zu kritisch.

Der Philosoph des Mittelalters zählt zu den großen Kirchenvätern, denn seine Theologie, seine Philosophie nicht minder, bestimmten das geistige Denkgebäude der christlichen Kirche über Jahrhunderte. Er steht für die Entdeckung der aristotelischen Lehre und ihrer Interpretation. Er trennte in seiner Arbeit immer stärker die Theologie von der Philosophie, ohne den Glauben zu verlassen, übernahm die Separierung der Wissenschaftsdisziplinen, er kannte die Wissensschätze von Logik, Ethik, Ontologie ebenso wie von Physik und Biologie und setzte auf die Vernunft des Menschen wie auf die sinnliche Wahrnehmung als Zugang zum Wissen über die Welt.

In seinen Betrachtungen über das Licht folgt er Aristoteles in der Theorie der Potenz sowie der Aktualität und setzt die Lichtmetapher für die Vernunft des Menschen ein. Nach ca. 1000 Jahren christlicher Kirchenlehre auf der Basis vor allem des Platonismus beginnt Thomas von Aquin eine neue Zeit der Wiederentdeckung des Wissens- und Theoriefundus des Aristoteles. Und in Verbindung mit dem Neuplatonismus entwickelt er eine eigene Theologie und Philosophie. Glaube und Vernunft müssen sich nicht widersprechen, können in eine Synthese gesetzt werden, die den Zugang zum Weltverständnis erweitert, die wissenschaftliche Forschung auf der Basis der Empirie genauso ermöglicht wie auf dem Fundament der Logik. Der Frage nach dem Sein kann auf verschiedenen Wegen nachgegangen werden und auf sich unterscheidenden Ebenen können Antworten gefunden werden, die sich nicht widersprechen. Das ist das Spezifische an seinen Lehren: Der Denkraum wird erweitert und bietet neue Optionen des Verstehens, der Klärung und des Wissens. Dieser Philosoph leitet den Weg ein zur Souveränität der Philosophie als einer eigenen Disziplin, unabhängig von der Theologie.

Erinnern wir uns an die Lichttheorie des Aristoteles in seinem Werk *De anima*, wo er von der Potentialität und Aktualität des Lichts schreibt, denn die möglichen Farben werden erst durch das Licht wirklich und sichtbar. So auch das Erkennen der Welt, welches durch die Vernunft aus der Potentialität in die Aktualität des Erkennens gehoben wird. Der Gebrauch der Lichtmetapher ist sofort ersichtlich. Thomas von Aquin übernimmt die Metapher vom Licht und sie „gewinnt […] geradezu eine Schlüsselstellung in fast allen wichtigen Passagen seines Werkes, in denen es um die Theorie des geistigen Erkennens im Menschen geht." (Marschler. 2011. S. 840)

Das Zusammenspiel von Licht, Farbe und Sehvermögen ist im Erkenntnisprozess nach Thomas das Zusammenwirken von wirkendem, potentiellem zu aktuellem, hin zum aufnehmenden Intellekt, d. h. zur Erkenntnis. (Vgl. Marschler. 2011. S. 840 f.)

In einer grafischen Darstellung wird die Analogie in dieser Theorie deutlicher:

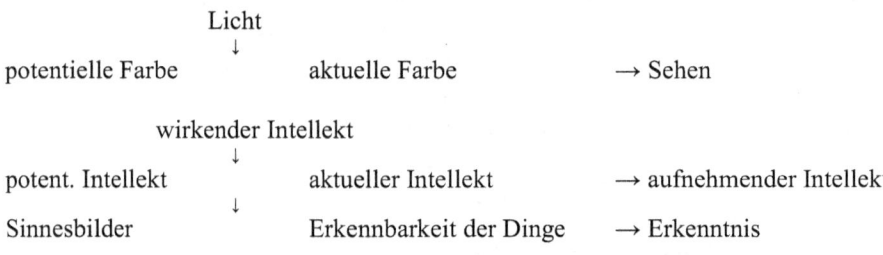

In der *Summa theologia* geht es Thomas um die intellektuelle Erkenntnis, er geht den Fragen nach, wie die Seele die körperlichen Dinge, wie die Seele sich selbst und wie sie die unstofflichen Dinge denkt. (Vgl. Thomas. 1986. S. 19) Im ersten Teil fragt er, wie die Seele mit dem Verstand die körperlichen Dinge erkennt, die unter ihr stehen, genauer, ob sie diese in den ewigen Gründen (göttliche Ideenwelt) erkennt. Seine Antwort:

> „Denn eben das intellektuelle Licht, das in uns ist, ist nichts anderes als eine gewisse partizipierte Ähnlichkeit mit dem unerschaffenen Lichte, in dem die ewigen Gründe enthalten sind. […] Eben dadurch, daß das göttliche Licht wie ein Siegel uns aufgedrückt ist, wird uns alles gezeigt." (Thomas. 1986. S. 19)

Bevor ich mich weiter auf die Aussagen in der *Summa theologia* konzentriere, möchte ich den Hinweis von Josef Pieper in seinem Büchlein *Unaustrinkbares Licht. Das negative Element in der Weltansicht des Thomas von Aquin* hinweisen. Wann immer Thomas von den sinnlichen Dingen und den metaphysischen Subjekten spricht, meint er die von Gott als Kreator geschaffene Welt. Alles Sein dieser Welt, das physische wie das metaphysische, ist auf Gott zurückzuführen. Die ewigen Gründe sind die göttlichen Ideen, das unerschaffene Licht ist das göttliche Licht, wir Menschen haben in unserem Geist Anteil an diesem Göttlichen, aber wir können es selbst nicht erkennen und begreifen. Auch wenn Thomas nicht explizit von der Kreatürlichkeit aller Dinge spricht, weil es für ihn zu sehr selbstverständlich ist, so denkt er es, ist es die Basisfolie seiner philosophisch-theologischen Betrachtungen. (Vgl. Pieper. 1963.)

In den weiteren Ausführungen der *Summa theologia* geht es um die intellektuelle Erkenntnis aus den sinnlichen Dingen und er schreibt weiter: „Denn es wird das Licht des Verstandes erfordert, auf daß wir durch dasselbe die Wahrheit in den veränderlichen Dingen unveränderlich erkennen und die Dinge selbst von den Bildern der Dinge unterscheiden." (Thomas. 1986. S. 24) Was wir mit unseren Sinnen aufnehmen, können wir erst durch den wirkenden Intellekt erkennen und es als das erkennen, was es ist. Der wirkende Verstand oder Intellekt können wir mit dem Licht vergleichen, welches aus der potentiellen die aktuelle Farbe erkennen lässt. Der wirkende Verstand lässt uns abstrahieren, die Wesenszüge bzw. das Wesen der Dinge erkennen, er führt uns zur Erkenntnis, die wir suchen.

Der wirkende Verstand führt uns nicht nur zur Erkenntnis über die Welt um uns herum, sondern Thomas hat auch den sich selbst erkennenden Intellekt im Fokus seiner Betrachtung, ähnlich der Theorie des Cusanus gedacht, der vom Können des Geistes spricht.

> „Aber weil es unserem Verstande im Stand des gegenwärtigen Lebens natürlich ist, auf das Stoffliche und Sinnliche hinzublicken, [...] so folgt, daß er sich selbst insofern denkt, als er durch die Bilder aktuell wird, die vermöge des Lichtes des wirkenden Verstandes vom Sinnlichen abstrahiert werden, eines Lichtes, das der Aktus des Intelligiblen selbst, und durch Vermittlung der Bilder der Aktus des intellectus possibilis ist. Nicht also durch seine Wesenheit, sondern durch seinen Akt oder seine Tätigkeit geschieht es, daß unser Verstand sich erkennt." (Thomas. 1986. S. 73)

Unser Verstand erkennt sich durch seine wirkende Tätigkeit, sogar auf zweifache Weise, wie Thomas weiter schreibt. Zum einen individuell, weil z. B. Sokrates oder Platon erkennt, dass er eine erkennende Seele hat, „weil er erkennt, daß er denkt." (Thomas. 1986. S. 73) Zum anderen allgemein, weil uns die Natur der Seele offenbart, daß unser wirkender Verstand aus den ewigen Gründen die Wahrheit ableitet, er also an den göttlichen Ideen partizipiert. Die Natur der Seele müssen wir untersuchen und ergründen, was nicht einfach ist und nicht für jeden erreichbar und wo nicht selten Irrtümer auftreten.

Die stofflichen Dinge können wir erkennen, warum nicht die unstofflichen auf gleiche Art und Weise? Obwohl dies von einigen Philosophen so gesehen wird, kommt Thomas zu einem anderen Schluss. Die physischen und die metaphysischen

Dinge sind nicht von gleicher Art, können insofern nicht auf die gleiche Weise erkannt werden, auch wenn manches ähnlich erscheint oder übertragbar wäre. Im nichtstofflichen Bereich arbeitet die Wissenschaft mit dem Ausschlussverfahren, d. h. mit der Logik. Wenn wir zum Wesen des Stofflichen vordringen, befinden wir uns auf der metaphysischen Ebene. Das Wesen der metaphysischen Substanzen zu erkennen, wäre ebenfalls in dieser Kategorie zu verorten, unser wirkendes Seelenvermögen reicht aber nicht aus, da wir dann mit einer Meta-Logik im wirkenden Verstand arbeiten müssten. Affirmativ können wir etwas nach der gemeinsamen Beschaffenheit erkennen, nicht aber nach der besonderen Beschaffenheit der Art. (Vgl. Thomas. 1986. S. 90 ff.)

Der Erkenntnis des Erkenntnisvorgangs und des Erkenntnisvermögens gilt das eigentliche Bestreben, um zur Wahrheit vorzudringen. Letztlich aber ist es Gott, den wir zu erkennen suchen.

> „Es scheint, daß Gott das Erste ist, was von dem menschlichen Geiste erkannt wird. Denn das, worin alles andere erkannt wird und wodurch wir über anderes urteilen, wird von uns zuerst erkannt, wie das Licht vom Auge und die ersten Prinzipien vom Verstand. Aber wir erkennen alles im Lichte der ersten Wahrheit und urteilen durch sie über alles, wie Augustin […] sagt. Also ist Gott das, was zuerst von uns erkannt wird." (Thomas. 1986. S. 93)

Thomas zitiert im Absatz später nochmals Augustinus mit den Worten aus dem Johannesevangelium „das wahre Licht, das erleuchtet jeden Menschen, der in diese Welt kommt." (Thomas. 1986. S. 93 f.) Dann distanziert er sich von dessen Meinung und trägt seine eigene Antwort auf die Frage, „Ob Gott der Erste ist, was von dem menschlichen Geiste erkannt wird" (Thomas. 1986. S. 93) in drei Argumentationen vor. Johannes habe ebenfalls gesagt *Niemand hat Gott je gesehen*. Da der Mensch schon die geschaffen unstofflichen Substanzen nicht erkennen kann, so noch viel weniger die Wahrheit der unerschaffenen Substanzen. Gott selbst ist unerschaffen, er ist der Kreator der stofflichen und unstofflichen Substanzen.

> „Auf das Erste ist also zu sagen, daß wir alles im Lichte der ersten Wahrheit erkennen und beurteilen, sofern eben das Licht unseres Verstandes, sei es das natürliche oder das Gnadenlicht, nichts anderes ist als ein uns eingeprägter Widerschein der ersten Wahrheit […] Und da also eben dieses Licht unseres Verstandes sich zu unserem Verstande nicht verhält wie das, was verstanden wird, sondern wie das, wodurch etwas verstanden wird, so ist viel weniger Gott das, was zuerst von unserem Verstand verstanden wird." (Thomas. 1986. S. 94)

Um das Wesen des Metaphysischen zu erkennen, reicht unser wirkender Verstand schon nicht aus, noch weniger, um Gott zu erkennen. Wir haben nur ein unvollkommenes Bild von ihm.

Thomas arbeitet mit Metapher und Analogie, so auch in der Lichtmetapher, denn alle Lichtphänomene erfahren eine Rückbindung an die sinnliche Erfahrung. Hier gilt es genau zu lesen, was Thomas schreibt, um nicht die platonische Ideenlehre in diesem Erkenntnisprozess herauszulesen, sondern die Verbindung der platonischen mit der aristotelischen Lehre in eigener Fassung des Thomas von Aquin.

Der Prozess beginnt mit der sinnlichen Wahrnehmung dieser Welt, geht weiter mit dem wirkenden Intellekt, der nicht festgelegt, sondern autonom ist und autonom wirkt, zu den aktualisierten Dingen, die nicht in ihrem Bestand und Sein schon immer vorher vorhanden waren, sondern jetzt sind und erkannt werden als das, was sie sind. Der Erkenntnisprozess von der sinnlichen Wahrnehmung zur Erkenntnis ist ein Abstraktionsprozess, denn im sinnlichen Gegenstand ist das Wesen dieses Dinges enthalten, wird aber erst *sichtbar* durch den wirkenden Intellekt. Im Erkennen haben wir dann das Wesen erfasst. Es ist kein erinnern wie in Platons Theorie der Ideenwelt.

Noch einige Äußerungen zum Sehsinn des Menschen, wie Thomas es deklariert, denn diese Bestimmung der Sinneswahrnehmung ist ein wesentlicher Aspekt in der Bedeutungsübertragung der Lichtmetapher für den Erkenntnisprozess. Der Sehsinn ist, wie bei Aristoteles, der wesentlichste und bedeutendste Sinn des Menschen, denn die Sichtbarkeit von Gegenständen haftet allen Dingen an, der Geruchs- und der Hörsinn kommen seltener zum Einsatz. Die Reichweite von entfernteren Dingen ist für den Sehsinn größer als für den Tastsinn. Wir können also durch das Sehen sehr viel mehr Welt wahrnehmen als durch irgendeine andere Sinnesfähigkeit. Durch das Licht sehen wir die Farben, die den Körpern anheften; diese gehören auch ohne Sichtbarkeit durch das Medium Licht zum Körper in akzidentieller Form; außerdem fügt das Licht nichts Eigenes den Farben hinzu. In einer Hierarchisierung der Sinnesvermögen steht das Sehen an höchster Stelle, gefolgt vom Tastsinn, der für das sinnliche Begreifen von besonderer Bedeutung ist; diesem folgen der Gehör-, der Geschmacks- und der Geruchssinn. (Vgl. Tellkamp. 1999. Kap. 7. S. 187–217)

Dass das Licht immer wieder im Zentrum seiner Schriften steht, ist unbestritten, denn in seinen philosophischen Abhandlungen versucht Thomas das Sein und die Erkenntnis zu ergründen, immer auf der Folie seines tiefen christlichen Glaubens, trotzdem in philosophischer Tiefe des Denkens und des Argumentierens. Aber in welcher Bedeutung er mit dem Licht operiert, darüber gehen die Meinungen weit auseinander. Ist es die Licht-Analogie, ist es die Metapher, die Analogie in der Metapher oder ist es die Lichtmetaphysik. Kieninger benennt das Spektrum des Lichtverständnisses in den Untersuchungen über Thomas Schriften, um dann für seine Forschung zu entscheiden, sich in aller Offenheit für die Aspekte des *Seins als Licht* in den Schriften des Thomas von Aquin zu widmen. Die Texte systematisch ordnen, die sich mit dem Licht befassen, um sie so *für alle weiteren Arbeiten* zugänglich zu machen, ist ein Anliegen. (Vgl. Kieninger. 1992. S. 29 f)

Das Licht als sinnlich wahrnehmbare Erscheinung ist dabei die Kategorie im ersten Teil der Quellensuche, das Licht nicht als physische Substanz wäre die zweite Kategorie, wo dann vertiefend nach dem Verständnis dieses Lichts weiter gefragt wird.

Mit dieser Licht-Recherche im Schrifttum des Thomas ist er mit seiner Forschungsarbeit für mein Vorhaben eine Goldgrube, aus der ich ergiebig schöpfen kann. In den nächsten Ausführungen hier werde ich mich also auf *Josef Kieninger. Das Sein als Licht in den Schriften des hl. Thomas von Aquin* beziehen.

Zunächst die Frage nach der Natur des Lichts mit den beiden Optionen, ob das Licht im eigentlichen Sinne geistiger oder körperlicher Natur ist. Die Antwort lautet differenzierend, dass wir Licht in seiner physischen Natur kennen und die Bezeichnung in diesem Sinne verwenden, als auch im Sinne der Offenbarung vom Licht sprechen, also Licht in zwei sich unterscheidenden Bedeutungen auftritt. Wenn es seiner Natur nach physisch ist, kann es folglich im geistigen Kontext nur als Metapher eingesetzt sein. Nehmen wir es in seiner Offenbarungseigenschaft als seine Natur an, so gehört das Licht zur geistigen Welt. (Vgl. Kieninger. 1992. S. 43 f.) In der Metapher gehören die beiden Verwendungen des Lichtbegriffs als Analogie zusammen.

Die nächste Frage richtet sich auf das Körperliche des Lichts, da immer wieder in diesem Sinne von Licht gesprochen wird. Viele Argumente pro und kontra werden von Thomas in seinen verschiedenen Schriften diskutiert; er kommt zu dem Schluss, dass nicht nur der Verstand, sondern auch die Sinneserfahrung letztlich bestätigen, dass es unmöglich sei, „daß das Licht ein Körper sei, es sei denn, man erfindet eine Natur-Philosophie mit anderen Prinzipien." (Kieninger. 1992. S. 54) Wenn von einem körperlichen Licht die Rede sei, so wäre oftmals der Lichtträger gemeint oder das Wort im metaphorischen Sinne eingesetzt oder man nähme eine eigene Materialität des Lichts an. (Vgl. Kieninger. 1992. S. 55)

Auch die nächste Frage nach der Möglichkeit des Lichts als einer substantiellen Form eines Körpers negiert Thomas mit differenzierten Argumenten. (Vgl. Kieninger. 1992. S. 60 ff.) Die Untersuchungen vom Licht in Bezug auf Farbe lasse ich hier außer Acht, da sie zu weit von meiner Themenstellung wegführen.

Sehr ausführlich setzt sich Thomas mit der Bestimmung der Natur des Lichts auseinander und in aller Deutlichkeit zeigt sich, dass er die Schriften des Aristoteles über De anima (Über die Seele) und De sensu et sensato (Über Sinn und Sinnlichkeit) gründlich studiert hat. Er führt die Argumentationen von Avicenna, von Augustinus und Dionysius ins Feld und spielt gedanklich die verschiedenen Facetten über das Licht durch, die er bei Aristoteles fand. Das Licht wird hinterfragt auf Form und Materie hin, auf Rangordnung und Reihenfolge, auf Qualität woher und welcher Art, auf Lichtarten, auf die Unterscheidung von Scheinen, Erleuchten und Beleuchten, auf Bewegung und Beständigkeit, auf zeitliche und räumliche Dimensionen und auf einiges mehr. Thomas kommt zu dem Schluss, das Licht sei eine aktive Qualität, die sich aus der materiellen Form der Sonne oder eines anderen selbstleuchtenden Körpers – wenn ein solcher existiert – ergibt, Licht sei ein Medium, wie Augustinus es beschrieb, als erstes und unmittelbar sichtbar vor allen anderen Eigenschaften. (Vgl. Kieninger. 1992. II. Kapitel. S. 69–124)

Die Bestimmung des Lichtes ist es, etwas sichtbar zu machen; worauf das Licht fällt, es wird hell und klar, Thomas spricht von der Helligkeit und Klarheit. Zudem ist das Leuchten mit Schönheit verbunden. Das Licht ist nützlich hinsichtlich der Erkenntniskraft, die in ihm steckt, so ist es auch Lebenskraft im Inneren des Menschen, als Erkenntnisgegenstand eröffnet es den äußeren Lebensraum. (Vgl. Kieninger. 1992. S. 115 ff.)

Hier wird schon deutlich, wie unmittelbar eine Übertragung des sinnlichen Lichts auf das geistige Licht mitschwingt und die Metapher-Funktion auf der Hand liegt.

Das Licht ist physischer Natur, hat aber kein eigenes Sein im Sinne eines physikalischen Gegenstandes, wie versteht Thomas nun das geistige Licht?

Neben der materiellen gibt es die *nicht-materielle Wirklichkeit*, zu der der Mensch durch seinen Verstand Zugang hat. Die geistige Welt wird erkennbar durch ihr *Geist-Sein*. Dem Menschen sind beide Welten vertraut, sie stehen nicht nebeneinander, sind vielmehr als Einheit geschaffen, „so daß sie sich auf jeder Ebene und in jeder Beziehung gegenseitig durchdringen und bedingen." (Kieninger. 1992. S. 127)

„Die Einheit bei Verschiedenheit ist das, was das menschliche Sein und Tun in allem prägt. Der Mensch erkennt mit den körperlichen Sinnen etwas, das verschieden ist von dem, was er mit dem Verstand erkennt; will der Mensch, der eine, das Verschiedene wiedergeben, das er erkannt hat, dann ist dieses sein Werk vor allem von der Einheit geprägt: schafft er einen materiellen Gegenstand, dann legt er in diesen einen Gedanken als Sinn; versucht er ein geistiges Werk zu schaffen, nimmt er materielle Ausdrucksmittel dafür zu Hilfe." (Kieninger. 1992. S. 128)

Die Analogie ist für Thomas der Schlüssel, um die geistige mit der materiellen Welt gedanklich durch eine Brücke zu verbinden. Ähnlichkeiten zwischen der geistigen und der materiellen Welt ermöglichen uns, etwas anschaulich und verständlich zu machen. Hier kommt nun das Licht zum Einsatz, wenn es Thomas um die Klarheit des geistigen Seins geht.

Das Sein ist das Erste in der geistigen sowie materiellen Wirklichkeit; das Sein auf beiden Ebenen ist „geprägt vom Erkennen und Wollen". Auf physischer Basis ist es das Licht, welches dem entspricht, das Licht in seiner Eigenschaft als „reinste, vornehmste und geistigste Form" und durch den Sehsinn, der dieselben Qualitäten aufweist, ist das Licht „in der qualitativen Art wie nach der quantitativen Dimension seiner Wirksamkeit […] dem geistigen Sein am ähnlichsten." (Kieninger. 1992. S. 129) Zudem ist der Sehsinn mit seinen Qualitäten und Quantitäten dem Verstand am nächsten.

In seinen Untersuchungen über das physische Licht unterscheidet Thomas zwischen dem inhärenten Licht in einem Körper und dem Lichteinfall auf einen Körper. Übertragen auf das geistige Licht kann im ersten Falle nur metaphorisch gesprochen werden, im zweiten Fall von einer Beziehung zwischen zwei geistigen Dingen. (Vgl. Kieninger. 1992. S. 131 f.)

Wenn wir die verschiedenen geistigen Lichtverwendungen in den Schriften des Thomas genauer betrachten, wird ein weiteres Mal deutlich, wie gründlich er die Aristotelischen Texte studierte und die Aussagen anwendete. Das Licht in seiner metaphorischen Verwendung wird von ihm als Redewendung, als Bild, in mystischer Bedeutung, in moralischer Bedeutung, als Allegorie, als Ähnlichkeit der Verhältnisse oder als direkte Analogie eingesetzt. Auch die Beziehung auf gleicher ontischer Ebene fehlt nicht. Manchmal spricht er direkt vom Licht als einer Metapher oder er gibt dem Licht Prädikate bei, die nur metaphorisch zu deuten sind. Der intelligente kreative Einsatz der Metapher, den Aristoteles lobte und den er als rhetorisches und poetisches Instrument der Philosophie hervorhob, wird von Thomas von Aquin voll eingesetzt, um seine philosophischen und theologischen Betrachtungen verständlich und lebendig werden zu lassen.

> „Und so wie dieses besondere Licht eine Wirkung auf das Gesehene hat, indem es die Farben tatsächlich sichtbar macht, und auch auf den Seher, weil dadurch das Auge zum Sehen gestärkt wird, so macht das verständliche Licht den Verstand zum Erkennenden." (Thomas v. A. Johannes Evangelium 54. In: Kieninger. 1992. S. 135)

So wie das natürliche Licht prinzipiell alle Gegenstände sichtbar machen kann, so kann das geistige Licht die geistigen Wesen und Werte des Verstandes offenlegen, so das *Glaubenslicht* die Offenbarungen und das *Glorienlicht das Wesen Gottes selbst.* (Vgl. Kieninger. 1992. S. 137) Dem geistigen Licht sind keine Schranken gesetzt für den Blick auf die geistige Wirklichkeit.

Auch Hedwig weist in seinem Aufsatz über *Neuere Arbeiten zur Mittelalterlichen Lichttheorie* auf diese Vielfalt des Lichtgebrauchs bei Thomas hin. Das Wesen des Lichtes ist für Thomas von Aquin Erkenntnis und Offenbarung. Er arbeitet mit Analogien, die über den *natürlichen Seinsbereich hinaus* gehen und auf das Intelligible, die Gnade und den Anblick Gottes übertragen werden können. (Vgl. Hedwig. 1979. S. 611)

Neben dem natürlichen und dem geistigen, spricht Thomas auch vom Glaubenslicht und Glorienlicht, benennet aber noch zahlreiche andere Lichtarten oder Lichtgestalten, je nach Kontext des Themas. Er unterscheidet ein verschiedenartiges Erkenntnislicht in der Seele, ein Licht, das an sich dunkel ist, aber verschiedenartig beleuchtet wird. Johannes Mundhenk selektiert vier Arten des Lichts.

> „So ist denn die Seele eine Stätte vielfältigen Lichtes: des verdunkelten Lichtes des Urzustandes; des uns angemessenen natürlichen Erkenntnislichtes, das unsere allgemeine Kraft zu erkennen bezeichnet; des erleuchtenden Lichtes der tätigen Vernunft als Ausdruck für unsere spezielle Erkenntniskraft, die in besonderem Maße dem göttlichen Erkenntnislicht verknüpft ist; und zuletzt des übernatürlichen Lichtes, das die Gnade stiftet." (Mundhenk. 1980. S. 148 f.)

Das natürliche Licht gehört zum Erkenntnisvorgang unseres Verstandes, das übernatürliche Licht des Glaubens, der Gnade und das prophetische Licht gehören zur übernatürlichen Erkenntnis unseres Verstandes. Es ist das Licht der Gotteserkenntnis und hat seinen Ursprung in Gott, wie auch das natürliche Licht von Gott geschaffen und nur durch ihn auf uns Menschen kommt, nur, es lässt uns das erkennen, was unserer Vernunft entspricht, nicht mehr.

Kieninger bemerkt bei seinen Recherchen, dass Thomas sich kaum für das Phänomen des physischen Lichtes an sich in einer naturwissenschaftlichen Art interessiert, wenn doch, so nur indirekt. Für die jedoch sehr häufige Verwendung des Lichtbegriffs nennt er folgende Erklärung:

> „Der Grund dafür dürfte nach dem, was wir bereits gesehen haben, schon verständlich sein und wird noch deutlicher werden: Der hl. Thomas sieht vor allem durch das metaphorische Verständnis von Licht als Manifestation einen beinahe unbehinderten Zugang zu fast allen Geheimnissen der Wirklichkeit, philosophischen wie theologischen, spekulativen wie praktischen, dieser wie der künftigen Welt. Wo immer es nützlich und angebracht ist, versucht er die unsichtbaren Wirklichkeiten mit Hilfe der jedem Menschen vertrauten Licht-Erscheinung zu veranschaulichen." (Kieninger. 1992. S. 138)

Obwohl immer wieder deutlich wird, dass Thomas von Aquin mit der Lichtmetapher für den Erkenntnisprozess arbeitet, er die Analogie manchmal direkt ausspricht, könnte ich in manchen Begründungen auch vermuten, dass er von einer eigenen Existenz eines göttlichen Lichtes ausgeht. Gott ist ungeschaffen und Gott ist das ungeschaffene Licht und die menschliche Seele hat Anteil am göttlichen Licht und durch diese Partizipation kommt der wirkende Intellekt zum Tragen und führt uns zur Erkenntnis. Demnach gäbe es für Thomas ein metaphysisches Licht im Menschen, welches von Gott kommt. Andererseits argumentiert Thomas keineswegs durchgängig in einem lichtmetaphysischen Kontext, sondern eher selten. Dominant ist die Analogie des geistigen Lichtes mit dem natürlichen Licht, so dass ich vom Gebrauch der Lichtmetapher bei ihm ausgehe, nur dass er nicht an jeder Textstelle explizit darauf hingewiesen hat oder es eindeutig ersichtlich ist.

Sehr umfangreich sind die Ausführungen zum Glaubenslicht und zum Glorienlicht, aber sie gehören zur Theologie und werden deshalb nicht weiter von mir behandelt.

In der Mystik finden wir eine weitere Steigerung des lumen supranaturale, eine noch stärkere Ausrichtung an christlicher Lehre und Glaube, die Abgrenzung zur Philosophie ist manchmal schwer zu treffen. Ebenso wenig ist die Quelle der Erkenntnis einfach zu benennen, denn es ist nicht der Geist des Menschen, sondern die Eingebung Gottes, die auserwählte Menschen über die Wahrheit sprechen lassen. Gott erleuchtet den Verstand dieser Mystikerinnen und Mystiker und diese schreiben und sprechen im Geiste Gottes. Trotzdem beharren einige von ihnen auf die eigene Gedankenführung und die Selbstverantwortung des von ihnen Geäußerten. Die Metapher in ihrem Ausdruckspotential als Bildsprache wird immer häufiger in der Mystik verwendet, denn das Innere und Äußere, die beiden Bereiche, die in der Metapher in Verbindung gebracht werden, bilden ein Ganzes und zeigen die nicht in klar verständlichen Worten zu formulierenden Wahrheiten.

Hildegard von Bingen erlebt Visionen, d. h. empfängt Lichtbilder, die über die Schöpfung berichten, ebenso über die Natur des Menschen und die Welt. Der Mikrokosmos und der Makrokosmos sind gleich gestaltet in ihren Strukturen und Elementen, einmal ist es die Sonne, das andere Mal ist es der Geist, denn die Welt mit allem in ihr wurde von einem Gott geschaffen. Die Seele wird von der Vernunft so durchdrungen wie die Welt von der Sonne. Hildegard ist Mittlerin, empfängt und gibt weiter, aber in eigener Verantwortung, wie sie betont. In den Erscheinungen erkennt sie das Richtige, das Gute und das Wahre.

Noch intensiver die mystische Erfahrung bei Mechthild von Magdeburg, gesteigert durch die Minne. Sie erlebt die Liebe zu Gott, zu Christus und dem Heiligen Geist und diese Liebe Gottes will sie vermitteln an die Menschen, damit sie zum Glauben finden. Ein fließendes Licht geht in sie ein, die personifizierte Kirche wie auch die Minne als Person sich vorstellend, dichtet und schreibt Mechthild, so dass die leseunkundigen Bürger um sie herum sie verstehen können. Minne muss Erkenntnis vermitteln, sonst bliebe sie wie die Seele ohne Weisheit in einer Finsternis. Bei dieser Mystikerin ist eine strikte Trennung zwischen Glauben, christlicher Lehre und Philosophie nicht mehr möglich.

Anders dagegen bei Meister Eckhart, der zwar immer wieder als Mystiker gehandelt wird, bei dem aber die christliche Philosophie dominant ist, wie Kurt Flasch überzeugend darlegt. Nach platonischem Vorbild spricht er von den spezifischen Ideen in uns, aufgrund dessen wir die Einzeldinge in der Welt klassifizieren können. Philosophierend, d. h. mit dem Licht der Vernunft, können wir das Wahre und das Falsche, das Gute und das Böse erkennen. Das Licht kommt von Gott, er schuf es als Idee und in der Übertragung erkennen wir das Licht der Sonne. Vertiefend begibt er sich auf die Suche nach dem Sein, geht weiter als Platon und Aristoteles, denn er versucht das Sein des Seins, die Wahrheit der Wahrheit und die Gerechtigkeit der Gerechtigkeit, also das Wesentliche des Metaphysischen zu finden und zu bestimmen. Er nennt es Seinsgrund und kommt zu dem Schluss, dass das Wesen und die Kraft der Wahrheit eins sind, dass das Lichthafte und das Licht eins sind, denn das eine ist ohne das andere nicht zu erkennen. Wir können es getrennt denken, aber die Vernunft und das Vernunfthafte bedingen einander.

Ebenso versucht Nikolaus Cusanus das Mysterium des Seins zu entschlüsseln und wird dabei vom spekulativen Feuer seines Geistes geleitet. Er folgt Aristoteles in der Bestimmung des Lichts, auf das wir Menschen nur stoßen können durch die Farbe an den Dingen. Er überträgt es auf die Erkenntnis, der Geist sieht sich und erkennt sich durch sein Denken, durch sein Können. So ist es in allen Dingen, im Sein-Können (analog der Farbe) erkennen wir die Welt.

So vielfältig und ausweitend wie bei Thomas von Aquin wurde die Metapher-Funktion des Lichts in der Philosophie bisher nicht umgesetzt; sie wird zu **dem** erklärenden Instrument für philosophische Erkenntnisvorgänge und sie wird von Thomas in einer solchen Vielfalt und Gestaltungsfreiheit gebraucht, um den Zugang zum philosophischen Denken zu ermöglichen, wie von keinem Philosophen zuvor und wie es von Aristoteles für die Metapher allgemein in der Philosophie wünschenswert war.

Thomas von Aquin sieht das Problem, dass wir in der Erkenntnis die Wesenheit des Physischen sehen können, auch im Einzelnen, wenn es zum Beispiel um das Wesen der Tiere oder des Menschen geht. Die Erkenntnis richtet sich dabei von der höheren auf die niedere Ebene des Physischen. Prinzipiell musste sie sich auch auf die Substanzen im Metaphysischen richten können, also die Erkenntnis in ihrer Gerichtetheit auf die Kategorien und Prinzipien an sich oder auf die Ethik an sich. Dafür müsste sie jedoch sich auf der Metaebene befinden und sich auf die darunter liegende Ebene im Metaphysischen richten. Und dies ist nicht möglich, da die Sicht auf der Metaebene von anderer Art ist als die einfache Ebene innerhalb des Metaphysischen. Demnach könnte zwar prinzipiell die Erkenntnis sich auf sich selbst richten, faktisch jedoch nicht, da sie sich nicht von sich selbst spalten und auf eine höhere Ebene katapultiere könnte.

Die Lichtgestalten bei Christine de Pizan (1364–1430)

10

Das Buch von der Stadt der Frauen beinhaltet die Konzeption eines literarischen Zufluchtsortes von Frauen für Frauen, einer Stadt, gebaut auf dem *Fundament der Vernunft*, bestehend aus dem *Mauerwerk der Rechtschaffenheit* und gestaltet durch ein *Dach der Gerechtigkeit*. Christine de Pizan schreibt in Form eines Zwiegespräches mit drei weisen Frauen über die Gefühle und Gedanken einer im Spätmittelalter in einer höfischen Gesellschaft lebenden Frau, die ihre Selbstzweifel überwindet und souverän ihr Wissen und ihre Intelligenz unter Beweis stellt. Zu Anfang des Buches spricht die personifizierte Vernunft zu Christine: „Darum werde wieder du selbst, bediene dich wieder deines Verstandes […] alle Bosheiten, die allerorts über die Frauen verbreitet werden, fallen letzten Endes auf die Verleumder und nicht auf die Frauen zurück." (Christine. Stadt. S. 40)

Werde du selbst – bediene dich deines Verstandes, Worte einer Frau aus dem späten Mittelalter an Frauen gerichtet. Das Zeitalter der Aufklärung mit Immanuel Kant und seinen Worten *Habe Mut, dich deines Verstandes zu bedienen* liegt noch vierhundert Jahre vor uns, wenn wir aus ihrer Zeit in die Zukunft schauen. Sein Appell an die Vernunft des Menschen gehört zu den mit am häufigsten zitierten philosophischen Worten bis heute; Christines Aufruf ist wohl nur wenigen Frauen bekannt.

Ich erinnere mich an Mitte der 1980- bis 1990er-Jahre, als *Das Buch von der Stadt der Frauen* in der philosophischen Frauenliteratur in aller Munde war, die Übersetzungen in Englisch, Italienisch, Spanisch und Deutsch (1986) erschienen, weitere Werke von Christine de Pizan herausgegeben, Zeitschriftenbeiträge und Sammelbände mit Aufsätzen über ihre Werke geschrieben wurden und in zahlreichen Philosophischen Instituten Seminare, Vorlesungen und Vorträge über die Arbeiten dieser bemerkenswerten Frau gehalten wurden. Auch ich habe in Aachen und Merseburg Seminare und philosophische Gesprächskreise zu ihren Werken angeboten. Dann verebbte das Frauenthema im deutschen Lehrangebot der Philosophie, der alte Kanon dominierte wieder mit seinen Klassikern und erst seit dem neuen Jahrtausend, vielleicht 2010, stehen die Philosophinnen wieder verstärkt auf der Agenda von Forschung und Lehre.

Aber es gab schon früher eine Aufmerksamkeit für diese Schriftstellerin und Philosophin, 1885 eine erste Dissertation, 1909, 1934, 1938 weitere Dissertationen an deutschen Universitäten und eine Reihe von Aufsätzen über ihr Werk,[1] wenngleich diese im Tenor manchmal sehr konservativ ausfielen, die moralischen Tugenden von Frauen hervorhoben, damit die *moderne* Frau diesen nacheifern konnte. Die Dissertation von Martha Rohrbach dagegen zeigt eine sorgfältige und profunde Arbeit der Autorin an, die Christines Weltbild im Zusammenhang von Person und Werk untersucht und philosophische Einblicke freilegt.

Das Problem in den 1980er- und 1990er-Jahren oftmals: Christine schrieb nicht wie eine emanzipierte Frau in gegenwärtiger Perspektive, sie konnte nicht als Feministin in einem aktuellen Verständnis gelten, sondern ihre Lehren voller moralischer Ratschläge muten uns heute eher konservativ an. Aber dieser Blick von heute trifft nicht den Sachverhalt des 13./14. Jahrhunderts, die Lebenssituation der Frau, insbesondere der Witwe, im damaligen Mittelalter, war grundlegend anders.

Nicht unerwähnt sei ein Aufsatz von Christoph Martin Wieland aus dem Jahre 1781, in der er Biografisches und Bibliografisches zusammenstellte, sie als recht naive Frau mit einfachen Dichtungen vorstellte und zudem ihre gute körperliche

---

[1] Eine unvollständige Auflistung der Arbeiten über Christine de Pizan mag einen Einblick geben:
  Koch, Friedrich. *Leben und Werk der Christine de Pizan.* Dissertation Leipzig 1885.
  Kastenberg, Mathilde. *Die Stellung der Frau in den Dichtungen der Christine de Pisan.* Dissertation Heidelberg 1909.
  Rohrbach, Martha. *Christine von Pisan (Ihr Weltbild und ihr geistiger Weg).* Dissertation Münster 1934.
  Schaefer, Lucie. *Die Illustrationen zu den Handschriften der Christine de Pizan.* Dissertation Frankfurt 1938.
  Gröber, G. *Die Frauen im Mittelalter und die erste Frauenrechtlerin.* In: Dt. Revue. 1902. Heft IV. Stuttgart. S. 343–351.
  Baerwolff, C. *Christine von Pisan, ihre Auflösung und Weiterbildung der Zeitkultur.* In: Archiv für das Studium der neueren Sprachen und Literaturen. 1921. 75. Jg. 141. Berlin. S. 93–110.
  Blum-Erhard, Anna. *Christine von Pisan. Eine Bahnbrecherin geistigen Frauenberufs.* In: Die Literatur, Monatszeitschrift für Literaturfreunde. 1939. Stuttgart S. 540–543.
  Becker, Philipp August. 1967. *Zur romanischen Literaturgeschichte.* Ausgewählte Studien und Aufsätze. Kapitel 23: Christine de Pizan. München: Francke Verlag. S. 511–540.
  Pernoud, Régine. 1990 (1982). *Christine de Pizan. Das Leben einer außergewöhnlichen Frau und Schriftstellerin im Mittelalter.* München: Dt. Taschenbuchverlag.
  Liebertz-Grün, Ursula. *Marie de France, Christine de Pisan und die deutschsprachige Autorin im Mittelalter.* In: Euphorion, Zeitschrift für Literaturgeschichte. 1984. 78. Bd. H. 3. Heidelberg S. 219–236.
  Liebertz-Grün, Ursula. *Eine Vordenkerin der europäischen Geistesgeschichte. Hinweis auf Christine de Pisan.* In: Neue Züricher Zeitung, Literatur und Kunst. 1984. Nr. 127, 2./3. Juni. S. 69.
  Zühlke, Bärbel. 1994. *Christine de Pizan in Text und Bild. Zur Selbstdarstellung einer frühhumanistischen Intellektuellen.* Stuttgart/Weimar: Verlag J. B. Metzler.
  Stadt der Frauen: Szenarien aus spätmittelalterlicher Geschichte und zeitgenössischer Kunst. 1994. Annette Kuhn/Marianne Pitzen. Hrsg. Zürich/Dortmund: eFeF-Verlag. Frauenmuseum Bonn.
  Margarete Zimmermann (Hrsg.). 1996. *Wege in DIE STADT DER FRAUEN.* Texte und Bilder der Christine de Pizan. Übers. u. komm. M. Zimmermann. Zürich: Leib Et Seele Mediaconcept AG.

Verfasstheit und ihre Tugendhaftigkeit lobte. Ich erspare mir weitere Details seines Aufsatzes, denn er schrieb über diese Literatin so wie er über andere historische Frauenpersönlichkeiten schrieb, aus männlich herablassender Arroganz.

Beachtenswert, zu Lebzeiten dieser Schriftstellerin wurden bereits Kopien einiger ihrer Werke angefertigt und verbreitet und in den nächsten Jahrzehnten ebenfalls erste Übersetzungen aus dem Französischen ins Englische. Danach wurde es ruhiger und ihre Bekanntheit verblasste.

Im Internet heute kurz recherchiert fällt sofort auf, dass es eine Vielzahl von Herausgaben ihrer Werke und Abhandlungen über ihre Schriften gibt, in Französisch, Spanisch, Englisch, Portugiesisch …, aber der Anteil der deutschsprachigen Publikationen von und über Christine de Pizan im Vergleich dazu sehr bescheiden ausfällt.

Ich stelle mich nun der Herausforderung, dass eine Fülle von Material auf meinem Schreibtisch liegt, aus dem ich für eine eigene Publikation über Leben und Werk der Christine de Pizan schöpfen könnte, dies aber nicht mein Anliegen ist. Vielmehr darf ich mein Augenmerk hier nur hauptsächlich auf die Metapher des Lichts und Christines Konstruktion von Erkenntnis und deren Inhalte richten. Auch das birgt schon viel Stoff. Ich will es versuchen.

Vorab noch ein weiter Hinweis, hier zu meiner Entscheidung, ihr ein eigenes Kapitel zu widmen. Mit ihren Schriften endet die Philosophie des christlichen Mittelalters, die mit Philosophie und Theologie so eng verschlungen arbeitete, die Vernunft und Glauben nicht zu trennen vermochte, sondern sie miteinander harmonisierte. Der Glaube war vernünftig, dass man glaubte und was man glaubte, gehörte zum Metier der Vernunft. Thomas von Aquin hatte ca. 100 Jahre vor Christine zur Erläuterung seiner Erkenntnisgewinnung auf die Vernunft gesetzt, die aber noch am göttlichen Licht partizipierte. Christine beruft sich auf ihre eigene Vernunft, mit der sie geboren wurde und die sie in ihrem Bildungsprozess ausbildete. Es ist noch nicht das reine natürliche Licht der Vernunft, welches sie zur Erkenntnis führt, das wurde später von Descartes proklamiert; es sind drei Lichtgestalten personifizierter weltlicher Tugenden, nicht der christlichen Tugenden der Kirche, die innerlich mit ihr sprechen. Trotzdem scheinen die drei Frauen, die ihr entgegentreten, eher himmlischer als irdischer Natur zu sein. Sie tragen Kronen und keinen Heiligenschein, aber sie stehen in einem Licht, das nicht natürlichen Ursprungs sein kann. Wir finden in den Schriften Christines die letzten Züge mystischen mittelalterlichen Denkens und den Beginn der Sprache der Vernunft, den Übergang zum Humanismus und zu einem neuzeitlichen Denken. Ihre frühen Dichtungen können problemlos als späte Minnedichtungen kategorisiert werden, aber ihr erstes Hauptwerk, *Das Buch von der Stadt der Frauen*, enthält so viele erkenntnistheoretische und ethische Aussagen, dass ich es als ein philosophisches Buch einordne, geschrieben im dialogischen Zwiegespräch, wie zahlreiche philosophische Bücher vor und nach ihr. Zu den philosophischen Anteilen kommt der gesellschaftskritische Blick auf die Situation von Frauen zu ihrer spätmittelalterlichen Zeit. Es gibt also genügend Alleinstellungsmerkmale in den philosophischen Ausarbeitungen, die ein eigenes Kapitel rechtfertigen.

Hinzu kommt mein persönliches Anliegen, die Philosophie von Frauen aus dem Dunkel der Vergessenheit herauszuheben und ihnen ihren Platz in der Philosophiegeschichte einzurichten, ihre Arbeiten zu würdigen, damit die Philosophiegeschichte breiter aufgestellt sich in ihrer Vielfalt zu präsentieren weiß, woraus dann alle schöpfen können.

Einige biografische Daten zu Anfang, damit wir diese im Spätmittelalter lebende Frau besser verstehen können. Was wir über sie wissen, beruht größtenteils auf autobiografische Bemerkungen in ihren Schriften.

Christine wird 1365 in Venedig als Tochter des aus Bologna stammenden Arztes und Astrologen Tommaso di Benvenuto da Pizzano und einer namentlich nicht bekannten Frau, Tochter des Arztes Thomas Mondini, geboren, kommt mit drei Jahren durch die Ruferteilung ihres Vaters an den französischen Hof Karls V. nach Paris und wächst dort standesgemäß in einer Atmosphäre der Wertschätzung von Wissen und Bildung auf. (Vgl. Zimmermann. In: Christine. Stadt, S. 10) Ihr Vater, von ihr u. a. als Philosoph bezeichnet, fördert ihre Ausbildung in den Wissenschaften, sie genießt eine humanistische Bildung, wie es für Mädchen jener Zeit selten war. Mit 15 Jahren heiratet sie standesgemäß einen königlichen Hofbeamten und Sekretär, schenkt drei Kindern das Leben und widmete sich nun den Pflichten für die Familie. Ihre Situation verschlechtert sich durch den Tod des Königs, sie muss mit der väterlichen Familie und ihrem Mann den Hof verlassen, dann stirbt ihr Vater wenige Jahre später, der sie immer in Sachen Bildung gefördert hatte, und schließlich muss sie den frühen Tod ihres Mannes akzeptieren. Finanziell nicht gemäß ihrem gesellschaftlichen Stand abgesichert, muss sie nun als Witwe für ihre drei Kinder, ihre Mutter sowie zwei Brüder und einer ihr anvertrauten Nichte sorgen. Sie arbeitet zunächst als Schreiberin bzw. Kopistin in Paris, eignet sich auf diesem Wege weiteres Wissen an, kann sich aber auch ihrem eigenen Studium widmen, da sie als Witwe nicht mehr den nur familiären und öffentlichen Pflichten nachkommen muss und mehr eigene Zeit zur Verfügung hat. Die beiden Brüder gehen eigene Wege, ein Sohn stirbt, die Tochter geht ins Kloster und der andere Sohn kommt zur Erziehung und Bildung an einen englischen Hof, später einen französischen. Die Bibliothek ihres Vaters und Mannes steht ihr weiterhin zur Verfügung. Sie schreibt erste Balladen und Gedichte, erste Bücher über *die Wechselhaftigkeit des Schicksals* und über *den weisen König Karl V.*, findet Anerkennung als Autorin und beginnt mit ca. 40 Jahren ihre *Visionen* und ihre literarischen Zufluchtsorte für Frauen in Bücher zu fassen. Wie damals nicht selten und aufgrund ihrer Situation, widmet sie ihre Schriften verschiedenen Fürsten und hohen Adeligen, u. a. der französischen Königin Isabella von Bayern, die ihr dafür ein Salär zahlen, wovon sie leben kann, sehr viel bescheidener als andere ihres Standes, aber ausreichend für Kleidung und Auftreten in der Öffentlichkeit und vor allem für eine gute Ausstattung ihrer Werke mit wunderbaren Miniaturmalereien. Sie schreibt sogar gezielt für Frauen in verschiedenen Ständen (Jungfrau, Ehefrau, Witwe) mit Erläuterungen zum sittsamen Leben und zur Erziehung von Töchtern verschiedener sozialer Stände (adelig, bürgerlich, bäuerlich, arm), damit diese, ihrem Stand gemäß, ein moralisch gutes Leben führen können. Diese Sittlichkeitsbücher bietet sie direkt zum Verkauf an und sie verbreiten sich, da sie konkrete Hinweise geben zum Verhaltenskodex von Frauen in allen

Gesellschaftsschichten und der christlichen Lehre folgen. Christine ist eine politische Frau und verfasst politische Schriften und Briefe, um den Wirren dieser Zeit in Frankreich und zwischen der englischen und französischen Krone zu schlichten. Sie appelliert an die Vernunft, schreibt für den Frieden, aber zu wenige beachten ihr Rufen.

Christine de Pizan wird die erste französische Schriftstellerin im Mittelalter, die von ihrer schreibenden Arbeit leben kann und mit ihren Werken Anerkennung findet; zumindest ist mir keine weitere bekannt.

Später verlässt sie Paris, zieht aufs Land nach Possy, wo ihre Tochter in einem Kloster lebt, geht wahrscheinlich selbst ins Kloster und stirbt dort 1430. Allerdings fehlen gesicherte Dokumente über ihre letzten Lebensjahre.

Wir haben mit ihr eine gebildete Frau vor uns, die selbständig sich und ihre Familie ernähren muss und der dies gelingt mit ihrem dichterischen Talent und ihren erzählend-philosophischen Werken. Sie beruft sich auf Platon und Aristoteles, auf Augustinus und Thomas von Aquin, auf Dante und Boccaccio und scheut sich nicht, direkte Kritik auszusprechen, wenn sie auf gedankliche Fehler stößt oder auf Unwahrheiten. Sie kennt sich in der griechisch-römischen Mythologie ebenso aus wie im Alten und Neuen Testament. Logisch argumentierend, Erfahrungen einbauend, zählt bei dieser Philosophin immer die Vernunft, das eigene Denken, dem sie vertraut. Dem Thema der Ungerechtigkeit gegenüber Frauen widmet sie sich ganz besonders, denn hier kann sie auf eigene Erfahrungen zurückgreifen und ihre Visionen von einer guten Lebenswelt für Frauen vorstellen, nicht nur zu ihrer spätmittelalterlichen Zeit, sondern für Frauen an sich, an allen Orten und zu allen Zeiten. Konkret anschaulich beschreibend erheben sich ihre Gedanken auf abstrakte Ebenen, die eine eigene Gültigkeit beanspruchen. Daher verfasst sie ihre Werke immer in einem sehr anschaulichen Schreibstil, benutzt Sprachbilder und Allegorien, führt beispielhaft wohlbekannte historische Persönlichkeiten und Gestalten der Mythologie oder aus der Bibel für die einzelnen Tugendlehren ein, die im Leben zu beachten sind.

Wir haben mit Christine de Pizan eine außergewöhnliche Frau vor uns, die uns einiges zu lehren weiß. Nach der für sie schweren Jahre der Armut und existentiellen Unsicherheit gewinnt sie an Selbstvertrauen und tritt in ihren eigenen Schriften souverän als gebildete, selbstbewusste Frau auf, obwohl sie immer wieder demütig fragt und auf Missstände hinweist. Hierin zeigt sie die höfische Schule für Frauen, in der sie erzogen wurde. Am Ende ihres Werkes *Der Schatz der Stadt der Frauen. Weibliche Lebensklugheit in der Welt des Spätmittelalters* schreibt sie:

> „Alle, die heute ihrer [Christines] Bemühungen zum Wohl der Frauen gewahr werden, mögen ihr zeit ihres Lebens gewogen sein, ihrer mit freundlichen Segenswünschen gedenken und Gott bitten, daß er in seiner Gnade ihre Einsicht fördern möge, indem er ihr das Licht des Wissens und der wahren Weisheit gewähre […]" (Christine. Schatz. S. 260)

Das Licht des Wissens und der wahren Weisheit, nicht weniger erbittet Christine von Gott.

Ich beginne in meiner Analyse mit dem *Buch von der Stadt der Frauen*, einer wunderbaren Beschreibung der Lichtmetapher-Erkenntnis in bildreicher Sprache zu

Beginn des Werkes, an dem sie drei Jahre (1404–1407) schrieb, füge dazu manchmal passende Textpassagen aus anderen Werken (*Vision* und *Der Schatz der Stadt der Frauen*) ein. Die drei Werke wurden wahrscheinlich zeitgleich bzw. sich überschneidend geschrieben.

Das platonische Höhlengleichnis, in dem der befreite Gefangene aus der Dunkelheit der Höhle ins Licht der Sonne gelangt und damit zur Wahrheit und Erkenntnis, erfährt im Mittelalter verschiedene Umdeutungen. Der *paideutische Weg*, wie Blumenberg es nennt, führt nicht mehr aus der Höhle hinaus, sondern hinein, denn hier im Dunkel erscheint das Licht.

Genau in dieser Umwertung des Höhlengleichnisses sind die Gedanken Christine de Pizans zu finden, schreibt sie ihre Visionen, ihre Balladen, Kritiken, die historischen und biografischen Schriften. Es ist eine Kammer mit Tisch oder Schreibpult, mit Büchern und einem Licht. Am *Buch von der Stadt der Frauen* arbeitet sie in einem Raum ohne Tageslicht zu dieser Zeit und ihre Gedanken sind von Zweifel erfüllt, denn sie hat zu oft und zu viel über die Schlechtigkeit der Frauen gelesen, bei bedeutenden Philosophen wie Aristoteles, bei Dichtern und Redner, es könne aber nicht sein, dass so bedeutende Persönlichkeiten sich alle irren würden. Sie hat sich selbst überprüft und mit zahlreichen Frauen gesprochen, die ein so unwürdiges und unmoralisches Verhalten von Frauen weder bei sich selbst noch bei anderen feststellen konnten. In ihrem Zweifel bittet sie Gott um Hilfe, er möge sie über die Wahrheit aufklären.

> „Während ich [Christine] mich mit so traurigen Gedanken herumquälte, ich den Kopf gesenkt hielt wie eine, die sich schämt, mir die Tränen in den Augen standen und ich den Kopf in meiner Hand barg, den Arm auf die Stuhllehne gestützt, sah ich plötzlich einen Lichtstrahl auf meinen Schoß fallen, als wenn die Sonne schiene. Und ich, die ich mich an einem dunklen Ort aufhielt, den zu dieser Stunde die Sonne gar nicht erhellen konnte, schreckte auf, gleich einer Person, die aus dem Schlaf hochfährt. Ich hob den Kopf, um die Lichtquelle zu suchen, und erblickte drei gekrönte Frauen von sehr edlem Aussehen, die leibhaftig vor mir standen. Das von ihren hellen Gesichtern ausstrahlende Licht erleuchtete mich und alles um mich herum. Man kann sich meine Überraschung vorstellen, denn alle Türen waren fest verriegelt, und trotzdem war es ihnen gelungen einzudringen." (Christine. Stadt. S. 38)

Christines Höhle ist ihre vom Tageslicht abgeschirmte Kammer, Lichtträger sind die lichtausstrahlenden Gesichter drei edler Frauen. Es ist ein äußeres, wahrnehmbares Licht, nicht natürlichen Ursprungs, sondern eher mystischer Art. Christine nimmt es auf in ihr Denken. Dieses Licht fällt in ihren Schoß, also in die deutlichste Bestimmung einer Frau, in den gebärfähigen Schoß. Sie selbst sowie alles um sie herum wird von diesem Licht erleuchtet. Wir begegnen hier der Lichtmetapher in einer neuen Variante, wie sie bisher in der Philosophie nicht ins Bild gesetzt wurde. Dass es bei dem Licht um das Erkenntnislicht handelt, wird aus dem weiteren Text schnell ersichtlich.

Wir kennen das Zeichen für die Gebärfähigkeit, für diese besondere Fähigkeit der Frau, in der Malerei, wo der gerichtete Lichtstrahl auf den Schoß der im Zentrum stehenden Frau fällt. Am häufigsten zu sehen auf Mariendarstellungen bei der Verkündigung durch einen Engel. Die Situationsbeschreibung ähnelt der

Verkündigungsszene im Lukasevangelium. Im Werk von Christine wird jedoch sofort klargestellt, dass es um die Vernunft, die Wahrheit und die Erkenntnis geht. Vielleicht ist eine Verbindung der Bedeutung des Lichts von der Gebärfähigkeit zur Erkenntnisfähigkeit legitim, es wäre für mich zumindest eine sinnvolle Interpretation. *Das Licht der Welt erblicken*, eine alte Redewendung, wird von ihr für das Schreiben ihres Buches benutzt. Es ist keine einfache Dichtung, die sie schreibt und hier meint, sondern ein Buch der Erkenntnis und der Wahrheit.

In der Schrift *Vision* von 1405 heißt es im Gespräch der *Frau Philosophie* mit Christine:

> „In jenen Jahren, als du noch deine Kinder austrugst, verspürtest du bei ihrer Geburt große Schmerzen.
> Jetzt will ich, daß du neue Werke zur Welt bringst, die in den kommenden Jahren und bis ans Ende aller Zeiten die Erinnerung an dir erhalten und das Licht deines Ruhms allerorts hell leuchten lassen. Diese Werke wirst du, trotz aller Mühsal und Qual, in Heiterkeit und Freude erschaffen.
> Und genau wie eine Frau, die ein Kind auf die Welt bringt, in dem Augenblick, wenn sie den Schrei ihres neugeborenen Kindes vernimmt, all ihre Schmerzen vergißt, ebenso wird es dir ergehen, wenn du zum ersten Male die Stimme deiner Bücher vernimmst." (Christine. Vision. S. 7)

In diesem Werk, im gleichen Zeitraum geschrieben wie das *Buch von der Stadt der Frauen*, wird ebenfalls die Metapher der Geburt für die Erschaffung eines Buches benutzt, wenn es dann vollendete in Händen liegt. Das *Licht des Ruhms* ist hier die Metapher, mit dem Anspruch *bis ans Ende aller Zeiten*, den Christine formuliert und für ihre Werke wünscht.

Margarete Zimmermann weist auf einen möglichen politisch-kommunalen Zusammenhang hin,

> „denn in der Sala della pace, dem Friedenssaal des Palazzo Communale von Siena, werden sowohl in den Inschriften als auch auf den Fresken die Tugenden, vor allem die Gerechtigkeit, die auch bei Christine auftritt, immer wieder als ‚hell leuchtend' beschrieben und als allesamt Kronen tragend, einem weiteren Attribut, das auch den Tugenden in der Stadt der Frauen eigen ist. Ähnliches gilt im Mittelalter für ‚die Vorstellung von Ruhm und Größe einer Stadt', die häufig mit der ‚Metapher des Lichtes ausgedrückt' wird." (Zimmermann. pdf. 26.10.2023)

Im *Buch von der Stadt der Frauen* stellt die erste der drei Frauen schon zu Anfang klar:

> „Sie [die Verwirrung] verdunkelt so sehr deinen Verstand, daß du das, was du mit Sicherheit weißt, abstreitest und das glaubst, was du selbst nicht aus eigener Anschauung oder eigener Erfahrung, sondern lediglich aus den zahlreichen Meinungsäußerungen fremder Menschen weißt." (Christine. Stadt. S. 38)

Die Verwirrung bei Christine haben u. a. die größten Philosophen verursacht, gemeint ist insbesondere Aristoteles, der *falsche Schlüsse* zog, vielleicht waren die syllogistischen Schlüsse gemeint. Ansonsten wird der große Philosoph sehr geschätzt und sie greift immer wieder auf seine Schriften, insbesondere *Die*

Nikomachische Ethik, zurück. Nur was das Frauenbild anbelangt, hadert sie, meint, dass diese Aussagen gar nicht von Aristoteles sein könnten, diese Schrift ihm irrtümlich zugeschrieben wird, denn so grobe Fehler könnte ein so intelligenter Mann nicht machen. Auch bei Augustinus und Thomas von Aquin findet sie letztlich ein diskriminierendes Frauenbild.

Wenn ich an die Schriften *De anima* denke und einige naturwissenschaftliche Passagen in *De generatione animalium*, kann ich ihrer Kritik gut folgen.

Christine hebt das Niveau des Gesprächs auf die Ebene der Philosophie, genauer der Metaphysik, und spricht über die bedeutendsten Philosophen, denn namentlich genannt werden noch Platon, Augustinus und Thomas von Aquin. Die *allerhöchsten Dinge, die Ideen*, sind in der Philosophie keineswegs geklärt, sondern umstritten. Die höchsten Erkenntnisse in der Natur- und Moralphilosophie des Aristoteles, dem Fürsten der Philosophie, werden von anderen Geistesgrößen korrigiert. Es ist also nicht verwunderlich, wenn Christine irritiert ist und zweifelt, das haben andere vor ihr auch schon getan. (Vgl. Christine. Stadt. S. 38 f.)

Bemerkenswert, es wird zwischen Meinung und Erkenntnis unterschieden und die alten anerkannten Erkenntnisse werden jetzt in Zweifel gezogen und verlieren dadurch ihren Status als gesicherte Wahrheiten.

Von Anfang an stellt die Philosophin in ihrem Werk vom *Buch der Stadt der Frauen* in aller Deutlichkeit heraus, was ihr Anliegen ist. Sie schreibt ein philosophisches Werk, sie will über Anthropologie und Ethik sprechen und Wissen, Wahrheit und Erkenntnisse generieren. Was die Anthropologie anbelangt, meint sie die Natur der Frau.

Noch ein Ratschlag gibt ihr die Frauengestalt: „Was immer du zu diesem Thema [der Schlechtigkeit und Minderwertigkeit der Frau] gelesen hast, aber nie selbst erlebt hast: ich halte es für plumpe Lüge." (Christine. Stadt. S. 39 f.)

Also eine weitere Klarstellung: Christine beruft sich in ihrem Wissen und ihren Erkenntnissen auf eigene Anschauung und Erfahrung, übernimmt nicht einfach die Meinungen anderer, seien sie auch noch so berühmte Persönlichkeiten gewesen.

Welch eine Vermessenheit von einer Frau zu jener Zeit, welch ein Affront gegen die gelehrten Kirchenfürsten, sie ist mutig! Logik, syllogistische Schlüsse, rhetorische Argumentationen, darin messen sich die Intellektuellen der Pariser Universität zu dieser Zeit. Aber Christine beweist, dass sie mit ihrer eigenen Vernunft mithalten und in ihren Schriften mit dem Leben, Verhalten und Handeln anderer Persönlichkeiten besser überzeugen kann. Ihre Argumentation basiert oftmals auf Beispiele, historische Überlieferungen, manchmal auf formale Logik und allgemeine Regeln zur Erklärung, manchmal mit dem behauptenden Argument, dass es von Natur aus so gegeben sei. Der Dialog wird geführt zwischen den drei lichten Tugendgestalten und dem Text-Ich *Je Christine*.

Die drei ihr erscheinenden Frauen enthüllen ihre Identität, wenn sie sich als *himmlische Wesen*, die der *göttlichen Vorsehung* und dem *göttlichen Willen folgen* und *für Ordnung und Gerechtigkeit in den Institutionen sorgen* sollen, zu erkennen geben. Sie werden auch als Töchter Gottes bezeichnet, was nur metaphorisch gemeint sein kann. Ihre Aufgabe ist es ebenso, wenn Menschen ihre Orientierung verloren haben, diese wieder auf den rechten Weg zu bringen. Sie nähern sich den Menschen über den Verstand, wenn diese denn klug genug sind und die Lichtgestalten mit ihren Botschaften erkennen können, sie zeigen den Menschen Fehler und Irrtümer auf, verweisen auf Sinnvolles und arbeiten mit *theoretischem und praktischem vor Augen führen.* (Vgl. Christine. Stadt. S. 41)

Hier folgt, wie es scheint, Christine den Lehren in der Nikomachischen Ethik, der von der theoretischen und der praktischen Vernunft bzw. einem theoretischen und praktischen Denken spricht. Nach Aristoteles gehört das Gute und Schlechte zur praktischen Vernunft und die Wahrheit, das Wahre und Falsche zur theoretischen Vernunft, die nicht handelt und hervorbringt. (Vgl. Aristoteles. NE. S. 182) „Die Wahrheitserkenntnis ist also die Leistung beider Teile der Vernunft, und in den Eigenschaften, durch die ein jeder am ehesten die Wahrheit erkennen kann, liegt die Tugend eines jeden von ihnen." (Aristoteles. NE. S. 183) Erkenntnis der Wahrheit trifft das Anliegen, wozu ihr die drei Lichtgestalten behilflich sein sollen, konkret, der Wahrheit über die Lebenssituation von Frauen verschiedener Stände. Wie im antiken griechischen Verständnis, so auch bei ihr, ist die Tugend als Abstraktum ebenso gemeint wie als handlungsanweisend und handlungsvollziehend.

Zu den noetischen und dianoetischen Tugenden des Aristoteles und dem Tugendkatalog der Christine später mehr.

Christine de Pizan ist auf Wahrheitssuche, will lernen und studieren, dazu braucht sie die Abgeschiedenheit eines geschlossenen Raumes, um nicht durch irritierende Wahrnehmungen von außen gestört zu werden. In der Vision schreibt sie:

> „Ich gelangte zu der Einsicht, daß die Welt voller gefährlicher Fallstricke sei und es in ihr nur ein sinnvolles Ziel geben könne: die Wahrheitssuche. Deshalb beschritt ich also den Weg, den mir Natur und Veranlagung wiesen: den des leidenschaftlichen Lernens und Studierens. Daraufhin verschloß ich meine Pforten, will sage: meine Sinne, um mich abzuschotten gegen die Verlockungen der Außenwelt." (Christine. Vision. S. 56)

Die Sinneswahrnehmungen von außen behindern die Wahrheitssuche im Inneren.

Neben dem Licht, welches die drei Frauen ausstrahlen, führt Christine eine weitere (beliebte) Metapher ein, die des Spiegels. Die erste der drei Frauen hält als Attribut einen Spiegel in der Hand und sagt, dass dieser die Funktion ausübe, zu einer „klaren Erkenntnis seiner selbst zu gelangen". Der Spiegel „offenbart das Wesen, die Eigenschaften, die Verhältnisse und Maße aller Dinge; ohne ihn kann nichts gelingen." (Christine. Stadt. S. 41) Mit Hilfe des Spiegels vermag man in die Tiefen der Philosophie vorzudringen und das, was die Erkenntnis ausmacht, offenzulegen. Der Spiegel ist Metapher in zweifacher Funktion, für die Selbsterkenntnis und die Erkenntnisse in der Philosophie bzw. genauer für die Aussage, dass der Mensch nur über die Selbsterkenntnis zu allgemeinen Erkenntnissen gelangen kann. Der Mensch erkennt, dass er zur Erkenntnis fähig ist.

Kurz das bisherige zusammenfassend, halte ich fest: Die Lichtmetapher wird in Gestalt von drei Licht ausstrahlenden Frauen ins Bild gesetzt, die himmlische Wesen sind. Es sind keine Engel und keine Heiligen, sondern in besonderer Mission dem göttlichen Willen folgend drei Frauen, die über die Vernunft mit den Menschen kommunizieren. Sie sollen für Ordnung und Gerechtigkeit sorgen, Fehler und Irrtümer aufdecken und auf der theoretischen und praktischen Ebene nach dem Prinzip des

Vor-Augen-Führens mit den Menschen arbeiten. Lichtgestalten dieser Art sind sonst unbekannt in der christlichen Lehre, sind mir zumindest bisher nicht begegnet. Christine führt demnach eine neue Spezies ein. Diese Lichtgestalten arbeiten mit der Vernunft des Menschen, aber sie flössen nichts ein, lassen nicht an göttlicher Vernunft oder göttlichem Licht teilhaben, sondern appellieren in göttlichem Auftrag an die Eigenständigkeit der menschlichen Vernunft. In Selbstreflexion und eigenem Nachdenken kann der Mensch zur Wahrheit und zur Erkenntnis vorstoßen. Die Lichtgestalten sind in der Beschreibung allerdings allegorischer Art, in der Bildsprache im späten Mittelalter nicht unbekannt. Abstrahiert werden Wissenschaft, Weisheit, Gerechtigkeit, Kunst, Caritas, Paradies, Hölle ... mit jeweiligen Attributen oder Symbolen ausgestattet dargestellt. Bildliche Verdichtungen dieser Art sind bekannt, können von allen gelesen werden, sind ein tragfähiges Kommunikationsmittel jener Zeit.

Warum ausgerechnet wählen die Lichtfrauen Christine aus zur Erfüllung ihrer Aufgaben? Weil sie sich durch „leidenschaftliche Liebe zur Ergründung der Wahrheit durch langes und beharrliches Studium" auszeichnet. Der tiefere Grund ist jedoch: „[...] wisse, wir sind hier, um eben jenen Irrtum, dem du aufgesessen bist, aus der Welt zu schaffen und um künftig allen hochherzigen und rechtschaffenen Frauen einen Ort der Zuflucht, eine umfriedete Festung gegen die Schar der boshaften Belagerer zu bieten." (Christine. Stadt. S. 42)

Christines Irrtum liegt darin, dass sie den Lügen der Männer glaubte und in ihrer Verwirrung und Depression tatsächlich eine Minderwertigkeit der Frauen annahm.

Mir fällt auf, dass Christine mehrfach von den Frauen generell spricht und betont, dass es für alle Zeiten sein soll. Sie schreibt mit dem Anspruch, generelle Lösungen für alle Frauen zu finden, der typische Anspruch der Philosophie, wenn sie sich auf den Weg zur Wahrheit aufmacht und Erkenntnisse generieren will. Dies ist ihr Anspruch in diesem Werk *Das Buch von der Stadt der Frauen*: sie will philosophische Wahrheiten und philosophische Erkenntnisse aus eigener vernunftgeleiteter Arbeit präsentieren.

Warum sie für ihr Anliegen das Modell einer Stadt nimmt, die aufgebaut wird, ist nicht klar. Die Metapher des Stadtbaus setzt sie ein zur Errichtung eines guten Lebensortes für Frauen, gut im Sinne von moralisch gut, christliche, intellektuelle und weltliche Tugenden gleichermaßen eingeschlossen. Es gibt das Vorbild des *Gottesstaates* von Augustinus, aber dies ist ein Modell ganz anderer Art. Dort geht es um das Gemeinwesen eines weltlichen Staates von Platon und eines göttlichen Staates im theologischen Verständnis. Wir finden bildhafte Vergleiche mit Konstruktionen eines Hauses, von Türmen oder Burgen für den Aufbau einer Theorie, aber nicht den Bau einer ganzen Stadt. Jerusalem, *die* heilige Stadt, gehört zur mittelalterlichen Literatur-Bild-Geschichte und der Gegensatz von Babylon und Jerusalem als das Böse gegenüber dem Guten. Aber die „Tätigkeit des Verfassens eines Buches als Prozeß des Errichtens einer Stadt" fiktional ins Bild gesetzt, „erscheint innovatorisch", wie Bärbel Zühlke schreibt. (Vgl. Zühlke. 1994. S. 122) Die Stadt wird nicht nur von Frauen für Frauen von ihr mit Hilfe der drei Lichtgestalten literarisch gebaut, sondern auch mit vorbildhaften Frauen bevölkert. Dass Christine bei der Stadt an das himmlische Jerusalem denkt, wird bei den Worten deutlich, dass die erbaute Stadt „mit Befestigungen und starken Toren himmlischen Ursprungs versehen" ihren Abschluss findet. (Vgl. Christine. Stadt. S. 46 f.)

Über das Modell und das Ideal der Stadt im Mittelalter im Kontext ihrer Schriften wäre mehr zu erforschen, würde hier aber sich zu weit von der Lichtmetapher entfernen.

Die erste der Frauen, die Christine anspricht, gibt ihre Identität an mit „Ich bin die edle Frau Vernunft". (Christine. Stadt. S. 44) Die personifizierte Vernunft in Gestalt einer edlen Frau, Christine bedient sich einer im Mittelalter stark verbreiteten Anwendung zur Veranschaulichung von theoretischem Wissen, der Allegorie. Anhand von konkret sich vorzustellenden Bildern werden Tugenden, abstrakte Begriffe, Eigenschaften als Personen oder der Bau einer Stadt dargestellt. Wir kennen die Personifizierung von Tugenden schon aus der griechischen Antike, wenn z. B. Eirene, die Göttin des Friedens, den abstrakten Frieden als auch den konkreten Frieden und die friedvolle Handlung in Gestalt einer göttlichen Person darstellt, die von den Menschen im Tempel als Plastik aufgestellt und verehrt wird. Die Allegorie ist ein Instrument der Veranschaulichung eines komplexen Sachverhaltes oder eines theoretischen Begriffs, so dass auch weniger gelehrte Personen Zugang finden zu diesem Denken und zu diesen philosophischen Inhalten.

Die zweite Frauengestalt nennt sich *Rechtschaffenheit*, ist ebenfalls Botin Gottes, für die gerechtigkeitsliebenden Menschen zuständig, sie anzuhalten

> „das Gute zu tun, jedem nach bestem Vermögen das Seinige zu verschaffen, die Wahrheit zu verkünden und zu unterstützen, den Armen und Unschuldigen zu ihrem Recht zu verhelfen, dem Mitmenschen keinen Kummer durch Drangsalierung zu bereiten und den Leumund der zu Unrecht Angeklagten zu verteidigen." (Christine. Stadt. S. 44)

Frau *Rechtschaffenheit* hält als Attribut ihrer Zuständigkeit ein Lot in Händen, wie es Maurer benötigen, um eine Wand senkrecht gerade ausgerichtet aufzubauen. Das *funkelnde Lot* ist die *gerechte Regel, die Recht von Unrecht trennt*, die zwischen Gut und Böse unterscheidet, die Grenzen aufzeigt im unbegrenzten Geltungsbereich Gottes, unbestechlich der Botschaft Gottes folgend. An anderen Teststellen hält die personifizierte Rechtschaffenheit ein Richtscheit in Händen, ein Maßholz, welches in der handwerklichen Arbeit zur Ausmessung unerlässlich ist. Das Innere der Stadt wird mit dem Richtscheit ausgemessen und eine Infrastruktur angelegt. Das Richtscheit ist Symbol des Friedens, ein Friedensstab, *der allen Dingen ihre Grenze anzeigt*, für den selbst jedoch der unbegrenzte Geltungsbereich gilt, durch den die tugendhaften Menschen belohnt und die Bösen bestraft werden. (Vgl. Christine. Stadt. S. 45)

Schließlich gibt sich Frau *Gerechtigkeit* zu erkennen und spricht mit Christine. Sie ist „die einzigartige Tochter Gottes, deren Wesen in Ihm seinen unmittelbaren Ursprung besitzt." (Christine. Stadt. S. 45)

> „Ich bin in Gott, Gott ist in mir, und wir sind wie Eins." (Christine. Stadt. S. 46)

Christine folgt in ihrer Definition von Gerechtigkeit zunächst der Goldenen Regel, denn die Menschen sollen das tun, *was man selbst erfahren möchte*, weiter dann, sie sollen gerecht aufteilen und die Wahrheit sagen. Symbolisiert durch eine Waagschale aus feinem Gold, versteht jede Frau und jeder Mann diese Personifikation von Gerechtigkeit. Christine erwähnt noch, dass die göttliche Gerechtigkeit ein anderes Maß hat als das von Menschen oftmals benutzte, welches für manche zu groß und für andere zu klein ausfällt.

Gottes Gerechtigkeit kennt keine Unterschiede zwischen den Menschen, gleich welchen Standes sie sind, Gottes Gerechtigkeit ist unbestechlich und ohne Mitleid. Christine meint die Gerechtigkeit an sich, keine Gerechtigkeit entsprechend dem individuellen Vermögen der Tugendhaftigkeit, wie in der *Nikomachischen Ethik* beschrieben, kein Maß der Tugend zwischen dem Zuviel und Zuwenig. Auf der Waagschale in Form eines runden Maßes ist das *Zeichen der Lilie der Dreifaltigkeit* geprägt und Gerechtigkeit bedeutet, dass *jedem das ihm Zukommende zu bemessen* nach seinem Verdienst. Die Gerechtigkeit ist eine herausragende, besondere Tugend, weil alle anderen Tugenden sich auf sie beziehen. Von der Lichtgestalt Gerechtigkeit werden die „hohen Dächer der Türme, der vornehmsten Wohnstätten und Gebäude" errichtet. (Christine. Stadt. S. 46) Bärbel Zühlke sieht in dieser Formulierung einen Verweis auf Platon mit seiner Theorie über die Kardinaltugenden, wo die Gerechtigkeit „als eine Art Dachtugend über die anderen" (W. Schild. 1988. Gerechtigkeitsbilder. S. 118) fungiert. Sie beruft sich dabei auf W. Schild. (Vgl. Zühlke. 1994. S. 277. Anm. 17)

Bei Aristoteles finde ich in der Nikomachischen Ethik das von ihm zitierte Sprichwort „In der Gerechtigkeit ist alle Tugend zusammengefaßt." (Aristoteles. NE. S. 155) Die Gerechtigkeit ist die vornehmste der Tugenden, weil sie *in der Anwendung die vollkommenste Tugend* ist, sie ist *die ganze Tugend*. Für ihn gibt es die allgemeine Gerechtigkeit an sich als Tugend und die individuelle Gerechtigkeit in Hinblick auf die besonderen Umstände und die Persönlichkeit. Er unterscheidet zwischen der Gerechtigkeit in Hinblick auf Gleiches und Proportionales. Er benennt die Verteilungs- und Vergeltungsgerechtigkeit, die Gesetzes-, die staatliche und die private Gerechtigkeit sowie die Geschlechtergerechtigkeit. Die Natur hat die ausgleichende Gerechtigkeit zur Grundlage.

Komprimiert dargelegt stehen die drei Lichtgestalten mit ihren Attributen für folgende Aussagen:

Vernunft =	Fundament =	Grundlage =	Spiegel =	Selbstreflexion/ Erkenntnis
Rechtschaffenheit =	Mauerwerk =	Mittelbau =	Lot =	Aufrichtigkeit
Gerechtigkeit =	Dach =	Überbau =	Waagschale =	Goldene Regel

Dies sind die Grundlagen für eine geordnete und gerechte Welt, in der die Frauen gut leben können, bei ihr ausgeführt durch den Bau einer Stadt, die ein Zufluchtsort für Frauen werden soll. Vernünftig denken und handeln, rechtschaffen und gerecht leben und handeln, mehr braucht es nicht für ein gut funktionierendes Gemeinwesen. Nicht das individuelle Glück sollen die Frauen, denen Christine dieses Buch widmet, anstreben, nicht Reichtum, Wohlstand und Sicherheit im Einzelnen, sondern das Leben der Frauen in geordneter (moralischer) und gerechter Gemeinschaft bringt das Gute des Lebens hervor. Die Maßstäbe werden von Gott gesetzt, Überbringerinnen sind die drei Lichtgestalten im göttlichen Auftrag, erkennen müssen es die Menschen selbst durch ihre Vernunft.

Eine Bemerkung noch zur Übersetzung. Es ist keine direkte Übersetzung mit gleicher Wortbedeutung aus dem Mittelfranzösischen zum Deutschen möglich, wie Margarete Zimmermann immer wieder betont. Die drei Tugenden werden im Original benannt als Justice, Droiture und Raison, Vernunft und Gerechtigkeit können wir im Deutschen übernehmen, aber ob wir Droiture mit Rechtschaffenheit oder Rechtmäßigkeit übersetzen, ist eine Frage der Entscheidung. Natürlich bleibt das grundsätzliche Problem der Übersetzung aus einer anderen Zeit, einem anderen Kulturraum und einer anderen Sprache, dass wir nicht tatsächlich von einer exakten Wortbedeutung in der Übertragung ausgehen können. Was philosophisch mit Vernunft und Gerechtigkeit zu jener Zeit und von Christine gemeint war und was wir heute verstehen in unserem Philosophieverständnis und unserer Interpretation können nur Annäherungen sein, nicht mehr.

Zu den Miniaturen in den Werken ist noch zu sagen, dass ein Teil von ihnen von ihr selbst in Auftrag gegeben und zu ihren Lebzeiten erstellt wurde. Diese Bilder halten sich weitgehend an die schriftlichen Vorgaben im Buch, zeigen die zeitgenössische Mode und Bildgestaltung des endenden 13. und beginnenden 14. Jahrhunderts. Spätere Miniaturen entstanden im 15. Jahrhundert, die Originalbilder scheinen nicht bekannt gewesen zu sein. Von ihren Werken wurden z. T. schon zu ihren Lebzeiten Kopien angefertigt, vielleicht verbreitete sie selbst bereits eigene Abschriften, allerdings ohne die teuren und aufwendigen Malereien. Die später gearbeiteten Bildwerke zu ihren Büchern folgten den Beschreibungen in ihren Schriften, wurden aber nicht unbedingt in ihrem Sinne gestaltet. So gibt es z. B. gravierende Unterschiede im Eingangsbild zum *Buch von der Stadt der Frauen*, der Szene, in der die drei Lichtgestalten der Tugenden Christine gegenübertreten. In der frühen Miniatur, von ihr in Auftrag gegeben, gibt es ein Außenfenster und eine Innentür, beide verschlossen und dunkel, der Raum insgesamt abgedunkelt. Im späteren Bild des 15. Jahrhunderts sehen wir zwei Fenster und eine Außentüre. Durch ein Fenster fällt ein Sonnenstrahl direkt auf Christines Kopf, der Raum ist hell und draußen sind Garten und Landschaft zu erkennen. Die Lichtmetapher wird folglich im ersten Bild ohne eine natürlich zu bestimmende Lichtquelle gemalt, könnte also göttlichen Ursprungs sein oder das intelligible Licht des Verstandes meinen, im zweiten Bild mit dem natürlichen Licht wird die Sonne zur Lichtquelle.

Bei den Symbolen, welche die drei Frauen in Händen halten, unterscheidet sich die Darstellung der Waagschale. Im ersten Bild sehen wir ein rundes Gefäß mit zwei kleinen Halteknöpfen, offensichtlich ein Messgerät, im zweiten Bild sehen wir eine goldene Kugel. Auf die anderen sich unterscheidenden Details muss ich nicht eingehen, da sie nur eine jeweilige zeitgenössische Ausgestaltung des Bildes betreffen. (Vgl. Bildproduktionen. In: Christine. Wege. S. 68 und 101)

Christine spricht von ihrem Verstand, der jetzt, nach Erscheinung und Rede der drei Lichtgestalten, die „Bereitschaft verspürt, Keime zu entwickeln [und] neue Pflanzen herauszubilden". (Christine. Stadt. S. 47) Sie ist es selbst, die mit ihrem Geist Neues denkt; es ist die intelligible Leistung ihres Verstandes. Aber ebenso ist sie demütig und gehorsam und will die Anordnungen der drei Frauen ausführen. In überaus anschaulicher Sprache, mit Metaphern jonglierend, allegorischem Bildmaterial in bunter Pracht und Argumenten jeglicher Art beginnt Christine die Stadt der

Frauen zu bauen. Sie nimmt die *Spitzhacke ihres Verstandes* und gräbt nach den Ursachen der schweren Verleumdungen gegen die Frauen, um diese auszurotten. Der Zweck heiligt nicht die Mittel, von Unwissenheit kann man sich befreien, sie entschuldigt nicht, wenn man der Bestimmung durch die Natur folgt; wenn man einer Sache wirklich auf den Grund geht, gelangt man zur Wahrheit und Erkenntnis. Pauschalisierungen sind nicht gerechtfertigt, denn sie führen zur Ungerechtigkeit, differenzierte Betrachtungen ermöglichen erst differenzierte Urteile. Die Seele des Menschen ist das oberste geistige Prinzip und darin der Göttlichkeit gleich; die Seelen von Mann und Frau sind gleichwertig. Es gibt keine natürliche Höherstellung des Mannes vor der Frau, ausschlaggeben für eine Überlegenheit ist die Vollkommenheit der Sitten und Tugenden. (Vgl. Christine. Stadt. S. 55 f) Die moralische Kraft ist weitaus bedeutender als die körperliche Kraft eines Mannes. Männer und Frauen sind von Natur aus nicht gleich, aber hinsichtlich ihres Menschseins gleichwertig.

Immer wieder greift die Philosophin auf die Lehren aus der Zeit des antiken Griechenlands zurück. Der Tugendkatalog in der Nikomachischen Ethik dient zum Bau der literarischen Stadt, Mut, Tapferkeit, Besonnenheit, Sanftmut, Milde, Wahrhaftigkeit, Beherrschtheit, Maß halten/Mäßigkeit, Freigebigkeit, Freundschaftlichkeit, wir finden den aristotelischen Tugendkanon im Mauerwerk der Stadt wieder, er gibt Halt, Orientierung, Beständigkeit und Sicherheit. Ganz nach antikem Vorbild wird die Polis als grundlegend für die Errichtung angedacht, die Gemeinschaft, die dem guten Leben dient.

Das Konzept ihres Werkes *Buch von der Stadt der Frauen*: Zunächst die negativen Elemente beseitigen, um dann ein sauberes Fundament mit starken Mauern zu errichten. Literarisch gegen alle Verleumdungen und Vorurteile gegenüber Frauen mit Argumenten angehen und diese widerlegen, dann mit Vorbildern von mutigen, starken, tapferen und tugendhaften Frauen die Stadt aufbauen. Auch in der Intelligenz stehen die Frauen den Männern nicht nach, vielmehr gleichen sie körperliche Schwächen mit geistiger Stärke aus. Alle Wissenschaften stehen ihnen intellektuell offen, wenn sie den Zugang zur Bildung finden, ihnen die Bildung nicht verwehrt wird. Neue Erfindungen und Fertigkeiten, aus eigenem Geist kreiert, sind den Frauen ebenfalls nicht fremd. In theoretischen, technischen oder handwerklichen Überlegungen zeigten Frauen ihren Schöpfergeist. Gesetze schreiben, die dem Recht und der Vernunft folgen, originelle Buchstaben, Schrift und Grammatik erfinden, die Technik des Zählens, die Kunst des Wollwebens, die Herstellung von Rüstung aus Eisen und Stahl, Musikinstrumente, den Ackerbau, die bedeutendsten Erfindungen der Menschheit schreibt Christine den Frauen zu, nicht historisch unbedingt zu bestätigen, aber durch mythische Frauengestalten, Legenden und Geschichten belegt. Christine de Pizan ist selbst so erfinderisch in ihren Erzählungen, dass es eine Freude ist, dieser Fantasie zu folgen.

Nachdem das Fundament gelegt und die Mauern hochgezogen sind, wendete sich *Frau Rechtschaffenheit* an Christine und schmückt die Stadt aus mit Edelsteinen und mit tugendhaften Frauen. Schließlich ist *Frau Gerechtigkeit* behilflich bei der Dachkonstruktion der vielen Häuser und Türme. Unzählige Heilige mit ihren Legenden ziehen in die Stadt, allen voran die Jungfrau Maria. Die Mutter Christi und die Heiligen geben Schutz allen Frauen, die in der Stadt leben wollen.

Die Stadt der Frauen wird in einer klaren Strukturierung aufgebaut. Zur Grundlage werden die intellektuellen Tugenden herangezogen, zunächst in Gestalt der drei Licht-Frauen Vernunft, Rechtschaffenheit und Gerechtigkeit als grundlegende, hinzu gesellen sich die Tugenden der Weisheit, Klugheit und der Wissenschaft. Bei Aristoteles sind es die Kunst, die Wissenschaft, Klugheit, Weisheit, rechte Einsicht und die Gerechtigkeit als umfassendste. Mit Ausnahme der Kunst stimmen die intellektuellen Tugenden überein. Die noetischen Tugenden im Katalog von Aristoteles sind im Prinzip alle in ihren Werken zu finden. Hinzu kommen bei ihr noch die gesellschaftlich-sittlichen, den mittelalterlichen Ständen entsprechenden Tugenden und schließlich die christlich-religiösen, wofür die Heiligen Beispiel und Vorbild geben. Christine schreibt keine eigene Ethik als begründete Theorie, aber sie arbeitet konzeptionell nach selbst erarbeiteten Kriterien mit der klaren Zielsetzung eines guten Lebens in einer funktionierenden Gemeinschaft. Sie erzählt in Bildern und Geschichten, für alle verständlich in ihrem Kulturraum zu ihrer Zeit, denn ihr Anliegen ist es zu lehren und verstanden zu werden. Auch aus anderen Schriften wird deutlich, sie nimmt einen Erziehungsauftrag wahr, sie versteht ihre Werke als Erziehungsschriften, aus denen man autonom lernen kann, so wie sie selbst im Erwachsenenalter im Selbststudium sich Wissen aneignete und so vieles über sich selbst und die Welt lernte.

In einer Anmerkung zu diesem Werk finde ich eine treffende Beschreibung und Analyse von Bärbel Zühlke:

„Die Stadt der Frauen wird in all ihren Bestandteilen systematisch und regelmäßig in drei Schichten von unten nach oben – von den Fundamenten zu den Dächern der Häuser – errichtet, eine Bauweise, die mit dem didaktischen Interesse der Autorin korrespondiert: Christine schreibt bei der Abfassung ihres Buches stufenweise von den intellektuellen Tugenden (Teil I) über die sittlichen (II) zu den religiösen als den wertvollsten Tugenden der Frau (III) voran, welche in der Jungfrau Maria, Schutzpatronin der Stadt und in dieser Eigenschaft Identifikationsfigur aller Frauen, in idealer Gestalt versammelt sind. Ebenso wie die mittelalterliche Gesellschaftspyramide hat die Stadt der Frauen eine sakrale Spitze." (Zühlke. 1994. S. 278 Anm. 22)

Das Primat des göttlichen Willens oder das Primat der Vernunft, darum geht der intellektuelle Streit der sich bekämpfenden philosophischen Intellektuellen des Mittelalters. Glaube und Wissen, Offenbarung und Denken, was hat Vorrang in Hinsicht auf Wahrheitsfindung und Erkenntnis? Bei Augustinus ist die Vernunft im Menschen göttlicher Art, folgt aus dem Glauben, bei Thomas von Aquin ist der mit Vernunft ausgestattete Mensch eine Kreatur Gottes, aber die Vernunft ist eigenständig in ihrer Erkenntnisfähigkeit. Es gibt kein Primat, sondern nur verschiedene Zuständigkeitsbereiche. Bei Christine ist der Mensch, so wie er von Gott geschaffen wurde, ein Vernunftwesen, welches eigenständig urteilen und erkennen kann, das ist die Bestimmung seiner Natur. Die Vernunft widerspricht nicht dem Glauben, ggf. wohl der christlichen Lehre von Kirchenvätern, aber nicht der Offenbarung Gottes. Wie aber die Bibel auszulegen ist, dafür lassen sich immer gute Argumente finden, wie Christine in ihren Schriften zeigt.

Manchmal ist in einigen Abhandlungen über ihre Schriften von der Lichtmetapher und der Lichtallegorie in der Lichtmetaphysik die Rede. Das sind m. E. sprachliche Ungenauigkeiten, denn für eine eigene Lichtmetaphysik lassen sich keine Aussagen finden. Die lichtausstrahlenden Frauengestalten werden als Allegorien eingesetzt für Vernunft, Rechtschaffenheit, Gerechtigkeit, Philosophie oder Weisheit, sind abstrahierte Personifizierung der Kardinaltugenden oder intellektueller Tugenden. In diesen Allegorien wird mit dem Licht die Übertragung auf die Erkenntnissuche und die Erkenntnisgewinnung vorgenommen, die aber dem Menschen, hier Christine selbst, vorbehalten ist. Redewendungen zum Licht und die Lichtmetapher in einer anderen Bedeutung als Erkenntnis finden sich zahlreich in ihren Werken, wurden von mir hier aber nicht weiter beachtet.

Was ich mir wünsche: eine philosophische Forschungsarbeit zu den Werken von Christine de Pizan, eine Studie, die sie als Philosophin erkennen lässt und nicht allein als Literatin, Dichterin oder Feministin. Auch die Interdependenz der Schriften mit dem Bildwerk, welches sie selbst noch in Auftrag gegeben hat, scheint mir bisher keine ausreichende Aufmerksamkeit erlangt zu haben. Zwar hat Bärbel Zühlke in ihrer Dissertation (1994) *Christine de Pizan in Text und Bild. Zur Selbstdarstellung einer frühhumanistischen Intellektuellen* bereits eine herausragende Arbeit zu einer umfassenden Erschließung der Werke *Das Buch von der Stadt der Frauen*, *Das Buch vom Weg des langen Studierens* und *Das Buch von den Heldentaten und der Ritterlichkeit* in Text und Bild geleistet, aber sie hat nur einen kleinen Part der Miniaturen einer Analyse und Interpretation unterzogen. Christines Wort- und Bildsprache korrespondieren unmittelbar miteinander, die Miniaturmalereien können als eine eigene Form der Abstraktion verstanden werden, mit der zu ihrer Zeit kommuniziert wurde. Die größte Anzahl der Bildwerke wird oftmals nur als Illustration zum Text betrachtet, sie sind m. E. viel mehr. Zudem sind die meisten ihrer schriftlichen Werke immer noch nicht ins Deutsche übersetzt. Was also die philosophische Würdigung der Werke der Christine de Pizan betrifft, steht noch einiges auf der Agenda.

Entzündetes Licht, Maria Nühlen, Bleistiftzeichnung, 2023, 63 x 44 cm

Das natürliche Licht – lumen naturale

11

Inhaltsverzeichnis

11.1   Das unverfälschte Licht zu vermehren ist René Descartes (1596–1650) Anliegen 240
11.2   Das Zeitalter der Aufklärung – die Epoche des Lichts (18./19. Jh.) 248
11.3   Aufklärung à la Nietzsche (1844–1900) 260

Mit dem *lumen naturale* beginnt ein neues Zeitalter philosophischen Denkens in der Erkenntnistheorie, gekennzeichnet durch ein Ringen um Glauben, Wahrheit und Wirklichkeit. Das 15. bis 17. Jahrhundert ist die Zeit der Ablösung vom alten spätantiken und mittelalterlichen Glauben mit seinen Harmonisierungsbestrebungen hin zum Disput über Wahrheit und Wirklichkeit, die sich unversöhnlich gegenüberzustehen scheinen und die Positionierung der Philosophen und Philosophinnen fordern. Hin zum Sieg der Vernunft in der Erkenntnisfähigkeit, hin zur Autonomie, der Mensch soll die Welt selbst erkennen und sich auf selbst generierte Wahrheiten berufen. Im 14./15. Jahrhundert von Christine de Pizan ist der Rekurs auf die eigene Vernunft des Menschen gesetzt, aber der Erkenntnisvorgang bedarf noch des *Schirms* von himmlischen Lichtfrauen-Gestalten, die Anstoß geben und wachsam das Geschehen beobachten, die im (Selbst-)Zweifel von Christine ihr den Weg bereiten, auf dem sie zum guten Leben für Frauen hinaufschreiten kann. Aber mit dem Gedanken eines natürlichen Lichtes im Menschen wird der Schutzschirm des Göttlichen aufgehoben. Das *lumen naturale* erleuchtet unseren Verstand, so dass wir unabhängig und aus uns selbst heraus denken und erkennen können.

„[…] die Metapher [lumen naturale] [wird] zu Beginn der neuzeitlichen Philosophie bei R. Descartes zum Symbol der nunmehr gegen die scholastische Hierarchisierung von Glauben und Vernunft (…) gerichteten Autonomieerklärung der Vernunft (des Verstandes), die (der) damit die alleinige Instanz der Wahrheit, bei jedermann ausgebildet und jedermann zugänglich darstellt (…)." (Mittelstraß. Lumen naturale. 1984. In: EPhW, Bd. 2. S. 726)

Für die Scholastik galt noch, dass im Konfliktfall zwischen der Berufung auf eine Autorität wie Aristoteles, die Kirchenlehrer Augustinus oder Thomas und die Berufung auf die Vernunft diese den Vorrang erhielt, denn Autoritäten können irren – das hatte die Geschichte zur Genüge bewiesen – aber die von Gott erleuchtete oder gegebene Vernunft nicht. Wenn die zitierte Autorität sich auch auf die von Gott gegebene Vernunft berief, blieb der Konflikt bestehen. Wenn aber die Vernunft – zwar durch den von Gott erschaffenen Menschen, mehr nicht – autonom ohne göttliches Licht war, auf welche Kontrollinstanz konnte man sich dann berufen? Nur noch auf sich selbst, ist die Antwort Descartes. Durch Selbstzweifel, durch die in die Tiefe vordringende Selbstreflektion, kann der Mensch sich seiner vergewissern. Das natürliche Licht im menschlichen Verstand lässt ihn sich selbst und die Welt, in der er lebt, erkennen.

Die Epoche der Aufklärung folgte, wirkte in alle Bereiche des gesellschaftlichen Lebens wie in die Disziplinen der Wissenschaften hinein, ermöglichte im Philosophischen einen neuen Denkraum von Möglichkeiten Welt zu verstehen und zu erklären. Bei Nietzsche dann eine sehr freie Entfaltung von philosophischem Denken zur Aufklärung des Menschen über seine eigene Begrenztheit hin zur Befreiung von selbstgesetzten Normen und Moralgesetzen zu eigengesetzlichem Leben.

11.1 Das unverfälschte Licht zu vermehren ist René Descartes (1596–1650) Anliegen

In allen Schriften benutzt Descartes die Lichtmetapher, spricht vom *natürlichen Licht*, durch welches wir die Wahrheit erkennen bzw. überhaupt erkennen, und meint damit die Erkenntniskraft, den Verstand, den Geist, die Vernunft, seine Bezeichnungen variieren. Er spricht also nicht mehr vom göttlichen Licht, welches den Menschen zur Erkenntnis führt, sondern vom *natürlichen Licht*, was aber nicht das sinnliche Licht, sondern das innere Geisteslicht ist. Das *natürliche* Licht unterliegt der Metapher des sinnlichen Lichts. Was aber genau meint er damit, welche Parameter ändern sich, dass es nicht mehr der direkte oder indirekte göttliche Einfluss ist, sondern, wie es scheint, die in der Natur des Menschen liegende Erkenntnisfähigkeit. Sich von der offiziellen Lehre der katholischen Kirche abzuwenden, gegen die Offenbarung zu lehren, das Risiko kann er nicht eingehen. Er braucht die Akzeptanz der höchsten Kirchengelehrten für seine neue Philosophie, er muss sich im Rahmen des Konformen mit der Lehrmeinung der Kirche arrangieren, also bleibt Gott der Höchste, Vollkommenste, Weiseste, der Schöpfergott, der alles geschaffen hat und alles bewegt. Der Glaube an Gott bleibt bei Descartes unangetastet, auch wenn er manchmal in der Argumentation seiner Zweifel Scheingefechte gegen dieses Gottesbild führt. Es sind nur formale, nicht überzeugende Kritiken, die schnell ausgeräumt sind und daher das manifeste Gottesbild der Kirche nicht erschüttern können. Die Offenbarung Gottes steht über jede Erkenntnis des Menschen, ist zuverlässiger als alles, was der Mensch je zu erkennen vermag.

Vielleicht sollte man als Hintergrundinformation wissen, dass zu diesen Zeiten das Hauptwerk von Galilei erschien (1632), welches von der Inquisition verurteilt

11.1 Das unverfälschte Licht zu vermehren ist René Descartes (1596–1650) Anliegen

wurde und worauf hin dieser seine These vom heliozentrischen Weltbild widerrief, denn seine Berechnungen und seine Thesen waren nicht in Einklang zu bringen mit der Bibelauslegung der Kirche. Descartes bemerkte mehrmals in seinen Schriften, dass er ausgearbeitete Essays nicht publizierte, da er die Zensur fürchtete. (Vgl. Descartes. Methode. S. 56)

Beginnen möchte ich mit den *Regeln zur Ausrichtung der Erkenntniskraft*, dem frühesten von ihm publizierten Werk, das uns in einer Fassung von (wahrscheinlich) 1628 vorliegt. Es geht um die Erkenntnis, um das Wissen und um die Wahrheit, um die Erkenntniskraft, die „unerschütterliche und wahre Urteile herausbringt", wie es in der Regel 1 heißt. Die „menschliche Weisheit, die immer eine und dieselbe bleibt", bringt die Wissenschaft hervor (Descartes. Regeln. S. 3). Dabei plädiert er nicht für die Beschäftigung mit Subdisziplinen oder überhaupt mit der Aufsplittung in verschiedene Wissenschaftszweige, sondern das Lernen solle sich auf alle Wissenschaften richten, die ja miteinander verknüpft seien.

> „Wenn also jemand ernsthaft die Wahrheit aufspüren will, so darf er keine vereinzelte Wissenschaft wählen; sie sind nämlich alle miteinander verbunden und voneinander abhängig; sondern er sei nur darauf bedacht, das natürliche Licht der Vernunft zu vermehren, nicht um diese oder jene Schulfrage zu lösen, sondern damit in den einzelnen Vorfällen des Lebens der Verstand dem Willen vorschreibe, was zu wählen sei, […]" (Descartes. Regeln. S. 4)

Zum ersten Mal spricht Descartes hier vom *natürlichen Licht der Vernunft*, das man vermehren soll, damit der Verstand die ausschlaggebende Kraft für das Leben sei.

Er schreibt ein Regelwerk mit dem Anliegen, die Regeln vorzuschreiben, die uns zur *Höhe der menschlichen Erkenntnis* führen können. Weg vom Schulwissen, das nur für die erste Lernzeit von Nutzen ist und das überwunden werden muss, also weg vom *Ver-Komplizieren* und *Ver-Zweifeln*, wie ich es benennen würde, hin zum Leichten, Klaren, Intuitiven, welches wir unmittelbar benennen und erkennen können, so lesen wir es in seiner zweiten Regel. Intuition und Deduktion sind die *Handlungen des Verstandes*, die er zulässt. Mit der Intuition ist nicht die sinnliche Wahrnehmung gemeint oder ein trügerisches Urteil einer Einbildung; mit Intuition ist ein unbezweifelbares Begreifen eines reinen und aufmerksamen Geistes gemeint, „welches allein dem Lichte der Vernunft entspringt". (Descartes. Regeln. S. 10)

In den weiteren Regeln findet die Lichtmetapher des lumen naturale für den Verstand immer wieder in variierenden Formulierungen Anwendung. In Regel 4 heißt es z. B., dass „düstere Meditationen das natürliche Licht trüben und die Erkenntniskraft blind machen." (Descartes. Regeln. S. 13) oder etwas später ist die Rede vom *unverfälschten Licht der Vernunft*. Das natürliche Licht steht für die Erkenntniskraft des Menschen. Dieses Licht ist angeboren (Regel 6 und 12) wie eben auch die Erkenntniskraft, allerdings nicht bei jedem Menschen in gleichem Ausmaß. In Regel 10 spricht er direkt vom Licht der Erkenntniskraft und weiter in Regel 12 wird deutlich, dass mit dem lumen naturale auch das Vermögen der Selbstreflexion gemeint ist und die Intelligibilität des Menschen konstatiert wird. Die Erkenntniskraft richtet sich auf das, was rein geistig erkannt werden kann.

Noch einmal in Regel 14, wo es u. a. um den Vergleich geht, um Wissen zu generieren, wird das Verständnis der Lichtmetapher im Sinne von Descartes deutlich.

> „Und zwar besteht fast alles, was die menschliche Vernunft durch eigene Tätigkeit dabei [durch den Vergleich] leisten kann, darin, diese Handlung vorzubereiten. Wenn sie nämlich auf der Hand liegt und einfach ist, bedarf es keiner Kunsthilfe, sondern allein des Lichtes der Natur, um die Wahrheit, die man dadurch gewinnt, in der Intuition zu erfassen." (Descartes. Regeln. S. 62)

Der menschliche Geist kann intuitiv die Wahrheit erfassen, zur Kontrolle bedarf es nur der Einfachheit und Klarheit des Erkenntnisgegenstandes; diese Merkmale zu prüfen und zu bestätigen erfolgt wiederum durch den menschlichen Geist. Wenn ich Zweifel hege, wenn es kompliziert und verschlungen erscheint, unstrukturiert und verworren, wenn es nicht klar und deutlich ist, so habe ich nicht die Wahrheit erkannt, sondern muss mich auf den Weg machen, das Dickicht zu durchdringen und das Knäuel zu entwirren.

Das natürliche Licht, die Vernunft, der Verstand oder der Geist werden von Descartes synonym verwandt, er wechselt fast beliebig zwischen den Begrifflichkeiten, wenn es um die Erkenntnis des Menschen geht, sei nun mit *Ingenium* die Erkenntniskraft oder das Erkenntnisvermögen gemeint, das ist eine Frage der Übersetzung. Das natürliche Licht ist das Sonnenlicht und kein sichtbar-unsichtbares göttliches Licht, er spricht auch nicht von einem inneren, wohl aber von einem angeborenen Licht gemäß der angeborenen Erkenntnisfähigkeit. Immer ist die direkte Übertragung der Lichtmetapher gemeint, *klar und deutlich* und ohne zusätzliche Bedeutungsvarianten.

Ingenium nennt Descartes die spezifisch menschliche Erkenntniskraft, durch die der Mensch Neues erkennen kann, wozu er aber gemeinhin die bildliche Vorstellungskraft benötigt. Über den Weg einer Verbildlichung von Begriffen kann der Verstand etwas betrachten und Neues entdecken. (Vgl. Descartes. Regeln. Einleitung. S. XXV ff.)

Gemeint ist hier ebenso die intelligible Fähigkeit des Verstandes, etwas ohne Erfahrung und sinnliche Wahrnehmung zu erkennen. Für Descartes gibt es eine Vorstellungskraft des Geistes, ohne dass es dazu eines Pendants in der physischen Welt bedarf. Auch nicht auf zusammengesetzte Fantasie- oder Traumbilder müssen diese Imaginationen zurückzuführen sein, es handelt sich um reine, klare intelligible Imaginationen.

Andererseits werden durch das Ingenium auch Schranken gesetzt, die der Mensch zu akzeptieren hat. Das natürliche Licht ist das menschliche Licht, es ist nicht so umfassend und es reicht nicht so weit wie das göttliche Licht. Vieles bleibt der menschlichen Erkenntnis verschlossen und das müssen wir akzeptieren.

Ein anderer Begriff wird in den Regeln noch geklärt: *Sapientia Universalis*. Hierin verbirgt sich Descartes Klärung der Bedeutung von Wissenschaft überhaupt und der Kritik an der vorherrschenden Wissenschaftspraxis zu seiner Zeit. Sein Anliegen ist die Ausbildung der Erkenntniskraft des Menschen, nicht in erster Linie das Eruieren von Wissen oder deren Nutzung. *Diszipliniertes Denken* macht die Qualität bzw. *den inneren Wert* dieses Vermögens aus. (Vgl. Descartes. Regeln. Einleitung. S. XXVIII)

Ich erinnere mich an die Debatten vor ca. 20 Jahren im Fachbereich der Hochschule, als wir uns im Kollegium darüber austauschten, dass genau dieses Vermögen des Durchspielens von Denkmöglichkeiten die Studierenden nicht mehr mitbringen, dass sie in der Schule nicht ausreichend lernen, die Perspektiven zu wechseln, systemisch zu denken, linear, polar, hierarchisch, formal logisch, die verschiedenen Methoden, z. B. Induktion und Deduktion, anzuwenden, überhaupt Kreativität in der Erkenntnisgewinnung zu zeigen. Für uns in der Philosophie und in anderen Disziplinen, selbst in den Ingenieur- und Naturwissenschaften, war klar, dass es um die Kompetenzausbildung der Denkfähigkeiten gehen muss, nicht um die Aneignung von Informationswissen. Das eigenständig originäre Denken forderten wir ein, aber die Studierenden hatten es bisher zu wenig gelernt. Das Problem scheint mir bis heute nicht gelöst, vielleicht sogar verschärft zu sein; die Kommunikation über die Sozialen Medien mit ständigen Wortvorschlägen, die Recherche über das Internet, das Plagiieren selbst bei einfachen Prüfungsarbeiten scheinen ihren Beitrag dazu zu leisten. Allerdings meinte Descartes nicht die kreative Entfaltung von Erkenntnisfähigkeiten, sondern seine Kriterien zur Erkenntnis in den Wissenschaften waren durch ein mathematisch-geometrisch und eher naturwissenschaftliches Denken geformt.

In der von ihm biografisch gestalteten Einführung in seine *Abhandlung über die Methode des richtigen Vernunftgebrauchs*, erstmals publiziert 1637, stoßen wir wieder auf die Verwendung der Lichtmetapher. Nachdem Descartes viele Jahre des Lernens und Studierens an der Jesuitenschule von La Flèche verbracht, seinen Glauben an die Wahrheit der Wissenschaften verloren und seine Zweifel über die Erkenntnisse an Substanz und Größe gewonnen hatte, suchte er seine eigenen Erfahrungen durch Reisen, Gespräche, Beobachtungen und Nachdenken zu machen.

„Ich wollte keine andere Wissenschaft mehr suchen, als die *ich in mir selbst oder in dem großen Buche der Welt würde finden können*, und so verwendete ich den Rest meiner Jugend auf Reisen, Höfe und Heere kennenzulernen, mit Menschen von verschiedener Gemütsart und Lebensstellung zu verkehren, mannigfaltige Erfahrungen einzusammeln, in den Lagen, in welche das Schicksal mich brachte, mich zu erproben und alles, was sich mir darbot, so zu betrachten, daß ich einen Gewinn davon haben könnte.
[…]
Und auf diese Weise befreite ich mich allmählich von vielen Irrtümern, die unser natürliches Licht verdunkeln und uns weniger fähig machen, auf die Vernunft zu hören." (Descartes. Methode. S. 10 f.)

Descartes sah durch seine Elitebildung und die Übernahme von Gewohnheiten seinen Geist verdunkelt und seine Fähigkeit zu eigener Vernunftleistung geschwächt.

Sein Sinnen richtet sich weiterhin auf die Wahrheit, darauf, wie wir zur Wahrheit finden können. Eine erste Wahrheit, die sicher und fest ist, findet er in der Feststellung „*ich denke, also bin ich*" (Descartes. Methode. S. 31), aber wenn er weiter dieses Ich befragt, erkennt er, dass er bzw. der Mensch nicht vollkommen ist. Nur Gott ist ein vollkommenes Wesen. Daraus schließend formuliert er die Regel, „[…] *daß nämlich alle Dinge, die wir sehr klar und sehr deutlich begreifen, wahr sind*, nur deshalb sicher, weil Gott ist oder existiert und weil er ein vollkommenes Wesen ist und alles in uns von *ihm* herrührt." (Descartes. Methode. S. 37) Die Gewissheit zu sein und die Wahrheit der Welt zu erkennen, sind verschiedene Dinge. Wir können der „einleuchtenden Klarheit (évidence) unserer Vernunft vertrauen. Wohlgemerkt, ich sage unserer *Vernunft* (raison) und nicht unserer Einbildung (imagination) oder unseren Sinnen (sens)." (Descartes. Methode. S. 38) Aber diese Vernunft sagt uns nicht, was wahr ist, zumindest nicht in aller Klarheit und Deutlichkeit, die wir für die Wahrheit beanspruchen, aber die Vernunft sagt uns, dass die „Ideen oder Begriffe ihren Grund in etwas Wahrem haben müssen; denn sonst hätte Gott, der absolut vollkommen und wahr ist, sie unmöglich in uns gesetzt." (Descartes. Methode. S. 38)

Die platonischen Ideen, mit denen wir geboren werden, sind bei Descartes durch Gott in unsere Vernunft gesetzt. Aber wir erkennen nur den Grund zur Wahrheit dieser Ideen, noch nicht die Wahrheit dieser Ideen selbst. Wenn wir die Sonne sehen, und dessen sind wir uns gewiss, so können wir aus dem Sehen nicht beurteilen, wie groß sie ist. So erkennen wir mit unserer Vernunft, ohne aber die ganze Wahrheit zu erkennen.

Nach der Veröffentlichung seines Hauptwerkes *Mediationen über die Erste Philosophie* (1641) ereilt ihn jedoch Kritik von verschiedenen Seiten, auf die er sich einlässt und mit Argumenten zu begegnen sucht. Kritik und Kommentare werden der Öffentlichkeit zugänglich gemacht, denn sein Bemühen ist es letztlich, aus den Wahrscheinlichkeiten und Zweifeln herauszukommen. Aus dem *natürlichen Licht*, d. h. gemäß der *menschlichen Vernunft*, kann Erkenntnis generiert werden, sei es wenigstens als Zweifel formuliert. (Vgl. Einleitung. In. Descartes. Meditationen. S. 6 f)

Die *Erste Philosophie*, das ist die Metaphysik, das ist das *Wurzelwerk eines Baumes*, das ist die Philosophie als das *ganze menschliche Wissen*. In den Früchten dieses Baumes erweist sich die Nützlichkeit des Wissens. Wenn die Fragen der Metaphysik beantwortet sind, kann man sie ruhen und wirken lassen und sich den anderen Dingen der Welt widmen. (Vgl. Descartes. Meditationen. Einleitung. S. 14)

Ein Denken, frei von sinnlichen Verbindungen, das ist das Vermögen der Vernunft. Die Unsterblichkeit der Seele sowie die Verschiedenartigkeit von Körper und Seele will Descartes evident beweisen. Ein Körper ist teilbar, ein Geist ist stets unteilbar, der Körper ist sinnlich wahrnehmbar, wir können ihn sehen, fühlen, die Seele bleibt den äußeren Augen verschlossen, ist sinnlich nicht wahrnehmbar, ist nur dem Geist zugänglich. Von einem Geist können wir uns keine Mitte denken, immer jedoch von einem Körper, sei er noch so klein. Körper und Geist sind dem Wesen nach verschieden, in gewissem Sinne einander entgegengesetzt. Der Geist ist reine Substanz und seiner Natur nach unsterblich. (Vgl. Descartes. Meditationen. S. 55/57)

Die theoretischen Wahrheiten zu erkennen, nicht die des praktischen Lebens und des Glaubens, ist Descartes Anliegen, und dies ist nur durch das natürliche Licht der Vernunft möglich. (Vgl. Descartes. Meditationen. S. 59) Die Gründe, „durch welche wir zur Erkenntnis unseres Geistes und Gottes gelangen, […] sind die allergewissesten und evidentesten Gründe, von denen der menschliche Geist ein Wissen besitzen kann." (Descartes. Meditationen. S. 61) Das ist sein Anliegen. Er beschreibt also den Weg des Zweifelns, um zu Gewissheiten zu gelangen. Dabei ist Gott die Quelle der Wahrheit.

In seiner *Übersicht über sechs Meditationen* nennt Descartes zum ersten Mal hier direkt *das natürliche Licht*, durch das wir *theoretische Wahrheiten* erkennen. (Vgl. Descartes. Meditationen. S. 59) Dann spricht er in der dritten Meditation und auch später in aller Selbstverständlichkeit vom *natürlichen Licht*.

> „Was mir nämlich durch das natürliche Licht sichtbar wird (wie z. B., daß aus meinem Zweifeln folgt, daß ich sei, und ähnliches), das kann in keiner Weise zweifelhaft sein, weil es kein anderes Vermögen geben kann, dem ich so wie jenem Licht vertraue, oder das mir klar machen könnte, daß jene Einsichten nicht wahr seien." (Descartes. Meditationen. S. 107)

> „So sehe ich nun durch das natürliche Licht (mit Evidenz) ein, dass meine Vorstellungen gleichsam Bilder sind, die zwar mit Leichtigkeit hinter der Vollkommenheit der Dinge zurückbleiben können, von denen sie abgenommen sind, niemals aber Größeres oder Vollkommeneres als die Originale enthalten können.
> Je länger und eingehender ich die ganzen Zusammenhänge prüfe, umso klarer und deutlicher sehe ich ihre Wahrheit ein. Was folgt aber schließlich daraus?
> Wenn die objektive Realität einer meiner Vorstellungen so groß ist, dass sie mit Gewissheit weder mit demselben noch mit einem höheren Grade von Wirklichkeit in mir enthalten sein kann, so folgt daraus notwendig, dass ich nicht allein in der Welt bin; es muss noch etwas anderes existieren, das die Ursache dieser Vorstellung ist." (Descartes. Meditationen. 115)

Das natürliche Licht, was meint der Philosoph mit dieser Attributierung des Lichts? Abschließend in der Sechsten Meditation finden wir seine Betrachtungen zur Natur, woraus wir auf das *Natürliche* schließen können. „Unter Natur im allgemeinen verstehe ich nämlich jetzt nichts anderes als entweder Gott selbst oder die von Gott eingesetzte Ordnung der geschaffenen Dinge." (Descartes. Meditationen. S. 193) Zuvor bemerkt er noch, dass „alles, was die Natur mich lehrt, einen gewissen Grund von Wahrheit besitzt". (Descartes. Meditationen. S. 193) Gott setzt dieses natürliche Licht in den Menschen und es besitzt einen gewissen Grad von Wahrheit. Die Vernunft ist von Gott in den Menschen gesetzt.

Ich, das denkende Ding! Mein Geist, ich, bin ein denkendes Ding, ich bin ein einheitliches, ein fürsichseiendes und vollständiges Ding, denn der Geist ist nicht teilbar. (Vgl. Descartes. Meditationen. S. 205)

Gehen wir zurück zur Zweiten Meditation, so stoßen wir auf die Anfänge der Zweifel und der ersten Gewissheiten. Ich war da, als ich gedacht habe; ich denke, also bin ich, sinngemäß so formuliert er seine ersten Wahrheiten der Erkenntnis. (Vgl. Descartes. Meditationen. S. 79) Das Denken, das Bewusstsein ist es, dass nicht vom Ich abgetrennt werden kann.

> „[...] demnach bin ich genaugenommen lediglich ein denkendes Ding, d. h. Geist bzw. Seele bzw. Verstand bzw. Vernunft; lauter Bezeichnungen, deren Bedeutung mir früher unbekannt war. Ich bin nun ein wirkliches und wahrhaft seiendes Ding. Was denn für ein Ding? Ich sage ja: ein denkendes." (Descartes. Meditationen. S. 83)

> „Ein denkendes Ding. Was ist das? – Ein Ding, das zweifelt, einsieht, bejaht, verneint, will, nicht will, das auch bildlich vorstellt und empfindet." (Descartes. Meditationen. S. 87.)

Während in der Zweiten Meditation die grundlegenden Zweifel erläutert werden und somit die Basis für Descartes neue Theorie des Ichs, des Denkens und der Wahrheitsfindung gelegt werden, wendet er sich in der Dritten Meditation stärker diesem Ich zu und stellt die Frage nach der Gewissheit von Gott. Durch das natürliche Licht, also die Vernunft (Geist, Seele …) wird offenbar, dass in „der wirkenden Ursache mindestens ebensoviel Realität enthalten sein muß wie in dem von dieser Ursache Bewirkten." (Descartes. Meditationen. S. 111) Aus dem Nichts kann nichts entstehen und ein Vollkommenes nicht aus einem weniger Vollkommenen. Alle Möglichkeiten gedanklich durchspielend kommt er zu dem Schluss, dass es Gott gibt und er die Ursache und der Grund ist für das Ich bin, ich existiere, ich denke, ich zweifle.

> „So bleibt allein die Vorstellung Gottes übrig, bei der es sich fragt, ob ihr Sein aus mir hat hervorgehen können. Als Gott bezeichne ich eine unendliche, unabhängige, allweise, allmächtige Substanz, von der Ich selbst und alles, was etwa noch außer mir existiert, geschaffen worden ist. […] So ergibt sich aus dem oben Gesagten, daß Gott notwendig existiere." (Descartes. Meditationen. S. 121)

Das natürliche Licht, diese Metapher der Erkenntnis, die von Descartes ständig gebraucht wird, ist vielleicht nicht der autonome Geist, wie es scheint, sondern eine durch Gott geschaffene Substanz. Der Mensch erkennt in seinem Zweifel, dass er selbst ist, da er sich denken kann, dass außer ihm noch Anderes existieren muss, welches vollkommener ist als er, da er seine Unvollkommenheit erkennt und dieses Vollkommene Gott ist, der dem Menschen den Geist, den Verstand, die Seele, das natürliche Licht oder wie immer er es bezeichnen mag, gegeben hat.

Abschließend zu Descartes möchte ich auf einen Aufsatz zu sprechen kommen, der sich insbesondere dem lumen naturale im cartesianischen Verständnis widmet. In einer medienphilosophischen Überprüfung der Theorien von Descartes über Licht und Wahrheit setzt sich Stephan Gregory in dem Aufsatz *Lumen naturale. Licht und Wahrheit bei Descartes* (2014) auseinander. Er will „die Medialität der Wahrheitssuche, die außerphilosophischen Voraussetzungen der Descartes'schen Gewissheit ins Auge […] fassen." (Gregory. 2014. S. 261.) Auch Wahrheit wird medial vermittelt, aber welche Parameter werden diesbezüglich gesetzt?

Für Descartes gilt die Übereinstimmung des Denkens mit der Wahrheit, so wie der Begriff *Wahrheit* in Verwendung ist. Seine eigentliche Frage ist jedoch nicht, was Wahrheit sei, sondern wie sie gefunden werden kann. „Wie lässt sich eine Erkenntnis als wahre Erkenntnis bestimmen?" (Gregory. 2014. S. 262) Da für Descartes die Wahrheit selbst kein Problem darstellt, geht er der Frage der Überprüfung von Wahrheit nicht weiter nach.

Wir haben dieses Problem der Bestimmung von Wahrheit und Gerechtigkeit schon bei Platon und Aristoteles kennen gelernt, die beide das Vorhaben des An-sich von Wahrheit und Gerechtigkeit aufgeben und nur den Fragen nachgehen, wie wir zu beidem gelangen. So auch bei Descartes, der die Klärung der Bestimmung eher bei Gott sieht und nicht beim Menschen.

11.1 Das unverfälschte Licht zu vermehren ist René Descartes (1596–1650) Anliegen

Vielmehr ist es die Gewissheit von Erkenntnis, die den Philosophen interessiert und die sich nach seiner Ansicht über methodische Regeln lösen lassen. Wahrheit und Wissen sind für ihn noch nicht getrennte operative Bereiche in der Wissenschaft, da durch Gott eine Verlässlichkeit gegeben ist, aber er denkt schon in Richtung eines „Mehr-Wissens der Wissenschaft", als es aus dem Glauben durch das „Mehr-als-Wissen Gottes" gegeben ist. (Vgl. Gregory. 2014. S. 263 f.)

> „In allem, was Descartes über das Erkennen der Wahrheit geschrieben hat, stößt man auf eine geradezu penetrante Metaphorik des Sehens und des Lichts. Der >Vergleich mit den Augen< (Descartes, Regeln. S. 30) wird bei jeder Gelegenheit ins Spiel gebracht." (Gregory. 2014. S. 264.)

Wie wir mit den Augen eine partielle Gesamtheit zu erfassen vermögen, so erkennen wir die Wahrheit. Der Denkvorgang scheint der sinnlichen Wahrnehmung des Sehens gleich oder zumindest sehr ähnlich zu sein. Die metaphorische Übertragung zwischen Wahrheit und Gewissheit einerseits und der visuellen Wahrnehmung anderseits ist offensichtlich. (Vgl. Gregory. 2014. S. 265)

> „Als prominenteste cartesische Lichtmetapher lässt sich insbesondere das >natürliche Licht der Vernunft< näher in Augenschein nehmen. Im Rahmen der Descartes'schen Erkenntnistheorie funktioniert es als eine Art Leuchtindex der Wahrheit, als ein Licht, da sich augenblicklich ausbreitet, sobald eine wahre Erkenntnis erfasst wurde. […] Mit dem Bild des Lichts verbindet sich die Idee der Unmittelbarkeit, der Unwillkürlichkeit und Unwiderstehlichkeit der Wahrheit. Versteht man die metaphorische Operation als Übersetzung von einer Sphäre in eine andere, so handelt es sich hier nicht nur um den Transport eines Bildes, sondern auch um einen Machttransfer: Mit dem Lichterscheinung übertragen sich die Beeindruckungspotentiale der religiösen Offenbarungswahrheit (Epiphanien, Illuminationen etc.) auf das Gebiet der Gegenstandserkenntnis; die Macht der Erleuchtung, die höher war als alle Vernunft, soll nun der Vernunft selbst zukommen." (Gregory. 2014. S. 265.)

Das natürliche Licht, die Vernunft des Menschen, ist durch den Schöpfungsakt Gottes gegeben, sie wird nicht zum Ersatz für das göttliche Licht. Descartes bewegt sich am Rande der Zulässigkeit der kirchlichen Lehre und er löst das Problem, indem er die höhere Erkenntnis und die Bestimmung von Wahrheit Gott zuschreibt. Die Vernunft arbeitet für die Wissenschaft, dient der Erkenntnis von Wissen in der Wissenschaft, und diese verbürgt nun die Autonomie des Denkens des Menschen. In der Wissenschaft ist der Mensch frei, er erkennt, denkt und handelt autonom.

Gregory sieht jedoch dieses natürliche Licht, wovon Descartes immer spricht, (in Wahrheit) als ein künstliches Licht, denn durch die Sonne ergeben sich Lichtabstimmungen und Schatten, während das Licht der Erkenntnis bei Descartes immer gleich zu sein scheint und eher mit physikalischen Bemessungen zu vereinbaren wäre als mit dem natürlichen Licht der Sonne. Dies mag sein, da dies den Denkstrukturen für wissenschaftliche Erkenntnisse nach Descartes entsprechen würde.

M.E. spricht dem jedoch entgegen, dass in der Regel 1 von der *Vermehrung des natürlichen Lichts der Vernunft* (Vgl. Descartes. Regeln. S. 4) im Sinne eines Lichtzuwachs gesprochen wird und Descartes ja die Ausbildung der Erkenntniskraft forciert, es demnach durch die Ausbildung eine Steigerung des Lichts geben muss.

Descartes erklärt die Vernunft für autonom, der göttliche Anteil und die göttliche Einflussnahme werden negiert. Licht wird zur Metapher der Vernunft. Diese ist die alleinige Instanz der Wahrheit; die Vernunft, die jeder Mensch besitzt, kann er ausbilden und sie ist jedem zugänglich. „In der (bei Descartes) als Wahrheitskriterium aufgefassten Formel <klar und deutlich> erhält die metaphorische Verwendung des Ausdrucks ‚lumen naturale' einen methodischen, in der stellvertretenden Bezeichnung für Aufklärung (le siècle des lumières, ... [Zeitalter des Lichts]) einen epochalen Sinn." (Mittelstraß. lumen naturale. 1984. In: EPhW, Bd. 2. S. 726)

Mittelstraß sieht die Lichtmetapher zur Bezeichnung einer neuen Epoche durch Descartes gegeben, nicht durch diesen selbst so bezeichnet, sondern im Rückblick auf die Historie als kennzeichnende Begrifflichkeit für eine neue Epoche in der Geschichte der Philosophie so formuliert. Das Zeitalter des Lichts beginnt mit dem *natürlichen Licht* Descartes, für die Philosophie der Anfang des autonomen Denkens des Menschen in der Neuzeit.

Das eigentliche Zeitalter oder die Epoche der Aufklärung beginnt nun im späten 17. Jahrhundert und erfasst weit mehr als nur die Philosophie und die Wissenschaften. Sie umfasst das gesellschaftliche und politische Leben der Menschen gleichermaßen.

11.2 Das Zeitalter der Aufklärung – die Epoche des Lichts (18./19. Jh.)

Das *Zeitalter der Aufklärung* wird auch als die *Epoche des Lichts* oder als *erleuchtetes Jahrhundert* in Europa bezeichnen. Mit Europa sind vornehmlich Frankreich, Italien, England und Deutschland gemeint, wenn es die Philosophie betrifft, weitere europäische Länder im Umfeld, wenn die politischen und gesellschaftlichen Umwälzungen einbezogen werden. Durch Unruhen und Revolutionen ändern sich die Herrschaftsverhältnisse und durch wissenschaftliche Entdeckungen die Sicht auf die Welt. Das mathematisch-naturwissenschaftliche Denken setzt sich gegen ideologische Traditionen durch, die Philosophie emanzipiert sich von Theologie und Kirche, humanistische Werte werden neu formuliert, lenken den Blick von Obrigkeit und Herrschaft weg hin zum Menschen, zu seiner ethisch-anthropologischen Wesenheit.

Unter Aufklärung verstand man, auch schon zu frühesten Zeiten, einen Erneuerungs- sowie Lösungsprozess von Aberglauben, alten Vorurteilen und Mythen. Man befreite sich aus alten Traditionen und Strukturen, die aufgrund einer neuen Sicht auf die Welt und auf den Menschen ihre Substanz verloren hatten. Der Glaube an Geister, Götter und Mächte, die das Schicksal des Menschen in Händen hielten, wich einer Aufgeklärtheit, in der die Menschen eigene Gestaltungskräfte erkannten, vor allem aber natürliche Erklärungen für zahlreiche Phänomene des Naturgeschehens fanden. Abhängigkeiten wurden aufgehoben, da die Menschen sich immer stärker in die Lage versetzt sahen, selbst zu erkennen, zu verstehen und zu handeln. Nicht nur Naturgesetzlichkeiten, ebenso menschliches Verhalten als Individuum, in der Gruppe, in der Masse oder im Volk rückten in den Fokus von Be-

11.2 Das Zeitalter der Aufklärung – die Epoche des Lichts (18./19. Jh.)

obachtungen, von kontextuellen Betrachtungen sowie vernünftigen Erklärungen. Der Mensch erkannte seine autonome Vernunft, die ihn verantwortlich machte für jegliches Handeln. Nicht auf alle Menschen und nicht umfänglich auf alles Geschehen bezog sich die Aufgeklärtheit, aber in der Tendenz immer weiter fortschreitend. Die Philosophie war die treibende Kraft im Aufklärungsprozess, von ihren frühesten Anfängen an, die Aufklärung des Menschen war ihr ureigenster Gegenstandsbereich, aber politisch nicht immer gewünscht. Die Philosophen und Philosophinnen befanden sich im Lebensalltag in Abhängigkeiten, die ihr Denken und Handeln prägten. Die Freisetzung zum Eigenen des Menschen in einem entscheidenden und erheblichen Maße gelang erst im Zeitalter der Aufklärung, in der Epoche des Lichts, im späten 17. bis hin zum Ende des 19. Jahrhunderts. Mit dem Jahrhundert des Lichts ist das 18. Jahrhundert gemeint, die Blütezeit der Aufklärung.

Im Europa des 18./19. Jahrhunderts war zunächst vor allem die Befreiung von gesellschaftlichen Fesseln gewünscht. Letztendlich versuchten die Vertreter der Aufklärung eine Befreiung des Denkens und Handelns zu erreichen, wodurch insbesondere die Philosophie und die Pädagogik profitierten. Rousseau führte in der Pädagogik den Menschen auf seine Natur zurück; Kant rief die Menschen zum Selbstdenken und zum Vernunftgebrauch auf. Das gesellschaftliche, politische sowie geistes- und naturwissenschaftliche Denken wurde *aufgeklärt*.

Durch das *Licht der Vernunft*, welches in die Welt *getragen* wird, kommen die Menschen zu neuen Erkenntnissen, vor allem in den Naturwissenschaften, zu einer größeren Öffentlichkeit des politischen Geschehens und zu mehr Freiheiten im gesellschaftlichen Zusammenleben. Für diesen Prozess der Aufklärung bedient man sich der alten Metapher des Lichts: die Vernunft leuchtet, der Verstand erkennt, der Geist des Menschen erhellt das Geschehen in der Welt.

Betrachten wir als erstes die Bezeichnung *Zeitalter der Aufklärung*, so springt quasi die Aufklärung als eine inkludierte metaphorische Bezeichnung ins Auge. Aufklärung schließt klar und Klarheit ein, indirekt somit das Licht, welches etwas klar und in Klarheit zeigt. Aufklärung kann als Sich-Klarheit-verschaffen übersetzt werden und dieses können wir nur im Lichte oder durch Licht, nicht in der Dunkelheit. Aufklärung verweist also unmittelbar auf das Sehen und Erkennen in oder durch Licht. Generell ist damit noch kein Gegenstandsbereich umgrenzt, es gilt gleichermaßen für die physische wie für die metaphysische Welt. Mit dem Zeitalter der Aufklärung ist m. E. kein Bereich explizit ausgeschlossen, es bezieht die Aufdeckung von Irrtümern, Mythen, Unwahrheiten oder Irrglauben im Gesellschaftlichen, im Naturwissenschaftlichen, Ethischen, Geistigen oder Ideologischen ein. Durch Aufklärung werden Veränderungen in Bezug auf das soziale, das physische wie das metaphysische Denken bewirkt bzw. sollen veranlasst werden, hin zur Wahrheit, hin zur Wirklichkeit, hin zur Wahrheit über die Wirklichkeit. Aufklärung beinhaltet noch eine weitere doppelte Komponente: man wird aufgeklärt, also als passiver Vorgang, den man erleidet, oder man klärt auf, ein aktiver Vorgang des Handelns. Lässt man Götter, Geister und andere mystische Wesen außen vor, so klärt der Mensch auf oder er wird aufgeklärt, durch sich oder durch andere. Die Spannweite reicht also von *sich selbst aufklären* über *andere aufklären* bis hin zu *durch andere aufgeklärt werden*. Diese Klarwerdung steht immer im Vollzug des menschlichen Geistes bzw. des Verstandes oder der Vernunft; diese Begrifflichkeiten werden manchmal synonym verwandt, manchmal werden graduelle Unterschiede, bis hin zu substanzielle ausgemacht, Modifikationen in verschiedenen Konstellationen inbegriffen. Der Geist ist es, der aufklärt, selbst im Prozess des Aufgeklärt-Werdens ist es der eigene Geist, der die Aufklärung erkennt und vollzieht.

Die philosophisch-literarischen Traktate in der Zeit des 17./18./19. Jahrhunderts über die Aufklärung nehmen explizit Bezug auf die politische und gesellschaftliche Bedeutung dieses neuen Selbstverständnisses des Menschen in seinen geistigen Kompetenzen. Obwohl die Problematik der Erkenntnisfähigkeit ein genuin philosophisches Thema ist und innerhalb dieser Disziplin geklärt werden sollte, führen die Betrachtungen zur Praxis; sie bewegen sich selten innerhalb der Metaphysik der Philosophie. Kritiker der Aufklärung fürchten weniger die Kräfte der Erkenntnis als vielmehr die Freiheit des Denkens und Handelns, die darin impliziert liegt. Wenn jeder Mensch frei ist oder frei werden kann, so sind Staat und Gesellschaft, vor allem aber die Macht der Kirche in ihrem Gefüge gefährdet.

Zwischen Descartes und Kant, zwischen den Betrachtungen des lumen naturale und der Hochzeit des Lichts der Aufklärung, lebte und lehrte der Leipziger und Hallenser Professor der Rechte und Philosophie **Christian Thomasius (1655–1728)**, der in seiner Radikalität den Weg der Aufklärung in Deutschland bahnte. Er war ein aufmüpfiger Gelehrter an der Universität in Leipzig, der als Erster schon 1687 eine Vorlesung in deutscher Sprache hielt, „eine scharfe Attacke gegen das Bildungsmonopol der nur lateinisch kommunizierenden akademischen Hierarchie." (Kreidt. 1995. S. 889)

Die lateinische Sprache zu benutzen war ein bewährtes Ausschlussinstrument gegen Nicht-Akademiker, vor allem gegen Frauen. Ausreichende Lateinkenntnisse zu erlangen, war Frauen im normalen Bildungssystem bis hinein ins 20. Jahrhundert kaum möglich; dadurch hatten sie keinen Zugang zu diesem Wissen, natürlich auch nicht über die in lateinischer Sprache verfassten Bücher.

Die sprachliche Begrenzung auf das Lateinische in der akademischen Welt manifestierte einen engen Zirkel, der überschaubar und kontrollierbar war. So sollte es sein. In der Philosophie kam noch die Hürde des Griechischen hinzu, wodurch sich der Kreis der Ausgeschlossenen vergrößerte.

Thomasius wuchs in einer Akademikerfamilie in Leipzig auf, erwarb den Doktor der Rechte und war „mit allen theologischen Spitzfindigkeiten [...] vertraut." (Kreidt. 1995. S. 889) Er lehrte nicht im Talar wie üblich, sondern in seiner Zivilkleidung, griff Themen auf, die den Leipziger Theologen nicht genehm waren, fiel als *Störenfried* auf und provozierte, wo immer sich eine Gelegenheit bot. Schließlich gelang es dem Leipziger Kollegium, ihn zu vertreiben, er floh nach Berlin und erhielt vom Kurfürsten Friedrich III eine Professur in Halle, wo er im Alter von 73 Jahre starb. (Vgl. Kreidt. 1995. S. 889 f.) Begraben liegt er auf dem Stadtgottesacker in Halle; an seinem Grab finden sich bis heute zahlreiche Besucher ein.

11.2 Das Zeitalter der Aufklärung – die Epoche des Lichts (18./19. Jh.)

Thomasius erstes Kapitel in seinem Traktat *Ausübung der Vernunftlehre* von 1691 (B) lautet: „Von der Geschicklichkeit, die Wahrheit durch eigenes Nachdenken zu erlangen". Diese Worte muten wie eine Vorläuferschrift von Kant an. Dieser Philosoph war radikaler als Kant, polemischer, provozierender und konsequenter in der Kritik gegenüber alten Traditionen, den Gelehrten und Lehren seiner Zeit, aber auch sich selbst gegenüber. Hier im *ersten Hauptstück der Vernunftlehre* setzt er bereits den Fokus auf die autonome Vernunft des Menschen. In dieser Lehre, wie er sie in der *Einleitung zur Vernunftlehre* (1691 A) definiert, unterscheidet er zwischen dem *Licht der Offenbarung* und dem *Licht der Vernunft*, das erste göttlicher, das zweite natürlicher Art, das eine Gottesfurcht erzeugend, das andere zur Weltweisheit und zum tugendhaften Leben führend. Beide Lichter sollen nicht vermischt werden.

Was wir nicht zu erkennen vermögen, sollen wir der göttlichen Offenbarung überantworten. Mit dem natürlichen Licht der Vernunft sind wir Menschen in unterschiedlichem Maße ausgestattet, aber mit ihm haben wir es selbst in der Hand, Dunkelheit und Blindheit zu vertreiben. Ohne Kompromisse, denn die Dunkelheit des Verstandes und die Klarheit desselben stehen sich entgegen. Mit dem natürlichen Licht müssen wir zur klaren und deutlichen Erkenntnis gelangen. (Vgl. Goldammer. 1960. S. 681)

Im Original der *Einleitung zur Vernunftlehre* lautet seine Theorie:

> „Wenn sie aber von der Gelahrheit profession machen, müssen sie zuförderst wol erwegen, daß ihnen GOtt in diesem Leben zwey sonderbare Lichte überlassen, ihren verfinsterten Verstand zu erleuchten, und dieselbigen wol zu unterscheiden wissen.
>
> Das eine ist das natürliche Licht oder der Verstand selbst, wodurch der Mensch vermögend ist, aus natürlichen Kräften von denen sinnlichen und irrdischen Dingen sich einen wahren und deutlichen concept zu machen, zu Nutzen dieses zeitlichen Lebens.
>
> Das andere ist ein übernatürliches, und das von Göttlicher Offenbahrung entstehet durch welches der Mensch die Göttliche Geheimnisse, so ihn zu einem künftrigen Leben führen, so viel als seine gegenwärtige Unvollkommenheit zulässt, erkennet.
>
> Diese Göttliche Offenbahrung, gleichwie sie in der heiligen Schrifft enthalen ist; also muß auch einer, der hierinnen recht gelehrt seyn will, die Sprachen so wol Altes als Neues Testaments wol innen haben.
>
> Aber zu Brauchung des natürlichen Lichts, sind keine frembde Sprachen eben nothwendig, sondern man kan sich dessen auch ohne dieselben bedienen, es mögen nun Mannes- oder Weibes-Personen, Junge oder Alte, Arme oder Reiche seyn." (Thomasius. 1691/1968 A. S. 80 f.)

Fremde Sprachen können aber förderlich sein, damit man nicht auf fremde Übersetzungen angewiesen ist, sondern sich im Original selbst kundig machen kann.

Besonders hervorheben möchte ich die grundsätzliche Einstellung dieses Gelehrten, dass er immer beide Geschlechter einschließt, wenn er vom Menschen spricht. Männer und Frauen sind in ihrem Menschsein und in ihren intellektuellen Leistungen gleich. Er macht keinen diskriminierenden Unterschied wie später Kant in subtilen Aussagen über *das schöne* oder *das schwache Geschlecht*.

Gottesgelehrtheit ist die Erkenntnis aus der Heiligen Schrift, aus der menschlichen Vernunft kommt die Weltweisheit, die zum tugendhaften Leben führt, während das gottesfürchtige Leben aus der Erkenntnis der Heiligen Schrift abzuleiten ist. Thomasius Anliegen ist es, zu einem tugendhaften und beglückenden Leben in dieser Welt durch die Weltweisheit zu gelangen. In der Gottesgelehrtheit sieht er sich selbst als Schüler, der versucht zu erkennen. Aber zur Erkenntnis der Gottesgelehrtheit brauchen wir nicht nur die Offenbarung, sondern auch unsere menschliche Vernunft, außerdem widersprechen sich diese beiden Erkenntnisquellen nicht. (Vgl. Thomasius. 1691/1968 A. S. 81 f.)

Thomasius weitere Ausführungen behandeln die Weltweisheit und die Vernunft, das ist sein Hauptanliegen, nicht die göttliche Erleuchtung in der Offenbarung. In einer kurzen Zusammenfassung über die Gelehrtheit listet er sieben Punkte auf.

> „(1) Dieses ist keine Gelahrheit zu nennen, die weder in dem menschlichen Leben einigen Nutzen schaffet, noch zur Seeligkeit anführet.
> (2) Viel Sprachen wissen, ist der geringste Theil der Gelahrtheit.
> (3) Zur Gelahrheit braucht man keines absonderlichen Beruffs.
> (4) Weibes-Personen sind der Gelahrheit so wohl fähig, als Manns-Personen.
> (5) Viel wissen macht nicht eben einen gelehrten Mann.
> (6) Der ist nicht gelehrt, der es in der That nicht erweisen kann.
> (7) Der ist nicht gelehrt, der das natürliche und übernatürliche Licht untereinander wirfft." (Thomasius. 1691/1968 A. S. 87 f.)

Ein beeindruckender Katalog von Statements zur Gelehrtheit, hier von Weltweisheit im Sinne einer Aufklärung zu sprechen, ist wohl angebracht.

Weitere Erwähnungen von Licht und Dunkelheit finden sich wenige in seinen beiden Schriften zur Vernunftlehre. Einmal spricht er davon, dass Gott dem Menschen die Vernunft als Naturgabe verlieh, aber durch vielfältige Ursachen die Vernunft von Jugend an verdunkelt würde. Durch die Vernunftlehre könne man lernen, dass man die „Verdunklungen des natürlichen Lichtes los werden solle. […] Die Wahrheit ist der Zweck der Vernunft-Lehre." (Thomasius. 1691/1968 A. S. 90/91) Ohne Schnörkel und barocke Ausschmückung spricht Thomasius vom natürlichen Licht der Vernunft und dem göttlichen Licht der Offenbarung, die Lichtmetapher der Erkenntnis in direkter Übertragung einsetzend.

Die Philosophie leitet sich aus dem natürlichen Licht der Vernunft ab und richtet sich auf das praktische Leben des Menschen. „Lerne dich selbst erkennen. In dieser einzigen Erkenntnis steckt alle Weisheit, und ohne dieselbe ist alle Weisheit Thorheit." (Thomasius. 1691/1968 B. S. 65) Die Philosophie beginnt bei ihm mit der Selbsterkenntnis des Menschen.

Ich bin an Phemonoe erinnert, die den Weisheitsspruch *Erkenne dich selbst* als Priesterin des Apollon in Delphi verkündete. Für mich wird durch diese Philosophin mit diesem Aufruf im 7./6. Jh. v. Chr. der Beginn der abendländischen Philosophie überhaupt gesetzt.[1]

Thomasius benutzt nicht nur das Licht als Metapher, sondern ebenso den Gegenpart, wenn er von der Dunkelheit der Worte spricht, wenn sie keine Eindeutigkeit

---

[1] Weitere Ausführungen dazu in: Maria Nühlen. Philosophinnen der griechischen Antike. 2021. S. 120–132.

aussagen, sondern *viele Dinge* bedeuten. Er meint sowohl das einzelne Wort als auch Sätze, die in ihrer Aussage an Eindeutigkeit mangeln, z. B. wenn Worte ausgelassen werden und somit ein Satz in ganz unterschiedlicher Bedeutung verstanden werden kann, das Gegenteil, zu viele und überflüssige Worte den Sinn verschleiern und zu Missverständnissen, zur Dunkelheit führen können. Verwirrende wie auch sich widersprechende Aussagen, selbst in der Gesetzgebung, verursachen Dunkelheit im Verstehen, denn eine eindeutige Handlungsfolge ist nicht abzuleiten. Bei Priorisierung und Ausnahmeregelung kommt es immer zum Verstoß der einen oder der anderen Order. (Vgl. Thomasius. 1691/1968 B. S. 171 ff) Thomasius sammelt zahlreiche Beispiele für die Missverständnisse in der Rede wie im Verstehen und Auslegen, nimmt die Grammatik und Interpunktion hinzu, spielt die verschiedenen Genre der poetischen bis zur wissenschaftlichen Schrift hinsichtlich ihrer potentiellen *Dunkelheit* durch. Bei der Fabel vermerkt er:

> „So ist auch weiter nöthig, daß derjenige, der einen *sensum mysticum* einer Fabel auslegen will, die disciplin aus der die Lehre genommen und in der Fabel versteckt ist, hauptsächlich verstehe, und nicht erst suche, in derselbigen etwas rechtes aus denen Fabeln zu begreiffen. Denn die Fabeln sind dunckel, und müssen von der Klarheit der Wissenschafft erleuchtet werden: Wie wollte man nun mit dunckelen Dingen die Dunckelheit seines Verstandes vertreiben?" (Thomasius. 1691/1968 B. S. 222)

Sich erst wissend machen, den Kontext recherchieren und dann verstehen, interpretieren und beurteilen, das sei der richtige Weg.

Licht- und Dunkelheits-Metapher bleiben in der klaren Übertragung des natürlichen Lichts in sinnlicher Wahrnehmung auf die Vernunft des Menschen.

Die Trennung von Kirche und Staat ist eine konsequente Forderung von ihm. „Der Zweck der Philosophie ist das irdische Wohlsein des Menschengeschlechts, der Zweck der Theologie das himmlische." (Kreidt. 1995. S. 890)

Dieser Universitätsgelehrte schreibt in einer grundständig gut verständlichen Sprache, die keinen ausschließt, der lernen und den Weg zur Philosophie finden möchte.

Wer nun die Bezeichnung *Aufklärung* wann und wo in die Welt des 17. Jahrhundert setzte, ist mir nicht bekannt; schon zu Thomasius Zeiten sprach man von Aufklärung, im Französischen von *éclaircissement* und *lumières*. (Vgl. Goldammer. 1960. S. 681) Aber im Kontext der Diskussion über die staatliche oder kirchliche Eheschließung war es der Berliner Pfarrer Johann Friedrich Zöllner (1753–1804), der in einer Fußnote seines Artikels in der *Berlinischen Monatsschrift* von 1873 die Frage stellte: *„Was ist Aufklärung?"* (Vgl. Aufklärung. 1984. S. 3) Im Dezember des folgenden Jahres antworten Mendelssohn und Kant in eben dieser Zeitschrift.

Die erste Reaktion auf die provozierende Frage von Zöllner geht auf **Moses Mendelssohn (1729–86)**. Begriffe wie Aufklärung, Kultur und Bildung gehören zwar zum Gebrauch der Gelehrtensprache, sind jedoch in dem, was sie meinen, auch im allgemeinen Volk bekannt. Zur Bildung gehören Kultur und Aufklärung, Kultur geht mehr auf das Praktische, Aufklärung mehr auf das Theoretische, gemeinsam machen sie die Bildung aus. „Aufklärung verhält sich zur Kultur wie überhaupt Theorie zur Praxis; wie Erkenntnis zur Sittlichkeit; wie Kritik zur Virtuosität. An und für sich betrachtet (objektive), stehen sie in dem genauesten Zusammenhange, ob sie gleich subjektive sehr oft getrennt sein können." (Mendelssohn. In: Aufklärung. 1984. S. 5) Weiter fragt Mendelssohn nach der Bestimmung des Menschen als Mensch und der Bestimmung als Bürger. Zur Kultur gehört der bürgerliche Mensch, zur Aufklärung die anthropologisch-philosophische Bestimmung, in der jeder Mensch nur als Mensch gleichermaßen und jeden inbegriffen gemeint ist. Letztlich ist nur das harmonische Miteinander von Kultur und Aufklärung für die Bildung einer Nation ausschlaggebend. (Vgl. Mendelssohn. In: Aufklärung. 1984. S. 8)

Es ist die bekannteste und berühmteste Aussage von Immanuel Kant (1724–1804), die wir in seiner Antwort lesen können, allerdings oft nur in einer verkürzten Wiedergabe publiziert, wobei m. E. die volle Wirkung der philosophischen Aussage sich nur im ganzen Antworttext entfalten kann. Deshalb möchte ich sie hier in einem umfänglicheren Maße als sonst üblich zitieren.

„Beantwortung der Frage: Was ist Aufklärung?
Aufklärung ist der Ausgang des Menschen aus seiner selbstverschuldeten Unmündigkeit. Unmündigkeit ist das Unvermögen, sich seines Verstandes ohne Leitung eines anderen zu bedienen. *Selbstverschuldet* ist diese Unmündigkeit, wenn die Ursache derselben nicht am Mangel des Verstandes, sondern der Entschließung und des Mutes liegt, sich seiner ohne Leitung eines andern zu bedienen. Sapere aude! Habe Mut, dich deines *eigenen* Verstandes zu bedienen! ist also der Wahlspruch der Aufklärung.

Faulheit und Feigheit sind die Ursachen, warum ein so großer Teil der Menschen, nachdem sie die Natur längst von fremder Leitung freigesprochen (naturaliter majorennes), dennoch gerne zeitlebens unmündig bleiben; und warum es anderen so leicht wird, sich zu deren Vormündern aufzuwerfen. Es ist so bequem, unmündig zu sein. Habe ich ein Buch, das für mich Verstand hat, einen Seelsorger, der für mich Gewissen hat, einen Arzt, der für mich die Diät beurteilt u. s. w., so brauche ich mich ja nicht selbst zu bemühen. Ich habe nicht nötig zu denken, wenn ich nur bezahlen kann; andere werden das verdrießliche Geschäft schon für mich übernehmen. [...]

Satzungen und Formeln, diese mechanischen Werkzeuge eines vernünftigen Gebrauchs oder vielmehr Mißbrauchs seiner Naturgaben, sind die Fußschellen einer immerwährenden Unmündigkeit. [...] Daher gibt es nur wenige, denen es gelungen ist, durch eigene Bearbeitung ihres Geistes sich aus der Unmündigkeit herauszuwickeln und dennoch einen sicheren Gang zu tun.

Daß aber ein Publikum sich selbst aufkläre, ist eher möglich; ja es ist, wenn man ihm nur Freiheit läßt, beinahe unausbleiblich. [...]

Zu dieser Aufklärung aber wird nichts erfordert als *Freiheit*; und zwar die unschädlichste unter allem, was nur Freiheit heißen mag, nämlich die: von seiner Vernunft in allen Stücken *öffentlichen Gebrauch* zu machen." (Kant. Aufklärung. 1984. S. 9 ff.)

Auf das *Öffentliche* im Sinne des bekannten Philosophen möchte ich kurz näher eingehen, denn es zeigt genauer sein Menschenbild und die implizierte moralische Haltung. Bei Mendelssohn ist es die Bestimmung als Bürger oder als Mensch an sich, bei Kant ist es die Unterscheidung zwischen dem Öffentlichen und dem Privaten des Menschen. Der *öffentliche Gebrauch* der Vernunft des Menschen be-

11.2 Das Zeitalter der Aufklärung – die Epoche des Lichts (18./19. Jh.)

zieht sich auf den öffentlichen Raum im Sinne der Polis der alten Griechen oder der freien Meinungsäußerung in der Öffentlichkeit in einer Demokratie. Dabei geht Kant nicht von bloßer Meinung aus, sondern von begründeter vernünftiger Argumentation und Vernunftaussage mit Wahrheitsanspruch. Dies kann öffentlich zur Disposition gestellt werden, um über fachliche Diskussionen zu besseren Erkenntnissen zu kommen. Habe Mut, dich deines eigenen Verstandes im öffentlichen Gebrauch zu bedienen, so könnte man es erweitert formulieren. Im privat-dienstlichen Raum gelten jedoch die Regeln und Bestimmungen vor Ort, da hat Gehorsam, Pflichterfüllung, konformes Verhalten und Handeln erste Priorität. Im Grunde verlangt Kant ein zwiespältiges Verhalten vom Menschen: Sein Handeln im öffentlichen Gebrauch einerseits und sein Handeln im privat-dienstlich-staatlichen Gebrauch andererseits, der freie Vernunftgebrauch in eigener Verantwortung hier und der angepasst-konforme Gehorsam gegenüber der Obrigkeit dort. Die Vernunft ist dem Menschen angeboren, gehört also zu seiner natürlichen Ausstattung, die Unterordnung, Pflichterfüllung und der Gehorsam sind gesellschaftliche Verpflichtungen in einem Staatswesen, wenn es funktionieren soll.

> „[…] der *öffentliche* Gebrauch seiner Vernunft muß jederzeit frei sein, und der allein kann Aufklärung unter Menschen zustande bringen; der *Privatgebrauch* derselben aber darf öfters sehr enge eingeschränkt sein, ohne doch darum den Fortschritt der Aufklärung sonderlich zu hindern." (Kant. Aufklärung. 1984. S. 11)

Redefreiheit, das Recht auf freie Meinungsäußerung, haben wir im öffentlichen Terrain der Wissenschaften. Als Gelehrter seine Vernunft einsetzen für „das ganze Publikum der Leserwelt" ist im Sinne der Aufklärung, in bürgerlichen Posten oder Ämtern von der Vernunft Gebrauch machen zu dürfen, ist zumindest im Rahmen des Vertretbaren. (Vgl. Kant. Aufklärung. 1984. S. 11) Deshalb klärt ein Volk sich nur langsam auf; es braucht seine Zeit, wenn öffentliche Rede und der Tradition oder dem Staat verpflichteter Gehorsam im Widerstreit liegen und sich die Vernunft durchsetzen soll.

Für mich wäre ein solch ambivalentes, vielleicht sich sogar widersprechendes Verhalten, zumindest aber nach unterschiedlichen Wertkategorien orientierendes Handeln, kaum zu ertragen. Aber Kant ist davon überzeugt, dass die Vernunft des Menschen sich durchsetzen wird, mag es viel Zeit kosten, aber eine Gesellschaft kann sich auf diesem Weg aufklären und eine vernünftig-bessere Weltstrukturierung aufbauen. Ich teile diesen Optimismus nicht, denn m. E. zeigt gerade das derzeitige Weltgeschehen erneut mit seinen Kriegen, seiner Armut und ungleichen Güterverteilung, seinen Umweltkatastrophen und dem Klimawandel, die die Zerstörung der Lebenswelt auf der Erde zur Folge haben, kein aufgeklärtes vernünftiges Denken. Trotz seiner Überzeugung von der Wirkkraft der Vernunft sieht Kant sehr wohl für seine Zeit, dass viele Menschen sich noch nicht aus der Einflussnahme durch Religionen selbst befreien und sich ihres *eigenen Verstandes ohne Leitung eines anderen* sicher bewegen können. (Vgl. Kant. Aufklärung. 1984. S. 15) Gegenwärtig könnten wir Religion durch Massenmedien und Soziale Netzwerke ersetzen, denn dieser bedienen sich heute m. E. zu viele Menschen, naiv glaubend und folgend, ohne eigene kritische Überprüfung und ohne Einsatz ihres eigenen Verstandes. „Es ist so bequem, unmündig zu sein" gilt m. E. immer noch für das Verhalten so vieler Menschen. Fakenews zu glauben entlastet mich von eigenen Recherchen, die mühsam wären. Öffentlich vernünftige Argumente vorzutragen gegen Krieg, gegen soziale Ungerechtigkeit, gegen Intoleranz und Ansichten zur Disposition zu stellen, kann gefährlich sein. Toleranz ist derzeit kein Wert, der hoch im Kurs steht. Lassen wir es jetzt dabei. Zum Aufsatz von Kant „Was ist Aufklärung?" in Transformation auf unsere gegenwärtige Zeit und Gesellschaft könnte ich ein eigenes Buch schreiben, aber dieses Vorhaben muss ich auf später verschieben.

Im Zusammenhang mit der Lichtmetapher interessiert noch die Frage „Was kann ich wissen?", die erste von vier Frage,[2] die Kant in der Skizzierung des Feldes der Philosophie stellt und die er in der Metaphysik zu beantworten sucht.

> „Es kann uns hier nichts entgehen, weil, was die Vernunft gänzlich aus sich selbst hervorbringt, sich nicht verstecken kann, sondern selbst durch Vernunft ans Licht gebracht wird, sobald man nur das gemeinschaftliche Prinzip desselben entdeckt hat. Die vollkommene Einheit dieser Art Erkenntnisse, und zwar aus lauter reinen Begriffen, ohne dass irgendetwas von Erfahrung, oder auch nur besondere Anschauung, die zur bestimmten Erfahrung leiten sollte, auf sie einigen Einfluss haben kann, sie zu erweitern und zu vermehren, machen diese unbedingte Vollständigkeit nicht allein tunlich, sondern auch notwendig." (Kant. Vernunft. S. 12)

Die Vernunft bringt intelligibel die Erkenntnis ans Licht. Keine Erfahrung, keine sinnliche Wahrnehmung, gänzlich unabhängig von der physischen Welt bringt die Vernunft sich rein im Metaphysischen bewegend die Erkenntnis in die Welt.

Im traditionellen Verständnis der Lichtmetapher wird die sinnliche Wahrnehmung des Lichts auf die geistige Erkenntnis übertragen. Bei Kant ist es eher die Übertragung des Geburtsvorgangs, nämlich das Geistige ans Licht bringen, also in die wahrnehmbare Welt. Aber er scheint eine eigene Bedeutung der Lichtmetapher zu benutzen, indem er einen metaphysischen Inhalt im übertragenen Sinne in die physische Welt versetzt. Nur ist die Erkenntnis, um die es geht, nicht physischer Art und deshalb nicht sinnlich wahrnehmbar. „Ans Licht bringen" ist folglich nur innerhalb der geistigen Tätigkeit möglich, demnach handelt es sich doch um die Lichtmetapher im traditionellen Sinne, nur Kant bleibt auf der metaphysischen Ebene. Die Vernunft arbeitet autonom innerhalb des geistigen Raumes im Menschen und gelangt zur Erkenntnis. Vielleicht ist aber die Geburtsmetapher, wenn es um das weltliche Licht geht, in dem Sinne gemeint, dass die Erkenntnis in die öffentliche Welt getragen wird. Auch dies würde Sinn machen, beziehen wir Kants Überlegungen zum öffentlichen und privaten Gebrauch der Vernunft ein.

In sehr einfacher Sprache und Gedankenführung, ausgesprochen anschaulich in einer reichen Bildsprache formuliert, finden wir die Äußerungen von **Christoph**

---

[2] Diese und die drei weiteren Fragen: Was soll ich tun? Was darf ich hoffen? Was ist der Mensch? mit dem jeweiligen Verweis auf die Moral, auf die Religion und auf die Anthropologie stellt er in seinen *Schriften zur Metaphysik und Logik* von 1800.

11.2 Das Zeitalter der Aufklärung – die Epoche des Lichts (18./19. Jh.)

Martin Wieland (1733–1813) über die Aufklärung. Er gliedert sein Essay in sechs Fragen und antwortet mit Licht und Dunkelheit im Sehen der physischen wie der geistigen Welt.

> „Das Licht des Geistes, wovon hier die Rede ist, ist die Erkenntnis des Wahren und Falschen, des Guten und Bösen. Hoffentlich wird jedermann zugeben, daß es ohne diese Erkenntnis ebenso unmöglich ist, die Geschäfte des Geistes recht zu treiben, als es ohne materielles Licht möglich ist, materielle Geschäfte recht zu tun. Die Aufklärung, d. i. so viel Erkenntnis, als nötig ist, um das Wahre und Falsche immer und überall unterscheiden zu können, *muß* sich also über alle Gegenstände ohne Ausnahme ausbreiten, worüber sie sich ausbreiten *kann*, d. i. über alles dem äußern und innern Auge sichtbare." (Wieland. In: Aufklärung. 1984. S. 24)

Für Wieland bezieht sich die Aufklärung auf das Sehen des Inneren bzw. Geistigen und des Äußeren, also der ganzen Welt. Die Erkenntnis richtet sich auf das Geschehene und das Metaphysische. Die *geschehenen Dinge* müssen untersucht und unparteiisch aufgeklärt werden.

> „Die Vorstellungen, Begriffe, Urteile und Meinungen des Menschen werden aufgeklärt, wenn das Wahre vom Falschen daran abgesondert, das Verwickelt entwickelt, das Zusammengesetzte in seine einfachern Bestandteile aufgelöst, das Einfache bis zu seinem Ursprung verfolgt und überhaupt keiner Vorstellung oder Behauptung, die jemals von Menschen für Wahrheit ausgegeben worden ist, ein Freibrief gegen die uneingeschränkteste Untersuchung gestattet wird." (Wieland. In: Aufklärung. 1984. S. 25)

Ein großer, ein umfassender Anspruch, den Wieland hier optimistisch formuliert. Erkenntnis richtet sich auf die Wahrheit und diese können wir nur finden, wenn wir ohne Einschränkung untersuchen, hinterfragen, entwickeln bzw. überhaupt frei denken können. Prinzipiell kann und sollte das jeder Mensch tun und je heller diese Welt wird, je mehr Menschen an diesem Prozess der Aufklärung mitwirken, je näher gelangen wir zur Wahrheit. (Vgl. Wieland. In: Aufklärung. 1984. S. 26 f.)

Johann Gottfried Herder (1744–1803) spricht sich für die Bildung aus, durch die Menschen aufgeklärt werden können, präziser gesagt, für die *Bildung zur Humanität*. Der Begriff des Menschen oder der Menschlichkeit kann mit Schwäche assoziiert werden, kann auf Mitleid und *Niedrigkeit* hinweisen. Deshalb der Begriff der Humanität, der frei ist von Wertungen dieser Art. In der Humanität zeigt sich der Charakter des Menschen, zeigt sich die Kunst, zu der wir fähig sind. Letztlich war es die Philosophie, die uns die „*Kenntnis der Natur des Menschen, seiner wesentlichen Beziehungen und Pflichten* das Studium der erlesensten Geister ward." (Herder. In: Aufklärung. 1984. S. 40) Wir werden Herder zufolge mit Geist geboren, der ausgebildet werden kann und muss. Festgelegt zum Guten oder Bösen ist die Natur des Geistes nicht, aber durch Bildung zur Humanität im klassischen Sinne der alten Griechen und Römer werden wir zu den das Gute erkennenden Menschen. (Vgl. Herder: In: Aufklärung. 1984. S. 37–42)

Bei Gotthold Ephraim Lessing (1729–81) finden wir die Akzentuierung auf Wahrheit. Lessing „repräsentiert den Höhepunkt der Aufklärung in Deutschland" (Aufklärung. 1984. S. 42) heißt es in den einleitenden Worten zu seiner kurzen Schrift *Über die Wahrheit*. Aufklärung meint nicht, im Besitz der Wahrheit zu sein, sondern meint das aufrichtige Bemühen, zur Wahrheit zu gelangen. Die Wahrheit liegt bei Gott, aber Nachforschungen erweitern die Kräfte im Menschen, die Mühen, zu ihr vorzustoßen, machen den Wert des Menschen aus. (Vgl. Lessing. In: Aufklärung. 1984. S. 43) Aufklärung will zur Wahrheit führen, wissend, dass man sie nicht in Gänze erlangen kann.

Schließlich sei noch Friedrich Schiller (1759–1805) in die Reihe der Philosophen und Literaten aufzunehmen, der eine eigene Variante von Aufklärung, Licht und Erkenntnis benennt. Die Vernunft kann zur Wahrheit führen, aber dieser Weg überzeugt nicht, denn hinzu kommen muss die Kraft und der Trieb, wir würden es heute Emotionalität nennen. Aufklärung des Verstandes geht nur über das *Herz*, denn dieses öffnet den Weg zum Kopf.

> „Ausbildung des Empfindungsvermögens ist also das dringendere Bedürfnis der Zeit [der Epoche der Aufklärung], nicht bloß weil sie ein Mittel wird, die verbesserte Einsicht für das Leben wirksam zu machen, sondern selbst darum, weil sie zu Verbesserung der Einsicht erweckt." (Schiller. In: Aufklärung. 1984. S. 55)

Die *Wahrheit* mag noch so *hell leuchten*, findet aber nicht den Weg in die Menschen. Erkenntnis entfaltet erst seine Wirkung, wenn der Mensch mit Mut und Kraft die Wahrheit verbreitet und in Handlung umsetzt. Das *sapere aude*, sei mutig, weise zu sein, diese Kraft öffnet den Weg zur Aufnahme der Wahrheit; diese Emotionen sind es, ohne die eine Aufklärung nicht gelingen kann. In unserer Zeit würden wir von der intellektuellen und der emotionalen Intelligenz sprechen, die in ihrem Zusammenspiel den Menschen zur Aufklärung führt.

Abschließend zur Epoche der Aufklärung noch ein Blick in Ernst Cassirers Werk *Die Philosophie der Aufklärung*. Wie einleitend von Gerald Hartung geschrieben, handelt es sich hierbei um eine Arbeit zur „Aufklärung über den Sinn der Aufklärung". „Es geht um ‚Sichtbarmachung' ‚Erhellung', um das ‚ans-Licht-Bringen' eines verborgenen Sinns der Aufklärungsphilosophie […]." (Hartung. In: Cassirer. 1998. S. XIV) Cassirer will nicht die einzelnen Philosophen dieser Epoche mit ihren Theorien referieren, sondern zum Sinn der Aufklärungsphilosophie dieser Zeit vordringen und genau diesen aufzeigen bzw. darüber aufklären. Er benennt Kant als *den* Philosophen dieser Epoche, er ist „ein Denker der Aufklärung: er strebt ins Licht und Helle, auch wo er den tiefsten und verborgensten ‚Gründen' des Seins nachsinnt". (Cassirer. 1931.[3] S. 24. In: Cassirer 1998. S. XVII) Kant ist für ihn *der* Aufklärungsphilosoph, der sich in der Aufklärung befindet und sie überwindet.

Es geht nicht um Erkenntnis, sondern um die Vernunft als bedeutendste Kompetenz des menschlichen Geistes, um die Autonomie der Vernunft, die aus sich heraus

---

[3] Cassirer: Kant und das Problem der Metaphysik. Bemerkungen zu Martin Heideggers Kant-Interpretation. In: Kant-Studien 36. 1931. S. 24.

agiert. Vernunft ist eine Bewegung, ein Voranschreiten. Philosophie in diesem Sinne arbeitet mit dem analytischen Zerlegen und dem konstruktiven Aufbau. Die Vernunft besitzt nicht die Wahrheit, erkennt sie nicht, sondern versucht sie durch die Analyse zu erarbeiten, um dann darauf aufbauend sich der Welt wieder zuzuwenden. Die Philosophie der Aufklärung klärt nicht über einen *wahren* Sachverhalt auf, der zuvor anders betrachtet, gedacht und als Wahrheit proklamiert wurde. Die Aufklärungsphilosophie arbeitet mit einer neuen Methodik, abgeleitet aus den Naturwissenschaften, wo sie zu neuem Wissen führte, sie benutzt in der Aufklärung das Instrumentarium der Analyse, der Deduktion und Induktion, das ist neu und anders im Denken der Philosophie. (Vgl. Cassirer. 1998. S. 20 ff.) Isaac Newton brachte die Naturgesetzlichkeiten ans Licht, die er dezidiert nachweisen konnte, und die Philosophie bediente sich dieser Erkenntnisse und Methoden. Wie sehr Cassirer den Naturwissenschaftler und Philosophen Newton schätzte, wird in einem Zitat über diesen deutlich (Cassirer. 1998. S. 57 f.).

„Newton hat der Naturerkenntnis zuerst den Weg von willkürlichen und phantastischen Annahmen zur Klarheit des Begriffs, vom Dunkel zum Licht gewiesen.
‚Nature and Nature's laws lay hid in night
God said: ‚Let Newton be' and all was light.'
In diesen Versen P o p e s drückt sich am prägnantesten der Charakter der Verehrung aus, die Newton im Denken der Aufklärungszeit genießt."

Wie allumfassend das neue Denken im Geiste der Aufklärung wirkte, sei abschließend zu dieser Epoche im Zitat von d'Alembert, welches ich bei Cassirer fand, gesagt.

„Die Naturwissenschaft führt uns von Tag zu Tag neue Reichtümer zu; die Geometrie hat, indem sie ihre Grenzen erweiterte, ihre Fackel in diejenigen Teile der Physik, die ihr unmittelbar benachbart sind, vorgetragen; das wahre Weltsystem ist endlich erkannt worden. Von der Erde bis zum Saturn, von der Geschichte der Himmel bis zur Geschichte der Insekten hin finden wir das Antlitz der Naturforschung verwandelt. Und damit haben auch alle anderen Wissenschaften eine neue Form gewonnen. Die geistige Gärung, die durch die Naturwissenschaft bewirkt wurde, hat an ihren Grenzen nicht Halt gemacht; sie hat sich gleich einem Strom, der seine Dämme durchbricht, auf alle Gebiete fortgepflanzt. Von den Anfangsgründen der profanen Wissenschaften bis zu den Grundlagen der Offenbarung, von der Metaphysik bis zu den Grundfragen des Geschmacks, von der Musik bis zur Moral, von den scholastischen Streitigkeiten der Theologen bis zu den wirtschaftlichen Problemen, vom Naturrecht bis zum positiven Recht hin, kurz von den Fragen, die uns am nächsten angehen bis zu denen, die uns nur noch mittelbar berühren, ist alles diskutiert, analysiert oder zum mindesten aufgerührt worden. Ein neues Licht, das sich über manche Gegenstände verbreitete, eine neue Dunkelheit über viele andere war die Frucht und Folge dieser allgemeinen Bewegung der Geister, wie die Wirkung von Ebbe und Flut darin besteht, daß manche Gegenstände ans Land geschwemmt, andere von ihm losgerissen werden". (d'Alembert. Eléments de Philosophie.[4] S. 2 f. In: Cassirer. 1998. S. 61)

---

[4] d'Alembert, Eléments de Philosophie I; Mélanges de Litérature, d'Histoire et de Philosophie, Amsterdam 1758, IV.

Mit diesem Zitat von d'Alembert setzt Cassirer sein Statement zur Bedeutung der Naturwissenschaften für die Aufklärungsphilosophie und die Epoche der Aufklärung überhaupt. Die Lichtmetapher wird von ihm selbst nur noch als rhetorisches Stilmittel verwendet. Das Licht als Metapher der Erkenntnis oder hier der Vernunft passt nicht zu seiner Denkform der Analyse, mit der er die Aufklärungsphilosophie charakterisiert.

11.3 Aufklärung à la Nietzsche (1844–1900)

Friedrich Nietzsche, ein großer Aufklärer, der aber sein ganz eigenes Verständnis von Aufklärung zeigt, welches nichts gemein hat mit den Philosophien seiner Zeit, sondern diese auf den kritischen Prüfstand stellt. Er unterstellt ihnen vielmehr die Nicht-Aufklärung durch die erhabene und erhobene Machtstellung der Moral. Die Philosophen wollen keine Aufklärung, sondern die Unterjochung unter das Reglement der Moral. „Die Feindschaft der Deutschen gegen die Aufklärung", so betitelt Nietzsche das 197. Kapitel in seiner *Morgenröthe*. Die Philosophen fanden in Begriffen statt in Erklärungen ihr Genüge, sie kehrten zu vorwissenschaftlicher Art zurück und sie blieben in den Spekulationen gefangen. (Vgl. Nietzsche. Morgenröte. S. 171) Eine Aufklärung im Sinne dieses Philosophen, frei von kirchlichen Lehren, frei vom Glauben, der nur ein Aberglaube sei, vor allem aber frei von unterjochender Moral, das wollten sie nicht. Wobei er sich nicht nur gegen die deutsche Aufklärung wendet, sondern sich z. B. auch mit den Schriften französischer Philosophen auseinandersetzt. Darauf im Einzelnen einzugehen, würde hier zu weit führen. Er betreibt die Aufklärung der Aufklärung, das ist sein philosophisches Geschäft.

Bevor Nietzsche seine große Kritik an den Philosophen der Aufklärung, die *Morgenröthe* (1886), publizierte, schrieb er den *Zarathustra* und damit auf eine ganz besondere Art mit außergewöhnlichen Inhalten. Hier finden wir die Auseinandersetzung mit der Lichtmetapher der Erkenntnis, aber anders als wir es aus der Geschichte kennen und vermuten würden.

Die Schrift beginnt mit einem Zwiegespräch mit der Sonne, welches Zarathustras Untergang einleitet, hinab in die Unterwelt zu steigen, fernab dem Sonnenlicht, so sein Wille. Die Sonne, die sichtbar macht, will er verlassen, die Erkenntnis der Vernunft ist nur Armut und Schmutz wie auch das Glück und die Tugend. (Vgl. Nietzsche. Zarathustra. S. 15 f.)

> „Wo ist doch der Blitz, der euch mit seiner Zunge lecke? Wo ist der Wahnsinn, mit dem ihr geimpft werden müsstet?
>   Seht, ich lehre euch den Übermenschen: der ist dieser Blitz, der ist dieser Wahnsinn!"
> (Nietzsche. Zarathustra. S. 16)

Der Übermensch überwindet den Menschen in seiner Beschränktheit und geistigen Armut, nicht Vernunft, sondern Wahnsinn führt den Menschen zum wahren Leben. Die Lichtmetapher wird in ihrem Sinn umgekehrt, der entfesselte Mensch, fernab jeglicher Vernunft, gelangt zu seinem Glück, nicht als Mensch, sondern als ein den

Menschen überwindendes Wesen. Leben, um zu erkennen, was den Übermenschen ausmacht, führt zum Untergang des erkennenden Menschen. Zarathustra ist der Verkünder des Blitzes, d. h. des Übermenschen. (Vgl. Nietzsche. Zarathustra. S. 18) An späterer Stelle heißt es aber, dass *immer auch etwas Vernunft im Wahnsinn* ist. (Vgl. Nietzsche. Zarathustra. S. 49) Vielleicht ist Wahnsinn nur vorstellbar als Gegenpart zur Vernunft, also muss ich Vernunft denken, um Wahnsinn zu bestimmen. Zum Menschen, womit er das einfache Volk meint, gesellt sich später der höhere Mensch, der das Leid kennt und auf dem Weg ist, und schließlich der Übermensch, der das Menschliche mit seinem Mitleid, seiner Moral, seinen Lügen und Eitelkeiten überwindet. Zarathustra ist auf dem Weg zum Übermenschen.

Es ist nicht einfach, sich in Nietzsches Gedankenwelt hineinzugeben, in seine Sprache, in der die Bedeutung der einzelnen Worte ihren alten Sinn verlieren und mit neuen Inhalten gefüllt werden, und doch eine Sprache, mit der er verstanden werden will. Er hält Zwiesprache mit sich, mit seinem Herzen, nicht mit seinem Verstand im Sinne von Selbstreflexion und *Erkenne die selbst*, und doch ist es das Bewusstsein und die Sprache, die nur über das Geistige des Menschen möglich sind. *Ich* und *Selbst* kann ich nur im Selbstbewusstsein und im *Ich denke* formulieren.

Mehrfach spricht Zarathustra: *Ein Licht ging mir auf ...*, aber welches Licht ist hier gemeint? Es scheint die einfache Redewendung zu sein, die Nietzsche manchmal aus der Alltagssprache aufgreift, ohne Umdeutung der Lichtmetapher von Licht auf Dunkelheit und von Erkenntnis auf Emotionen, und trotzdem scheint er nicht das Licht der traditionellen Lichtmetapher in der Philosophie zu meinen.

„Zwischen Morgenröthe und Morgenröthe kam mir eine neue Wahrheit." (Nietzsche. Zarathustra. S. 26) Die Nacht, die dazwischen lag, brachte die Wahrheit, die Dunkelheit, nicht das Licht des Tages, der Schlaf brachte sie, nicht der wache Verstand. Adler und Schlange, die Symboltiere für Stolz und Klugheit, zeigen sich ihm, die Torheit leuchtet, nicht die Weisheit. Als der Weise, dem er begegnet, spricht, *geht* Zarathustra *ein Licht auf* und er spricht zu seinem Herzen. Wiederum die Redewendung der geistigen Erkenntnis und die Sprache, aber eigentlich ist es doch das Unbewusste und der Schlaf, der den Weisen zum Weisen macht, wie Zarathustra meint. (Vgl. Nietzsche. Zarathustra. S. 34)

Nietzsches Verwirrspiel geht weiter. Der *Leib ist Vernunft*, er spricht von den *Augen der Sinne* und von den *Ohren des Geistes* und vom *Selbst, das im Leib wohnt*. (Vgl. Nietzsche. Zarathustra. S. 39 f.) Natürlich kann ich diese Metaphern des Körpers und der sinnlichen Wahrnehmung benutzen, um die Aufmerksamkeit auf ungewöhnliche Kompetenzen zu lenken. Den Leib kann ich mir als vernünftig vorstellen, denn in seiner ungeheuren und funktionierenden Komplexität kann ich dies treffend als vernünftig charakterisieren. Die sinnliche Wahrnehmung allgemein kann ich sehr wohl als eine Art Sehen bezeichnen, Sehen ist sinnlicher Art, und der Geist kann hören, wenn ich es so benennen möchte. Wir sind unser Körper, wir leben und denken in ihm und nur mit ihm und warum sollte nicht auch der Körper vernünftig sein.

In seiner ihm eigenen Art setzt Nietzsche die Lichtmetapher bei der Neudefinition der Tugend ein, die ein *neues Gutes und Böses* wie auch Macht ist. Die neue Tugend ist ein herrschender Gedanke, um sie herum als kluge Seele „eine goldene Sonne und um sie die Schlange der Erkenntnis." (Nietzsche. Zarathustra. S. 99) Sonne und Schlange, beides Metaphern der Erkenntnis, wenn man die Genesis im Alten Testament der Bibel so auslegen möchte, benutzt Nietzsche zur Bestimmung seiner neuen Tugend für den Übermenschen. Die böse Schlange verführte Eva und Adam zur Erkenntnis, nur durch das Böse haben wir Menschen uns aus der Macht Gottes und dem paradiesischen Schlaf im Garten Eden befreit. Das Erkennen durch die Seele, die ja in Körper und Geist des Menschen beheimatet ist, wäre in diesem Sinne richtig verortet.

Also sprach Zarathustra ist eine Schrift der Aufklärung, der Umkehr der Moral, der neuen Werte der Dinge. Alles und jeder wird auf den Prüfstand gestellt und jeder solle sich selbst prüfen. Alles wird ins Gegenteil verkehrt, aber wird es dadurch richtiger und besser? Nietzsche karikiert die bekanntesten und anerkanntesten Philosophen und deckt ihre Widersprüche auf. Es gibt keine Grundfeste der Moral mehr, keinen Boden unter den Füßen, auf dessen Grundlage man handeln könnte. Deswegen trifft der schwebende Zustand genauer die Lage im Wandlungsprozess vom Menschen zum Übermenschen. Fliegen, ohne Orientierung im Raum und in der Zeit, ist der Weg zum Übermenschen. „Alsda wird sich der Untergehende selber segnen, dass er ein Hinübergehender sei; und die Sonne seiner Erkenntniss wird ihm im Mittage stehn." (Nietzsche. Zarathustra. S. 102) Es ist *seine*, nicht *die* Erkenntnis, denn die Götter sind tot und der Übermensch ist es selbst, worin er seine Erkenntnis findet.

Nietzsches Menschenkenntnis möchte ich als genial bezeichnen, er ist ein guter Psychologe, die subtilsten Feinheiten der Selbstlüge deckt er auf, die Auflistung des Selbstbetrugs des Menschen nimmt kein Ende. Neigungen und Bedürfnisse des Menschen, seine Unmoral, seine Ausflüchte und Kaschierungen benennt er, Unsicherheiten und Ängste, die Schwächen und Fehler werden unumwunden offengelegt. Deswegen muss der Mensch untergehen. Eine bessere Welt kann es nur nach ihm geben, in welcher der Übermensch leben kann. Der eigensinnige Philosoph klärt den Menschen über den Menschen auf, das ist seine Aufklärung im *Zarathustra*.

Aber ist es nicht Nietzsche selbst, der hinuntergeht zu seinem Mensch-Sein in seinem tiefsten inneren Dunkel? Entdeckt er nicht die Selbstlügen und den Selbstbetrug ebenso in sich, als er seinem Mensch-Sein auf die Spur kommt? Muss er als Mensch nicht untergehen, um zu einem höheren Menschen zu werden auf dem Weg zum Übermenschen? Klärt sich Nietzsche in seinem Erkenntnisprozess nicht selbst auf über das Dunkle in seinem Innersten?

Zarathustra sagt von sich, dass er *auf vielerlei Weg und Weise* zu seiner Wahrheit kam, nicht über eine Leiter in die Höhe stieg, wo sein Blick nur *in die Ferne schweift*, nicht andere nach dem Weg fragte, sondern sich selbst fragte und selbst suchte nach seinem Weg und selbst die Antwort gab, denn *den* Weg gibt es nicht. (Vgl. Nietzsche. Zarathustra. S. 245)

Nietzsche arbeitet in seinen Schriften intensiv mit Metaphern, um sich zu erklären. Er spielt kreativ mit ihnen, verkehrt ihren Sinn, deutet sie um, so dass sich in der Metapher ein neues Bild der Übertragung spiegelt. Dabei schöpft er den Fundus

11.3 Aufklärung à la Nietzsche (1844–1900)

an Metaphern aus der Bibel, – sein Vater war evangelischer Pfarrer, seine Mutter entstammte einer Pfarrersfamilie und er wurde streng lutherisch erzogen -, er bedient sich der Metaphern der alten griechischen Dichtung, denn seine Bildung erhielt er in Schulpforta, er las viel und studierte neben Theologie auch Klassische Philologie, kannte sich also bestens in den Klassikern der Literatur aus. Er benutzt bekannte Redewendungen und hinterfragt sie ob der Wahrheit ihrer Aussagen, er spielt mit Worten, Wortverdrehungen und Wort-Zusammensetzungen, die einen ganz eigenen Sinn ergeben. Seiner Kreativität im Umgang mit Sprache scheint er keine Grenzen zu setzen. Die Metaphern erweitern mit ihrer Bilderwelt den Denkraum der Philosophie und dies schöpft Nietzsche voll aus.

> „Ein W e n i g Vernunft zwar, ein Same der Weisheit zerstreut von Stern zu Stern, – dieser Sauerteig ist allen Dingen eingemischt: um der Narrheit willen ist Weisheit allen Dingen eingemischt!
> [...]
> Oh Himmel über mir, du Reiner! Hoher! Das ist mir nun deine Reinheit, dass es keine ewige Vernunft-Spinne und -Spinnennetze giebt." (Nietzsche. Zarathustra. S. 209)

Keine Vernunft, die sich wie ein Spinnennetz ausbreitet und unumstößlich, ewig ist, nur ein wenig Vernunft als Weisheit in allen Dingen, mehr erkennt er nicht an.

Im letzten Teil des Zarathustra nimmt Nietzsche wieder den Blitz, das Licht und die Weisheit, bildet daraus eine neue Metapher. Seine Weisheit wird still und dunkel wie eine Wolke vor dem Gewitter, das sich durch Blitze entlädt. Zarathustra ist den Menschen nicht das Licht der Weisheit, sondern der Blitz, der blendet. „Diesen Menschen von Heute will ich nicht L i c h t sein, nicht Licht heissen. D i e – will ich blenden: Blitz meiner Weisheit! Stich ihnen die Augen aus!" (Nietzsche. Zarathustra. S. 360) Weiter fragt er: Ist die Mitternacht nicht heller als der Tag? Nacht ist auch Sonne, ein Weiser ist auch ein Narr und die tiefe Mitternacht will Ewigkeit. (Vgl. Nietzsche. Zarathustra. S. 402)

Am Morgen, seinem Morgen, verlässt Zarathustra seine Höhle, „glühend und stark, wie eine Morgensonne" (Nietzsche. Zarathustra. S. 408), alleine, nur in Begleitung seiner Tiere, dem stolzen Adler, der klugen Schlange und dem starken Löwen.

Zurück zur *Morgenröthe*, wo Nietzsche seiner Zarathustra-Dichtung einen philosophischen Rahmen gibt. Er erläutert jeden denkbaren einzelnen Aspekt über Moral und Unmoral, über tradierte Werte und Sitten, über philosophische Irrwege, die der Mensch, vor allem die Philosophen, gegangen sind. Die Lehren der christlichen Kirchen werden dezidiert hinterfragt und als Aberglaube entlarvt, die Geschichte der Philosophie in all ihren Teilen überprüft. Die Zersetzung der Moral mit den subtilsten Gedanken des Widerspruchs ist sein Anliegen, ist sein Weg der Aufklärung.

Die formale klassische Bildung, die Nietzsche selbst in Schulpforta genossen hatte, führt nicht tatsächliche zur Bildung eines Menschen. Persönliche Fragen nach der Wahrheit, *was ich eigentlich tue* und *was ich damit will*, diese Fragen werden in der klassischen Bildung nicht gestellt und diese Aufklärung bzw. Selbstaufklärung ist nicht gewollt. (Vgl. Nietzsche. Morgenröte. S. 170) Gegen die Aufklärung im Geiste von Newton und Voltaire, sondern Aufklärung im Rückgriff auf primitive

Empfindungen, wie sie im *Christentum*, in *Volksseele*, in *Volkssage*, in *Volkssprache* und *Mittelalterlichkeit* üblich waren, dominieren das philosophische und historische Denken in der ersten Hälfte des 19. Jahrhunderts in Deutschland. (Vgl. Nietzsche. Morgenröte. S. 171) Die Aufklärung, die all die Irrtümer der Vergangenheit aufdecken wollte, erzeugte nur neue Unwahrheiten, wenn die Empfindung über das Wissen gestellt wird, statt die Leidenschaft für Gefühl und Erkenntnis zu wecken. (Vgl. Nietzsche. Morgenröte. S. 172)

Dem Schatten schenkt Nietzsche in verschiedenen Schriften eine besondere Aufmerksamkeit.

Ein kurzer Exkurs über den Schatten: Erst der Schatten macht das Körperliche sichtbar; das Licht modelliert einen Körper, so dass er in seiner Plastizität zu sehen ist. Die nicht im direkten Licht stehenden Partien zeigen sich als dunkle Teile und erzeugen im Spiel von Licht und Schatten die Raumwirkung eines Gegenstandes. Eine Fläche kann keinen Schatten werfen, nur der Körper vermag es bei Licht, allerdings darf es kein blendendes Licht sein. In der Fotografie würden wir dann von einer Überbelichtung sprechen, die keine Zeichnung eines Körpers mehr erkennen lässt.

Eine andere Erscheinung des Schattens: der flächige Schatten, den ein Körper von seiner Gestalt wirf, der selber keine Plastizität zeigt und keine Licht-Dunkelheit-Varianten. Der flächige Schatten ist ohne jegliche Abstufung gleichmäßig dunkel. Ein Mensch wirft bei Licht Schatten, je nachdem wo die Sonne steht, verfolgt ihn der Schatten unerbittlich oder er läuft ihm voraus.

Nun wieder zu Nietzsche. Schon in der früheren Schrift *Menschliches, Allzumenschliches* (1878/79) begegnen wir dem Schatten, der im Gespräch mit dem Wanderer unterwegs ist. Im Dialog heißt es:

> *„Der Wanderer*: [...] Du wirst es wissen, ich liebe den Schatten, wie ich das Licht liebe. Damit es Schönheit des Gesichts, Deutlichkeit der Rede, Güte und Festigkeit des Charakters gebe, ist der Schatten so nöthig wie das Licht. Es sind nicht Gegner: sie halten sich vielmehr liebevoll an den Händen, und wenn das Licht verschwindet, schlüpft ihm der Schatten nach.
> *Der Schatten*: [...] ich liebe die Menschen, weil sie Lichtjünger sind, und freue mich des Leuchtens, das in ihrem Auge ist, wenn sie erkennen und entdecken, die unermüdlichen Erkenner und Entdecker. Jener Schatten, welchen alle Dinge zeigen, wenn der Sonnenschein der Erkenntnis auf sie fällt, - jener Schatten bin ich auch." (Nietzsche. Menschliches. S. 538)

Der Wanderer und der Schatten philosophieren lange, ernsthaft und tief miteinander und finden zahlreiche Annäherungen an die Wahrheit.

Im *Zarathustra* spricht dieser auf seinem Weg in die Einsamkeit mit seinem Schatten, der ihn verfolgt, der ihm sich erinnernd sein Leben erzählt, nämlich seinen Weg in die Heimatlosigkeit, dabei Grenzsteine und Bilder umwerfend, gefährlichen Wünschen nachlaufend, die verlogene Unschuld und die Lügen hinter sich lassend, die Liebe zum Leben und das Ziel verlierend. Der Schatten reflektiert nicht nur das Selbst des Vergangenen und Gegenwärtigen, er warnt ebenso vor einer Flucht zurück in den verführenden Glauben. Stattdessen solle Zarathustra zu seiner Höhle hinaufschreiten, die ihm Heimstätte ist. (Vgl. Nietzsche. Zarathustra. S. 339 ff.)

11.3 Aufklärung à la Nietzsche (1844–1900)

In seinem Aufsatz *Lichtmetaphorik und Schatten Gottes in Nietzsches neuer Aufklärung* geht Andrea Bertino explizit der Lichtmetapher in Nietzsches Schriften im Kontext seiner Aufklärungskritik und der neuen Aufklärung von ihm mit dem Gedanken der ewigen Wiederkehr nach.

Nietzsches Kritikansatz ist der Anspruch der Aufklärung, durch die Vernunft das Irrationale bloßzulegen. Dabei fragt er, ob Irrationales und Rationales überhaupt entgegengesetzte Pole bilden und sich widersprechen.

> „Die neue Aufklärung, die eine Philosophie der ewigen Wiederkehr vorbereitet, darf sich nicht einfach vom Alogischen, Irrationalen abwenden, wenn sie damit nicht alles Leben vernichten will, sondern muss es seinerseits rational einsetzen, indem sie durch seine erkenntniskritische Wiedergewinnung neue Spielräume für mythopoietische, lebensgestaltende Kräfte eröffnet." (Bertino. 2015. S. 198)

Denn immerhin ist im Wahnsinn auch Vernunft zu finden und ein wenig Vernunft als Weisheit in allen Dingen, wie er im *Zarathustra* zu überlegen gibt.

Licht darf nicht blenden, sondern muss erhellen, so dass auch noch Schatten sichtbar wird. „Wenn man den Erkenntnisprozess als allmähliche Erhellung versteht, als fortschreitende Beseitigung von Schatten" (Bertino. 2015. S. 205), so nähert man sich der Wahrheit, muss aber auf eine letzte Wahrheit verzichten, denn diese könne der Blendung gleichen. (Vgl. Bertino. 2015. S. 205)

Wenn Gott tot ist, so sollte auch sein Schatten verschwunden sein. Dem ist aber nicht so; Gott überlebt noch eine Weile durch seinen Schatten, die vergangene Lehre wirkt lange nach, so wie das Licht von untergegangenen Sternen lange Zeit später auf die Erde treffen und die Sterne zeigen werden. (Vgl. Bertino. 2015. S. 208)

Bertino konstatiert, dass Nietzsche in seinem kritischen Gebrauch der Lichtmetaphorik einerseits diese Darstellung des Erkenntnisprozesses verunsichert, andererseits aber selbst die Lichtmetaphorik zur *Horizonterweiterung* nutzt. „Er betreibt Kritik im Sinn einer schattierenden Beleuchtung als Gegeninterpretation, die ihrerseits ohne letzte Begründung, auf heuristische Konstrukte angewiesen bleibt." (Bertino. 2015. S. 209)

In der frühen Schrift, in *Menschliches, Allzumenschliches*, findet die Lichtmetapher ihre Anwendung noch in der traditionellen Weise der Philosophie. Im Aphorismus 7. *Licht-Feindschaft* heißt es: „[...] dass man einmal das Licht der Wahrheit zu hell auf sie fallen lasse? [...] Oder ist es nur die Scheu vor dem allzuhellen Licht, an welches ihre dämmernden, leichtzublendenden Fledermaus-Seelen nicht gewöhnt sind, so dass sie es hassen müssen?" (Nietzsche. Menschliches. S. 383) Die Angst davor, im Fokus des Bühnenlichts zu stehen und damit zu genau gesehen und geprüft zu werden hinsichtlich des Wahrheitsanspruchs, oder die Angst vor der Wahrheit, die entlarvt, treibt die Philosophen um. Und so ist es ihnen lieber, wenn man ihnen sagt, dass sie immer nur Wahrscheinlichkeiten und eine Annäherung an die Wahrheit erfassen, die reine Wahrheit aber nicht erkennen können. Obwohl die Philosophie in ihrer Tradition immer den Anspruch der Wahrheit verfolgte.

Nietzsche klärt auf über seine ihm eigene Philosophie, in seiner ihm eigenen Sprache und mit seinen ihm eigenen Bildern, die er als neue Metaphern kreiert.

Auf diese Art Philosophie zu betreiben, ist der richtige Weg: verunsichern, infragestellen, widersprechen, umdeuten, Gedankenspiele betreiben, umkehren, karikieren.

Nietzsche reicht die Wahrheit in der Dunkelheit, die nur unscharf sichtbar wird, oder die Vernunft im Wahnsinn, die nicht trennklar zu verifizieren ist, oder die ewige Wiederkehr ohne endgültige Wahrheit, oder der Weg, dessen Ziel nicht als Ort zu bestimmen ist. Es ist der Mythos der ewigen Wiederkehr, von dem seine Philosophie durchdrungen ist. Er ist der Wanderer, der auf dem Weg bleibt, der von der Höhe in die Tiefe und von dort in die Höhe steigt, um wieder zur Tiefe vorzudringen.

Im Zeitalter der Aufklärung verschieben sich die Hierarchien, Glauben und Vernunft wechseln ihre Plätze, die göttliche Einflussnahme rangiert hinter der menschlichen Vernunft, auch wenn die göttliche Macht weiterhin anerkannt wird, denn die Kirche ist so mächtig, dass sie alle Versuche gegen ihre Institution und den von ihr vertretenen Glauben schwer bestraft. Also geht man Kompromisse ein, lässt Gottes Stellung unangefochten stehen und beschränkt sich in den Aussagen auf den Menschen und seine Lebenswelt.

Für René Descartes gilt das natürliche Licht, das lumen naturale, womit er die Erkenntniskraft des Menschen meint. Das natürliche, angeborene Licht des Menschen ist zu betrachten wie das natürliche Licht im Äußeren, wie die Kraft der Sonne, die Welt sichtbar werden zu lassen. Das Licht der Vernunft führt zu immer größerem bzw. besserem Wissen und letztlich zur Wahrheit, um zu verstehen. Die Vernunft ist dem Menschen zu eigen, aber wir sind von Geburt an nicht in gleichem Maße mit ihr ausgestattet, und neben dieser anthropologischen Kompetenz gehört die Ausbildung der Erkenntniskraft zur selbstgestellten Aufgabe, um mehr Wissen generieren zu können. Dieses Vermögen der Vernunft richtet sich allerdings ausschließlich auf das rein Geistige, also auf den metaphysischen Bereich; die Selbstreflexion wird von Descartes in das Vernunft-Licht inkludiert. Intelligibel und intuitiv erkennen wir die Wahrheit. Er spricht sich nicht für eine reine Wissensanreicherung aus, sondern für ein qualitatives Wissen, nach Regeln erworben und am Ende klar und deutlich zu erkennen.

Die Epoche der Aufklärung bringt das Licht der Vernunft in die Welt, die Menschen kommen zu neuen Erkenntnissen, vorrangig durch das Betreiben in den Naturwissenschaften, welche Einfluss nimmt auf die anderen Wissenschaftsbereiche. Eine größere Öffentlichkeit des politischen Geschehens und mehr Freiheiten im gesellschaftlichen Zusammenleben werden proklamiert. Man bedient sich der alten Metapher des Lichts: die Vernunft leuchtet, der Verstand erkennt, der Geist des Menschen erhellt das Geschehen in der Welt, so wie es Kraft der Sonne in der Welt geschieht und jeder und jede es wahrnehmen kann.

Ein Vertreter par excellence für den Geist des Aufbruchs im neuen Zeitalter, das der Vernunft, ist Christian Thomasius. Er bricht mit der Tradition des universitär-akademischen Habitus, trägt keinen Talar in den heiligen Hallen der Universität, hält Vorlesungen in deutscher Sprache und erklärt Frauen und Männer mit prinzipiell gleicher Intelligenz ausgestattet, aber nicht alle Menschen in gleichem Maße. Trotzdem haben wir alle es selbst in der Hand, in Finsternis zu bleiben oder dem

11.3 Aufklärung à la Nietzsche (1844–1900)

Licht der Vernunft zu folgen. Das Licht der Offenbarung gehört zum Glauben, das Licht der Vernunft führt zu Wissen und Weisheit. Beide Lichter sollen nicht vermischt werden. Was wir nicht zu erkennen vermögen, sollen wir dem Glauben und der Offenbarung überantworten. Ähnlich wie Descartes unterscheidet er zwischen Vielwisserei, welches wir nicht brauchen, und qualitativ hochwertigem Wissen, das wir zum guten Leben benötigen. Recherche, verstehen, interpretieren und schließlich urteilen bzw. beurteilen, auf diesem Weg finden wir die wahren Aussagen. Sich selbst erkennen gehört unabdingbar dazu, Weisheit ohne Selbstreflexion wäre Torheit.

Kant will die Aufklärung zur Befreiung aus der selbstverschuldeten Unmündigkeit. Er sieht zwar die Hindernisse, die einer vernünftigen Aufklärung im Wege stehen, diese sind vor allem gesellschaftlicher sowie politischer Art, aber nicht minder durch Faulheit und Feigheit bedingt, langfristig hält er die Mündigkeit und Verantwortlichkeit des Menschen für sein eigenes Leben und ebenso für das gesellschaftliche und politische für möglich. Das reine Licht der Vernunft sieht er jedoch in der intelligiblen Erkenntnis des Verstandes, als einen Prozess im rein Metaphysischen. Die Metapher in der Übertragungsfunktion benutzt er für Licht und Erkenntnis.

Wieland sucht die Wahrheit durch das innere Licht des Verstandes in der Übertragung des äußeren Sehens durch die Lichtmetapher. Wir versuchen allem auf den Grund zu gehen, alles zu untersuchen. Das materielle Licht benötigen wir für die materiellen Geschäfte, das geistige Licht der Vernunft, um zwischen Gutem und Bösem zu unterscheiden. Die Erkenntnis richtet sich gleichermaßen auf die Welt des Geschehens wie auf die des Denkens, um das Wahre vom Falschen zu unterscheiden.

Herder setzt auf die Bildung zur Humanität, um aufgeklärt eine bessere Lebenswelt zu schaffen, Lessing fokussiert auf die Wahrheit, um die wir uns aufrichtig bemühen sollten. Während Kant vom Anspruch der Wahrhaftigkeit als moralischer Kategorie ausgeht, spricht Lessing von einer Wahrheit, die wir nicht vollends erreichen könnten. Für Schiller gehört zur Erkenntnis noch die Emotionalität, um das Erkannte in die Tat umzusetzen.

Die klassische Epoche der Aufklärung bekennt sich zur Vernunft des Menschen, zum lumen naturale, der natürlichen Vernunft, die als anthropologische Konstante gesetzt ist, die sich auf alle Bereiche des Lebens richtet, gleichermaßen auf die geistige, die moralische und die materielle Welt. Sie will die Verbesserung in allen Lebensverhältnissen. Das Licht der Vernunft sucht die Wahrheit zu finden, dafür brauchen wir Sichtbarmachung des Geistigen, wie wir es beim natürlichen Licht in der materiellen Welt kennen.

Aufklären über die Aufklärung, das will Nietzsche, aber er geht ganz eigene Wege, entfernt sich vom philosophischen Standard und kreiert neue Mythen und Metaphern der Dunkelheit und des Lichts. Sich aus den Fesseln des Konformen befreiend, sich selbst befragend und hinterfragend, führt sein Weg der Erkenntnis zum Eigensinn des Lebens, das mit dem Leben des Volkes nichts mehr gemein hat. Der höhere Mensch ist der aufgeklärte Mensch, der einsam in den neuen Dimensionen seinen Weg finden muss.

Resümierend für diesen zweiten Teil, den historischen Betrachtungen, können wir festhalten
In den historischen Betrachtungen zur Verwendung der Lichtmetapher spannen wir einen weiten Bogen von der Antike bis in die Gegenwart. Licht stand immer in der Betrachtung der Philosophie, aber nicht unbedingt als Sujet selbst, sondern in seiner Erscheinung und Wirkung, in seiner Bildhaftigkeit und Bedeutung, in seiner ständigen Präsenz und seiner Unfassbarkeit. Die Geschichte der abendländischen Philosophie kennt keine Zeit, in der das Licht nicht direkt oder indirekt in Betrachtung und Aussage einbezogen wurde.

Wenn ich bis zur Gegenwart sage, stimmt dies nicht direkt, denn nach der Epoche der Aufklärung wird das Licht als Metapher der Erkenntnis hauptsächlich nur noch als rhetorisches Element benutzt, es finden sich in den gegenwärtigen philosophischen Schriften kein Bedeutungswandel, der zu neuen Aussagen führen könnte. Die Metapher wird zu einem oftmals poetischen Werkzeug der Ausdrucksweise, inhaltlich bleibt die Übertragung der sinnlichen Wahrnehmung von Licht auf die gedankliche Sichtbarmachung einer Erkenntnis.

Im historischen Rückblick der Lichtmetapher habe ich mit der griechischen Antike begonnen, mit den Anfängen des philosophischen Denkens bei Heraklit, der als Erster Feuer und Erkenntnis zusammenbringt. Für ihn ist Feuer gleich Logos, Vernunft, Einsicht, wir könnten es als Erkenntnis bezeichnen. Es ist das innere göttliche Feuer der Seele, gleich dem Kosmos-Feuer, das Weltgesetz und Weltvernunft steuert. Mikrokosmos im Menschen und Makrokosmos im Weltganzen gelangen durch das Feuer zur Vernunft, zur vernünftigen Ordnung des Einen wie des Anderen. Beim Menschen allerdings sind es nur die mit der *feurigen Seele*, die zur Weisheit kommen; die meisten Menschen, mit einer feuchten Seele ausgestattet, bleiben von Wissen und Erkenntnis außenvor. Nicht der Zufall oder das Schicksal bestimmen die Ausstattung der Seele mit einem trockenen-feurigen Teil, sondern eigenes Wollen, Reflexionen, eben die *Eigenart* des jeweiligen Menschen.

Bei Heraklit wird noch nicht die Lichtmetapher in ihrer Übertragungsfunktion angedacht, sondern in einem ganzheitlichen Denken sind Feuer und Erkenntnis eins.

Die Lebenszeiten von Heraklit und Parmenides decken sich, nicht jedoch ihre Lebensorte Ephesos und Elea. Vermutlich wussten sie nichts voneinander und konnten sich nicht über ihre Theorien der Erkenntnis austauschen. Parmenides arbeitet mit den Gegensatzpaaren von Licht und Nacht oder Hell und Dunkel oder himmlisches Feuer und unwissende Nacht, die jeweils zusammenwirken, eine Einheit bilden und gleichgeartet sind. Aus den polaren Kräften von Licht und Nacht entsteht der Kosmos; die physisch wahrnehmbare und die intelligible Welt sind ein Seiendes, nicht geteilt. Aber verlässliches Wissen können wir nur über die intelligible Leistung erwerben, über die empirische Welt bilden wir uns Meinungen. Das Licht im Menschen ist eine Kraft oder ein Element, beides wird von ihm genannt. Insofern spricht Parmenides diesem Licht nicht ein eigenes Sein zu und versteht es ebenso wenig in einer Übertragung als Metapher, wir können es nur indirekt erschließen.

11.3 Aufklärung à la Nietzsche (1844–1900)

Bei den Stoikern sind zwar gedankliche Verbindungen zwischen Feuer oder Licht und Geist oder Vernunft nachzuweisen, aber in welchem Verhältnis und in welcher Bedeutung, geht nicht aus den wenigen Fragmenten zu diesem Thema hervor.

Nachdem sich in der frühen Philosophie die Fragen auf eine stärker naturwissenschaftlich zu erkundende Welt und die Fragen des Seins und des Seienden richteten, beginnt in der klassischen Zeit die Fokussierung auf das Erkennen der Welt als Grundprinzip alles Seienden und es ist der Mensch, der sich und die Welt, in der er lebt, versucht als wahrheitlich zu entschlüsseln. Welt erkennen und Welt verstehen geht vom Menschen aus, ermöglicht durch seine intelligible Kompetenz. Die Idee des Guten an sich, aus der sich alle anderen Ideen des An-sich ableiten lassen, ist für Platon die schlüssige Theorie der Erkenntnis. Mit Hilfe von Gleichnissen erläutert er seine Vorstellungen, immer wieder unter Einsatz der Lichtmetapher, denn Gleichnisse schaffen leichter zugängliche Bilder und die Metapher ist ein adäquates Bildwort in diesem Kontext. Das Höhlengleichnis ist das bekannteste Beispiel für Platons Art, seine Philosophie zu erläutern. Darin findet die Sonne in ihrer sinnlich wahrnehmbaren Sichtbarmachung die Übertragung auf die geistige Sichtbarmachung der Erkenntnis als rein intelligible Leistung. Gleichnis und Metapher arbeiten mit der Übertragung. Ob dieses innere intelligible Licht eine eigene Seinsform bildet und damit zur Kategorie der Metaphysik gehört, ist nicht zweifelsfrei zu klären. Zumindest tendieren die Aussagen über das geistige Licht zur Grenze des Metaphysischen hin. Aber nur der Idee des Guten gehört eine eigene Seinsform, die innerhalb der Metaphysik die höchste Kategorie bildet oder darüber hinaus geht ohne eigene Bezeichnung. Die Idee des Lichts in eigener Seinsform findet bei Platon keine Erwähnung, deshalb ist m. E. die Einordnung in den Bereich der Metaphysik nicht gegeben.

Für Aristoteles zählt das Wahrnehmungsvermögen des Menschen sowie das Werden und Bewegen. Zum Licht gehört jedoch die Aktualität, wenn es sichtbar macht, im Äußeren wie im Inneren des Menschen. In seiner *Rhetorik* und *Poetik* expliziert er die Metapher als Instrument der Gestaltung und Erläuterung von Gedanken sowie Theorien, spricht hier vom Licht. Aber in seiner *Metaphysik* wird das Licht erst wahrnehmbar durch die Farbe, ansonsten ist es nur transparent; insofern schauen wir hindurch, ohne es zu sehen. Erst in der Aktualität, wenn das Licht auf die Farben, die den Körpern anheften, trifft, können wir das Licht sehen, aber nicht als das, was es ist, sondern anhand der nun sichtbaren Gegenstände in der Welt. Das Licht trägt in sich die Ursache des Sichtbarseins, aber es braucht die Farbigkeit, auf die es stößt, damit wir Menschen intelligent auf das Licht schlussfolgern können. Durch die Wahrnehmung können wir auf Licht treffen, aber wir müssen es uns erschließen durch die intelligible Leistung der Vernunft. Wir finden also bei Aristoteles die einfache Metapher des Lichts in ihrer Übertragungsfunktion, als auch eine ganz eigene Seinsform von Licht, die nicht zur Metaphysik gehört, demnach physischer Art wäre, was ebenso nicht der Fall ist, sondern nur indirekt wahrnehmbar ist durch eine intelligible Leistung des Geistes.

Bei Platon und Aristoteles bildet das Licht eine eigene besondere Kategorie, die letztlich ohne Bezeichnung bleibt.

Das lumen supranaturale löst im Erkenntnisgrund das intelligible Licht der Antike ab. Letztlich wurde in der alten Zeit die Licht-Erkenntnis auch auf einen göttlichen Ursprung zurückgeführt, aber in der christlichen Lehre ist es der monotheistische Glaube, das Bekenntnis zu dem einen Gott, der selbst Licht ist oder es in die menschliche Seele bzw. den Geist hineingibt und so den Menschen in seinem Inneren erleuchtet. Das Erkenntnis-Licht ist Gott oder kommt von ihm, was der Mensch erkennt, geschieht durch den Willen Gottes.

Das Johannesevangelium berichtet vom göttlichen Licht, welches durch Christus in die Welt getragen wird, die Menschen es aber nicht erkennen. Dieses Licht bringt Erkenntnis, Wahrheit, das Gute, die Menschen könnten es in ihrem Inneren sehen, aber ihr Glaube ist zu schwach, um es zu verstehen.

Plotin folgt der platonischen wie der neuen christlichen Lehre, verbindet die beiden Sichtweisen, so dass vom sinnlichen Licht der Sonne der Aufstieg zum geistigen führt und weiter zum höchsten Einen, zum Guten, zu Gott. Dieses Eine ist das sich denkende Denken und das sich sehende Licht, es ist Gott, der Eine in seiner Vielgestaltigkeit. Vom Höchsten führt er das Licht wieder zurück über den menschlichen Geist bis zur wahrnehmbaren Sonne. Er arbeitet mit der Metapher, um sich zu erklären, jedoch ist das Eine, das höchste Licht, von einem ganz eigenen Sein. Das Besondere: die Übertragung des Lichts nimmt er vom geistigen Licht ausgehend hin zum irdischen vor. So, wie wir mit dem Geist sehen bzw. erkennen, so macht die Sonne sichtbar.

Augustinus durchläuft verschiedene Stadien der Theoriebildung, beruft sich auf Plotin und Platon, folgt den Manichäern, um letztlich seine Lehre zu formulieren. Für ihn gibt es das natürlich-körperliche Licht, das metaphorisch-geistige sowie das göttliche in wiederum eigenständiger Seinsform. Zur Innerlichkeit der Erkenntnis gelangen wir Menschen durch die göttliche Erleuchtung.

Mittelalterliche Philosophie ist in ihrer Intention christliche Philosophie, die Grundthemen arbeiten mit dem Spannungsfeld von Glauben und Wissen, Offenbarung und eigenständigem Denken. Aber schon bei Thomas von Aquin verschiebt sich die Gewichtung auf die Vernunft des Menschen im Erkenntnisprozess. Im frühen Mittelalter lebt der Platonismus in einer neuen Ausprägung auf, indem der Fokus sich auf das Höchste und das Eine legt; die Idee des Guten, aus der sich bei Platon alle Ideen ableiten, werden bei Plotin und Augustinus das Göttliche und das Eine, Gott, der Ewige, Ungeschaffene, der Kreator, der alles geschaffen hat und auf den hin alles zurückzuführen ist. Die Stufen der Abstraktion, die gedanklich vollzogen werden müssen in der platonischen Erkenntnislehre, werden übertragen auf christliche Philosophiemodelle der Erkenntnis, die zur Teilhabe am göttlichen Wissen einladen, nicht für alle, bei Platon sind es die Philosophen, in der christlichen Philosophie die im Glauben stehenden Intellektuellen, die Männer in hohen Kirchenämtern. Auch für Frauen steht der Weg prinzipiell offen, sowohl bei Platon als auch in der Kirche, aber nicht gleichermaßen, nicht bis zum höchsten Amt des Philosophenkönigs oder des höchsten Kirchengelehrten und Kirchenfürsten. Gelehrten Frauen bleibt das *Spielfeld* von Mystik und Visionen offen, sie berufen sich auf eine direkte Kommunikation mit Gott, der ihnen die Worte und das Wissen eingibt. Bei der Lektüre ihrer Schriften wird jedoch deutlich, dass Bildung, Wissen,

Wahrnehmung, Beobachtung und Erfahrung die Basis ihrer Erkenntnisse ausmachen. Ihre gedanklichen Konstruktionen bleiben dem Neuplatonismus verbunden.

In der Mystik verschmelzen philosophische Aussagen mit den christlichen Glaubensbekenntnissen, das lumen supranaturale steigert sich in Kraft und Ausdruck, auserwählte Menschen empfangen in ihren Visionen direkt die Botschaften Gottes, die sie den Menschen vermitteln sollen. Hildegard von Bingen erscheinen im göttlichen Licht die Bilder der Schöpfungsgeschichte, die den Mikrokosmos wie den Makrokosmos umfassen und die sie in Worten und mit beschreibenden Bildern nach Außen trägt. Das Sonnenlicht wird übertragen auf den Geist, der im göttlichen Licht erscheint. Eigentlich ist Hildegard nur Vermittlerin zwischen Gott und den Menschen, aber sie beharrt auf ihre eigene Verantwortlichkeit für das Vermittlungsgeschehen.

In besonderer Weise und einer Steigerung der Mystik sehen wir das Licht bei Mechthild von Magdeburg, die sich der Minne bedient, in Liebe zu Gott lebt, erkennt und handelt. Seele ohne Weisheit ist wie Minne ohne Erkenntnis, bei ihr jedoch fließt das göttliche Licht in die Seele und Mechthild legt ihre Weisheit und Erkenntnis in ihre Minnedichtung hinein. Glaube und philosophische Betrachtung sind nicht mehr zu trennen.

Meister Eckhart, historisch immer als Mystiker gehandelt, arbeitet aber nicht minder, vielleicht sogar vorrangig, an der philosophischen Erkundung des Seins. Er greift das Thema in platonischer und aristotelischer Manier auf, findet dabei eine neue Ebene, die er Seinsgrund nennt. Die Gerechtigkeit der Gerechtigkeit, die Wahrheit der Wahrheit, wie kommen wir zum Wesenhaften im metaphysischen Sein, letztlich zu dieser Metaebene in der Welt der Metaphysik? Wofür Platon und Aristoteles keine eigene Bezeichnung fanden, wonach so viele vor ihm nach Erklärung und Kategorisierung suchten, Meister Eckhart findet es im Seinsgrund. Aber wie wir die Bibel nur als Bibel lesen können, weil wir sie als solche erkannt haben, gehören Sein und Seinsgund zusammen, sind eins. Wir können sie zwar gedanklich trennen, aber erfassen sie dadurch nicht adäquat. Die Sonne und das Licht der Sonne können wir trennen, aber es gibt keine Sonne ohne Licht.

Auch Nikolaus Cusanus versucht das Mysterium des Seins zu entschlüsseln, folgt der Theorie des Aristoteles von der Aktualität des Lichts und überträgt diese gedankliche Konstruktion auf den menschlichen Geist. Dieser erkennt sich durch sein Sein-Können, durch sein Denken. Die christliche Lehre bleibt von diesem Philosophieren unberührt, sie bildet das Fundament des Glaubens und ihr wird nicht widersprochen.

Eine Zäsur wird durch die Aristoteles-Rezeption von Thomas von Aquin gesetzt, der Wahrnehmung und Empirie zur Grundlage ersten Wissens macht und von dort den Weg der Abstraktion als einer vernunftgeleiteten Denkrichtung aufbaut. Beide, Platon und Aristoteles, unterscheiden sich wenig in dieser Stufenfolge der Abstraktion, dies wird in der christlichen Adaption immer wieder deutlich, aber in der Aussage über das Sein und der Wertung dieses Seins, trennen sich ihre Wege. Bei Platon ist die Idee das Höchste, in der christlichen Philosophie ist es Gott, das metaphysische Sein bzw. Gott ist das Eigentliche und Höchste und Wirkliche. Nur im Geistigen bzw. durch Gott vermögen wir die Wahrheit zu finden, die Gewissheit, auf die wir uns verlassen können. Aristoteles unterscheidet dagegen das physische vom metaphysischen Sein, so auch Thomas von Aquin, zwei Seins-Ebenen in ihrer je eigenen Art und Qualität. Auf jeder Ebene gelangen wir zu einer eigenen Wahrheit und Gewissheit.

In einer ganz neuen, originellen Fassung, begegnen wir der Metapher Licht bei Christine de Pizan. Hier sind es drei leuchtende Frauengestalten, die das Licht in sich tragen und Christine den Weg zur Erkenntnis weisen. Die personifizierte Vernunft, Frau Rechtschaffenheit und Frau Gerechtigkeit, drei allegorische Gestalten werfen ihr Erkenntnislicht auf Christine. Diese beginnt eine Stadt der Frauen für Frauen zu bauen, das Fundament der Vernunft bildet die Basis, das Mauerwerk der Rechtschaffenheit den Mittelbau mit Häusern und Türmen und das Dach der Gerechtigkeit den schützenden Überbau. Die ethischen und dianoetischen Tugenden aus der *Nikomachischer Ethik* finden sich in der Stadt der Tugenden wieder, indem Heilige sowie mystische Gestalten, die diese Tugenden verkörpern, den Ort bevölkern und ihr Leben darin einrichten. Diese Stadt soll Zufluchtsort für Frauen aller Stände und Schicksale sein, Witwen können sich hier ebenso niederlassen wie Sünderinnen oder Geschändete, wie Ehefrauen und Mütter. Für Gott sind alle Menschen gleich und seine Gerechtigkeit kennt keine Unterschiede. Die philosophischen Betrachtungen dieser Philosophin richten sich nicht auf das Sein, sondern auf die Tugenden, Ethik ist ihr Erkenntnisbereich und sie benutzt drei weibliche Lichtgestalten, die sich so in der christlichen Lehre nicht finden lassen, als Übertragungsmedium für die Erkenntnis. Die Haupttugenden sind keine explizit christlichen, sondern philosophisch-weltlich deklarierte. Christines Menschen- und Weltbild ist noch in der christlichen Lehre verankert, aber sie wagt den Schritt zur Loslösung vom Alten hin zu einem modernen Verständnis, setzt auf die eigene Vernunft, auf selbst gewonnenen Erfahrungen und auf die Selbstreflexion in der Wahrheitssuche.

Die Vorboten der philosophischen Epoche der Aufklärung sehen wir im natürlichen Licht der Vernunft, welches das göttliche Licht ablöst. Descartes erklärt den Menschen für autonom im Denken, die Erkenntnis ist selbstgeneriert, wissenschaftliche Methodik ermöglicht wissenschaftliches Wissen über die Welt, die christliche Lehre bleibt davon unberührt. In der Selbstreflexion erkennt der Mensch seine Denkfähigkeit und vergewissert sich seiner Existenz, er erlangt auf diesem Weg die Gewissheit seines Seins. Er sieht seine Unvollkommenheit und Descartes verweist deshalb die Vollkommenheit auf Gott, der als Schöpfergott bleibt und den Menschen Gestalt und Geist gegeben hat.

Das nun beginnende Zeitalter der Aufklärung betrifft gesellschaftliche wie politische, philosophische wie naturwissenschaftliche, technische wie moralische Errungenschaften, klärt auf durch die eigene Vernunft des Menschen und befreit vom Aberglauben, von Unwahrheiten, politischen Missbrauchsmächten und Unwissenheit, nicht gänzlich, aber in den Ansätzen und im Gewollten. Die Klarheit des Denkens durch das Licht der Vernunft ist der wegweisende Weg, der von ungewollten Abhängigkeiten zur Mündigkeit des Menschen führen soll.

Thomasius trennt zwischen dem Licht der Offenbarung und dem Licht der Vernunft und die Philosophie solle ihre Ausrichtung auf das irdische Leben zum Wohlsein des Menschen lenken. Kant will die Aufklärung zur Befreiung aus der

11.3 Aufklärung à la Nietzsche (1844–1900)

selbstverschuldeten Unmündigkeit. Das reine Licht der Vernunft sieht er jedoch in der intelligiblen Erkenntnis des Verstandes, als einen Prozess im rein Metaphysischen. Wieland, der zwischen dem inneren und äußeren Sehen unterscheidet, sucht die Wahrheit durch das innere Licht, durch welches wir allem auf den Grund gehen und alles untersuchen sollten. Auch Lessing fokussiert auf die Wahrheit, nicht dass wir sie zur Gänze erkennen könnten, aber um die wir uns aufrichtig bemühen sollten. Bei Kant ist es der Anspruch der Wahrhaftigkeit. Bei Schiller reicht das Licht der Erkenntnis nicht aus, um in Handlungen zu münden, erst durch die Kraft der Emotionen finden wir zur Tat, deren Sinn und Zweck wir zuvor durch den Geist erkannt haben.

Die Aufklärung umreißt also eine bunte Palette von Bedeutungen des Lichts der Vernunft, sie will zum Wissen, zur Erkenntnis und zur Wahrheit führen, sie richtet sich auf das komplexe praktische Leben des Menschen, will das Wohlergehen steigern und sie setzt die Prämisse auf die eigenständige Vernunft des Menschen. Aufklärung will perspektivisch eine Steigerung der Lebensverhältnisse zum Guten hin. Erkenntnis um der Erkenntnis willen bleibt ein rein philosophisches Anliegen, steht aber für die Philosophie der Aufklärung nicht im Zentrum der Wahrheitssuche.

Nietzsche möchte nichts anderes als den Menschen aufklären, aber mit einer eigensinnigen Philosophie. Er sucht Wahrheit und Erkenntnis, aber seine philosophischen Wege führen ihn aus der akademischen Bildung hinaus, die ihn nicht auf das Leben vorbereitet hat, hinab zu den dunklen Seiten des Menschen, zu seinen Schwächen, seinem Unverstand und seiner Unmoral. Erst wenn er in den Tiefen des Tals diese Missstände erlebt hat, begibt er sich wieder hinauf in die Höhen, zu höherem Wissen und Erkenntnis, zu ganz eigenen Gedanken von Weisheit, zur ewigen Wiederkehr. Philosophie im traditionellen Sinne unterwirft den Menschen unter das Joch der konservativen Moral, macht ihn nicht frei und aufgeklärt, sondern tauscht einen neuen Unglauben gegen einen alten. Dem verweigert sich Nietzsche. In der Umkehrung der Lichtmetapher ist es die Dunkelheit, die den Menschen erkennen lässt. Allerdings sind es nur wenige, die aus den Abgründen lernen und dann den Weg hinauf zum Eigenen finden. Zarathustra schreitet alleine die Höhe hinauf, nur begleitet von seinen Tieren.

Mit Nietzsche endet die Recherche zur Lichtmetapher in der Philosophie, der historische Überblick findet zur Metapher des Lichts in Moderne und Gegenwart keine neuen Inhalte der Übertragung auf die Erkenntnis des Menschen. Der Geist des Menschen, die Vernunft leuchtet wie das Licht der Sonne oder des Feuers, so können wir es uns vorstellen. Das Licht macht die physische Welt sichtbar, so auch der Geist des Menschen, der die Erkenntnis sichtbar werden lässt. Die Lichtmetapher in ihrer Anwendung auf die Erkenntniskraft bleibt rhetorisches Stilmittel, mehr nicht. Schließlich „wird die Lichtmetaphysik in Wendungen wie ‚Licht der Vernunft' oder ‚Licht der Natur' in aufgeklärtem Sinne als nur noch bildungssprachliches Element, nämlich als ‚verblümte Redensart' bezeichnet." (Mittelstraß. lumen naturale. 1984. In: EPhW, Bd. 2. S. 726) Ich würde hier nicht von Metaphysik sprechen, sondern ich sehe im *Licht der Vernunft* den Gebrauch der Lichtmetapher in ihrer Übertragungsintention.

Teil III

Resümierende Betrachtungen zur Vielfalt der Lichtmetapher in ihrer Bedeutung der Erkenntnis

In der Metapher treten verschiedene ontische Ebenen in Verbindung, möglich wäre ebenso die gedankliche Übertragung innerhalb einer Ebene. Metaphern spiegeln Erfahrungen bzw. sinnliche Wahrnehmungen und Erlebtes als reflektierte Erfahrung wider. Die Metapher kann sich auf ein singuläres Ereignis beziehen, sie kann jedoch ebenso die Leitidee einer Epoche meinen, wie wir es in der Zeit der Aufklärung vorfinden. Metaphern sind poetisch-rhetorische Stilmittel in der Erläuterung einer philosophischen Betrachtung oder Theorie, denn durch Analogie, Rätsel, Widersprüche, Überhöhungen oder Vor-Augen-Führung wird ein Sachverhalt anschaulich dargelegt. In manchen Fällen wird in der Metapher eine gedankliche Verbindung hergestellt, die als reale Bindung verstanden werden soll. Ein Beispiel aus dem Mittelalter: Das von Gott geschaffene Licht legt er in die Seele des Menschen, somit bindet er den Menschen an sich. Die Erkenntnis als Folge des göttlichen Lichts ist göttliche Erkenntnis, somit nicht durch den Menschen generiert, sondern ihm nur gegeben. Der Mensch bleibt in Abhängigkeit von Gott.

Metaphern werden zur Klärung und Wahrheitsfindung eingesetzt, um z. B. komplexe Sachverhalte zu strukturieren, die ontischen Ebenen in ihrer Beziehung anzuzeigen oder in sprachlicher Dichte gestaltend auf einen Sachverhalt einzugehen. Metaphern entfalten eine eigene Wirkmächtigkeit, die über abstrakte Begrifflichkeiten hinausgehen und die inhaltliche Aussage erweitern. Kulturkontextlich gebunden, können sie aber auch über archetypisch-anthropologische Grundwahrnehmungen und Grunderfahrungen des Menschen Aussagen treffen.

Von einer einfachen Metapher ausgehend, die sowohl in der Philosophie wie im Alltagsleben bekannt und benutzt wird, zeigt sich schnell bei der Lektüre philosophischer Schriften zur Erkenntnisthematik, dass es sich bei der Lichtmetapher keineswegs um eine einfache Sache handelt. Vielmehr öffnet sich ein Feld von Betrachtungsmöglichkeiten in ungeahntem Ausmaß. Einerseits begegnen wir einer Vielzahl von Lichtvorstellungen in dieser Metapher, die natürlichen, göttlichen, künstlichen oder unbekannten Ursprungs mit zahlreichen Varianten von Lichtträgern sind. Dies reicht von der Sonne, den anderen Gestirnen, dem Feuer, über Gott, Gottheiten oder Lichtgestalten bis hin zu Kerzen, Lampen etc. sowie Erscheinungen vom hellsten, blendenden, scheinenden und dunklen Licht.

Andererseits geht das, was mit Erkenntnis gemeint ist, in den physischen sowie metaphysischen Bereich hinein, bezieht sich nur auf das eine oder das andere oder verbindet die beiden Welten miteinander. Die Erkenntnis kann sich folglich auf alles Denkbare und Sichtbare richten, steht immer unter der Prämisse von Wahrheit und Wissen, sei es zeitlos allgemeingültig oder im Kontext eines Kulturraumes.

Die zwei Seiten dieser Metapher, Licht und Erkenntnis, die sich durch Übertragung verbinden, eröffnen einen großartigen Denkraum von philosophischen Betrachtungen. Der Prozess von Möglichkeiten scheint mit dem natürlichen Licht der Vernunft seit der Epoche der Aufklärung bis zu Beginn des 20. Jahrhunderts abgeschlossen zu sein. Hinter dem natürlichen Licht und der Vernunft des Menschen gibt es keine Instanz von Erkenntnisgründen, von Ursachen oder Verursachern, von Mächten und Phänomenen, die unsere menschliche Vernunft in Frage stellen, die sie vom Thron als letzter Instanz, die uns zur Erkenntnis führt, stürzen könnten. Dennoch, wie wenig verlässlich erscheint uns unsere Vernunft, wie unsicher fühlen wir uns im Entscheidungsprozess, wenn wir der Vernunft folgen, überhaupt, wie ungewiss sind wir bei der Bestimmung der Vernunft, so dass wir uns auf sie als sichere Instanz verlassen könnten?

Für mich ist der Prozess nicht unbedingt abgeschlossen, vielmehr öffnet sich im Spektrum der Lichtmetapher im Heute, Jetzt und für die nächste Zeit der Zukunft der gedankliche und praktische Raum des Medialen, des Digitalen und der KI-generierten Sachen, sei es auf Seiten des Lichts oder auf der der Erkenntnis.

Philosophie und Bild im Dialog – geistiges und sinnliches Sehen in der Lichtmetapher

12

„Unsere Natur bringt es so mit sich, daß die *Anschauung* niemals anders als *sinnlich* sein kann, d.i. nur die Art enthält, wie wir von Gegenständen affiziert werden. Dagegen ist das Vermögen, den Gegenstand sinnlicher Anschauung zu *denken*, der *Verstand*. Keine dieser Eigenschaften ist der anderen vorzuziehen. Ohne Sinnlichkeit würde uns kein Gegenstand gegeben, und ohne Verstand keiner gedacht werden. Gedanken ohne Inhalt sind leer, Anschauungen ohne Begriffe sind blind. Daher ist es ebenso notwendig, seine Begriffe sinnlich zu machen, (d.i. ihnen den Gegenstand in der Anschauung beizufügen,) als seine Anschauungen sich verständlich zu machen (d.i. sie unter Begriffe zu bringen). Beide Vermögen, oder Fähigkeiten können auch ihre Funktionen nicht vertauschen. Der Verstand vermag nichts anzuschauen, und die Sinne nichts zu denken. Nur daraus, daß sie sich vereinigen, kann Erkenntnis entspringen." (Kant. 1976a. S. 95. KrV B75/A51)

Anschauung und Denken, die beiden Vermögen, die uns Welt erschließen, bedingen einander. Nach Kant bringt uns erst die sinnliche Anschauung in Verbindung mit Begriffen, die wir zu dieser Anschauung denken, zur Erkenntnis. Die Sinnlichkeit müssen wir benennen können, um sie zu begreifen, die gedachten Begrifflichkeiten müssen inhaltlich – mit einem Gegenstand der Anschauung – gefüllt sein, damit sie für uns etwas bedeuten. Auf diesem Wege können wir dann erkennen, was wahr, was gültig, was richtig und was gut ist.

Wenn ich diese Aussage Kants aus seiner *Kritik der reinen Vernunft* nehme, so lässt sich schnell eine Brücke schlagen zur Lichtmetapher, bzw. zur Funktion von Metaphern überhaupt, denn der Verstand bedient sich ihrer als Hilfsinstrument im Sinne von Kants oben formulierter Aussage.

Nehmen wir die Lichtmetapher, so stände auf der einen Seite das sinnlich wahrnehmbare Licht, das die physische Welt sichtbar macht, auf der anderen Seite der Begriff der Erkenntnis, der inhaltlich gefüllt werden muss, um etwas zu bedeuten. Wenn wir den Begriff *Erkenntnis* mit der Übertragung des sinnlich wahrnehmbaren Lichts der Sichtbarmachung füllen, so gelangen wir zur Erkenntnis, dass der Begriff der Erkenntnis ein geistiges Sichtbarmachen bedeutet. Der Unterschied zur Aussage Kants liegt nur darin, dass in der Metapher das Bild der wahrnehmbaren Sache ausreicht, um den Begriff zu füllen. Die Imagination ersetzt das tatsächliche Erleben und dieser Ersatz reicht aus, um zur Erkenntnis zu gelangen.

Ergänzend müssen wir zu Kant noch vermerken, dass er neben der Verbindung von Anschauung und Gedanken auch die Erkenntnis nur im Gedanklichen zulässt, also innerhalb der reinen Vernunft, also nur im Bereich des Metaphysischen. Aber dieser Weg ist schwieriger und verlangt ein qualitativ ausgeprägteres Denken im Abstrakten.

Ein Bild gibt uns einen Einblick in ein Erkenntnisgeschehen, so wie es nur ein Bild zu vermitteln vermag, nicht die abstrakte Sprache in abstrakten Begrifflichkeiten. Das Bild zeigt ein ganzes Spektrum mit vielen Details, zeigt eine Gesamtschau, in der man die einzelnen Elemente in einem Gesamtgeschehen einordnen und verstehen kann. Ein Bild zeigt ein Ganzes eines Ausschnitts dieser Welt, mehr als ein einzelnes Wort je zu vermitteln vermag. Im Wort kann ein Bild inneliegen, in einem abstrakten Begriff nicht. Das Bild gehört zur Anschauung, nicht allein als physischer Gegenstand auf einem Bildträger, sondern auch in seinem Inhalt. Selbst ein nicht unserer erfahrbaren Wirklichkeit entsprechender Inhalt löst Wahrnehmung und sinnliches Erleben aus und bewirkt im Denken eine vorstellbare Realität. Ein Bild kann eine Wirkmächtigkeit eigener Art entfalten, die dem Erleben des In-der-Welt-Seins zu entsprechen scheint. Das imaginierte Geschehen, wie wir es in einem innerlich vorgestellten Sein kennen, entfaltet gleichermaßen diese Wirkung. Eine Imagination kann sogar eine Lebendigkeit in sich tragen, der wir im Zeit- und Raumerleben begegnen, obwohl es nur ein statisches Bild ist, zweidimensional und ohne Bewegung. In der Metapher arbeiten wir mit dieser Art von Bildern, die eben vielmehr sind als nur ein Symbol. Wenn wir in der Übertragung durch die Metapher diese Lebendigkeit des Erlebens oder Handelns auf den metaphysischen Bereich von Begrifflichkeiten transformieren, so wird philosophisches Denken inhaltlich erfahrbar. Das ist es, was uns die Erkenntnis verstehen lässt. Die Anschauung des Lichts, die zu unserer tagtäglichen Erfahrung gehört, die uns von Beginn des Lebens bis zum Tod begleitet bzw. in der wir unser Leben verbringen, legt uns die physische Welt offen, ohne Ausgrenzung oder Abgrenzung, ohne wertende Maßstäbe und ohne Unterschied, ohne moralische Beurteilung. Allerdings benötigen wir ein Wissen über das, was wir sehen, sowie ein Wort der Bezeichnung zur Verständigung darüber mit Anderen und zur Einordnung in die eigene Weltvorstellung. Ob wir allerdings in der Erkenntnis ebenso grenzenlos und nicht wertend und urteilend sind, können wir bezweifeln. So mancher Filter im Denken wird etwas als falsch, unwahr, abwertend, schädigend … deklarieren und aus der Erkenntnisaussage herausnehmen. Denn in der Erkenntnis der Vernunft können wir nur das Wahre eruieren oder neu denken, nicht das Falsche. Wir können lediglich etwas als falsch erkennen, dann handelt es sich dennoch um eine Erkenntnis im Sinne von Wahrheit. Dieser Wahrheitsanspruch gilt ebenso für das, was durch das Licht sichtbar wird, es kann nichts anderes zeigen als das, was da ist. Aber das betrifft das physische Sein, nicht die Wertung. In der Erkenntnis kann sich uns etwas ebenfalls ohne Wertung offenbaren, dann erfolgt dieser Prozess der Einordnung in unseren Wertekanon direkt im Anschluss. Aber die Erkenntnis selbst kann schon wertend sein, ist es m. E. oftmals.

Darin liegt der grundlegende Unterschied zwischen der Anschauung und dem Denken, dem wir in der Lichtmetapher begegnen. Die Seite der Sinnlichkeit zeigt das physische Sein im Licht, alles gleichermaßen und ohne Wertung, die Seite des Denkens lässt uns dieses Sein im Licht vorstellen und übertragen auf die Begrifflichkeit *Erkenntnis* oder auch *Vernunft*, die jetzt gefüllt wird und uns erkennen lässt.

Ich werde an die Texte der Mystikerin Hildegard von Bingen erinnert, die in ihren Visionen *lebendige Bilder* beschreibt, die sie empfängt. Wir würden heute vielleicht an einen Film denken oder von bewegten Bildern sprechen, von denen sie berichtet. Sie trifft in ihrer Art der Sprache und des Denkens genau den oben beschriebenen Sachverhalt: die sinnliche Anschauung in ihrer Lebendigkeit, bei ihr ist es das göttliche Licht, nicht das natürliche, überträgt sie auf die christliche Schöpfung und Offenbarung. Die Welt wird erschaffen und mit Wertungen und Bedeutungen im christlichen Verständnis belegt. Die zweidimensionalen Bilder, nach ihren Worten gemalt, vermitteln trotz der Nicht-Räumlichkeit und Abstraktion eine lebendige Welt im Raum und durch die Aussage auch in der Zeit, die sich die Menschen damals vorstellen konnten, so vermute ich. Sie lässt Bilder entsprechend ihren Visionen malen, so dass die Menschen zu einer direkten Anschauung kommen. Die Menschen erkennen die Bilder, denn das Gezeigte ist ihnen aus eigener Anschauung und in sprachlicher Bezeichnung bekannt, sie können es aus der Abstraktion herauslesen, gedanklich ragt es über die Wahrnehmung hinaus und offenbart die göttliche Schöpfung als eine ihnen nun neue Erkenntnis. Die Lichtmetapher ist in ihrer Lehre dabei das wichtigste Instrument zur gedanklichen Vorstellung, die den Weg der Erkenntnis ebnet.

Christine de Pizan beruft sich nicht direkt auf eine Vision, sondern entwickelt eigene Vorstellungen von einer Welt, in der Frauen gut leben können, lässt Bilder entsprechend diesen Imaginationen anfertigen und bestückt sie mit zahlreichen Symbolen, die als Sprachbilder Aussagen vermitteln. So spricht sie durch Worte und ergänzende Bilder, die gedanklich dann zu neuen Erkenntnissen über diese Stadt von Frauen für Frauen führen sollen. Sie benutzt die Lichtmetapher in Gestalt von drei weiblichen Lichtgestalten, die so nicht zum Erfahrungshintergrund der Menschen gehören, aber gedanklich vorstellbar sind, und arbeitet weiter mit Begrifflichkeiten und konkreten Bildern, um im Zusammenspiel dieser drei Tugend-Elemente zur Erkenntnis zu führen. Wir könnten die Erscheinungen der Lichtgestalten als Vision bezeichnen, aber von ganz eigener Art, nicht von Gott vermittelt (später spricht sie jedoch von himmlischen Frauen), sondern als erlebte Imagination im eigenen Denken erschaffen.

Ob nun für den Prozess der Erkenntnis das physische Bild notwendig ist, oder ob die Imagination in der Metapher ausreicht, ist dabei unerheblich. Das physische Bild als zusätzliches Medium verstärkt und erleichtert zumindest den Denkprozess in der Vernunft, der zur wahren Aussage führen soll, aber die Metapher reicht aus, so wie Kant es im obigen Zitat formulierte.

Deshalb, die Erweiterung der philosophischen Sprache um den Denkraum, der in der Metapher als Anschauung eingebettet ist, weitet unser Vorstellungs- und Denkvermögen, lässt uns mehr inhaltlichen Spielraum, mehr kreative Entfaltung im weiten Raum des philosophischen Denkens.

Die Metapher greift oftmals auf ein *lebendiges Bild* zurück wie etwa Quelle, Geburt, Wachsen oder eben Licht. Das Bild ist immer in Ort und Zeit verankert, in eine Realität, die wir kennen und erleben, was bei der abstrakten Sprache nicht gegeben ist. Es ist ja gerade die Kennzeichnung der Abstraktion, zeit- und ortsungebunden zu sein und dadurch den Anspruch der Allgemeingültigkeit zu implizieren. Die Metapher bedient sich Kollektivbilder, die allgemein bekannt sind, zumindest aber in einer bestimmten Kultur, sonst könnte die Metapher nicht verstanden werden. Wenn eine Metapher ein komplexes Bild zeigt, erzählt sie eine Geschichte, ist sie ein Narrativ, welches eine eigene Reichweite und Wirkmächtigkeit im Denken entfalten kann. In der Lichtmetapher wird oftmals das universelle Bild der Sonne oder des Feuers benutzt, was einfach zu lesen ist. Sobald jedoch das Sonnenlicht differenzierter ausgemalt wird, erhält es Lebendigkeit und inhaltliche Gestaltung.

Zwischen dem inneren und dem äußeren Sehen gibt es keine so großen Unterschiede, wenn es um Bedeutung und Inhaltsaussage geht, denn das innere Bild kann ggf. von mir zu einem äußeren gemacht werden, so dass es für alle prinzipiell sichtbar wird. Die Lichtmetapher ist immer ein Sehen mit Blick auf die Außenwelt, sonst würde die Metapher-Funktion nicht gelingen, denn das Vorgestellte muss Anderen bekannt sein, sonst wäre keine Kommunikation darüber möglich. Die Metapher bzw. deren Inhalt selbst muss gar nicht bekannt sein, kann neu eingeführt werden, wie Aristoteles es vorschlägt, aber der gemeinte Gegenstandsbereich muss bekannt sein, sonst wäre keine Kommunikation über die inhaltliche Aussage möglich.

Es geht bei der Lichtmetapher aber in erster Linie nicht um ein Bild, sondern um die Übertragung der Bedeutung, die mit dem Phänomen Licht verbunden ist. Es geht nicht um das Licht an sich, sondern um die Wirkung, die ein Licht erzeugt, um das, was ein Licht macht, nämlich es erhellt, es leuchtet, es macht sichtbar, es zeigt, es lässt etwas erkennen …

Durch das Bild bzw. die Metapher ist kein präziser Sachverhalt benannt, sondern eine Bedeutung. Erst das Wort bzw. der Begriff schränkt ein auf genau einen Sachverhalt. In der Abstraktion ist der Sachverhalt verdichtet auf das Wesentliche, was nur für dieses gilt und dieses eine von allem anderen abgegrenzt.

Das Bild dagegen benennt keine Wesenheit, zumindest nicht in einer deutlichen und unzweifelhaften Botschaft, der Bildgegenstand wird in der Metapher als bekannt vorausgesetzt, aber nicht abgrenzend von nur einem Sachverhalt, sondern mit Spielraum, der verschiedene Modi und Gestaltungsräume zulässt. Das Bild vom Licht ist vielgestaltig, kann auf tausenden von Arten gezeigt werden, auch wenn es sich immer um Licht handelt, es ist dann das schwache oder helle, das blendende oder dunkle, das strahlende oder leuchtende Licht und noch mehr, während die Bezeichnung *Licht* nur das eine meint, etwas, was selbst zu sehen ist und was anderes sichtbar macht. Ob es nur deshalb zu sehen ist, weil es anderes sichtbar macht, scheint dabei eine Option zu sein. Die Frage der Ursache von Licht, wenn es keinen natürlichen Lichtträger gibt wie z. B. die Sonne oder das Feuer oder im Glauben das göttliche Licht, von einem Gott ausgehend, der selbst Licht ist oder Licht erzeugen und verbreiten kann, sei dahingestellt. Hier gibt es für den Menschen keinen beweisbaren Nachweis.

Daher, ein Bild in einer Metapher vermag einen komplexen Inhalt zu zeigen, der einen gedanklichen Spielraum öffnet bzw. offenlässt. Der Begriff benennt einen Sachverhalt, nur diesen einen, in Abstraktion verdichtet auf die Wesenheit, eingrenzend und ausgrenzend.

Ein Bild vermag auch eingrenzend-ausgrenzend etwas zu zeigen, aber auf andere Art, in anderer Qualität und Präzision, als es der Begriff kann, es kann sogar eine Abstraktion zum inhaltlichen Thema erheben, wir können es sogar grundsätzlich als eine Abstraktion verstehen, den Bildinhalt, nicht den Bildträger, auf diese Art wäre ein Bild immer eine Abstraktion und bleibt dennoch anschaulich.

Die Lichtmetapher in kritische Auswertung 13

Die *Lichtseite* als die Sinnliche, die in der Lichtmetapher den einen Part der Aussage bestimmt und diese zur Übertragung bereithält, habe ich im vorherigen Kapitel in Hinblick auf die Bildlichkeit und Anschaulichkeit näher ausgeführt. Der *Denkpart*, die andere Seite der Lichtmetapher mit der Erkenntnisaussage, ist der tiefer und weiter reichende Teil für die philosophische Betrachtung. Auch hier begegnen wir dem Licht, aber nur als ein Gedachtes, das für den Geist, den Verstand oder die Vernunft steht und uns die Erkenntnis von etwas ermöglicht.

Das Licht macht etwas physisch, die Erkenntnis macht etwas gedanklich sichtbar, indem ich Worte zur Bezeichnung oder zumindest zur Beschreibung hinzuziehe. Worte kann man analog dem Physischen verstehen, nur in abstrahierter Art. Das natürliche Licht bleibt im Bereich der physischen Welt, das übernatürliche Licht kann zur metaphysischen oder einer eigenen Seins-Welt gehören, die Erkenntnis kann sich sowohl auf den physischen als auch auf den metaphysischen Bereich beziehen.

Das Licht wird durchgängig als Metapher für den Erkenntnisprozess eingesetzt, zum Teil in einer Vielfalt, die im Potential der Metapher liegt, hier vor allem von Thomas von Aquin. Das Licht ist wie Gott oder gottähnlich, ungeschaffen, ungeformt, unbegrenzt, oder die Lichtquelle ist Gott, dann würde ein metaphysisches Sein zum Licht gehören und es wäre nicht physischer Natur. Aber können wir Gott ein metaphysisches Sein im Sinne der Lehre des Aristoteles zusprechen? Im Glauben gibt es einen Gott, der ein eigenes Sein hat, welches über dem metaphysischen liegt, so ist es auch beim (göttlichen) Licht. Immer wieder tritt in der mittelalterlich-christlichen Philosophie das Licht mit einem ganz eigenen Sein auf, die Kategorie des Metaphysischen übersteigend. Wir können dann mindestens drei Seins-Arten des Lichts unterscheiden: das sinnliche Licht in der physischen Welt, das auch körperliches Licht genannt wird, auf dieser Seins-Ebene zusätzlich nicht als ein eigener Körper, sondern als ein Medium verstanden, zum Teil in Verbindung mit einem Lichtträger wie Sonne, Feuer oder einem künstlich hergestellten Träger wie z. B. der Kerze. Auf der metaphysischen Ebene ist das Licht eine eigene geistige

Vorstellung ohne Lichtträger; es leuchtet aus sich heraus oder durch Teilhabe am göttlichen Licht. Auf der dritten Ebene hat das Licht ein Sein inne, das über der metaphysischen Ebene liegt, vergleichbar der Ebene, die in der christlichen Philosophie eigentlich nur Gott vorbehalten ist; zumeist werden dann Gott und dieses höchste absolute Licht gleichgesetzt, sie sind eins.

Mit diesen verschiedenen Lichtvorstellungen, die immer im Kontext von Erkenntnis, Wahrheit, Wissen, Offenbarung, Glauben und Gnade oder Leben zu finden sind, wird zum Teil parallel gearbeitet.

Einige ergänzende Gedanken noch zur Wahrheit, denn Erkenntnis will Wahrheit generieren.

Ich richte meine Aufmerksamkeit auf die Wahrheit einer Sache nur durch eine Frage, auf die ich eine wahre Antwort suche. Wahrheit an sich kann es nicht geben, wenn ich davon ausgehe, dass es keinem Menschen gelingt, bis zur Wahrheit an sich vorzudringen, sondern immer nur sich ihr anzunähern durch Fragen, die zielerichtet sind. Von welcher Sache können wir in aller Gewissheit behaupten, dass es so ist und niemals anders sein wird. Ich meine nicht unsere menschenkreierten eigenen geistigen Schöpfungen bzw. Konstruktionen, wie wir sie z. B. in der Mathematik haben. Ich gehe von echten Fragen aus, auf die wir die Antworten nicht kennen, sondern suchen. In meiner Weltsicht finden wir Antworten, die wahr sind bzw. wahr zu sein scheinen, für uns heute, vielleicht sogar noch für einen längeren Zeitraum, aber nicht mit der Gewissheit für alle Zeiten. Zeit verstanden im Sinne von Hildegard von Bingen als menschliche Zeit.

Genau in diesem Sinne von Wahrheit verstehe ich auch Erkenntnis, die den Wahrheitsanspruch in sich trägt, aber im Maßstab des Menschen, als revidierbar, korrigierbar, erweiterbar, modifizierbar ... Wenn ich für diese philosophische Betrachtung die Lichtmetapher einsetze, so könnte ich sagen, dass die Wahrheit vergleichbar ist mit dem Licht, das auf einen Gegenstand fällt und diesen sichtbar macht in Gestalt und Farbe. Erlischt das Licht, wird der Gegenstand (vermutlich) weiterhin in der Welt sein, aber ich sehe ihn nicht mehr und kann nichts mehr über ihn sagen, außer dass ich ihn zu einem früheren Zeitpunkt gesehen habe. Das Fragen könnte ich mit dem Bild und der Funktion des Auges gleichsetzen, denn das Auge sucht und heftet den Blick auf einen Gegenstand, der durch das Licht sichtbar wird und mein Geist versucht die Sinneswahrnehmung durch das Auge zu bestimmen, so dass ich den Gegenstand erkenne.

Welcher Art ist das philosophisch zu betrachtende Licht im Geist des Menschen? Der Theorien des Lichts sind viele zu zählen, sie reichen vom natürlichen Licht, metaphysischen bis hin zum göttlichen. Sie nennen sich schlicht Lichttheorie oder Illuminationstheorie, Licht-Metaphysik, Lichtspekulation oder Licht-Mystik. Neu hinzukommen würde gegenwärtig die Medienphilosophie des Lichts, die allerdings noch geschrieben werden müsste. Das Licht wird außerdem eingesetzt als Symbol, Analogie, Gleichnis, Metapher oder Allegorie.

Dieses Licht im inneren Sehen des Menschen wird verstanden als etwas vergleichbares wie das der Anschauung, als Idee des Lichts, als aus der Idee des Guten abgeleitetes Licht, als eine göttliche oder von Gott verliehene Erscheinung, in einem eigenen metaphysisch Sein, als ein Medium oder in einem ganz eigenen

Sein besonderer Art, welches über dem Metaphysischen steht. In der Geschichte der Philosophie finden wir alle Varianten, die im Weiteren dann verschiedenster Ausschmückung unterliegen. Die Bestimmung dieses Verstand-Lichtes bestimmt die Herkunft der von ihm sichtbar gemachten Erkenntnis. Diese ist aus der menschlichen Vernunft generiert, aus den Ideen-Welten abgeleitet oder von Gott den Menschen gegeben. Die Erkenntnis selbst kann sich sowohl auf die physische als auch auf die metaphysische Welt beziehen und jeweils darüber eine wahre Aussage machen.

Aus der inhaltlichen Gestaltung der Lichtmetapher können wir folglich Rückschlüsse ziehen auf die Aussage, was mit Erkenntnis gemeint ist und woher sie kommt. Legt sie Zeugnis ab für unsere intelligible Kompetenz, steht sie immer, oder je nach Gegenstand, für den Bezug auf Wahrnehmung oder ist sie göttlichen Ursprungs?

Wenn dem Licht in der Metapher eine bestimmte Form zugeschrieben wird, wie etwa strahlenförmig, stufenförmig, ringförmig sich erweiternd oder Eigenschaften wie in der Wirkung schwächer werdend, blenden, sichtbar machend oder richtungslos, grenzenlos, formlos, körperlos, sich nicht verausgabend, immer können wir darin implizit eine Aussage in Bezug auf die Erkenntnis herauslesen. Die Erkenntnis kann sich quasi strahlen- oder ringförmig zeigen, erfolgt in Stufen, Absätzen oder Abschnitten, kann an Bedeutung verlieren, kann mich geistig blenden, macht etwas sichtbar, sie ist richtungslos, grenzenlos, unterlieg keinem Format, ist gestaltlos und unerschöpflich, verausgabt sich ebenso wenig wie das Licht. Licht macht nicht nur anderes, sondern ebenso sich selbst sichtbar. So auch die Erkenntnis, die sich selbst erkennt in ihrer Erkenntnisfähigkeit, ebenso Anderes sichtbar-erkennbar macht, und in der Selbstreflexion die eigene Persönlichkeit des Menschen offenbart. Ohne Lichtträger gibt es kein Licht, die Quelle des Lichts lässt sich übertragen auf die Quelle der Erkenntnis, ob dies bei Licht und Erkenntnis nun Gott sei oder ein natürlicher Körper wie die Sonne, das brennbare Feuer bzw. in der Erkenntnis die Vernunft.

Licht zeigt sich nur in einer Aktualität, so auch die Erkenntnis. Bewahrt wird sie als Wissen in der Erinnerung, vielleicht wird sie zur Weisheit. Erkenntnis ist nicht möglich in Hinblick auf Zukunft, die wir nicht kennen, sondern nur vermuten, prognostizieren, vorstellen können. Licht kann nicht das Spätere zeigen oder sichtbar machen, was also kommen wird, genauso wenig, was vergangen ist. Licht kann nur das sichtbar machen, was faktisch physisch wahrnehmbar ist, so auch die Erkenntnis, sie deckt Wahrheit bzw. Wahres auf.

Allgemein können wir von der Übertragung der Lichtvorstellung auf die Erkenntnisvorstellung ausgehen, aber wir könnten auch von einer Reziprozität von Licht und Erkenntnis in der Lichtmetapher sprechen, denn manchmal scheint sich die Vorstellung von dem, was Erkenntnis sei, auf die Vorstellung des Lichts zu übertragen.

Die Herkunft der Erkenntnis wird einem Gott zugeschrieben, der selbst die Erkenntnis ist oder sie dem menschlichen Geist verleiht. Das natürliche Licht ist das Licht der Vernunft ohne göttliche Einwirkung, die daraus sich ableitende Erkenntnis beruht auf der intelligiblen Kompetenz des Menschen. Nicht die geistigen

Fähigkeiten allgemein sind gemeint, sondern speziell die Vernunft, das vernünftige Denken, nicht in alltagsweltlichem, sondern in einem wissenschaftlichen Verständnis.

Licht hat eine eigene Seinsform, die vom Physischen über das Metaphysische bis hin zum Medialen reicht. Für die Erkenntnis bleibt nur der Bereich des Metaphysischen, der in seiner Aussage Strukturen, Prinzipien, Naturgesetzlichkeiten oder überhaupt Gesetzlichkeiten, Theorien, Kategorien, Wesenheiten, Arten, auch Kategorien des Ethischen erkennen lässt. Wenn die Erkenntnis sich auf sich selbst richtet, so bleiben wir im Unklaren, was sie eigentlich ist; wie das Licht könnten wir sie als Wirkkraft, als Energie oder Kraft angeben, mit der Kompetenz, etwas sichtbar zu machen. Oder wir deklarieren sie zu Wissen und wahrer Aussage.

Welchen Vorstellungen begegnen wir außerdem in der Geschichte der Philosophie? Das *lumen* steht in der Philosophiegeschichte für ein Erkennen aus der Idee heraus bzw. aus der göttlichen Idee oder aus dem Wort Gottes. Unser Verstand – oder auch unsere Vernunft, die Philosophen sind sich da nicht einig – wird erleuchtet durch die Ideen in uns, mit denen wir geboren werden. Platon begründete diese Lehre, wonach die Ideen (das Geistige) uns die sinnlich wahrnehmbare Welt erst erkennen und verstehen lassen. Im *Sonnengleichnis* und im berühmten *Höhlengleichnis* erläutert der große Philosoph der klassischen Antike uns mit Hilfe der Lichtmetapher seine *Ideenlehre*, die sich inhaltlich darauf beruft, dass Erkenntnis eine intelligible Leistung des Menschen ist.

Schon vor Platon jedoch finden wir das Nachdenken über unsere Wege der Erkenntnis beim Vorsokratiker Parmenides von Elea in seiner Schrift *Über die Natur*. Parmenides ist der erste uns bekannte Philosoph, der eine absolute Gewissheit für eine von ihm aufgestellte Theorie beansprucht, weil sie eine reine Vernunftleistung ist. Diese Theorie „basiert, wie bei einem mathematischen oder logischen System, ausschließlich auf der gesetzten und erschlossenen Bedeutung bestimmter Begriffe, über welche untereinander rein logisch zusammenhängende Aussagen abgeleitet werden." (Die Vorsokratiker I, S. 285) Parmenides sucht nach einer rein formalen Lösung für die Gewissheit einer Theorie. Diese absolute Gewissheit kann für ihn nie empirisch erbracht werden. Er vertraut auf das Urteil der Vernunft, nicht der Sinne. Wahrnehmung und Vernunft stehen sich gegenüber, die Vernunft hat Vorrang, sie führt zur Erkenntnis, zur Wahrheit, zur Gewissheit. Nicht mit den Sinnen, sondern durch vernunftgeleitetes (dialektisches) Denken kann die Realität erfasst werden.

In den Anfängen des philosophischen Denkens wird nach Urstoffen und Urprinzipien gesucht, die gleichermaßen für Makrokosmos wie Mikrokosmos gelten, wir lesen vom Feuer der Seele, das zur Weisheit und vom Kosmos-Feuer, das zur Weltvernunft führt.

Während für die Antike die Vernunft für Licht und Erkenntnis im Vordergrund steht, auch wenn ein dahinterliegender göttlicher Einfluss mitgedacht wird, so prägen in der Spätantike im Übergang zum frühen Mittelalter die Harmonisierungsversuche von platonischer, aristotelischer mit christlicher Lehre die Licht-Erkenntnistheorien. Das Eine verbindet und beinhaltet alles, ist Gott in seiner Vielgestaltigkeit, wird von ihm dem Menschen zur Erleuchtung im Glauben und zur Erkenntnis der Welt gegeben.

Einzigartig ist die Entfaltung einer Lichtphilosophie im christlichen Mittelalter, die von einer grenzenlosen Fantasie zeugt. Das schwarze und dunkle bis hin zum hell leuchtenden und blendenden Licht, das kreisende, strahlenförmig sich verbreitende, formlose Licht oder das in Stufen sich in der Intensität steigernde, das unbewegliche, sich ausdehnende, sich auf einen Punkt konzentrierende, das opake, weiche, harte, undurchsichtige Licht, alles gehört zum gedanklichen Spektrum, welches letztlich auf den Erkenntnisprozess übertragen werden kann, denn die Metapher meint die Übertragung. Zu meinem eigenen Erstaunen kann ich mir all diese Varianten von Lichterscheinungen gedanklich vorstellen, meine sie wahrgenommen zu haben, allerdings meist in Verbindung mit einer Imagination. In der Übertragung auf die Erkenntnis fällt es mir wesentlich schwerer, diese mit den oben genannten Attributen zu versehen, es macht wenig Sinn, etwa Erkenntnis als unbeweglich, opak oder weich zu deklarieren, trotzdem, gedanklich könnten wir damit spielen. Es ist eher bezeichnend für die mittelalterliche christliche Philosophie, vor allem in der Mystik, die Lichtspekulationen mit göttlichen Erkenntnisergüssen verbinden, die sich uns heute nicht mehr in ihrem Sinn erschließen.

In der Mystik steigern sich die göttlichen Lichterscheinungen und werden zur Offenbarung, der Glaube beeinflusst die Theorie, mittelalterliche Philosophie ist nur im christlichen Kontext zu lehren. Wieder dominiert der Gedanken der Einheit, des Eins-sein in Gott, des gleichen Prinzips im Mikro- wie im Makrokosmos.

Erst bei Thomas von Aquin kommt wieder die Vernunft des Menschen ins Spiel, in Unterscheidung von physischem und metaphysischem Sein gelangen wir zur Erkenntnis des einen oder des anderen, aber nur Gott gibt uns Wahrheit und Verlässlichkeit.

Noch schwächer wird der göttliche Einfluss auf die Erkenntnis bei Christine de Pizan, dafür umso stärker die menschliche Vernunft, die bei ihr eine menschlich-weibliche Vernunft ist. Ihr Erkenntnisziel richtet sich aber nicht auf das Sein, sondern auf die Moral. In ihrer Ethik leiten die Vernunft, die Rechtschaffenheit und die Gerechtigkeit das gute Handeln.

Descartes schafft den Durchbruch zur Autonomie des Denkens, Erkenntnis ist selbstgeneriert durch den Verstand, der entsprechende Part der anderen Seite der Metapher ist das natürliche Licht. Ihm folgen in der frühen Zeit der Aufklärung Thomasius, der die Befreiung von überholten Konventionen und Aberglauben lebt und lehrt, das Licht der Offenbarung der Kirche überlässt, aber das Licht der Vernunft auf das Wohlsein, auch im moralischen Sinne, auf das irdische Leben der Menschen richtet.

Die philosophischen Vertreter der Aufklärung schließlich appellieren an die Mündigkeit des Menschen, Verantwortung für sich und andere zu übernehmen, sich der Vernunft zu bedienen, die Wahrheit und Wahrhaftigkeit zu wollen, die humanistische Bildung zur Basis zu nehmen und die Vernunftentscheidung durch die Kraft der Emotionen in Handlung umzusetzen, letztlich zum Wohle aller Menschen. Nietzsche sind diese Appelle noch zu konservativ, er fordert eine radikalere Umwertung der Werte, eine noch autonomere Vernunft, entrissen aller Tradition, die in der Erkenntnis zum höheren Menschen führt.

In der Zeit der Moderne bis zur Gegenwart bleibt es beim natürlichen Licht und der autonomen Vernunft des Menschen, die Lichtmetapher entfaltet sich nicht weiter, verharrt auf der Stufe der poetisch-rhetorischen Stilmittel im sprachlichen Ausdruck.

Im Fazit zeigt ein Blick in die Geschichte der Philosophie in der Fokussierung auf die Lichtmetapher der Erkenntnis folgende Aspekte auf:

- sinnliches und geistiges Sehen, Anschauung und Denken, verbinden sich in der Lichtmetapher,
- der Metapherneinsatz zeigt den gedanklichen Spielraum des Philosophierens an, die Kreativität im Denken,
- die Bildsprache erweitert den Denkraum des Philosophierens,
- der Einsatz von Metaphern verweist auf ein anderes, freies Philosophieverständnis hin,
- nicht nur Licht, sondern ebenso die Metapher der Dunkelheit als Gegenpart für Nicht-Verstehen, Nicht-Erkennen, Unwahrheit, Zweifel ... ist zu berücksichtigen,
- in der Übertragungsfunktion lässt die Art des Lichts Rückschlüsse auf die Art der Erkenntnis zu.

Wir sehen die Welt durch das Licht und wir denken die Welt durch Erkenntnis, zwei Wege zur Erschließung der Welt. In der Lichtmetapher gehen diese beiden Wege eine Verbindung ein, ermöglichen einen Perspektivwechsel, ergänzen und bereichern sich, erweitern unsere Welt. Denn das Gedachte schlägt sich im Sehen nieder, wir sehen mit dem Auge bzw. Verstand mehr durch das denkend Erkannte und wir denken und erkennen mehr durch das dem Auge zugängliche.

Die zahlreichen Fragen, die sich mir zu Beginn des Projektes stellten, habe ich weitgehend beantworten können, allerdings immer nur exemplarisch für eine inhaltliche Ausrichtung oder für eine Zeit stehend. Trotzdem, am Ende muss ich konstatieren, dass ich mehr Fragen habe als zuvor. Auf der Suche nach Antworten entwickeln sich immer neue gedankliche Räume, die neue Antworten erfordern. Obwohl ich mich in weiten Teilen in der Historie aufgehalten habe, sind m. E. sehr wohl Rückschlüsse und Erkenntnis für uns heute lebenden Menschen und über uns hinausgehende Zeiten möglich. Zumindest ich habe bei der systematischen und historischen Recherche sehr viel Neues und für mich Wichtiges gelernt.

Wenn ich einem kritischen Denkansatz, vielleicht überspitzt karikierend, für ein gegenwärtiges Modell von Lichtmetapher das Wort gäbe, so würde ich von einem digitalen Licht sprechen, das übertragbar wäre auf eine digital-KI-generierte Erkenntnis. Ethische Dimensionen sind nicht inbegriffen, denn das vermögen die digitalen Techniken nicht zu leisten. Werte wie Toleranz, Verantwortung, Würde eines jeden Menschen, Respekt, Offenheit ... könnten zwar mithilfe von Wikipedia und Künstlicher Intelligenz definiert werden, würden aber nicht als Wahrheiten in die Erkenntnis einfließen, und sie würden keine Handlungen auslösen. Gegenwärtig scheint sich die Autonomie der eigenen Vernunft diametral zur Abhängigkeit und naiven Gutgläubigkeit von Informationen aus den digitalen und *Sozialen* Medien zu entwickeln. Warum soll ich selbst denken und beurteilen, wenn das andere im Netz für mich tun! Naiver Glaube erspart mir viele Mühen und vor allem Verantwortung, die ich nicht selbst übernehmen muss, wenn ich Anderem folge. „Darum werde wieder du selbst, bediene dich wieder deines Verstandes …" (Christine. Stadt. S. 40) und „Habe Mut, dich deines eigenen Verstandes zu bedienen!" (Kant. Aufklärung. 1984. S. 9), diese Aufforderungen sollten heute wieder gehört, reflektiert und umgesetzt werden. Nicht einfach spontanen emotionalen Impulsen folgen, sondern mit emotionaler Verstärkung die Herausforderung der Lebensaufgaben in einem guten sozialen Miteinander bewältigen, wie wir es in der Vernunft erkennen, würde meinem Anspruch gerecht werden.

Literatur

Aischylos. 1987. *Werke in einem Band*. Berlin/Weimar: Aufbau Verlag.
Arendt, Hannah. 2015. *Vita activa oder Vom tätigen Leben*. München/Zürich: Piper.
Aristoteles. 1953. *Kleine Schriften zur Seelenkunde*. Aristoteles. *Die Lehrschriften*, hrsg., übertr. u. in ihrer Entstehung erläutert von Dr. Paul Gohlke. Paderborn: Ferdinand Schöningh.
Aristoteles. 1978. *Die Nikomachische Ethik*. Übers. u. hrsg. Olaf Gion. München: Deutscher Taschenbuch Verlag.
Aristoteles. 1984. *Politik*. Übers. u. hrsg. Olof Gigon. München: Deutscher Taschenbuchverlag.
Aristoteles. 1993. *Rhetorik*. Übers., m.E. Bibliographie, Erläuterungen u. e. Nachwort Franz G. Sieveke. München: Wilhelm Fink Verlag.
Aristoteles. 1994a. *Metaphysik*. Übers. Hermann Bonitz. Reinbek bei Hamburg: Rowohlt.
Aristoteles. 1994b. *Poetik*. Griechisch/Deutsch. Übers. u. hrsg. Manfred Fuhrmann. Stuttgart: Philipp Reclam Jun.
Aristoteles. 1995. *Über die Seele*. M.e. Einleitung, Übersetzung (n. W. Theiler) u. Komm. Hrsg. Horst Seidl. Griechisch-Deutsch. Hamburg: Felix Meiner Verlag.
Assmann, Aleida. *Wissen und Weisheit*. In: der blaue Reiter Nr. 21. 2006 (01). Stuttgart: Omega Verlag. S. 6–10.
Augustinus. 1996. *Bekenntnisse*. Lateinisch – Deutsch. Ein., übers. u. erl. Joseph Bernhart. Frankfurt/M.: Insel Verlag.
Augustinus, Aurelius. 1979. *Der Gottesstaat. De civitate dei*. 1. Bd. Buch I – XIV. Übers. u. hrsg. Carl Johann Perl. Paderborn: Ferdinand Schöningh.
Augustinus, Aurelius. 1986. *Selbstgespräche. Von der Unsterblichkeit der Seele*. Lat./dt. Übers. Hanspeter Müller. München/Zürich: Artemis Verlag.
Augustinus. Aurelius. 2001. *De trinitate* (Bücher VIII-XI, XIV-XV, Anhang: Buch V) Übers. u. eingeleitet Johann Kreuzer. Lat./dt. Hamburg: Felix Meiner Verlag.
Baerwolff, C.. *Christine von Pisan, ihre Auflösung und Weiterbildung der Zeitkultur*. In: *Archiv für das Studium der neueren Sprachen und Literaturen*. 75. Jg. 141. Bd. 1921. Berlin. S. 93–110.
Baeumker, Clemens. 1908. *Witelo, ein Philosoph und Naturforscher des XIII. Jahrhunderts. Beiträge zur Geschichte der Philosophie des Mittelalters*. Band III. Heft 2. Münster: Druck und Verlag der Aschendorfschen Buchhandlung. S. 357–514.
Bahr, Ehrhard, Hrsg. 1984. *Was ist Aufklärung? Thesen und Definitionen. Kant, Erhard, Hamann, Herder, Lessing, Mendelssohn, Riem, Schiller, Wieland*. Stuttgart: Philipp Reclam jun.
Becker, Philipp August. 1930. *Christine de Pisan*. In: *Zeitschrift für französische Sprache und Literatur*. 54. S. 129–164. Neudruck in: Ders. 1967. *Zur Romanischen Literaturgeschichte. Ausgewählte Studien und Aufsätze*. München: Francke Verlag. S. 511–540.
Beierwaltes, Werner. 1957. *Lux intelligibilis. Untersuchung zur Lichtmetaphysik der Griechen*. Dissertation LMU München.
Beierwaltes, Werner. 2001. *Das wahre Selbst. Studien zu Plotins Begriff des Geistes und des Einen*. Frankfurt/M: Vittorio Klostermann.

Beierwaltes, Werner. *Lichtmetaphysik*. In: *Historisches Wörterbuch der Philosophie*. Online. Lichtmetaphysik 10.24894/HWPh.2252.
Bennent-Vahle, Heidemarie. 2020. *Besonnenheit – eine politische Tugend. Zur ethischen Relevanz des Fühlens*. Freiburg/München: Verlag Karl Alber.
Bertino, Andrea. 2015. *Lichtmetaphorik und Schatten Gottes in Nietzsches neuer Aufklärung*. In: *Archiv für Begriffsgeschichte* 57. Hamburg: Felix Meiner Verlag. S. 197–216.
Hildegard von Bingen. 1958. *Gott ist am Werk. Aus dem Buch „De Operatione Dei"*. Übers. u. erl. Heinrich Schipperges. Olten: Walter-Verlag.
Hildegard von Bingen. 2010. *Wisse die Wege. Liber Scivias. Eine Schau von Gott und Mensch in Schöpfung und Zeit*. Hrsg. von der Abtei St. Hildegard, Rüdesheim/Eibingen. Neuübersetzung von Mechthild Heieck. Beuron: Beuroner Kunstverlag.
Hildegard von Bingen. 2013. *Das Buch vom Wirken Gottes. Liber divinorum operum*. Hrsg. von der Abtei St. Hildegard, Rüdesheim/Eibingen. Neuübersetzung von Mechthild Heieck. Beuron: Beuroner Kunstverlag.
Blank, Walter. 1962. *Die Nonnenviten des 14. Jahrhunderts. Eine Studie zur hagiographischen Literatur des Mittelalters unter besonderer Berücksichtigung der Visionen und ihrer Lichtphänomene*. Dissertation Universität Freiburg i.Br., Freiburg i. Br.
der blaue reiter Nr. 13. Journal für Philosophie. 2001 (1/01). *Thema: Welt – Bilder*. Stuttgart: Omega Verlag.
der blaue reiter Nr. 21. Journal für Philosophie. 2006 (01). *Thema: Wissen*. Stuttgart: Omega Verlag.
Blumenberg, Hans. 1957. *Licht als Metapher der Wahrheit. Im Vorfeld der philosophischen Begriffsbildung*. In: Blumenberg, Hans. 2021. *Ästhetische und metaphorologische Schriften*. Frankfurt/M.: Suhrkamp Verlag. S. 139–171.
Blumenberg, Hans. 1989. *Höhlenausgänge*. Frankfurt/M.: Suhrkamp Taschenbuch Verlag.
Blumenberg, Hans. 2021. *Ästhetische und metaphorologische Schriften*. Frankfurt/M.: Suhrkamp Verlag.
Blum-Erhard, Anna. 1939. *Christine von Pisan. Eine Bahnbrecherin geistigen Frauenberufs*. In: *Die Literatur*. Monatszeitschrift für Literaturfreunde. Stuttgart. S. 540–543.
Bremer, Dieter. 1976. *Licht und Dunkel in der frühgriechischen Dichtung. Interpretationen zur Vorgeschichte der Lichtmetaphysik. Archiv für Begriffsgeschichte*. Suppl. 1. Bonn: Bouvier Verlag Herbert Grundmann.
Brockhaus Enzyklopädie in 24 Bänden. 1986–1994. Mannheim: Brockhaus.
Bultmann, Rudolf. 1948. *Zur Geschichte der Lichtsymbolik im Altertum*. In. *Philologus. Zeitschrift für das klassische Altertum*. Bd. 97. Wiesbaden: Dieterich'sche Verlagsbuchhandlung. S. 1–36.
Capelle, Wilhelm, Hrsg. 1968. *Die Vorsokratiker. Die Fragmente und Quellenberichte*. Stuttgart: Alfred Kröner Verlag.
Cassin, Barbara. 2017. *Der Maler-König*. In: *Magritte. Der Verrat der Bilder*. München. S. 114–123.
Cassirer, Ernst. 1997. *Philosophie der symbolischen Formen. Teil 2. Das mythische Denken*. Darmstadt: Primus Verlag.
Cassirer, Ernst. 1998. *Die Philosophie der Aufklärung*. Hamburg: Felix Meiner Verlag.
Classen, C. Joachim. 1965. *Licht und Dunkel in der frühgriechischen Philosophie*. In: *Studium Generale. Zeitschrift für die Einheit der Wissenschaften in Zusammenhang ihrer Begriffsbildungen und Forschungsmethoden*. 18. Jg. Heft 2. Berlin/Heidelberg/New York: Springer Verlag. S. 97–116.
Demandt, Philipp. 2017. Vorwort. In: *Magritte. Der Verrat der Bilder*. München: Prestel. S. 11–14.
Descartes, René. 1972. *Regeln zur Ausrichtung der Erkenntniskraft*. Hamburg: Felix Meiner Verlag.
Descartes, René. 1982. *Abhandlung über die Methode des richtigen Vernunftgebrauchs und der wissenschaftlichen Wahrheitsforschung*. Stuttgart: Reclam.
Descartes, René. 1986. *Meditationen über die Erste Philosophie*. Übers. u. hrsg. G. Schmidt. Stuttgart: Reclam.
Deutsche Mystikerinnen. 1987. Hrsg. Hans Christian Meiser. München. Goldmann Verlag.
Die Bibel. 1980. *Altes und Neues Testament*. Einheitsübersetzung, Freiburg: Herder.

Die Homerischen Götterhymnen. 1987. Deutsch von Thassilo von Scheffer. Bremen: Carl Schünemann Verlag.
Die Vorsokratiker. 1968. *Die Fragmente und Quellenberichte.* Übers. u. eingel. Wilhelm Capelle. Stuttgart: Reclam Verlag.
Die Vorsokratiker I. 1986. *Milesier, Pythagoreer, Xenophanes, Heraklit, Parmenides.* Griech./dt., Stuttgart: Reclam Verlag.
Meister Eckhart. 2020. *Die Reden zur Orientierung im Denken. Die rede der underscheidunge.* Übers. m.E. Einleitung u. Anm. hrsg. Norbert Fischer. Hamburg: Felix Meiner Verlag.
Enzyklopädie Philosophie und Wissenschaftstheorie (EPhW). 1980/1984/1985. Hrsg. Jürgen Mittelstraß. Bde. 1–3. Mannheim: B. I. Wissenschaftsverlag.
Flasch, Kurt. 2010. *Meister Eckhart. Philosoph des Christentums.* München: C. H. Beck.
Foucault, Michel. 1997. *Dies ist keine Pfeife. Mit zwei Briefen und vier Zeichnungen von René Magritte.* München: Carl Hanser Verlag.
Frazer, James George. 1991. *Der goldene Zweig. Das Geheimnis von Glauben und Sitten der Völker.* Reinbek bei Hamburg: Rowohlt Taschenbuch Verlag.
Gadamer, Hans-Georg. Hrsg. 1992a. *Philosophisches Lesebuch.* Bd. 1. *Die Philosophie der Vorsokratiker. Die klassische Philosophie Athens. Die Philosophie im Zeitalter des Hellenismus. Die christliche Philosophie des Mittelalters.* Frankfurt/M.: Fischer Taschenbuch Verlag.
Gadamer, Hans-Georg. Hrsg. 1992b. *Philosophisches Lesebuch.* Bd. 2. *N. Kopernikus ...* Frankfurt/M.: Fischer Taschenbuch Verlag.
Gadamer, Hans-Georg. Hrsg. 1992c. *Philosophisches Lesebuch.* Bd. 3. *Der deutsche Idealismus ...* Frankfurt/M.: Fischer Taschenbuch Verlag.
Gadamer, Hans-Georg. 1993. *Hermeneutik II. Wahrheit und Methode. Ergänzungen. Register.* Tübingen: J. C. B. Mohr.
Gadamer, Hans-Georg. 2000. *Die Aktualität des Schönen. Kunst als Spiel, Symbol und Fest.* Stuttgart: Philipp Reclam Jun.
Gadamer, Hans-Georg. 2010. *Hermeneutik I. Wahrheit und Methode. Grundzüge einer philosophischen Hermeneutik.* Tübingen: Mohr Siebeck.
Gässler, Gregor Fidelis. 1994. *Der Ordo-Gedanke unter besonderer Berücksichtigung von Augustinus und Thomas von Aquino.* Sankt Augustin: Academia Verlag.
Gatzemeier, Matthias. 2011. *Kann man Philosophie sichtbar machen? Arthur Schopenhauer und Max Klinger.* In: *Aachener Kunstblätter.* Hrsg. Museumsverein Aachen. Band 64. 2006–2010. Aachen: Thouet-Verlag. S. 167–190.
Gerich, Kurt. 2005. *Die erkenntnistheoretischen Grundpositionen von Albert Einstein.* In: *Information Philosophie.* Heft 5. Lörrach. S. 18–29.
Goldammer, Kurt. 1960. *Lichtsymbolik in philosophischer Weltanschauung, Mystik und Theosophie vom 15. bis zum 17. Jahrhundert.* In Studium Generale. Jg. 13. Heft 10. Berlin/Göttingen/Heidelberg: Springer-Verlag. S. 670–682.
Gönner, Gerhard. 1997. *Heraklit.* In: *Metzler Lexikon Antiker Autoren.* Hrsg. Oliver Schütze. Stuttgart/Weimar: Metzler. S. 295–298.
Gregory, Stephan. 2014. *Lumen naturale. Licht und Wahrheit bei Descartes.* In: *Zeitschrift für Kulturphilosophie.* Heft 2. Hamburg: Felix Meiner Verlag, S. 261–278.
Habermehl, Peter. 1997. *Parmenides.* In: *Metzler Lexikon antiker Autoren.* Hrsg. Oliver Schütze. Stuttgart/Weimar: Verlag J. B. Metzler. S. 503–506
Hedwig, Klaus. 1977. *Forschungsübersicht: Arbeiten zur scholastischen Lichtspekulation. Allegorie – Metaphysik – Optik.* In: *Philosophisches Jahrbuch* 84 (1): 102–126.
Hedwig, Klaus. 1979. *Neuere Arbeiten zur Mittelalterlichen Lichttheorie.* In: *Zeitschrift für Philosophische Forschung.* Band 33. Meisenheim/Glan: Verlag Anton Hain. S. 602–615.
Hedwig, Klaus. 1980. *Sphaera Lucis. Studien zur Intelligibilität des Seienden im Kontext der Mittelalterlichen Lichtspekulation. Beiträge zur Geschichte der Philosophie und Theologie des Mittelalters.* Neue Folge Bd. 18. Münster. Aschendorffsche Buchdruckerei.
Hedwig, Klaus. 2007. *Über einige wissenschaftstheoretische Probleme der „Lichtmetaphysik".* In: *Freiburger Zeitschrift für Philosophie und Theologie* 54(3): 368–385.

Hempel, Johannes. 1960. *Die Lichtsymbolik im Alten Testament.* In: *Studium Generale.* Jg. 13. Heft 6. Berlin/Göttingen/Heidelberg: Springer-Verlag. S. 352–368.
Henrich, Dieter. *Absolutes Wissen.* In: *der blaue Reiter* Nr. 21. 2006 (01). Stuttgart: Omega Verlag. S. 22–29.
Hermges, Carla. 2005. *Der Status des Lichtes in Robert Grossetestes Lichttraktat.* Norderstedt: Grin Verlag.
Herzberg, Stephan. 2021. *Aristoteles über die Natur des Lichts.* In: Aristoteles. *„Parva naturalia':* Akten der 18. Tagung der Karl und Gertrud Abel-Stiftung vom 30. September bis 2. Oktober 2015 in Main. Hrsg. Jochen Althoff, Berlin/Bosten: De Gruyter. S. 113–134.
Horkheimer, Max, und Theodor W. Adorno. 2008. *Dialektik der Aufklärung. Philosophische Fragmente.* Frankfurt/M.: Fischer Taschenbuch Verlag.
Hossenfelder, Malte. 1985. *Die Philosophie der Antike 3. Stoa, Epikureismus und Skepsis.* München: Verlag C. H. Beck.
Hügli, Anton, und Poul Lübcke, Hrsg. 1997. *Philosophielexikon. Personen und Begriffe der abendländischen Philosophie von der Antike bis zur Gegenwart.* Reinbek: Rowohlt.
Hüni, Heinrich. 1992. *Wahrnehmungswirklichkeit nach Aristoteles.* Würzburg: Königshausen & Neumann.
Iamblichos. 1963. *Pythagoras. Legende, Lehre, Lebensgestaltung.* Griech. u. Deutsch. Hrsg. Michael von Albrecht. Zürich/Stuttgart: Artemis Verlag.
Kant, Immanuel. 1976a. *Kritik der reinen Vernunft.* Hrsg. Raymund Schmidt. Hamburg: Felix Meiner Verlag.
Kant, Immanuel. 1976b. *Prolegomena zu einer jeden künftigen Metaphysik, die als Wissenschaft wird auftreten können.* Hamburg: Felix Meiner Verlag.
Kant, Immanuel 1984. *Beantwortung der Frage: Was ist Aufklärung?* Aus: *Berlinische Monatsschrift* 4 (1784). S. 481–494. In: *Was ist Aufklärung?. Thesen und Definitionen.* Hrsg. Ehrhard Bahr. Stuttgart: Reclam.
Kant, Immanuel. 1991. *Grundlegung zur Metaphysik der Sitten.* Hrsg. Theodor Valentiner. Stuttgart: Philipp Reclam jun.
Kastenberg, Mathilde. 1909. *Die Stellung der Frau in den Dichtungen der Christine de Pisan.* Dissertation Heidelberg. Darmstadt: G. Otto's Hof-Buchdruckerei.
Kieninger, Josef. 1992. *Das Sein als Licht in den Schriften des hl. Thomas von Aquin.* Citta' del Vaticano/Rom: Pontificia Accademia di S. Tommaso e di Religione Cattolica.
Kirk, Geoffrey S., John E. Raven, und Malcolm Schofield. 1994. *Die Vorsokratischen Philosophen. Einführung, Texte und Kommentare.* Stuttgart: J. B. Metzler.
Kirk, Geoffrey Stephen. 1987. *Griechische Mythen. Ihre Bedeutung und Funktion.* Reinbek bei Hamburg: Rowohlt Taschenbuch Verlag.
Kleeberg, Bernhard, und Robert Suter. 2014. *„Doing truth" Bausteine einer Praxeologie der Wahrheit.* In: *Zschft. f. Kulturphilosophie.* 2014/2. Hamburg: Felix Meiner Verlag. S. 211–226.
Klinger, Max. 1924. *Briefe von Max Klinger aus den Jahren 1874 bis 1919.* Leipzig: Hrsg. Hans Wolfgang Singer.
Klinger, Max. 1925. *Gedanken und Bilder. Aus der Werkstatt des werdenden Meisters.* Hrsg. Hildegard Heyne. Leipzig: Koehler & Amelang.
Klinger, Max. 1985. *Malerei und Zeichnung. Tagebuchaufzeichnungen und Briefe.* Leipzig: Verlag Philipp Reclam jun.
Koch, Friedrich. 1885. *Leben und Werk der Christine de Pizan.* Dissertation Leipzig. Goslar a. Harz: Verlag von Ludwig Koch.
Koch, Josef 1960. *Über die Lichtsymbolik im Bereich der Philosophie und der Mystik im Mittelalter.* In: *Studium Generale.* Jg. 13. Heft 10. Berlin/Göttingen/Heidelberg: Springer-Verlag. S. 653–670.
Konersmann, Ralf, Hrsg. 2007a. *Wörterbuch der philosophischen Metaphern.* Darmstadt: Wissenschaftliche Buchgesellschaft.
Konersmann, Ralf. 2007b. Vorwort: *Figuratives Wissen.* In *Wörterbuch der philosophischen Metaphern,* Hrsg. Ralf Konersmann, 7–21. Darmstadt: Wissenschaftliche Buchgesellschaft.

Kreidt, Dietrich. 1995. *Thomasius, Christian.* In *Metzler Philosophen Lexikon. Von den Vorsokratikern bis zu den Neuen Philosophen*, Hrsg. Bernd Lutz, 889–891. Stuttgart/Weimar: Verlag J. B. Metzler.
Kreuzer, Johann. 2016. *Das Licht als Metapher in der Philosophie.* In: *Studium Generale* 2014/15: Licht. Óscar Loureda (Hrsg.), Universität Heidelberg: Heidelberger University Publishing. S. 63–84.
Kreuzer, Johann. 2007. *Licht.* In *Wörterbuch der philosophischen Metaphern*, Hrsg. Ralf Konersmann, 207–224. Darmstadt: Wissenschaftliche Buchgesellschaft.
Krüger-Lorenzen, Kurt. 1982. *Deutsche Redensarten und was dahinter steckt.* München: Wilhelm Heyne Verlag.
Kutschera, Franz von. 2006. *Der Wissensbegriff bei Platon und heute.* In *Wissen und Bildung in der antiken Philosophie*, Hrsg. Christof Rapp und Tim Wagner, 87–102. Stuttgart/Weimar: Verlag J. B. Metzler.
Le Goff, Jacques. 1993. *Die Intellektuellen im Mittelalter.* München: Dt. Taschenbuch Verlag.
Liebeschütz, Hans: 1930. *Das allegorische Weltbild der heiligen Hildegard von Bingen.* Leipzig: B. G. Teubner. (Studien de Bibliothek Warburg. Hrsg. v. Fritz Saxl)
Long, A.A., und D.N. Sedley. 2000. *Die hellenistischen Philosophen. Texte und Kommentare.* Stuttgart/Weimar: Verlag J. B. Metzler.
Ludes, Peter. 2001. *Medieninterpretationen. Die Botschaft von Herbert Marshall McLuhan.* In: Der blaue Reiter. Nr. 13. Journal für Philosophie (1/01). Thema: Welt – Bilder. Stuttgart: Omega Verlag. S. 19–22.
Luther, Wilhelm. 1966. *Wahrheit, Licht und Erkenntnis in der griechischen Philosophie bis Demokrit. Ein Beitrag zur Erforschung des Zusammenhangs von Sprache und philosophischem Denken.* In: *Archiv für Begriffsgeschichte.* Bd. 10. Bonn: H. Bouvier u. Co. Verlag. S. 1–240.
Lutz, Bernd, Hrsg. 1995. *Metzler Philosophen Lexikon. Von den Vorsokratikern bis zu den Neuen Philosophen.* Stuttgart/Weimar: Verlag J. B. Metzler.
Maar, Christa, und Hubert Burda, Hrsg. 2004. *Iconic Turn. Die neue Macht der Bilder.* Köln: DuMont Verlag.
Mechthild von Magdeburg. 2010. *„Das fließende Licht der Gottheit" und Kommentar von Gerhard Wehr.* Wiesbaden: marixverlag.
Magritte. 2017b. *Der Verrat der Bilder.* Hrsg. Didier Ottinger. München: Prestel Verlag.
Magritte, René. 2017a. *Die Lebenslinie I* (Vortrag von 1938). In: Magritte. *Der Verrat der Bilder.* München. S. 28–35.
Marschler, Thomas. 2011. *Sicut se habent colores ad visum, ita se habent phantasmata ad intellectum. Aristotelische Licht- und Farbmetaphorik in der Erkenntnislehre des Thomas von Aquin († 1274).* Datensatz aus: Bennewitz, Ingrid u. Schindler, Andrea (Hrsg.). *Farbe im Mittelalter. Materialität – Medialität – Semantik.* Berlin: Akademie Verlag.
Martens, Ekkehard. 1991. *Der Faden der Ariadne. Über kreatives Denken und Handeln.* Stuttgart: Verlag J. B. Metzler.
Martens, Ekkehard. 2000. *Philosophieren mit Kindern. Eine Einführung in die Philosophie.* Stuttgart: Philipp Reclam jun.
Martin, Gottfried. 1985. *Platon. Mit Selbstzeugnissen und Bilddokumenten.* Reinbek bei Hamburg: Rowohlt.
McLuhan, Herbert Marshall. 1992. *Die magischen Kanäle. Understandig Media.* Düsseldorf: Econ Verlag.
Meiser, Christian, Hrsg. 1987. *Deutsche Mystikerinnen. Ausgewählte Texte.* München: Goldmann Verlag.
Metapher. 1991. In: *Brockhaus-Enzyklopädie* in 24 Bänden. Band 14. Mannheim: Brockhaus. S. 521.
Metapher. In: de.wikipedia.org vom 17.2.2022.
Metzler Lexikon antiker Autoren. 1997. Hrsg. Oliver Schütze. Stuttgart/Weimar: Verlag J. B. Metzler.
Metzler Philosophen Lexikon. 1995. *Von den Vorsokratikern bis zu den Neuen Philosophen.* Hrsg. Bernd Lutz. Stuttgart/Weimar: Verlag J. B. Metzler.

Mittelstraß, Jürgen. Hrsg. 1980/1984/1985. *Enzyklopädie Philosophie und Wissenschaftstheorie* (EPhW). Bde. 1–3. Mannheim: B. I. Wissenschaftsverlag.
Mittelstraß, Jürgen. 1984a. *Lichtmetaphysik*. In: *Enzyklopädie Philosophie und Wissenschaftstheorie*. Bd. 2. S. 608 f.
Mittelstraß, Jürgen. 1984b. *Lumen naturale*. In: *Enzyklopädie Philosophie und Wissenschaftstheorie*, Bd. 2. S. 726 f.
Müller-Richter, Klaus, und Arturo Larcati. 1996. *„Kampf der Metapher!" Studien zum Widerstreit des eigentlichen und uneigentlichen Sprechens. Zur Reflexion des Metaphorischen im philosophischen und poetologischen Diskurs*. Wien: Verlag der Österreichischen Akademie der Wissenschaften.
Müller-Richter, Klaus, und Arturo Larcati, Hrsg. 1998. *Der Streit um die Metapher. Poetologische Texte von Nietzsche bis Handke*. Darmstadt: Wissenschaftliche Buchgesellschaft.
Mundhenk, Johannes. 1980. *Die Seele im System des Thomas von Aquin. Ein Beitrag zur Klärung und Beurteilung der Grundbegriffe der thomistischen Psychologie*. Hamburg: Felix Meiner Verlag.
Nietzsche, Friedrich. 1988a. *Menschliches, Allzumenschliches I und II*. Kritische Studienausgabe. Hrsg. G. Colli / M. Montinari. München: Deutscher Taschenbuch Verlag / de Gruyter.
Nietzsche, Friedrich. 1988b. *Also sprach Zarathustra I-IV*. Kritische Studienausgabe. Hrsg. G. Colli / M. Montinari. München: Deutscher Taschenbuch Verlag / de Gruyter.
Nietzsche, Friedrich. 1999. *Über Wahrheit und Lüge im aussermoralischen Sinne*. In: Nietzsche. Ausgewählt und vorgestellt von Rüdiger Safranski. Hrsg von Peter Sloterdijk. München: Deutscher Taschenbuch Verlag. S. 194–208.
Nietzsche, Friedrich. 2018. *Morgenröte. Idyllen aus Messina. Die fröhliche Wissenschaft*. Kritische Studienausgabe. Hrsg. C. Colli / M. Montinari. München: dtv / de Gruyter.
Nühlen, Maria. 2016. *Kultur – also sind wir! Eine Einführung in die Kulturphilosophie*. Berlin: LIT Verlag.
Nühlen, Maria. 2021. *Philosophinnen der griechischen Antike. Eine Spurensuche*. Wiesbaden: Springer VS.
Ottinger, Didier. 2017. *Ut pictura philosophia. Magritte als Philosoph – ein Porträt*. In: *Magritte. Der Verrat der Bilder*. München. S. 15–23.
Ovid. 1992. *Metamorphosen. Das Buch der Mythen und Verwandlungen*. Frankfurt/M.: Fischer Taschenbuch Verlag.
Parmenides. 1986. *Fragmente*. In: *Die Vorsokratiker I. Milesier, Pythagoreer, Xenophanes, Heraklit, Parmenides*. Stuttgart: Philipp Reclam Jun.
Pernoud, Régine. 1990. *Christine de Pizan. Das Leben einer außergewöhnlichen Frau und Schriftstellerin im Mittelalter*. München: Dt. Taschenbuch Verlag.
Philosophie Magazin. Sonderausgabe Nr. 28, Winter 2024. *300 Jahre Immanuel Kant. Die Kraft der Vernunft in chaotischen Zeiten*. Berlin: Philomagazin Verlag.
Pieper, Josef. 1963. *Unaustrinkbares Licht. Das negative Element in der Weltansicht des Thomas von Aquin*. München: Kösel Verlag.
Pizan, Christine de. 1992. *Das Buch von der Stadt der Frauen*. Übers. Margarete Zimmermann. München: Deutscher Taschenbuch Verlag.
Pizan, Christine de. 1996a. *Der Schatz der Stadt der Frauen. Weibliche Lebensklugheit in der Welt des Spätmittelalters*. Ein Quellentext, a. d. Mittelfranzösischen übers. Claudia Probst. Hrsg. Claudia Opitz. Freiburg/Basel/Wien: Herder Verlag.
Pizan, Christine de. 1996b. *Wege in die Stadt der Frauen. Texte und Bilder der Christine de Pizan*. Hrsg. Margarete Zimmermann. Zürich: Leib et Seele.
Pizan, Christine de. 2018. *The Book of the City of Ladies and Other Writings*. Indianapolis/ Cambridge: Hackett Publishing Company.
Platon. 1965. *Theaitetos*. In: Platon. *Spätdialoge I. Theaitetos. Der Sophist. Der Staatsmann. Kratylos*. Eingel. Olof Gigon. Übertr. Rudolf Rufener. Zürich: Artemis Verlag.
Platon. 1969. *Spätdialoge II. Philebos. Parmenides. Timaios. Kritias*. Eingel. Olof Gigon. Übertr. Rudolf Rufener. Zürich: Artemis Verlag.

Platon. 1979. *Phaidros oder Vom Schönen.* Übertr. u. eingel. Kurt Hildebrandt. Stuttgart: Philipp Reclam Jun.
Platon. 1980. *Der Siebente Brief.* Übers. u. Nachwort Ernst Howald. Stuttgart: Philipp Reclam Jun.
Platon. 1982. *Der Staat (Politeia).* Übersetzt u. hrsg. Karl Vretska. Stuttgart: Philipp Reclam Jun.
Platon. 1983. *Politikos.* In: Platon. *Sämtliche Werke 5.* Übers. Fried. Schleiermacher u. Hieronymus Müller. Hamburg: Rowohlt.
Platon. 1984. *Symposion.* In: Platon. *Sämtliche Werke 2.* Übers. Fried. Schleiermacher. Hamburg: Rowohlt.
Platon. 2019. *Protagoras.* In: Platon. *Sämtliche Werke 1.* Übers. Fried. Schleiermacher. Reinbek: Rowohlt Taschenbuch Verlag.
Ranke-Graves, Robert von. 1992. *Griechische Mythologie. Quellen und Deutung.* Reinbek bei Hamburg: Rowohlt Taschenbuch Verlag.
Rapp, Christof, und Tim Wagner, Hrsg. 2006a. *Wissen und Bildung in der antiken Philosophie.* Stuttgart/Weimar: Verlag J. B. Metzler.
Rapp, Christof, und Tim Wagner. 2006b. *Einleitung.* In: Dies. Hrsg. *Wissen und Bildung in der antiken Philosophie.* Stuttgart/Weimar: Verlag J. B. Metzler. S. 1–22.
Ratzinger, Joseph. 1960. *Licht und Erleuchtung. Erwägungen zu Stellung und Entwicklung des Themas in der abendländischen Geistesgeschichte.* In: *Studium Generale.* Jg. 13. Heft 6. Berlin/Göttingen/Heidelberg: Springer-Verlag. S. 368–378.
Röd, Wolfgang. 1976. *Die Philosophie der Antike 1. Von Thales bis Demokrit.* München: Verlag C. H. Beck.
Röd, Wolfgang. 1978. *Die Philosophie der Neuzeit 1. Von Francis Bacon bis Spinoza.* München: Verlag C. H. Beck.
Rohrbach, Martha. 1934. *Christine von Pisan (Ihr Weltbild und ihr geistiger Weg). Arbeiten zur Romanischen Philologie* Nr. 17. Hrsg. v. Eugen Lerch. Münster: Selbstverlag des Romanischen Seminars.
Salvadori, Sara. 2021. *Das Geheimnis der Bilder. Hildegard von Bingen und ihre Visionen.* Darmstadt: Wissenschaftliche Buchgesellschaft.
Sappho. 1954. Griech. u. dt. hrsg. Max Treu. München: Ernst Heimeran Verlag.
Sappho. 1984. Mit Selbstzeugnissen und Bilddokumenten dargestellt von Marion Giebel. (Rowohlts Monographien) Reinbek bei Hamburg: Rowohlt Taschenbuch Verlag.
Sappho. 2007. *Liebesgedichte.* Ausgewählt von Marion Giebel. Frankfurt/M: Insel Verlag.
Schaefer, Lucie. 1938. *Die Illustrationen zu den Handschriften der Christine de Pizan.* Dissertation Frankfurt. Sonderdruck Marburger Handbuch für Kunstwissenschaften Bd. X/1939. Druck August Hopfer Burg B. M. S. 119–208.
Schäfer, Christian, Hrsg. 2013. *Platon-Lexikon. Begriffswörterbuch zu Platon und der platonischen Tradition.* Darmstadt: Wissenschaftliche Buchgesellschaft.
Scherer, Josef. 1995. *Thomas von Aquin.* In: *Metzler Philosophen Lexikon. Von den Vorsokratikern bis zu den Neuen Philosophen.* Stuttgart/Weimar: Verlag J. B. Metzler. S. 882–886.
Schütze, Oliver, Hrsg. 1997. *Metzler Lexikon antiker Autoren.* Stuttgart/Weimar: Verlag J. B. Metzler.
Schwemmer, Oswald. 1984. *Illuminationstheorie.* In: *Enzyklopädie Philosophie und Wissenschaftstheorie,* Bd. 2. S. 199 f.
Sennett, Richard. 1995. *Fleisch und Stein. Der Körper und die Stadt in der westlichen Zivilisation.* Berlin: Berlin Verlag.
Sontag, Susan. 1980. *Über Fotografie.* Frankfurt/M.: Fischer Taschenbuch Verlag.
Stenzel, Julius. 1926. *Der Begriff der Erleuchtung bei Platon.* In: *Die Antike.* Bd. II, Heft 4. Berlin/Leipzig: Verlag von Walter de Gruyter u. Co. S. 235–257.
Tellkamp, Jörg Alejandro. 1999. *Sinne, Gegenstände und Sensibilia. Zur Wahrnehmungslehre des Thomas von Aquin.* Leiden/Boston/Köln: Brill.
Thomas von Aquin. 1985a. *Summe der Theologie.* Zusammengef., eingel. u. erläu. Joseph Bernhart. Erster Band. *Gott und Schöpfung.* Stuttgart: Alfred Kröner Verlag.
Thomas von Aquin. 1985b. *Summe der Theologie.* Zusammengef., eingel. u. erläu. Joseph Bernhart. Zweiter Band. *Die sittliche Weltordnung.* Stuttgart: Alfred Kröner Verlag.

Thomas von Aquin. 1985c. *Summe der Theologie.* Zusammengef., eingel. u. erläu. Joseph Bernhart. Dritter Band. *Der Mensch und das Heil.* Stuttgart: Alfred Kröner Verlag.
Thomas von Aquin. 1986. *Fünf Fragen über die intellektuelle Erkenntnis (Quaestio 84-88 des 1. Teils der Summa de theologia).* Übers. u. erkl. Eugen Rolfes, m. e. Einl. Karl Bormann. Hamburg: Felix Meiner Verlag.
Thomasius, Christian. 1691/1968 A. *Einleitung zur Vernunftlehre.* Halle/Hildesheim: Georg Olms Verlagsbuchhandlung (Faksimiledruck).
Thomasius, Christian. 1691/1968 B. *Ausübung der Vernunftlehre.* Halle/Hildesheim: Georg Olms Verlagsbuchhandlung (Faksimiledruck).
Thyen, Anke, und Laura Martignon. 2006. *Von der Ordnung des Wissens.* In: *der blaue Reiter* Nr. 21 (01). Stuttgart: Omega Verlag. S. 11–17.
Topitsch, Ernst. 1965. *Mythische Modelle in der Erkenntnislehre.* In: *Studium Generale.* 18. Jg. Heft 6. Berlin: Springer Verlag. S. 400–418.
Treu, Max. 1965. *Licht und Leuchtendes in der archaischen griechischen Poesie.* In: *Studium Generale.* 18. Jg. Heft 2. Berlin: Springer Verlag. S. 83–97.
Uitz, Erika. 1992. *Die Frau in der mittelalterlichen Stadt.* Freiburg/Basel/Wien: Herder.
Uitz, Erika, Barbara Pätzold, und Gerald Beyreuther. 1990. *Herrscherinnen und Nonnen. Frauengestalten von der Ottonenzeit bis zu den Staufern.* Berlin: Deutscher Verlag der Wissenschaften.
Vogt, Matthias. 2003. *Dumonts Handbuch Philosophie.* Köln: DuMont.
Was ist Aufklärung? 1984. *Kant, Erhard, Hamann, Herder, Lessing, Mendelssohn, Riem, Schiller, Wieland. Thesen und Definitionen.* Hrsg. Ehrhard Bahr. Stuttgart: Philipp Reclam jun.
Westheider, Ortrud, Michael Philipp, und Daniel Zamani. Hrsg. 2023. *Sonne. Die Quelle des Lichts in der Kunst.* Ausstellungskatalog. München/London/New York: Prestel.
Wieland, Christoph Martin. 1984. *Über Christine de Pisan und ihre Schriften.* 1781. Sämtliche Werke XIV, Suppl. 6: Miscellaneen. Reprint Hamburg. S. 138–175.
Woschitz, Karl Matthäus. 2012. *Verborgenheit in der Erscheinung. Mystagogie und Spiritualität des Johannesevangeliums.* Freiburg im Breisgau: Verlag Herder.
Zeitschrift für Kulturphilosophie. Bd. 8. Jg. 2014. Heft 2. Hrsg. Ralf Konersmann und Dirk Westerkamp. Hamburg: Felix Meiner Verlag.
Zimmermann, Margarete, Hrsg. 1996. *Wege in DIE STADT DER FRAUEN. Texte und Bilder der Christine des Pizan.* Zürich: Leib et Seele.
Zimmermann, Margarete. *Christine de Pizans „Drei Tugenden" – ein Tugendkonzept mit politischem Hintergrund.* Vortrag Greifswald. http://margarete-zimmermann.de/wp-content/uploads/pizan-drei-tugenden.pdf. (Abruf 26.10.2023)
Zühlke, Bärbel. 1994. *Christine de Pizan in Text und Bild. Zur Selbstdarstellung einer frühhumanistischen Intellektuellen.* Stuttgart/Weimar: Verlag J. B. Metzler.

Personenregister

A
Adorno, Theodor W. 86
Aischylos 75–77, 93
Alkmaion von Kroton 132
Alkman 93
Anaximander von Milet 133
Anaximenes von Milet 133
Andronikos von Rhodos 108
Arignote 152, 163
Aristoteles 2, 7, 14, 16–21, 31–33, 35, 38, 39, 51, 59, 61, 69, 89, 107, 108, 112, 113, 117–119, 124, 131, 139, 145, 151, 152, 154, 163–165, 167–170, 197, 199, 202, 203, 209, 211, 213, 214, 217–219, 222, 227–231, 234, 237, 240, 246, 269, 271, 272, 280, 283
Assmann, Aleida 35
Augustinus, Aurelius 8, 88, 89, 93, 106, 109, 111, 116, 129, 172, 178–180, 182–187, 213, 216, 218, 227, 230, 232, 237, 240, 270
Aurel, Marc 145
Avicenna 218

B
Bacon, Roger 117
Baeumker, Clemens 91, 92, 99, 100, 104, 110–112
Bakchylides 93
Beierwaltes, Werner 92, 94, 97–100, 104, 112–115, 164, 166
Benedikt, Papst XVI 196
Bennent-Vahle, Heidemarie 4, 64
Bertino, Andrea 265
Blank, Walter 80, 190, 204
Blumenberg, Hans 83, 99, 103–107, 166, 228
Boccaccio, Giovanni 227
Bonaventura 103, 109, 111, 116, 120, 121
Bosch, Hieronymus 51
Bremer, Dieter 73, 74, 93, 94, 97, 107, 108, 131, 143, 163
Bultmann, Rudolf 75

C
Canterbury, Anselm von 105
Capelle, Wilhelm 134
Cassin, Barbara 55
Cassirer, Ernst 258–260
Chrysippos 145, 147
Clairvaux, Bernhard von 86, 100
Classen, C. Joachim 93
Cusanus (Nikolaus von Kues) 102, 191, 204, 205, 211, 212, 215, 222, 271

D
d'Alembert, Jean-Baptiste de Ronde 259, 260
Dante Alighieri 227
De Waelhens, Alphonse 71
Demandt, Philipp 52
Descartes, René 8, 36, 38, 48, 86, 105, 107, 129, 141, 225, 239–248, 250, 266, 267, 272, 287
Dionysius Areopagita 88, 213, 218

E
Echnaton 73
Einstein, Albert 25, 138, 144
Ende, Michael 43
Epiktet 145
Eriugena, Johannes Scottus 101
Evans, Walker 41

F
Flasch, Kurt 204, 205, 207, 208, 222
Foucault, Michel 35, 48, 56, 71, 86
Frazer, James George 66
Freud, Sigmund 42
Fritz, Kurt von 105

G
Gadamer, Hans-Georg 96, 97, 211
Galenus, Claudius 202
Gatzemeier, Matthias 48, 49
Goldammer, Kurt 102, 103
Gönner, Gerhard 135
Gregory, Stephan 246, 247
Grosseteste, Robert 88, 89, 93, 117–120

H
Hartung Gerald 258
Hedwig, Klaus 84, 88, 91–94, 97, 98, 110, 119, 120, 220
Heidegger, Martin 71
Henrich, Dieter 37
Heraklit von Ephesus 83, 88, 111, 130, 133–140, 145–147, 268
Herder, Johann Gottfried 257, 267
Hermges, Carla 117
Hesiod 61, 93
Hildegard von Bingen 100, 101, 191–201, 203, 204, 221, 271, 279, 284
Hippokrates 202
Hippolytos 137
Homer 61, 73, 93, 99

I
Iamblichos 99, 113

J
Jung, Carl Gustav 42

K
Kandinsky, Wassily 56
Kant, Immanuel 4, 8, 20, 21, 33, 34, 36, 91, 176, 223, 249–251, 253–256, 258, 267, 272, 273, 277–279
Kieninger, Josef 217, 220
Kirk, Geoffrey Stephen 139, 141
Kleanthes 145, 147
Klee, Paul 56
Kleeberg, Bernhard 35

Kleobuline 18
Klinger, Max 48–51, 57
Koch, Josef 86, 95, 97, 98, 100–102, 174, 206
Konersmann, Ralf 15, 16
Kreuzer, Johann 61, 144

L
Lange, Dorothea 41
Larcati, Arturo 20
Lee, Russel 41
Lessing, Gotthold Ephraim 258, 267, 273
Liebeschütz, Hans 196–198
Luther, Wilhelm 131–133

M
Magritte, René 3, 52–57, 62, 69–71, 81
Martens, Ekkehard 22, 51, 136
McEnvoy 119, 120
McLuhan, Herbert Marshall 42
Mechthild von Magdeburg 5, 86, 100, 101, 191, 204–207, 221, 271
Meister Eckhart 102, 191, 204, 207, 208, 222, 271
Mendelssohn, Moses 253, 254
Michals, Duane 72
Mittelstraß, Jürgen 109, 116, 248
Müller-Richter, Klaus 20
Mundhenk, Johannes 220

N
Newton, Isaac 259, 263
Nietzsche, Friedrich 5, 8, 29, 86, 105, 129, 240, 260–267, 273, 287

O
Odysseus 17, 74
Origenes 172
Ottinger, Didier 56
Ovid, Publius 78

P
Parmenides 83, 99, 104, 112, 113, 130, 133, 140–145, 148, 149, 152, 166, 268, 286
Perelmann, Chaim 71
Phemonoe 134, 252
Philo 111
Philolaos 133
Philon von Alexandria 147

Pieper, Josef 215
Pindar 93
Pizan, Christine de 5, 8, 9, 105, 129, 205, 223–239, 272, 279, 287
Platon 3, 7, 27, 29–32, 35, 36, 46, 47, 55, 69, 70, 75, 77, 78, 88, 104, 111–113, 115, 125, 129, 130, 132, 135, 145, 151–154, 156, 157, 159–164, 166, 169, 172, 179, 180, 185, 187, 197, 209, 215, 217, 222, 227, 232, 234, 246, 269–271, 286
Plotin 33, 88, 111, 116, 178–180, 185–187, 209, 270
Plutarch 136, 143, 147
Proklos 111
Prometheus 75–78, 81, 127, 148
Pseudo-Dionysius Areopagita 101
Pythagoras 99, 112, 113

R
Ranke-Graves, Robert von 73
Rapp, Christof 37
Ratzinger, Josef 88, 89, 93, 100, 118, 121
Raven, John E. 139, 141
Rembrandt van Rijn 62, 68
Rohrbach, Martha 224
Rousseau, Jean-Jacques 249

S
Sappho 93, 152, 153, 163
Schiller, Friedrich 258, 267, 273
Schofield, Malcolm 139, 141
Schopenhauer, Arthur 49
Schwemmer, Oswald 116
Seneca, Lucius Annaeus 145
Sennett, Richard 22, 172
Shahn, Ben 41

Sokrates 30, 132, 145, 154, 157, 185, 215
Sontag, Susan 40, 41
Speer, Andreas 93
Stenzel, Julius 161, 162
Sulzer, Johann Georg 16
Suter, Robert 35

T
Thales von Milet 133
Thomas von Aquin 8, 86, 100, 101, 109, 111, 129, 191, 205, 213–222, 225, 227, 230, 237, 240, 270–272, 283, 287
Thomasius, Christian 8, 103, 250–253, 266, 272, 287

V
Vogt, Matthias 145
Voltaire 263

W
Wagner, Tim 37
Wieland, Christoph Martin 224, 257, 267, 273
Witelo 99, 110–112
Woschitz, Karl Matthäus 176, 177

X
Xenophanes von Kolophon 133

Z
Zarathustra 8, 105, 129, 260–265, 273
Zenon von Kition 145
Zimmermann, Margarete 229, 235
Zühlke, Bärbel 232, 234, 237, 238

GPSR Compliance
The European Union's (EU) General Product Safety Regulation (GPSR) is a set of rules that requires consumer products to be safe and our obligations to ensure this.

If you have any concerns about our products, you can contact us on

ProductSafety@springernature.com

In case Publisher is established outside the EU, the EU authorized representative is:

Springer Nature Customer Service Center GmbH
Europaplatz 3
69115 Heidelberg, Germany

www.ingramcontent.com/pod-product-compliance
Lightning Source LLC
LaVergne TN
LVHW020328260326
834688LV00037B/912